Jahrbuch
für Biblische Theologie
(JBTh)

In Verbindung mit
Paul D. Hanson (Harvard), Ulrich Mauser (Pittsburgh)
und Magne Sæbø (Oslo)
herausgegeben von
Ingo Baldermann, Ernst Dassmann, Ottmar Fuchs, Berndt Hamm,
Otfried Hofius, Bernd Janowski, Norbert Lohfink, Helmut Merklein,
Werner H. Schmidt, Günter Stemberger, Peter Stuhlmacher, Michael
Welker und Rudolf Weth

Band 3 (1988)
Zum Problem
des biblischen Kanons

Neukirchener Verlag

© 1988
Neukirchener Verlag des Erziehungsvereins GmbH,
Neukirchen-Vluyn
Alle Rechte vorbehalten
Umschlaggestaltung: Kurt Wolff, Düsseldorf-Kaiserswerth
Gesamtherstellung: Breklumer Druckerei Manfred Siegel KG
Printed in Germany
ISBN 3-7887-1288-0

CIP-Titelaufnahme der Deutschen Bibliothek

Zum Problem des biblischen Kanons / [mit Beitr. von Ingo
Baldermann . . .]. – Neukirchen-Vluyn: Neukirchener Verl., 1988
   (Jahrbuch für biblische Theologie; Bd. 3)
   ISBN 3-7887-1288-0
NE: Baldermann, Ingo [Mitverf.]; GT

Vorwort

Der dritte Band des Jahrbuchs wendet sich einem Thema zu, dessen Bearbeitung für die Biblische Theologie von grundlegender Bedeutung ist: der Frage des biblischen Kanons. Die neuere Diskussion des Kanonproblems ist eine Geschichte heilsamer Provokationen. Franz Rosenzweig suchte einmal zwischen jüdischer Orthodoxie und Liberalismus mit der Feststellung zu vermitteln, er sehe im Siglum R der Bibelkritik nicht einfach den abschließenden Redaktor, sondern ergänze es zu Rabbenu, »unser Lehrer«; seine Theologie begründe die Einheit der Tora. Diesem jüdischen Bemühen um Einheit durch einen »kanonischen« Zugang zur hebräischen Bibel könnte man Ernst Käsemanns auf das Neue Testament bezogenen Satz gegenüberstellen: Der Kanon begründet nicht die Einheit der Kirche, sondern die Vielzahl der Konfessionen. Im Zusammenhang einer gesamtbiblischen Theologie verschärfen sich die Probleme. Dies gilt besonders auch vom christlichen Verhältnis zum Judentum: Zu leicht könnte dieses eine christlich-kanonische Auslegung der hebräischen Bibel als weiteren Versuch verstehen, ihm das Eigentumsrecht an der Bibel abzusprechen. Diese gesamtökumenische Dimension des Themas erfordert größte Sorgfalt.

Wir nehmen die im deutschsprachigen Raum kontrovers geführte Diskussion zum Anlaß, unsere Leser auch mit der Diskussion dieses Problems in den USA vertraut zu machen. Sie hat sich dort insbesondere an den Thesen von *Brevard S. Childs* entzündet, dessen Beitrag deshalb unseren Band einleitet. Er führt seine grundlegende These, daß die Kanonbildung nicht eine späte kirchliche Setzung ist, sondern »a consciousness lying deeply within the literature itself«, weiter zu den historischen, hermeneutischen und strukturellen Problemen Biblischer Theologie. Die Diskussion um die Position von Childs wird aufgenommen in dem Beitrag von *Magne Sæbø*, in der Rezension von *Manfred Oeming* und in dem Bericht von *Patrick D. Miller*.

Wir setzen die Reihe der Beiträge zunächst mit zwei exegetischen Arbeiten fort, die auf unterschiedliche Weise den von Childs geforderten canonical approach zeigen: *Norbert Lohfink* fragt, was eigentlich bei kanonischer Schriftauslegung anders wird, und entfaltet dies am Beispiel von

Psalm 6; *Hans-Joachim Kraus* geht an drei Texten (Dtn 30, Jer 31,31–34 und Röm 10) mit einer besonders durch den christlich-jüdischen Dialog geschärften Sensibilität der Frage christlicher Mißverständnisse und Fehlinterpretationen am Beispiel der Tora nach, mit dem immerhin überraschenden Ergebnis einer deutlichen Kritik an Paulus selbst. Den besonderen Beitrag, den das Werk von Hans-Joachim Kraus als Exeget und Systematiker für die Probleme einer Biblischen Theologie erbracht hat, würdigt im Berichtsteil *Michael Weinrich*. Die Bedeutung des biblischen Kanons in der ökumenischen und didaktischen Arbeit erörtern *Hans-Georg Link* und *Ingo Baldermann*.

In der Kanondiskussion gewinnen auch historische Aspekte systematische Bedeutung. Ihnen ist der zweite Teil des Bandes gewidmet: *Magne Sæbø* beschreibt Elemente der Kanonwerdung innerhalb der hebräischen Bibel und verweist auf die notwendige Unterscheidung zwischen diesem Prozeß des Zusammendenkens und dem Einschnitt, der mit der definitiven Abgrenzung des Kanons vollzogen wird. *Johann Maier* verfolgt die im Frühjudentum wirksamen Impulse zur Kanonbildung im Lichte der Qumranfunde, und *Hans Hübner* schließlich reklamiert für das neutestamentliche Schriftverständnis und den in Zitaten greifbaren Schriftbezug einen beherrschenden Einfluß der Septuaginta und fordert daraus Konsequenzen für Exegese und Studium des Neuen Testaments. Dabei spielt – wie auch in anderen Beiträgen – die sogenannte »Synode von Jamnia« eine gewichtige Rolle als der umstrittene historische Endpunkt der jüdischen Kanonbildung; ihre Problematik erörtert *Günter Stemberger*. Unterschiedliche Positionen stehen hier unvermittelt nebeneinander und sind bewußt nicht ausgeglichen worden.

Das gilt auch für den Aufsatz von *Hans Peter Rüger*, der zum Teil auf dieselben jüdischen Texte eingeht; deren weithin andere Deutung macht sichtbar, wie offen hier die Diskussion noch ist; durch die Weiterführung der innerjüdischen Ansätze für die Entstehung des christlichen Kanons leitet Rüger auch schon zu den folgenden kirchengeschichtlichen Beiträgen und ihren interessanten Aspekten der Diskussion um einen engeren oder weiteren Kanon über: *Rainer Berndt* zeigt das weite Kanonverständnis des Hugo von St. Viktor, das auch die Kirchenväter mit einbezieht, und *Hermann Josef Sieben* geht der Kontroverse zwischen Bossuet und Leibniz über das Kanonverständnis des Tridentinums nach, an dem die Einigungsbestrebungen scheitern.

Der Berichtsteil ist endlich zu einem gleichgewichtigen dritten Teil geworden; neben den erwähnten Beiträgen enthält er Rezensionen von *Günther Stemberger* über die Studie von David G. Meade zur Pseudonymitätsproblematik (1986) und von *Ernst Dassmann* über die umfassende Darstellung der historischen und theologischen Probleme der Kanonbildung durch Bruce M. Metzger (1987).

Der Verlag hat es möglich gemacht, daß nach dem verspäteten Erscheinen der ersten beiden Bände unseres Jahrbuches dieser Band zu dem ursprünglich geplanten Termin erscheinen kann. Das konnte nicht ohne den besonderen Einsatz der Mitarbeiter des Verlages gelingen, denen wir auf diesem Wege sehr herzlich danken. Der nächste Band wird der Frage des »Gesetzes« (1989), der dann folgende dem Thema »Schöpfung – Neuschöpfung« (1990) gewidmet sein.

Für die Herausgeber
Günter Stemberger / Ingo Baldermann

Inhalt

I

»Kanonische Schriftauslegung«

Brevard S. Childs

Biblische Theologie und christlicher Kanon*

I. *Einführung*

Das Hauptanliegen meiner *Einleitungen* in das Alte und in das Neue Testament[1] war, die bedeutungsvolle Rolle des Kanons für die Auslegung beider Einzeltestamente herauszustellen. Einige der meiner Überzeugung nach wichtigsten Gründe für ein Ernstnehmen des Kanons seien noch einmal kurz skizziert:
1. Mit dem Begriff des Kanons ist im wesentlichen nicht eine späte kirchliche Festlegung des *Umfangs* der normativen Schriften gemeint (eigentliche Kanonisierung), sondern ein tief im Schrifttum selbst wurzelndes Bewußtsein. Es erwächst aus einer besonderen Haltung der Tradenten gegenüber der Autorität der Schrift und spiegelt sich in der Weise, in der die Texte von verschiedenen Glaubensgemeinschaften empfangen, bewahrt und überliefert wurden.
2. Im Zentrum des Überlieferungsprozesses, der zur Kanonisierung führte, stand ein grundlegender hermeneutischer Vorgang. Die biblischen Traditionen ruhten nicht unbenutzt, sie wurden auch nicht in Archiven sicher vor Änderungen aufbewahrt, sondern sie wurden ständig überarbeitet und durch den Gebrauch verändert. So wurden die heiligen Schriften beider Testamente, die ursprünglich Gelegenheitsschreiben darstellten und auf konkrete historische Situationen Bezug nahmen, durch zahlreiche redaktionelle Kunstfertigkeiten derartig umgestaltet, daß sie für die nachfolgenden Generationen normativen Charakter erhielten. Zur Aktualisierung der Texte wurde nicht nur *eine* Technik angewendet: Mal wurde eine ältere Komposition durch eine neue redaktionelle Schicht ergänzt, mal ein kommentarähnlicher Zusatz angefügt; mal wurden getrennte Briefe zusammengefügt, mal eine chronologische Reihenfolge einer thematischen entsprechend neu geordnet. Vor allem ist hervorzuheben, daß der Prozeß, in dessen Verlauf der biblische Text seine

---

*   Aus dem Amerikanischen übersetzt von *Chr. Schroeder* und *D.R. Daniels*, Alttestamentliches Seminar der Universität Hamburg.
1   *B.S. Childs*, Introduction to the Old Testament as Scripture, Philadelphia/PA (1979) [2]1980; *ders.*, The New Testament as Canon: An Introduction, Philadelphia/London 1985.

vielschichtige Qualität erhielt, nicht einfach den allgemeinen Überlieferungsgesetzen der Folklore oder hellenistischer Schreibtraditionen entspringt. Vielmehr sorgte ein theologisches Interesse, im Kanonbewußtsein verankert, dafür, daß die Texte auf ein besonderes religiöses Ziel hin
gestaltet wurden. Dieser kanonische Prozeß kam – für beide Testamente
auf unterschiedliche Weise – im Akt der Kanonisierung zu Ende, der danach strebte, Text und Umfang der heiligen Schriften festzuschreiben.
3.   Der kanonische Prozeß traf nicht nur hinsichtlich des zur Überlieferung bestimmten Materials eine Auslese, er leistete auch auf verschiedene
Weise eine kritische Beurteilung des Inhalts, indem er einige Elemente
wegließ, andere ausweitete und wieder andere Züge des Textes unterordnete. Diese Urteile waren in beiden Testamenten wie eine *regula fidei*
wirksam. Sie bewahrte eine große Vielfalt und wirkte gleichzeitig als Negativkriterium, indem sie bestimmte äußere Grenzen – wie das Götzendienstverbot – setzte, die nur die Häretiker überschritten und damit die
Glaubensgemeinschaft verließen (Dtn 13,1–5; 1Joh 2,22ff).
Zusammenfassend: Der Einfluß des kanonischen Prozesses auf die
Gestaltung der biblischen Literatur erschien mir als Anregung zu einem
neuen Programm der Bibelauslegung und ist in den beiden *Einleitungen*
skizziert. Der neue Zugang ist nicht weniger kritisch als die traditionellen
Methoden historischer Kritik, richtet jedoch andere Fragen an den Text.
Vor allem versucht er wahrzunehmen, in welchem Maß der kanonische
Prozeß die Umgestaltung von Texten zur Heiligen Schrift einer Glaubensgemeinschaft bewirkt. Er sucht in der kanonischen Anordnung des Materials einen Zeugen für einen theologischen Bezug zu entdecken, der häufig durch die Überbetonung der diachronen Dimension geschichtlicher
Entwicklung verloren gegangen war.

II.   *Traditionelle Modelle Biblischer Theologie*

Absicht dieses Aufsatzes ist es nicht, jene Ergebnisse noch einmal zu wiederholen, sondern die Beziehung des christlichen Kanons zum Unternehmen einer Biblischen Theologie in den Blick zu nehmen, was natürlicherweise eine Ausweitung vieler jener Aspekte mit sich bringt.
Da Biblische Theologie per definitionem theologische Reflexion über
beide Testamente ist, erscheint eine Rechtfertigung der Bedeutung des
Kanons für die Biblische Theologie auf den ersten Blick überflüssig. Sind
nicht ganz offenkundig die Kategorien Altes und Neues Testament kanonische Rubriken? Nichtsdestoweniger veranschaulicht die Geschichte
dieses Faches, daß die Rolle des Kanons in der Biblischen Theologie nicht
deutlich zum Vorschein gekommen ist. Frühe nachreformatorische Versuche Biblischer Theologie bestanden in der Kompilierung von *dicta probantia,* die in eine vereinheitlichte Doktrin passen mußten, ohne daß dabei die Struktur des Kanons beachtet worden wäre. Später versuchten

Vertreter Biblischer Theologie diese dogmatischen Beschränkungen zu durchbrechen, indem sie sich auf ein Konzept der *Heilsgeschichte* beriefen, das geschichtliche Entwicklung als Träger eines theologischen Gehaltes begriff, der unter der Textoberfläche liegt. Selbst die modernen Versuche, von Hoffmanns Schema in einen traditionsgeschichtlichen Prozeß zu überführen (von Rad, Gese), verknüpften diesen Prozeß nicht vollständig mit dem Kanon. Dann wieder haben die verschiedenen thematischen Zugänge, die im englischsprachigen Raum noch hoch geschätzt sind[2], es durchgängig vermieden, dem Kanon einen signifikanten Platz zuzuweisen. Schließlich ist eine große Gruppe moderner Gelehrter zum Modell des liberalen Protestantismus des 19. Jahrhunderts zurückgekehrt und gründet die Biblische Theologie auf die religiösen Erfahrungen des Volkes der Bibel, wobei die Entstehung des Kanons als nebensächlich und belanglos übergangen wird[3].

III. Der Abschluß des hebräischen Kanons

Jeder Versuch, den Kanon ins Zentrum einer Biblischen Theologie zu stellen, sieht sich unmittelbar vor die Schwierigkeit gestellt, die Beschaffenheit der christlichen Bibel zu definieren. Scheint es zunächst auf der Hand zu liegen, daß die christliche Kirche sich die jüdischen Schriften angeeignet und sie mit den eigenen heiligen Schriften vereinigt hat, so ist doch der genaue Verlauf dieses historischen Prozesses ein hochkontroverser Streitpunkt. Tatsächlich beeinflußt die jeweilige Vorstellung von der Entstehung der christlichen Bibel in hohem Maß das Verständnis von der Aufgabe einer Biblischen Theologie.

Am Ende des 19. Jahrhunderts hatte sich hinsichtlich des aktuellen historischen Prozesses, der zur Gestaltung der Bibel führte, ein breiter Konsens gebildet. Diese Rekonstruktion ist in den Handbüchern von Wildeboer, Buhl und Ryle[4] zusammengefaßt. Sie nimmt drei Entwicklungsstufen an: Der Pentateuch erhielt den festen kanonischen Status in der zweiten Hälfte des 5. Jahrhunderts; diese Datierung wird durch das samaritanische Schisma bestätigt. Das prophetische Corpus wurde als nächstes am Ende des 3. Jahrhunderts festgeschrieben; diese Datierung wird durch die Ausschließung des Buches Daniel gestützt, das ca. 165 v.Chr. verfaßt wurde. Der Schlußabschnitt, die Schriften, wurde erst gegen Ende des ersten Jahrhunderts n.Chr. zur abgeschlossenen kanonischen Sammlung

---

2   *S. Terrien*, The Elusive Presence. Toward a New Biblical Theology, New York 1979; *J.D.G. Dunn*, Unity and Diversity in the New Testament, London 1977.
3   *J. Barr*, Holy Scripture. Canon, Authority, Criticism, Oxford/Philadelphia 1983.
4   *G. Wildeboer*, Het Onstaan van den Kanon des Ouden Verbonds, Groningen 1889; *F. Buhl*, Kanon und Text des Alten Testaments, Leipzig 1891; *H.E. Ryle*, The Canon of the Old Testament, London 1892.

gestaltet, als die offiziellen Grenzen des hebräischen Kanons von den Rabbinen auf der Synode von Jamnia um 90 n.Chr. festgesetzt wurden[5]. Ist auch dieser gesamte Konsens des 19. Jahrhunderts in den letzten Jahren an vielen Punkten verstärkt in Frage gestellt worden[6], so bleibt doch das letzte Stadium der Kanonisierung die umstrittenste Frage. Die gewöhnlich vertretene Auffassung nimmt an, der hebräische Kanon sei bei der Entstehung des Christentums noch offen gewesen. Ihr zufolge zirkulierte während des ersten Jahrhunderts n.Chr. in Palästina ein breites Spektrum jüdischer religiöser Schriften mit unterschiedlichem normativem Rang. Der Hauptimpuls zur Schließung des hebräischen Kanons kam von seiten des Christentums, das das jüdische Vermächtnis im Gegenüber zur Evangelientradition als »Altes Testament« bezeichnete. Nach der Theorie umfaßte diese Sammlung jüdischer Schriften, die sich die Kirche aneignete, eine große Auswahl von Büchern einschließlich der später so bezeichneten apokryphen und pseudepigraphischen Schriften. Als Antwort auf die Entstehung des Christentums und anderer sektenartiger Gruppierungen reagierte dann die jüdische Synagoge, indem sie die eigenen rabbinischen Traditionen durch Einschränkungen konsolidierte. Sie schloß die meisten apokalyptischen Schriften aus, begrenzte ihren Kanon auf hebräische Schriften und ordnete die Propheten und Schriften der beherrschenden Rolle der Tora unter.

Das Argument für die Offenheit des hebräischen Kanons bis zum Ende des ersten Jahrhunderts n.Chr. ist von Sundberg bündig zusammengefaßt worden:

> »Die in der Kirche herrschende Ungewißheit über den Umfang des Alten Testaments hätte nicht aufkommen können, wenn der Umfang des Alten Testaments zur Zeit Jesu und der Urkirche bereits festgestanden hätte«[7].

Ein ähnlicher Standpunkt hinsichtlich des Abschlusses des jüdischen Kanons ist von Jepsen, Gese und anderen vertreten worden[8]. Meiner Überzeugung nach kann diese Rekonstruktion aus gewichtigen Gründen nicht mehr aufrechterhalten werden. Viele Anzeichen sprechen für einen Abschluß des jüdischen Kanons zu einem weitaus früheren Zeitpunkt. Überdies wäre es ein auch methodologisch sauberer Zugang, wenn vor der Klärung der vielfältigen Probleme der eigentümlichen christlichen Praxis zunächst die Argumente für und wider den Abschluß des Kanons

---

5 Vgl. dazu die geringfügigen Modifikationen O. Eißfeldts in: *Ders.*, Einleitung in das Alte Testament, Tübingen ⁴1976, 762–773.
6 Vgl. den Literaturbericht in: *B.S. Childs*, Introduction to the Old Testament as Scripture, Philadelphia/PA 1979, 52ff.
7 *A.C. Sundberg*, The Old Testament of the Early Church (HThS 20), Cambridge/Mass. 1964, 130.
8 *A. Jepsen*, Art. Bibel I. B, RGG³ (1957) 1123–1126; *H. Gese*, Vom Sinai zum Zion. Alttestamentliche Beiträge zur Biblischen Theologie (BEvTh 64), München ²1984, 16f; *ders.*, Zur biblischen Theologie. Alttestamentliche Vorträge, Tübingen ²1983, 9–30.

im ersten Jahrhundert, die aus den jüdischen Quellen selbst stammen, untersucht würden.

1. Die Abhandlung des Josephus *Contra Apionem,* auf die die feste Zahl von 22 kanonischen Büchern zurückgeht, wird gewöhnlich ins Jahr 93 n.Chr. datiert. Aus diesem Abfassungszeitpunkt folgert man, Josephus bestätige die Offenheit des hebräischen Kanons bis zum Zeitpunkt nach der »Synode« von Jamnia. Dennoch gibt Josephus, was die jüdischen Schriften angeht, Traditionen wieder, die schon seit langem von den Juden gepflegt wurden und die er schon früher in seinem Leben als Mitglied der Pharisäer kennengelernt hatte (ca. 56–57 n.Chr.). Tatsächlich spiegelt er eher Traditionen der Zeit um 50 n.Chr. als solche der Jahre nach 70 n.Chr. wider.

Wenn er dann die entscheidende Rolle Jamnias übergeht, das dem Nachweis von Leiman[9] zufolge für die Streitfrage des Abschlusses des hebräischen Kanons völlig unerheblich ist, dann stützt Josephus einen Zeitpunkt für den Abschluß des hebräischen Kanons, der weit vor dem der Zerstörung Jerusalems liegt.

2. Ein anderes häufig genanntes Argument für die Annahme, der hebräische Kanon sei noch bis zum Ende des ersten Jahrhunderts in Bewegung gewesen, sind die unbestimmten Verweise auf die Schriften als drittem Teil des hebräischen Kanons (vgl. Prolog zu Kohelet; Lk 24,44 usw.). Doch setzt diese Annahme voraus, die drei Abschnitte des hebräischen Kanons seien in geschichtlicher Abfolge entstanden, ein Standpunkt, der zunehmend in Frage gestellt wird. Die Untersuchungen von Swanson[10] und Beckwith[11] haben eine andere, sehr plausible Möglichkeit aufgezeigt, die die Entstehung der *Ketubim* (Schriften) als eine spätere Abspaltung innerhalb der nichtmosaischen Sammlung der *Nebi'im* (Propheten) begreift; und diese Entwicklung stünde in keiner direkten Beziehung zur Streitfrage des Kanonabschlusses. Darüber hinaus würde auch die von 90–400 n.Chr. reichende ungebrochene Kette von Zeugen eines 22 Rollen umfassenden Kanons[12], in dem zwar die Namen der Bücher, nicht aber deren Zahl variabel waren, für eine Unveränderbarkeit des jüdischen Kanons von einem weit früheren Zeitpunkt an sprechen[13].

3. Die Annahme, das pharisäische Judentum habe eine feste Form der Schrift besessen, wird weiter durch die geringe Zahl von Zitaten aus den Apokryphen bei Philo, Josephus und im Neuen Testament bezeugt. In ähnlicher Weise zitieren Sirach, die Verfasser der Makkabäerbücher, Hillel, Schammai und die Tannaim des ersten Jahrhunderts niemals die apo-

---

9 *S.Z. Leiman,* The Canonization of the Hebrew Scripture, Hamden/Ct. 1976, 120ff.
10 *T. Swanson,* The Closing of the Collection of Holy Scripture, PhD Diss., Vanderbilt University 1970, 242ff.
11 *R. Beckwith,* The Old Testament Canon of the New Testament Church, London / Grand Rapids 1985, 110ff.
12 *T. Zahn,* Geschichte des Neutestamentlichen Kanons II, Erlangen/Leipzig 1890, 336.
13 *P. Katz,* The Old Testament Canon in Palestine and Alexandria, ZNW 47 (1956) 199.

kryphe Literatur als Heilige Schrift. Schließlich beweisen die Aussagen der alexandrinischen Kirchenväter des 3. und 4. Jahrhunderts (Origenes, Athanasius u.a.), daß der alttestamentliche Kanon Alexandrias, ganz der jüdischen Tradition folgend, auch nur aus 22 Büchern bestand.

4. Der vielleicht stärkste Beweis für einen festen hebräischen Kanon im pharisäischen Judentum des beginnenden ersten Jahrhunderts n.Chr. leitet sich von der Geschichte der Festlegung des Masoretischen Textes her[14]. Die Schriften aus Qumran und den benachbarten Höhlen weisen darauf hin, daß der Masoretische Text um 70 n.Chr. ein hohes Maß an Stabilität erreicht hatte. Weiter hat schon im ersten Jahrhundert v.Chr. eine protolukianische Revision der griechischen Bibel die Septuaginta überarbeitet, um sie an den normativen hebräischen Text anzugleichen. In ähnlicher Weise hat die Revision des griechischen Textes am Anfang des ersten Jahrhunderts n.Chr., die sogenannte prototheodotische Revision, den griechischen Text in Übereinstimmung mit dem protomasoretischen hebräischen Text gebracht. Diese letztgenannte Ausgabe bezog auch die Bücher Daniel, Ruth und Klagelieder in die Hagiographen ein. Die Folgerung, die aus dieser Textgeschichte gezogen werden kann, ist klar: Der Text eines Buches wäre nicht festgeschrieben worden, hätte es nicht bereits selbst kanonischen Status erlangt.

Zusammenfassend: Es gibt starke Anzeichen dafür, daß sich zumindest in Kreisen des protorabbinischen pharisäischen Judentums bis zum Ende des ersten Jahrhunderts v.Chr. der Begriff eines festen hebräischen Kanons mit einer relativ festen Zahl von Büchern und einem zunehmend festgelegten normativen Text durchgesetzt hatte.

IV.   *Die Entstehung der christlichen Bibel*

Wie ist angesichts dieser Belege, die auf einen festen hebräischen Kanon innerhalb des pharisäischen Judentums hindeuten, die große Zahl jüdischer religiöser Schriften zu erklären, die zur Zeit der Entstehung des Christentums in Umlauf waren und die sich die christlichen Kirchen kurze Zeit später in unterschiedlichem Ausmaß aneigneten? Viele der traditionellen Erklärungen sind in letzter Zeit hinfällig geworden. So ist zum Beispiel die Theorie eines umfangreicheren alexandrinischen Kanons, der sich von einem eingeschränkteren palästinischen Kanon unterschied, endgültig durch den Nachweis zu Fall gebracht worden, daß das Problem der Vielfalt nicht durch diese geographische Aufteilung zu lösen ist[15].

---

14   *F.M. Cross*, The History of the Biblical Text in the Light of Discoveries in the Judean Desert, HThR 57 (1964) 281–299; *B. Barthélemy*, L'Etat de la Bible juive depuis le début de notre ère jusqu'à la deuxième révolte contre Rome (131–135), in: *J.-D. Kaestli – O. Wermelinger* (Ed.), Le Canon de l'Ancien Testament. Sa formation et son histoire, Genève 1984, 9–45.
15   *Sundberg*, Old Testament 51–79.

Auch das Argument Moores[16], Akibas Bann sei Ausdruck einer Zurückweisung christlicher Schriften durch die Synagoge gewesen, hat sich nicht halten lassen. Bei den abgelehnten Büchern, den ספרי מינים handelte es sich um Kopien der Heiligen Schrift, die von jüdischen Häretikern angefertigt worden waren; sie hatten folglich wenig mit einer angeblichen jüdischen Reaktion gegen die Christen zu tun[17].

Der Kern des Problems liegt darin, die Züge von Kontinuität und zugleich Diskontinuität zwischen Juden und Christen des ersten Jahrhunderts n.Chr. hinsichtlich des Umfangs des hebräischen Kanons zu erklären. Zunächst einmal bedeutete es eine Unterschätzung der zumindest im pharisäischen Judentum offenkundigen Festlegung des Kanons, wollte man aus dem breiten Spektrum der von der Urkirche verwendeten Schriften die Folgerung ziehen, auch der jüdische Kanon sei noch in Bewegung gewesen. Es scheint höchst wahrscheinlich zu sein, daß sich bei dieser einen jüdischen Gruppe noch vor der Entstehung des Christentums und unabhängig von der damit gestellten Herausforderung ein begrenzter Kanon normativer Schriften durchgesetzt hatte. Überdies hatte die erbitterte polemische Auseinandersetzung zwischen der Qumrangemeinde und dem rabbinischen Judentum ausdrücklich innerjüdische Differenzen zum Gegenstand: unterschiedliche Kalender und Ämter, unterschiedliche exegetische Traditionen und Heilige Schriften.

Zum zweiten ist unbedingt zu beachten, daß sich der Status des pharisäischen Judentums im Verlauf des ersten Jahrhunderts n.Chr. tiefgreifend wandelte. Zur Zeit der Entstehung des Christentums war es nur eine – obgleich wichtige – von vielen innerhalb des Judentums miteinander rivalisierenden Gruppierungen. Gleichwohl übernahm das pharisäische, d.h. das rabbinische Judentum nach der Katastrophe von 70 n.Chr. nicht nur eine beherrschende geschichtliche Rolle, sondern wurde auch von dieser Zeit an im Grunde genommen mit dem Judentum schlechthin identisch (das Aufkommen von Gruppen wie der Karäer im frühen Mittelalter bestätigt nur die allgemeine Regel).

Vom Neuen Testament her scheint es klar zu sein, daß sich Jesus und die frühen Christen mit den Schriften des pharisäischen Judentums identifizierten. Die frühen Kontroversen mit den Juden gingen um die richtige Auslegung der den Christen und der Synagoge gemeinsamen Heiligen Schriften. Obgleich es genügend Anzeichen dafür gibt, daß auch Bücher außerhalb des rabbinischen Kanons bekannt waren, ist es auffallend, daß sie nur selten als Heilige Schriften zitiert werden. Der Gebrauch des Alten Testaments durch frühchristliche Schriftsteller wie Clemens und Justin bestätigt noch zusätzlich die Annahme einer Synagoge und Kirche ge-

---

16 *G.F. Moore,* The Definition of the Jewish Canon and the Repudiation of Christian Scriptures, in: C.A. Briggs Testimonial, New York 1911, 99–125; wieder abgedruckt in: *S.Z. Leiman* (Ed.), The Canon and Masorah of the Hebrew Bible. An Introductory Reader, New York 1974, 115–141.
17 *Swanson,* Closing 296–311.

meinsamen Schrift, auch wenn schon leichte Abweichungen erkennbar
geworden waren.

Es ist auch offenkundig, daß schon sehr bald nach ihrer Gründung innerhalb der Kirche eine andere Einstellung zu den jüdischen Schriften entstand; jetzt trat sie mit dem Anspruch auf, in Jesu eigenem Schriftgebrauch das Auslegungskriterium schlechthin zu besitzen. Die grundlegende sachliche Änderung bestand darin, der Person Jesu Christi die
Hauptautorität zuzuschreiben, die jetzt durch die gesamte Schrift bezeugt
wurde. Die große formale Änderung ergab sich aus der christlichen Übernahme der Septuaginta, die unmittelbare und tiefgreifende Folgen für das
christliche Kanonverständnis hatte. In zunehmendem Maß gaben die
Christen – bewußt und unbewußt – die Festlegungen auf, mit denen das
rabbinische Judentum seinen Kanon ausgestattet hatte, indem es z.B. allein den hebräischen Schriften kanonische Autorität zumaß. Desgleichen
verwischte der Gebrauch der Septuaginta schnell die Begrenzungen, die
das rabbinische Judentum hinsichtlich des Umfangs des hebräischen Kanons durchgesetzt hatte. Der spätere Gebrauch der lateinischen Bibel ent-
fernte die westliche Kirche noch weiter von ihrem rabbinischen Erbe. Obschon ein Wissen um den begrenzten Umfang des jüdischen Kanons vorhanden war, das in einigen christlichen Kreisen sogar normativen Charakter hatte, zeigte sich hinsichtlich des Umfangs des Alten Testaments in
der Christenheit doch bald eine große Meinungsvielfalt[18].

So kam es im Verlauf der Geschichte der christlichen Kirche zu zwei maßgeblichen und vorherrschenden Einstellungen gegenüber dem jüdischen
Kanon[19]. Man identifiziert das christliche Alte Testament mit dem begrenzten Umfang und der textlichen Gestalt des hebräischen Kanons der
Synagoge oder entscheidet sich für einen umfangreicheren Kanon und ergänzt den hebräischen Kanon um andere Bücher, die seit langem von der
Kirche als Schrift bewahrt wurden. Unter den Kirchenvätern war Hieronymus der klassische Vertreter des engeren Kanons. Sein Gegenüber als
Vertreter eines weiter gefaßten Kanons war bekanntlich Augustin. Die reformatorischen Kirchen schlossen sich in unterschiedlichem Maß Hieronymus an; die römisch-katholische Kirche entschied sich für Augustin.
Die orthodoxe Kirche schwankte lange, orientierte sich dann aber zunehmend am umfänglicheren christlichen Kanon[20].

Als Ergebnis bleiben hinsichtlich der christlichen Bibel zwei wichtige Probleme bis in die Gegenwart hinein umstritten. Das erste betrifft Umfang
und Textgestalt der christlichen Bibel, das zweite dreht sich um ihr theologisches Verhältnis zu ihrem jüdischen Erbe. Die Entscheidungen hin-

18   A. *Jepsen*, Kanon und Text des Alten Testaments, ThLZ 74 (1949) 65–74.
19   O. *Wermelinger*, Le canon des Latins au temps de Jérôme et d'Augustin, in: *J.-D. Kaestli – O. Wermelinger* (éd.), Le Canon de l'Ancien Testament. Sa formation et son histoire,
Genève 1984, 152–210.
20   M. *Jugie*, Histoire du canon de l'Ancien Testament dans l'église grecque et l'église russe, Paris 1909.

sichtlich dieser beiden Streitpunkte haben großen Einfluß auf die mögliche Definition der Aufgabe einer Biblischen Theologie.

V. Hermeneutische Folgen, die sich aus der Gestalt der christlichen Bibel ergeben

Trotz der fortdauernden Ungewißheit hinsichtlich bestimmter Züge der christlichen Bibel lassen sich einige wichtige hermeneutische Folgerungen ziehen, die für die Aufgabe einer Biblischen Theologie von grundlegender Bedeutung sind:

1. Die Christen nahmen die Heiligen Schriften der Synagoge als Zeugen Jesu Christi in Anspruch, verbanden sie mit dem Evangelium und bildeten so die Heilige Schrift der Kirche. Sie erkannten in den beiden getrennten Teilen ihres Kanons, im Alten und im Neuen Testament, das Zeugnis des einen Ziels der Offenbarung Gottes in Jesus Christus. Überdies wurde das Alte Testament nicht bloß als geschichtlicher Hintergrund für die christliche Botschaft betrachtet, sondern als lebendiger Zeuge, der auch die Kirche noch ansprach (Lk 24,27; 1Kor 9,10; 10,11; 1Tim 3,16).

2. Das Alte Testament wurde dem Neuen Testament zur Seite gestellt; bei dieser Zusammenfügung stellte die Kirche jedoch eine Reihenfolge der Bücher auf, die von der in der Synagoge entstandenen dreiteiligen Abfolge abwich. Dennoch schuf die Kirche ihre Reihenfolge nicht *de novo*, sondern wählte die Elemente aus den vorhandenen Kanontraditionen aus[21], die mit ihrer neuen Rolle als christliche Schrift am besten vereinbar waren, nämlich Gesetz, Geschichte, Weisheit/Psalmen und Propheten. Besonders offenkundig erhielten die Propheten als Vorausschau der neutestamentlichen Erfüllung eine neue Funktion[22]. Eine zu große hermeneutische Bedeutung sollte der Neuordnung des Alten Testaments allerdings nicht beigemessen werden, da die Reihenfolge sowohl in der Synagoge als auch in der Kirche bis zum Beginn des modernen Buchdrucks noch stark variierte[23].

3. Von weitaus größerer Bedeutung war die Weise, in der der christliche Kanon beide Testamente aufeinander zu beziehen suchte. Das Neue Testament war nicht bloß eine Ausweitung des Alten, gleichsam ein bloßes Schlußkapitel in der Geschichte Israels. Anders ausgedrückt: Das Neue Testament wurde nicht als eine dem Alten Testament angefügte Redaktionsschicht konzipiert. Selbst die neutestamentliche Kategorie der Erfüllung meinte nicht einfache Kontinuität. Vielmehr bezeichnete Christus das Ende des Gesetzes und das Neue Testament das Ende des Alten Bun-

---

21 *Katz*, Canon 191ff; *J.C.H. Lebram*, Aspekte der alttestamentlichen Kanonbildung, VT 18 (1968) 173–189.
22 *H.D. Preuß*, Das Alte Testament in christlicher Predigt, Stuttgart/Berlin/Köln/Mainz 1984, 13f.
23 *Zahn*, Geschichte 318–343.

des. Aber ebenso wichtig ist, daß das Alte Testament als Zeuge in seinem
eigenen Recht von der Kirche – größtenteils in der von der Synagoge
übernommenen Form – beibehalten wurde. Es wurde weder von Abschnitten des Neuen Testaments umrahmt noch wurde seine semantische
Ebene grundlegend verändert, sondern es wurde abgeschlossen und dem
Neuen Testament zur Seite gestellt. Deswegen ist es selbst von der Struktur des christlichen Kanons her unmöglich, von einem einheitlichen und
beide Testamente umfassenen traditionsgeschichtlichen Prozeß zu sprechen (gegen Gese).

4.   Schließlich nimmt mit dem Neuen Testament eine neue Geschichte
ihren Anfang; sein Zeugnis gründet in der Begegnung der Evangelisten
mit Jesus Christus als dem auferstandenen Herrn. Das Neue Testament ist
kein Midrasch zum Alten Testament. Es schöpft seine Kraft nicht aus dem
Alten Testament, das es womöglich angeglichen hätte, um Platz für das
Evangelium zu schaffen. Vielmehr verlief alles umgekehrt. Es erzählt eine
neue Geschichte von der Erfahrung der Auferstehung her. Aber – und
hier liegt der wichtigste Punkt – das Neue Testament erzählt seine neue
Geschichte mit den Worten des alttestamentlichen Zeugnisses. Bemerkenswert ist, daß das vollkommen neue Einsetzen des Heils Gottes in Jesus Christus mit den Mitteln des alttestamentlichen Zeugnisses geschildert wird. Die Identität Jesu wird mit der Begrifflichkeit des Alten Testaments gänzlich verständlich gemacht. Doch wurde die Kontinuität der einen umfassenden Erlösung Gottes ausschließlich vom Standpunkt des
Neuen Testaments aus entdeckt und allein von ihm aus die Brücke zum
Alten Bund geschlagen. Bultmann[24] erkannte Richtiges, wenn er das –
auf sich selbst gestellte – Alte Testament als ein Zeugnis des Scheiterns bezeichnete, er übersah jedoch, daß es aus der Perspektive des Evangeliums
das Zeugnis für Jesus Christus darstellt.

Zusammenfassend: Bereits die Struktur der christlichen Bibel, die aus
zwei verschiedenen Testamenten besteht, aber *einen* göttlichen Willen
bezeugt, deutet auf die kunstvolle Dialektik, die einer Biblischen Theologie abverlangt wird. Die sorgfältige Beachtung des christlichen Kanons
führt zu einem theologischen Nachdenken über beide Testamente, das
sich weder mit den Kategorien einer ungebrochenen Kontinuität noch mit
denen einer radikalen Diskontinuität zufrieden gibt; und nur die theologische Reflexion, die beide Kategorien freimütig gebraucht, stimmt mit
der einen christologischen Mitte überein.

---

24   *R. Bultmann*, Die Bedeutung des Alten Testaments für den christlichen Glauben, in:
ders., Glauben und Verstehen I, Tübingen ³1958, 313–336.

VI. Das fortdauernd gültige Zeugnis beider Testamente in der Biblischen Theologie

Es ist ein charakteristischer Zug der neueren Biblischen Theologie, daß besonders der Einfluß, den das Alte Testament auf das Neue gehabt hat, herausgearbeitet wird. Bisweilen wird das Alte Testament als Teil eines traditionsgeschichtlichen Prozesses gesehen, der erst im Neuen Testament zum Abschluß kommt (Gese, Stuhlmacher)[25]; es wird als Quelle der neutestamentlichen Bekenntnissprache (Gunneweg)[26] oder als Speicher religiöser Bilder (Terrien)[27] verstanden. Es gibt jedoch wichtige Argumente dafür, die Funktion des Alten Testaments innerhalb der Biblischen Theologie nicht auf den Gebrauch, den das Neue Testament von ihm macht, zu beschränken[28].

Erstens warnt der außerordentlich geringe Gebrauch ganzer Teile des Alten Testaments (z.B. Könige, Chronik, Esra, Jeremia, Esther u.a.) aus der Perspektive historisch-kritischer Forschung unmittelbar davor, diese Literatur unbeachtet zu lassen, indem man sie nur in dieser verkürzten Gestalt wahrnimmt. Zweitens steht seit langem fest, daß das Neue Testament das Alte in einer durch und durch zeitbedingten Weise ausgelegt hat, die vom hellenistischen Zeitrahmen und dem christologischen Standpunkt bestimmt gewesen ist. Es ist auch nicht allein die Übertragung des hebräischen Textes ins Griechische, sondern die neutestamentlichen Schriftsteller wandten auch die exegetische Technik der Allegorie, der Typologie und des Pescher an und überführten damit das Alte Testament in eine metaphorische Sinngestalt, die weit von seinem ursprünglichen historischen Sinn entfernt ist.

Doch ebenso wichtig sind die theologischen Argumente gegen eine Übernahme der neutestamentlichen Auslegung des Alten Testaments durch den modernen biblischen Theologen. Der moderne christliche Theologe nimmt am Unternehmen Biblischer Theologie von einem Lebenszusammenhang aus teil, der sich von dem der Urkirche grundlegend unterscheidet. Er hat nicht nur – wie oben erwähnt – an einer durch die Aufklärung geprägten Perspektive auf die Bibel teil; der entscheidende Unterschied liegt vielmehr darin, daß er eine christliche Bibel besitzt, die aus zwei normativen Testamenten besteht. Im Gegensatz dazu hatte die Urkirche kein Neues Testament, sondern als Schrift nur ihr jüdisches Erbe und dazu die mündliche Evangelientradition. So unterscheidet sich die Aufgabe eines

---

25 *Gese,* Sinai 16f; *ders.,* Theologie 9–30; *P. Stuhlmacher,* Vom Verstehen des Neuen Testaments. Eine Hermeneutik (GNT 6), Göttingen 1979, 228ff.
26 *A.H.J. Gunneweg,* Vom Verstehen des Alten Testaments. Eine Hermeneutik (GAT 5), Göttingen ²1988, 195ff.
27 *Terrien,* Presence.
28 *B. Lindars,* New Testament Apologetic. The doctrinal significance of the Old Testament Quotations, London 1961; *A.T. Hanson,* Jesus Christ in the Old Testament, London 1965; *ders.,* Studies in Paul's Technique and Theology, London 1974; *E. Gräßer,* Der Alte Bund im Neuen. Exegetische Studien zur Israelfrage im Neuen Testament (WUNT 35), Tübingen 1985.

modernen Christen, der sich mit der ganzen christlichen Bibel beschäftigt, von Anfang an grundlegend von der der Christen der ersten Generation. Der moderne Christ liest das Alte Testament genau wie die Urkirche als Hinweis auf Jesus Christus. Das Alte Testament ist Teil der Schrift der Kirche, weil es Zeugnis für den einen Herrn ablegt. In dieser Hinsicht unterscheidet sich die christliche Auslegung des Alten Testaments grundsätzlich von der jüdischen. Allerdings bleibt schwer bestimmbar, was es bedeutet, im Alten Testament einen Hinweis auf Christus zu finden, und das Ringen mit diesem Problem führt ins Herz der Biblischen Theologie. Der Standpunkt, der hier vertreten wird, ist, daß das Alte Testament gerade in seiner Rolle als christliche Schrift in seinem eigenen Recht wirksam ist.

Die Form Biblischer Theologie, wie sie in brillanter Weise in Tübingen betrieben wird, halte ich deshalb für besonders problematisch, weil sie das Alte Testament als eine geschichtliche Größe der Vergangenheit zu betrachten scheint. Seine Rolle besteht darin, einen ununterbrochenen theologischen Prozeß zu erzeugen, der sein Ziel im Neuen Testament erreicht. Seine Funktion ist vom Verständnis seiner Botschaft durch einige jüdische und christliche Tradenten bestimmt. Dennoch ist das Alte Testament in der geschichtlichen Vergangenheit verankert worden. Seine fortdauernde Rolle als gültiges unabhängiges Zeugnis scheint verloren zu sein. Soweit die Biblische Theologie das Alte Testament betrifft, versteht sie sich vor allem als historische Disziplin, nicht dagegen als einen weiterführenden konstruktiven Versuch, der darum bemüht wäre, auf die vertikale Dimension des Alten Testaments als eines fortdauernd, unabgängig vom neutestamentlichen Zeugnis, gültigen Wortes Gottes zu stoßen, das sich auf die konkrete geschichtliche Situation seiner modernen Leser bezieht.

Es gibt noch eine weitere theologische Rechtfertigung für das christliche Lesen des Alten Testaments in seinem eigenen Recht. So hat Mußner eindringlich auf die fortdauernde Beziehung zwischen Kirche und Synagoge hingewiesen:

»Weil das altbundliche Gottesvolk neben dem neubundlichen fortlebt bis zum Ende der Tage, sollte in der christlichen Theologie die Botschaft des Alten Testaments nun nicht mehr bloß im Licht der neuen Hemeneutik der Urkirche und des Paulus ausgelegt, sondern eine Hermeneutik entwickelt werden, die die alttestamentliche Botschaft als eine Botschaft auch *sui generis* versteht«[29].

Am Ende seines Aufsatzes weist Mußner darauf hin, daß die Entwicklung einer Hermeneutik, die die jüdische und die christliche Existenz umfaßt, eine der wichtigsten Aufgaben zukünftiger theologischer Reflexion bleiben wird.

---

29   *F. Mußner – H. Groß*, Die Einheit von Altem und Neuem Testament, IKaZ 3 (1974) 552.

VII.   *Zwei Hauptprobleme zukünftiger theologischer Arbeit*

Das erste Problem ergibt sich aus dem kanonischen Rang des Alten Testaments als eines unabhängigen Zeugnisses Jesu Christi in eigenem Recht. Die Kirche ist aufgefordert, das Alte Testament in seiner eigentlichen Bedeutung zusammen mit dem neutestamentlichen Zeugnis Jesu Christi zu hören. Dennoch tauchen schwerwiegende Probleme auf, wenn der Christ beide kanonische Zeugen zusammen in sinnvoller Weise zu hören versucht. Das Neue Testament hat sich des Alten als eines wichtigen Bestandteils seiner christologischen Botschaft bedient, aber es fing mit dem Evangelium an und las von hier aus das Alte Testament. Im Ergebnis ist das Alte Testament in seiner neutestamentlichen Form gründlich umgewandelt worden. Das Alte Testament wird im Neuen auf weiten Strecken in metaphorischem Sinn, zumindest aber in einer Weise gelesen, die von seinem ursprünglichen historischen Sinn weit entfernt ist.

In der Vergangenheit sind mehrere Lösungsversuche gemacht worden, um diese Schwierigkeit zu überwinden. Konservative Theologen sind bis zum Äußersten gegangen, um die eigentliche Bedeutung des Alten Testaments mit dessen neutestamentlichem Verständnis zu harmonisieren – aber oft mit zweifelhaften Ergebnissen[30]. Moderne liberale Theologen haben gewöhnlich die Hoffnung aufgegeben, ein einheitliches Zeugnis in beiden Teilen des Kanons zu finden; sie suchten nach anderen Wegen, aus den Texten einen theologischen Gehalt herauszuholen wie z.B. eine Existenzweise, eine Sprachform oder eine Traditionsgeschichte. Eine Hauptaufgabe einer Biblischen Theologie, die den Kanon ernst nimmt, scheint mir darin zu bestehen, sich um eine theologisch befriedigendere Herausarbeitung der Beziehung zwischen beiden Testamenten zu bemühen und sich dabei der auffallend unterschiedlichen Formen, in denen das Alte Testament in der christlichen Schrift vorkommt, bewußt zu bleiben.

Das zweite Hauptproblem, das weiterhin theologischer Reflexion bedarf, betrifft den Umfang der christlichen Bibel und den Streitpunkt der engeren und weiteren Formen des christlichen Kanons. Obwohl unter allen Christen Einigkeit bestand, daß die Schriften des Alten und Neuen Testaments insoweit autoritativ waren, als sie auf Gottes Erlösungstat in Jesus Christus hindeuteten, schienen hinsichtlich des Kanons dennoch zwei verschiedene Prinzipien durch die ganze Kirchengeschichte hindurch wirksam zu sein. Auf der einen Seite stand das grundsätzliche Anliegen, die Wahrheit des apostolischen Zeugnisses zu bewahren. Der Versuch, apostolische Schriften und spätere kirchliche Tradition zu unterscheiden, war Ausgangspunkt der Kanonisierung. Das Bemühen um die Erhaltung der Wahrheit des biblischen Zeugnisses drückte sich hinsichtlich des Alten Testaments im Festhalten von Hieronymus und anderen an der Priori-

---

30   Ein Extrembeispiel ist *W.C. Kaiser* Jr., The Uses of the Old Testament in the New, Chicago/Ill. 1985.

tät des hebräischen Kanons auch für die christliche Kirche aus. Er führte
an, das Wort Gottes an Israel sei am besten im hebräischen Kanon erhalten, von dem die verschiedenen Übersetzungen abhängig waren. Ein
ebenso wichtiges Argument war der theologische Anlaß zur Solidarität
mit den Juden, den auserwählten Tradenten dieser Tradition (Röm 9,4–
5).

Auf der anderen Seite legte eine gleich starke Stimme besonderen Wert
auf die Katholizität des christlichen Glaubens, die sich in einer ungebrochenen Kontinuität heiliger Tradition vom auferstandenen Herrn an aus-
drückte. Der christliche Kanon entstand, indem verschiedene Schriften
durch ihren Gebrauch in christlichen Gemeinden als von Gott inspiriert
erfahren und anerkannt wurden. Den Kirchenvätern dienten bei der Feststellung der Autorität eines Buches als Hauptkriterium die Zeugnisse der
ältesten Gemeinden, die für sich die geschichtliche Kontinuität mit der
frühesten apostolischen Tradition in Anspruch nahmen (Augustin, *De
doctrina christiana*). In der Tat war es der durch die Vulgata vertretene
umfangreichere christliche Kanon, der der abendländischen Kirche für
mehr als ein Jahrtausend als christliche Bibel diente.

Nun lag die große Stärke der von den Reformatoren vollzogenen Rück-
kehr zum engeren hebräischen Kanon des Alten Testaments in ihrem Anliegen, die Wahrheit des biblischen Zeugnisses in ihrer reinsten Form zu
begründen. Die Priorität der Schrift gegenüber kirchlicher Tradition er-
wuchs aus der Überzeugung, daß der Gegenstand des biblischen Zeugnisses, die Offenbarung Gottes in Jesus Christus, den Maßstab lieferte,
der die Wahrheit der Auslegung prüfte. Die Geschichte der Kirchen der
nachreformatorischen Zeit zeigt allerdings auch die Unzulänglichkeit dieses reformatorischen Prinzips bei seiner Anwendung in der Praxis. Es wäre z.B. schwer nachzuweisen, daß sich die Ausscheidung der Apokryphen
allein der Wirkung des inneren Zeugnisses des Heiligen Geistes verdank-
te.

Die große Stärke der römisch-katholischen Position war ihre Erkenntnis,
daß der kirchliche Gebrauch der Schrift eine wichtige Rolle bei der Gestaltung der christlichen Bibel spielte. Der kirchliche Gottesdienst war der
Ort, an dem die biblische Botschaft empfangen, bewahrt und überliefert
wurde. Die kirchliche *regula fidei*, die später in Bekenntnissen zum Ausdruck gebracht wurde, suchte die Einheit von Wort und Tradition zu bewahren, da der Heilige Geist die Wahrheit des Evangeliums, von der die
Kirche lebt, fortdauernd belebt. Die Gefahr der katholischen Position, in
reichlichem Maß in der Kirchengeschichte veranschaulicht, lag natürlich
in der Drohung, das Wort Gottes – oft im Namen der Frömmigkeit – zum
Gefangenen der kirchlichen Tradition zu machen. Läuft nicht letztlich eine Berufung auf die Tradition an sich, ohne daß der vom Inhalt des biblischen Zeugnisses ausgeübte kritische Maßstab berücksichtigt würde, dem
einzigartigen christlichen Verständnis des Kanons, das es vom jüdischen
unterscheidet, zuwider?

Vielleicht ist es ein kleiner Schritt hin zur Lösung dieser Problematik, wenn man von der fortdauernden *Suche* der Kirche nach der christlichen Bibel spricht. Die Kirche ringt mit der Aufgabe, ständig die in der Schrift geoffenbarte Wahrheit Gottes zu erkennen, während sie gleichzeitig mitten in einer vollkommen menschlichen kirchlichen Tradition steht, die das Wort überliefert. Für die Biblische Theologie ist es eine wichtige Aufgabe, an dieser Suche nach der christlichen Bibel teilzunehmen. Das Unternehmen ist keins, das einfach und ein für allemal gelöst werden wird. Die dialektischen Gegenpole, die geschichtlich durch die protestantische und die katholische Tradition repräsentiert werden, stecken den Kampfplatz zwischen Wort und Tradition ab, der sich in der Ungewißheit über den Umfang des christlichen Kanons spiegelt. Ebenso wichtig ist aber die kritische Spannung, die zwischen Form und Inhalt des kirchlichen Zeugnisses in der Schrift besteht und die zu einem fortdauernden Bemühen aufruft hin zu einer Bibelauslegung, die wahrhaftig und glaubensstark zugleich ist.

Norbert Lohfink

Was wird anders bei kanonischer Schriftauslegung?

Beobachtungen am Beispiel von Ps 6

Textauslegende Wissenschaft kann im Prinzip jeden gegebenen Text auslegen. Die Wissenschaftlichkeit hängt nicht an Auswahl, Abgrenzung und
historisch-gesellschaftlicher Kontextzuordnung des Textes, sondern daran, daß der ins Auge gefaßte Text methodisch sachgemäß und von anderen kontrollierbar ausgelegt wird. Es ist also keine Beeinträchtigung der
Wissenschaftlichkeit, wenn ein Ausleger sich gesellschaftlich vorgeben
läßt, welchen Text er auslegen soll. Jede Spezialisierung an der Universität, etwa auf »klassische Altertumswissenschaft«, ist schon Annahme einer solchen Vorgabe. Legt man biblische Texte im Hinblick auf ihren Gebrauch im Raum von Kirche aus, dann geschieht nichts anderes. Man hat
als Text-Vorgabe den »Kanon«. Das ist allerdings mehr als nur ein bestimmter Literaturbereich: Die »kanonischen« Schriften werden in den
Kirchen in einem bestimmten Sinn als *ein einziger* Text definiert[1].
Die Bibelwissenschaft der Neuzeit hat stets die biblischen Bücher als die
von ihr auszulegenden Texte betrachtet. Je nach Kirche und Denomina-
tion war der Kanon vielleicht etwas kleiner oder etwas umfangreicher. Allerdings untersuchte man die biblischen Bücher – im Plural. Man betrach-
tete die Bibel nicht als »einen einzigen« Text. Man ging jedes Buch als ein-
zelnes an. Wo es sich als sinnvoll erwies, fragte man auch nach hinter dem
gegebenen Text liegenden textlichen Vorstufen und versuchte vor allem,
deren »ursprünglichen« Sinn zu erheben.
Die Bibelwissenschaft leistete bei all dem Bedeutendes. Ein Bewußtsein,
daß der Ausleger mit diesem Ansatz vielleicht seiner gesellschaftlichen
Funktion nicht ganz gerecht werde und daß er zu so etwas wie »kanonischer« Auslegung kommen müsse, war nicht oder kaum vorhanden. Es ist
im Bereich der Bibelwissenschaft relativ neu[2].

---

1 Vgl. – im Zusammenhang der Frage nach der inneren Einheit von Bibelübersetzungen
– *N. Lohfink*, Das Jüdische am Christentum, Freiburg 1987, 217–234 (»Bücherei und
Buch zugleich«).
2 Vgl. aber schon *N. Lohfink*, Über die Irrtumslosigkeit und die Einheit der Schrift, StZ
174 (1964) 161–182. Hauptexponent dieser Forderung ist heute Brevard S. Childs, in
Deutschland Rolf Rendtorff. Doch ist bei der Diskussion noch zu unterscheiden, ob sich
die Rede vom »Kanon« dabei auf den des Alten Testaments bezieht (und wenn ja, auf welchen) oder auf den das Neue Testament mitumfassenden christlichen Kanon.

Hält man »kanonische« Auslegung für ein heute sinnvolles oder gar notwendiges Unternehmen, dann stellt sich die Frage, ob dafür neue Methoden entwickelt werden müssen. Ich sehe nicht, daß bei »kanonischer Auslegung« prinzipiell andere Methoden gebraucht werden als die, die für die Auslegung jedes Textes gelten. Im Vollzug könnten die bisher benutzten Methoden höchstens aufgrund anderer Text- und Kontextdefinitionen manchmal ein neues Gesicht erhalten, und insofern mag dann die konkrete Auslegung des gleichen Textstücks anders aussehen. Wie – das muß am Einzeltext experimentell erarbeitet werden.

Diese methodologische Überlegung bezieht sich auf den nachprüfbar vorgelegten reflexen Auslegungsprozeß. Eine andere Frage ist dagegen die hermeneutische: in welchem Maß der Sinn des biblischen Textes als »Einheit« in den Blick kommen kann, wenn sich der Ausleger nicht lebensmäßig (das hieße hier: glaubensmäßig) in einem gesellschaftlichen Erfahrungsraum befindet, der jenem strukturkongruent ist, in dem der »Kanon« entstand.

Im folgenden wird eine Serien von Beobachtungen zu Ps 6 vorgelegt. Sie sind bei probierendem Tasten nach dem, was »kanonische« Auslegung von Psalmtexten bringen könnte, gemacht worden[3]. Sie gehören auf die reflex-methodologische Ebene. Es wird keine Systematik kanonischer Auslegung vorgeführt. Ich notiere nur einiges, das sich ergab, als ich nicht nach Vorstufen des Psalms fragte, sondern nach dem, was jetzt im Psalter zu finden ist, und überdies die Voraussetzung machte, Ps 6 sei nur ein Textstück in einem Gesamttext, der sich in anderen Teilen, konkret: den Evangelien des Neuen Testaments, mehrfach auf ihn zurückbezieht.

Manches, das ich ausführe, ergäbe sich schon bei synchroner Auslegung des Psalters allein. Doch auch sie ist keineswegs allgemein üblich. So steckt auch sie noch voller Überraschungen. Zumindest im Augenblick scheint sie eine notwendige Zwischenstation zu sein, will man von der normalerweise noch leitenden Interessenzuspitzung auf das historisch Ursprünglichste zu einer »kanonischen« Fragestellung gelangen.

Psalm 6 reizt besonders zu solchen Versuchen. Er ist der erste aus den sieben »Bußpsalmen«[4] und wurde deshalb in der Christenheit durch viele Jahrhunderte mehr als andere Psalmen gebetet. Für Martin Luthers geistliche Erfahrung war er zentral[5]. Bernhard Duhm bringt in seinem Kommentar eine geradezu klassische Aufzählung von Dingen, die für das »christliche Empfinden« an diesem Psalm »bedenklich« sind: die Rolle der »Feinde«, die »Stellung des Menschen zu Gott«, die »trostlose Vorstellung vom Jenseits«. Er folgert: »Zur Vorlesung an einem christlichen Krankenbette eignet sich der Ps nicht.«[6]

3   Dieser Beitrag geht auf meine Psalmenvorlesung im SS 1986 an der Hochschule Sankt Georgen in Frankfurt a.M. zurück. Eine knappere Vorfassung ohne wissenschaftlichen Apparat liegt vor in: *N. Lohfink*, Psalm 6 – Beobachtungen beim Versuch, ihn »kanonisch« auszulegen, ThQ 167 (1987) 277–288. Ich danke meinem Bruder Gerhard, ferner den Kollegen Johannes Beutler, Georg Braulik, Walter Groß und Erich Zenger herzlich für Beratung und Kritik.
4   Ps 6; 32; 38; 51; 102; 130; 143.
5   *H. C. Knuth*, Zur Auslegungsgeschichte von Psalm 6 (BGBE 11), Tübingen 1971, 134–274, vor allem 207–209; 262f; 271.
6   *B. Duhm*, Die Psalmen (KHC), Freiburg 1899, 22.

1. Arbeitsübersetzung

Zunächst, durch Übersetzung und einige in der Hauptsache philologische Bemerkungen, eine Hinführung zum Text[7]. Für den Aufbau wichtige Wortwiederholungen stehen in Kapitälchen.

2[a] JAHWE! Nicht, indem du deinen Zorn schickst, ermahne mich!
  Mich[b] rüge nicht, indem du deine Glut atmest!

3 Sei mir gnädig, JAHWE, DENN ich bin welk,
  heile mich, JAHWE, DENN schreckensstarr ist mein Leib[c],

4 meine Seele aber ist zutiefst verschreckt,
  während du, JAHWE – bis wann?

5 Dreh dich um[d], JAHWE, befreie meine Seele,
  rette mich, um deiner Treue willen;

6 DENN nicht gibt es Gedenken[e] an dich im Tode,
  in der Unterwelt – wer lobsingt dir dort?

7 Am Ende meiner Kraft bin ich vom Seufzen.
  In jeder Nacht benetze ich mein Lager,
  mit meinen Tränen begieße ich mein Bett.

8[f] Geschwollen ist mein Auge vom Kummer,
  gequollen angesichts[g] all meiner Bedränger.

9 Weicht von mir, alle Übeltäter!
  DENN JAHWE hat gehört mein lautes Weinen.

10 Gehört hat JAHWE mein Flehen –
  JAHWE wird (die Bitten) mein(es) Gebet(es) annehmen[h].

11 Schamrot[i] und zutiefst verschreckt seien alle meine Feinde;
  sie sollen sich umdrehn[d], schamrot im Nu[j].

a   Zur Sinnspitze von 6,2 vgl. u. unter 4.
b   Durch die ungewöhnliche Stellung von בְּאַפְּךָ und von בַּחֲמָתְךָ zwischen אַל und Verb liegt auf diesen Aussagen sicher der eigentliche Ton. Doch gibt es, durch das viermalige enklitische Suffix der 1. Person in V. 2 und 3 sowie אָנִי und עֲצָמַי, fast alles in Schlußstellung, eine zweite Betonung in diesen Anfangsversen. Sie liegt auf dem Ich des Beters. Die Inversion »mich rüge nicht« möchte das, soweit es eine deutsche Übersetzung vermag, wenigstens an einer Stelle ins Bewußtsein heben.
c   עֲצָמַי »meine Knochen« = »mein Leib«, weil in Opposition zu נֶפֶשׁ. נֶפֶשׁ könnte auch »Atem« bedeuten: Der Atem würde vor Schrecken stocken. – Zum Erschrecken, Erstarren als Wirkung des Zornes Gottes vgl. Ps 2,5; 90,7.
d   Volles Verb im Sinne von »wende den Sinn (weg vom Zorn, mir zu)«, vielleicht auch »wende das Antlitz« (weil der zornige Gott sein Gesicht abwendet oder verbirgt). Der Gebrauch als Hilfsverb zu einem dann folgenden Verb (»wiederum«, vgl. Ps 71,20; 85,7) ist bei der Abfolge »Imperativ von שׁוּב + Anrede« (15 Stellen) nicht belegt. Wegen des gegenseitigen Bezugs der beiden Stellen ist שׁוב auch in 6,11 als Vollverb zu fassen. Gegen *N. Airoldi*, Note critiche al Salmo 6, RivBib 16 (1968) 285–289, hier 289 Anm. 6.
e   Kultisches »Gedenken«, vgl. den Parallelismus. Es ist nicht an Gedächtnisschwund

7   Ich definiere das auszulegende Textsegment ohne 6,1. Die Psalmentitel können bei »kanonischer« Auslegung nicht übergangen werden. Doch liefern sie eher Maßstäbe für die Auslegung, als daß sie selbst auszulegender Text wären. Weiteres u. in Teil 7.

(»Lethe«) gedacht. Der Sinn des Daseins ist als die in dieser Welt zu wirkende Verherrlichung Gottes gesehen. Diese These ist zwar nur die sachliche Voraussetzung eines formal zweitrangigen Satzes, der eine Bitte begründet. Doch ist sie für die in dem Psalm vorausgesetzte Sinnwelt entscheidend. Es geht um diese Welt, und in ihr vor allem anderen um den Preis Gottes.

f   Zur Übersetzung von 6,8 vgl. *L. Delekat,* Zum hebräischen Wörterbuch, VT 14 (1964) 7–66, hier 52–55; *R.S. Sirat,* Une interpretation nouvelle de II KERET, 1–5, Sem. 15 (1965) 23–28, hier 23–25; *W. Seybold,* Das Gebet des Kranken im Alten Testament (BWANT 99), Stuttgart 1973, 154 Anm. 3.

g   Die Präposition ist hier offen für zwei Deutungen: Angabe der Ursache für das Weinen oder (unter Ellipse einer Aussage wie »wobei es schaut«) Angabe des Objekts des Sehens. Dabei ist zu beachten, daß ב ראה die Nuance siegreichen Herabblickens annehmen kann (vgl. Ps 22,18; 37,34; 54,9; 112,8), wenn auch nicht muß (vgl. Ps 64,9; 106,44). Doch allein diese Möglichkeit trägt dazu bei, den Umschwung im folgenden Vers vorzubereiten.

h   Wichtig die Gegensätze zwischen 9b, 10a und 10b: Vergangenheit – Zukunft (er hat gehört – er wird annehmen); Gebet in seiner äußeren Erscheinung – Gebet in seinem Inhalt (Weinen, Flehen – die Bitten des Gebets ihrem Inhalt nach).

i   Zum Zusammenhang von Zorn Gottes, Schreckensstarre und Tod mit der »Beschämung« vgl. Ps 83,16–18.

j   Die verbalen Entsprechungen erinnern an den »Talionstil«. Dazu vgl. *N. Lohfink,* Zu Text und Form von Os 4,4–6, Bib. 42 (1961) 303–332; *P.D. Miller,* Sin and Judgment in the Prophets (SBLMS 27), Chico, CA, 1982. Doch bleibt der Text hier offen: Wünscht der Beter den Tod, der ihm drohte, seinen Feinden, damit sie nun untergehen oder damit es von Gott her auch ihnen ergeht wie ihm? Vgl. noch Ps 83,14–19, speziell 83,17b.19.

2.   Zur Struktur

Das Leitinteresse der neueren Psalmenexegese an der Urgestalt und dem Urgebrauch der Psalmen hat offenbar verhindert, daß hinreichend nach der einmaligen Baustruktur der Einzelpsalmen gefragt wurde[8]. Vor allem wurde seit Gunkel die Frage nach der Textstruktur fast aufgesogen von der nach typischen Gattungselementen und ihrer Abfolge. Es ist bezeichnend, daß die meisten neueren Analysen in Ps 6,7 einen neuen Teil beginnen lassen, meist »Klage« genannt[9]. Wer »kanonisch« liest, fragt nach dem jetzigen, also nach einem individuellen Text. Dann stellt sich die Strukturfrage neben anderen, viel mehr Textebenen berücksichtigenden Gesichtspunkten. So stellt sie sich im übrigen schon auf der Ebene synchroner Lektüre des Psalters allein.

Poetische Gestaltung gewinnt ihre Kraft durch Spannung – auch zwischen konkurrierenden Strukturen. In Ps 6 besteht der Raster, über dem dann

8   Eine von Hermann Gunkels Ansatz unabhängige Frage nach dem Individualaufbau von Ps 6 findet sich erst bei *N.H. Ridderbos,* Die Psalmen (BZAW 117), Berlin 1972, 129–131; *H.W.M. van Grol,* Literair-stilistische Analyse van Psalm 6, Bijdr. 40 (1979) 245–264; *P. Auffret,* La sagesse a bati sa maison (OBO 49), Fribourg/Göttingen 1982, 183–194; *J. Trublet – J.N. Aletti,* Approche poetique et theologique du Psaumes, Paris 1983, 62f.

9   *K. Koch,* Was ist Formgeschichte?, Neukirchen-Vluyn [4]1982, der Ps 6 als eines seiner drei Musterbeispiele für das »Klagelied des Einzelnen« gewählt hat, sagt am Ende, daß »die Abgrenzung der Abschnitte in der Regel folgerichtig« in Entsprechung zu den »Baugliedern des Klageliedes« »durchgehalten wird« (215).

eine Gegen-Struktur aufgebaut wird, aus 2 mal 10 zu je 5 Parallelismen gereihten Stichen, zwischen denen sich als eine Art Scharnier ein sehr kurzer einzelner Stichus, 6,7a, befindet[10]. Die traditionelle Verszählung erfaßt dieses statische Grundmuster recht genau.

Die diesem gegenüber eher dynamische Hauptstruktur hat ihre Umbruchstelle zwischen 6,8 und 6,9[11]. Bis da läuft die Bitte, von da ab herrscht Sicherheit der Erhörung. Bis da liegt der Blick auf der Not des Beters, von da ab auf seinen Gegnern. Bis da wird Gott, von da ab werden die Gegner angeredet[12]. Das neue Thema »Feinde« kommt völlig überraschend – obwohl zugleich subtil zu ihm hingeführt wird und das letzte Wort von 6,8 gewissermaßen das Stichwort für den zweiten Teil ist[13].

Die vorwärtsdrängende Dynamik von 2–8 erhält zunächst in einer chiastischen Anordnung ihren festen Startblock: Anrede – Bitte / Bitte – Anrede (6,2.3a). Die Erziehungs- und Zornmotive von 6,2 werden nicht mehr wiederkehren, während die Motive von 3a sich dann repetitiv-parallelistisch entfalten (3mal: Bitte – Anrede – Denn-Aussage). Die Entfaltung geschieht in exponentieller Textlängung:

Bitte Nr. 1	3a	1 Stichus
Bitte Nr. 2	3b–4	1 mal 3 = 3 Stichen
Bitte Nr. 3	5–8	1 mal 3 mal 3 = 9 Stichen

Bei der Bitte Nr. 2 verdreifacht sich die Denn-Aussage, vor allem durch den Parallelismus Leib // Seele (bei gleichem Verb). Bei der Bitte Nr. 3 verdreifacht sich die Bitte selbst, und die Denn-Aussage erreicht eine fast uferlose Länge, indem sie zur Klage wird. Wie zufällig kommt sie zum Ausdruck בְּכָל־צוֹרְרַי und löst dadurch den zweiten Teil des Psalms aus, der die entfesselte Bitt-Dynamik nun in seiner Erhörungssicherheit einfängt. Den Bitten entspricht hier die Aufforderung an die Gegner 6,9a. Ihr folgt eine dreifach entfaltete Denn-Aussage, in der dreimal Jahwe explizit genanntes Subjekt ist. Inhaltlich werden Elemente des Bittextes retrogressiv (also chiastisch) repetiert:

9a	Übeltäter		vgl. 8b	Bedränger
9b.10a	Weinen		vgl. 7–8	Klageschilderung
10–11	תְּחִנָּתִי		vgl. 3–5	חָנֵּנִי
	zutiefst verschreckt			zutiefst verschreckt
	sich umdrehen			dreh dich um

---

10 Hypothesen über einen Textverlust oder einen Zusatz am Anfang von 6,7 – wie etwa bei *A.B. Ehrlich,* Randglossen zur hebräischen Bibel, VI, Leipzig 1918; *A. Bertholet,* Das Buch der Psalmen, in: *E. Kautzsch,* Die Heilige Schrift des Alten Testaments, II, Tübingen [4]1923, 113–276; *H. Gunkel,* Die Psalmen (HK), Göttingen 1926; selbst noch bei *H.-J. Kraus,* Psalmen (BK), Neukirchen-Vluyn [5]1978 – sind überflüssig. Gegen sie schon: *E. König,* Die Psalmen, Gütersloh 1927, 622. Auf die Bedeutung der Zehnzahl der Parallelismen hat schon *E.W. Hengstenberg,* Commentar über die Psalmen I, Berlin [2]1849, 117, hingewiesen.
11 Vgl. wiederum Hengstenberg, a.a.O. 116f.
12 Genau genommen wird die Rede jeweils am Ende der beiden Teile (6,7f und 6,11) objektiv-anredefrei.
13 Hierzu vgl. u. Abschnitt 6.

Es gibt keine exponentielle Textentfaltung. Vielmehr ist alles recht kunst-
voll in 3 Parallelismen gegliedert. Der letzte ist in sich noch einmal besonders gerundet (יָשֻׁבוּ יֵבֹשׁוּ - יֵבֹשׁוּ). Durch ihn wird auch das Ende des anfangs beschriebenen statischen Grundrasters erreicht. Die entfesselte Dynamik ist nicht nur inhaltlich, sondern auch ästhetisch aufgefangen[14].
Von der Struktur her legt sich als eigentlicher »Vorgang« des Psalms die
Verwandlung des Verhältnisses zu den Gegnern nah. Darin erfüllt sich
das vorauslaufende Gebet, obwohl in diesem – ein noch zu bedenkendes
Moment – die Gegner sprachlich nicht vorkamen.

3. *Kein Krankenpsalm*

Die »kanonische« Frageperspektive kann auch den alten Streit hinter sich
lassen, ob Ps 6 ursprünglich ein »Krankenpsalm« oder ein »Feindpsalm«
gewesen sei. Auch das klärt sich bereits bei synchroner Analyse auf Psalterebene.

Schon Calvin hat bezweifelt, daß Ps 6 ein Krankenpsalm sei. Zuletzt und am ausführlichsten hat *Seybold,* Gebet, Ps 6 vom Vokabular her (66f) und durch Textanalyse (153–155)
mit häuslicher Krankenliturgie verbinden wollen[15]. Sein Ergebnis klingt allerdings zö-
gernd: Man wird Ps 6 »nicht zu den Psalmen rechnen können, für die eine Krankheit mit
der nötigen Sicherheit ausgemacht werden kann, obwohl diese Möglichkeit immer noch
am wahrscheinlichsten ist« (67). So nach der Sprachuntersuchung. Die später folgende
Textanalyse scheint mir die Sicherheit der These nicht entscheidend zu erhöhen.
Vielleicht ist das Wortfeld für Krankheit sogar nicht einmal nur durch das רְפָאֵנִי in 6,3 vertreten, wie Seybold annimmt. Mehr kann er nicht zugeben, da er die in 6,7–8 annehmbaren
Selbstminderungsriten (nächtliches Klagen und Weinen) auch schon in אֶמְלַל אָנִי und עֲצָמָי
נִבְהָלוּ von 6,3 finden möchte: als rituelles Erstarren und Gelähmtsein. Das ist jedoch kaum
begründbar[16]. Dagegen ist hier Deutung auf Krankheit möglich. Wenn בהל »den Schrecken
bezeichnet, der mit dem plötzlichen Tod verbunden, ja identisch ist«[17], kommen auch kör-
perliche Phänomene in Frage, die wir der Krankheit zuordnen würden. Das (masoretische)
Hapaxlegomenon אָמְלַל »verwelkt, dahingeschwunden«[18] könnte ebenso wie auf ganz-
menschliches Am-Ende-Sein auch auf leibliche Erschöpfung durch Krankheit weisen.
Wenn Seybold bei רפא zur Vorsicht rät, weil das Wort auch metaphorisch gebraucht werden

---

14 Zu vergleichbaren Strukturverhältnissen in Koh 1,4–11: *N. Lohfink,* Die Wiederkehr
des immer Gleichen, AF 53 (1985) 125–149, hier 128–132.
15 Joannis Calvini opera exegetica et homiletica IX, ed. *E. Cunitz – E. Reuss – P. Lob-
stein,* (CR 59), Braunschweig 1887, 73: »Quale vero fuerit castigationis genus, incertum
est. Nam qui restringunt ad morbum, rationem cur ita sentiant, satis firmam non adducunt«
(erwähnt bei *H. Hupfeld,* Die Psalmen I, hg. v. *E. Riehm,* Gotha ²1867, 166). *K. Seybold,*
Das Gebet des Kranken im Alten Testament (BWANT 99), Stuttgart 1973.
16 *Seybold,* a.a.O. 155, sieht hier »eine Teilphase des Buß- und Trauerrituals«, die »Er-
starrung und Lähmung«. Seine einzige Referenz dafür ist *N. Lohfink,* Enthielten die im
Alten Testament bezeugten Klageriten eine Phase des Schweigens?, VT 12 (1962) 260–
277. Doch habe ich dort für diese Phase des Rituals keine Belege mit אמל oder בהל herangezogen. Ich zweifle, ob dies möglich wäre.
17 *B. Otzen,* Art. בהל, in: ThWAT I (1973) 520–523, hier 522. Für den Zusammenhang
mit dem Tod vgl. im Psalter: 30,8; 83,16.18; 90,7; 104,29; auch 78,33.
18 Vgl. *Franz Delitzsch,* Biblischer Kommentar über die Psalmen (BC), Leipzig ⁵1894: Es
liegt keine Partizip-Form vor.

kann, gilt das allerdings auch bei den beiden anderen Aussagen. Doch wird man bei der uns leitenden Fragestellung alles von vornherein anders angehen müssen.

Nur wer nach dem ursprünglichen Gebrauch und Textsinn fragt, muß zwischen einem Gebet für Krankheitsfall und einem Gebet für Auseinandersetzungen mit Gegnern (etwa bei einem Gottesgerichtsverfahren) alternativ entscheiden. Kann er das infolge fehlender Kriterien nicht, dann bedeutet das Unsicherheit des heutigen Auslegers.

Fragt man jedoch nicht nach einer ursprünglichen Ritualsituation, sondern nach dem Sinn des gegebenen Textes, dann könnte es sich ergeben, daß dieser Text semantisch gar nicht bis ins letzte determiniert ist. Und dieser Tatsache könnte der Ausleger durchaus sicher sein.

Die Formulierungen der ersten Psalmhälfte wären dann unter Umständen offen für jede Not, die einen Menschen an den Rand des Todes bringt. Je nach Gebrauchssituation müßten einzelne Formulierungen wörtlich oder metaphorisch gelesen werden, die Rede vom »Heilen« ebenso wie die vom »Todesschrecken«.

Auch der Zusammenhang zwischen der im ersten Psalmteil zur Sprache kommenden Not und der im zweiten zutage tretenden Feindbedrängnis könnte auf verschiedene Möglichkeiten hin offen sein. Ein Feind könnte, auftretend, Terror eingejagt haben[19]. Oder andersartige Nöte, die nur im letzten auf zwischenmenschliche Rivalität zurückgehen (vielleicht auch Krankheit), könnten zunächst im Vordergrund stehen, und erst am Ende könnte die Rivalität als tiefste Ursache der Not zur Sprache kommen. Die Feindschaft könnte schließlich erst während einer Krankheit erwachsen sein, so, wie Ps 41,5–11 es beschreibt und auch Ps 38 es voraussetzt.

Der Text wäre am Anfang semantisch so offen, daß er in allen diesen Fällen benutzt werden konnte. Nur zwei Dinge wären fest: daß die Not den Beter wahrlich mit seinem Tode konfrontiert und daß die Not sprachlich erst im zweiten Teil, also da, wo sie überwunden ist, explizit als Feindesnot zur Sprache kommt. Gerade angesichts der Beweisnot, in die Seybold in einer wirklich gründlichen Analyse geraten ist, scheint mir eine solche Annahme für den jetzt vorliegenden Text am plausibelsten.

Man könnte, nachdem man für 6,2–8 die semantische Offenheit der Notbeschreibung festgestellt hat, natürlich fragen, ob nicht auch die »Feinde« in 6,9–12 semantisch offen für jede denkbare Not stehen können – vor allem, weil ja auch verschiedene Termini für »Feind« gebraucht werden. Doch bei einer solchen Annahme würde man dem Duktus des Ganzen nicht gerecht. Das Fehlen der Feinde bis zum Ende von 6,8 und ihre überraschende Alleinpräsenz in 6,9–10 hat Aussagerelevanz. Der Psalm mag von seinem Schlußteil her noch für verschiedenste Gestalten von Feind-

---

19 Nach *Seybold*, Gebet 154 (s.o. Anm. 15), fällt diese Möglichkeit aus, da die Feinde in 6,9 zwar als »Übeltäter« bezeichnet seien, aber der Beter ja am Anfang die eigene »Versündigung« als »Anlaß des göttlichen Zorns und Grund für die Anfeindung« eingestehe. Doch ein solches Eingeständnis gibt es nicht. Vgl. u. unter 4.

schaft und »Feind« offen sein, und insofern nochmals in verschiedensten Zusammenhängen angewendet werden können. Aber alles muß sich im Sinnbereich »Feindschaft« bewegen.

Bei »kanonischer« Auslegung wird man Ps 6 also nicht mehr als »Krankenpsalm« bezeichnen dürfen, selbst wenn man das (mit allen nötigen Fragezeichen) für seinen Ursprung vertritt.

Nebenbemerkung: Vielleicht wird man bei synchroner Lektüre im Psalter überhaupt keine »Krankenpsalmen« mehr aussondern dürfen. Nach Seybold gibt es nur 3 Psalmen mit »sicherem Bezug zu Krankheit und Heilung des Beters«: Ps 38, 41 und 88. In ihnen sind jedoch auch die Feinde des Beters zentrales Thema. Dann gibt es 5 Psalmen mit »wahrscheinlichem Bezug zu Krankheit oder Heilung des Beters«: Ps 30, 39, 69, 102 und 103. Auch sie sprechen alle außer Ps 103 von den Feinden des Beters. Ps 103 ist kein »Klagelied«, und die Rede von der Krankheit könnte sich auf die Vergebung der Sünden Israels beziehen. Es gibt also praktisch keine »Krankenpsalmen« ohne mächtig mitklingendes Feind-Thema. Umgekehrt handeln von den 150 Psalmen etwa 100 ausdrücklich von Feinden[20]. Der Beter und seine Feinde – das ist einfach das dominante Thema des Psalters[21]. Gegenproben zeigen, daß beim Zurücktreten des Krankheitsthemas editoriales Interesse am Werk gewesen sein muß. In Jes 38,9–16 haben wir, in narrativem Kontext, auch das Bittgebet eines Kranken, und zwar durchaus im Psalmenstil[22]: Hier fehlt das Feindthema. Auch die klassische Schilderung der Vorgänge bei Krankheit und Heilung in Hi 33,19–28 spielt nur zwischen Gott und dem Kranken. Es tritt zwar ein Helfer auf, aber menschliche Feinde kommen nicht vor. Ähnliches gilt von den Kranken-Gebetsbeschwörungen in Mesopotamien[23]. Wir können also damit rechnen, daß es in Israel Krankenliturgien und Krankengebete gab, daß in ihnen aber Feinde des Beters keineswegs stets eine Rolle gespielt haben mußten. Daher dürfen wir den Psalter bezüglich des Umgangs mit Krankheit nicht einfach als Spiegelung der in Israel üblichen Gebetstexte nehmen. Er setzt seine eigenen, feststellbaren Schwerpunkte. Krankheit und Heilung werden zwar thematisch, aber nie zentral. Zentral ist die Feindthematik. Diesem Gesamtbild fügt sich der in der Definition der »Not« offene Ps 6 ein.

4. Fehlende Schuldthematik

Bei »kanonischer« Perspektive ist es auch fraglich, ob der Beter von Ps 6 als »Sünder« zu verstehen ist. Auch dies gilt schon auf der Ebene synchroner Auslegung des Psalters allein.

Den Beter von Ps 6 betrachtet sowohl die christliche Auslegungstradition als auch die neuere Bibelwissenschaft fast durchgehend als einen »Sünder«. Das zeigt sich sofort bei der Auslegung von 6,2, wo meist ohne Diskussion die beiden Verben im Sinne von »(für eine Schuld) strafen« und der göttliche »Zorn« als »Bestrafung von Sünde« verstanden werden – obwohl die Septuaginta hier und an den ähnlich lautenden Stellen Ps 38,2; Jer 10,24

20   O. Keel, Feinde und Gottesleugner (SBM 7), Stuttgart 1969, vgl. die Listen 94–98.
21   Vgl. auch T. Collins, Decoding the Psalms. A Structural Approach to the Psalter, JSOT 37 (1987) 41–60.
22   Jes 38,17–20 ist das sofort angeschlossene Danklied nach der Genesung. Vgl. 38,10f.14–16 für Parallelen zu Ps 6.
23   Näheres bei L. Ruppert, Klagelieder in Israel und Babylonien – verschiedene Deutungen der Gewalt, in: N. Lohfink (Hg.), Gewalt und Gewaltlosigkeit im Alten Testament (QD 96), Freiburg 1983, 111–158.

noch eher pädagogisches Handeln Gottes vermuten ließe[24]. In 6,3 argumentiert man bisweilen, חָנֵּנִי appelliere an die Gnade, nicht an die Gerechtigkeit, setze also Sündenbewußtsein voraus[25]. König sieht in Vers 3 ein »vollkommenes Sündenbekenntnis«[26]. Graetz kennt sogar die Sünde des Psalmbeters: sie »kann nur in Betheiligung am Götzenthum bestanden haben«[27]. Das alles ist nur schlüssig, wenn man ein nicht weiter diskutiertes, aus breiten Teilen des Alten Testament wohl auch erhebbares theologisch-systematisches Bild von Gottes richterlicher Strafgerechtigkeit voraussetzt. Dessen Geltung für die Gedankenwelt von Ps 6 wird nicht mehr problematisiert. Das wäre jedoch methodisch gefordert.

Falls jemand die ungeprüfte Eintragung eines Systems – und sei es aus anderen Teilen der Bibel gewonnen – als erlaubte Methode »kanonischer« Auslegung betrachtet, scheiden sich die Wege. Ich könnte diese nicht mehr textorientierte Weise des Vorgehens nicht akzeptieren. Auch bei »kanonischer« Auslegung muß jeder Text zunächst von seiner eigenen Sprache und der in ihr implizierten Weltsicht aus interpretiert werden. Erst auf einer höheren Ebene könnten Synthesen zwischen verschiedenen Sprachwelten und Sprachspielen versucht werden.

Nimmt man den Text ohne Rücksicht auf woanders gewonnenes Wissen so, wie er ist, dann bleibt – vor allem auch im Vergleich mit dem fast wörtlich gleich beginnenden Ps 38 – gerade das Fehlen eines Schuldbekenntnisses zu konstatieren. Ein solches findet sich nämlich in 38,5f und 38,18 und gibt dadurch dem einleitenden Vers 38,2 eine andere Explikation, als sie Ps 6,2 im Fortgang von Ps 6 erhält. Da der Psalter in seinen Bittgebeten sowohl schuldige als auch unschuldige Beter kennt, ist die Sünden-Nullaussage in Ps 6 ernstzunehmen. Hier wird nicht aus einer Schuldsituation heraus gebetet[28]. Zumindest ist eine eventuell vorhandene Schuldsituation für den Vorgang, den Ps 6 sprachlich objektiviert, irrelevant.

Man darf übrigens auch die andere Parallelstelle, Jer 10,24f, nicht einfach von Ps 38 aus deuten. Sie greift vermutlich vorgegebene Formulierungen auf, Formulierungen, wie sie uns nur noch in Ps 6,2; 38,2 belegt sind, und aktualisiert sie. Es wird dann überdies zwischen einer göttlichen Erziehung (יסר) durch מִשְׁפָּט und einer solchen durch »Zorn« unterschieden. Der Kontext handelt vom Exil als der Konsequenz aus Israels Sünde. Dennoch ist der formele Aspekt von Jer 10,24f durch 10,23 bestimmt: die Geschichtslenkung Jahwes. Dann meint מִשְׁפָּט das der besonderen Beziehung Israels zu Jahwe gemäße Geschichtswalten Jahwes, also Verschonung vor Zornesnot trotz Sünde – und gerade nicht »gerechte« Bestrafung statt »zorniger« (d.h. ungerecht großer) Bestrafung. מִשְׁפָּט statt Zorn meint

---

24 Sie gebraucht die beiden Verben ἐλέγχω und παιδεύω, von denen zumindest das zweite in keiner Weise forensisch ist. In den lateinischen Übersetzungen (Gallicanum und Hieronymus) sind die Aspekte schon verschoben: *arguere* und *corripere* können beide forensischen Kontext anklingen lassen.
25 *Calvin* (s.o. Anm. 15) 74, zu Ps 6,3: »Ad solam misericordiam se conferens, nihil se aliud optare ostendit, quam ut secum iure agatur.«
26 *König*, Psalmen (s.o. Anm. 10) 620.
27 *H. Graetz*, Kritischer Commentar zu den Psalmen nebst Text und Uebersetzung I, Breslau 1887, 167.
28 *E.S. Gerstenberger*, Der bittende Mensch. Bittritual und Klagelied des einzelnen im Alten Testament (WMANT 51), Neukirchen-Vluyn 1980, 130 Anm. 76, hilft sich hier zu Unrecht weiter, indem er mit (soweit ich sehe, unberechtigter) Berufung auf *R. Knierim*, Die Hauptbegriffe für Sünde im Alten Testament, Gütersloh 1965, 19ff, annimmt, alle »Bitten um Jahwes Erbarmen« oder »um Verschonung vor Jahwes Zorn« setzten »ein Wissen um die eigene Schuld voraus«.

38 *Norbert Lohfink*

Verschonung statt objektiv verdienten Unglücks. Man vergleiche für diese Bedeutung von מִשְׁפָּט etwa 1Kön 8,49.

Für Ps 6,2 legt sich auf jeden Fall ein anderes als das übliche Verständnis nahe. Im allgemeinen weist die Parallelismusverbindung von יכח (hi.) und יסר/ מוּסָר eher auf pädagogisches als auf richterliches Handeln. Sie bezeichnet auch in Ps 6,2 »pädagogisches Einwirken«[29]. Obwohl Ps 6 zu den 10 Psalmen gehören dürfte, die am stärksten aus formelhaften Elementen kultischer Sprachtradition geprägt sind[30], ist 6,2 (vgl. 38,2) doch kein traditioneller kultischer Bittruf[31]. Eher herrscht eine »weisheitliche« Sichtweise: Gott als der Lehrer und Erzieher – man denke an die Elihu-Reden in Hi 32–37.

Der Beter des Psalms erfährt also diese Erziehung durch Gott als eine Erziehung »in Zorn«, »in Glut«. Die übliche Auffassung setzt folgende Kausalabfolge voraus: Sünde des Beters – Zorn Gottes – Strafe – Erfahrung der Strafe durch den Beter. Der »Zorn Gottes« wäre Gottes Affekt, der sein richterliches Handeln auslöst, nämlich die Bestrafung. Doch ist eine ganz andere Auffassung möglich. Sie ist dann, wenn von Sünde im Zusammenhang keine Rede ist, näherliegend: daß der »Zorn« das vom Beter erfahrene Handeln Gottes ist. Dann wäre die Reihenfolge: Gottes Erziehungshandeln – »Zorn« als dessen Mittel – Erfahrung des »Zorns« durch den Beter. Die Frage, warum Gott im konkreten Fall durch »Zorn« erzieht, wäre nicht gestellt – so sehr wir heute geneigt wären, sie sofort nachzuschieben.

Wir müssen einfach mit der Möglichkeit eines Begriffs des »Gotteszornes« rechnen, der diesen noch nicht automatisch als Reaktion auf menschliche Sünde rationalisiert, sondern ihn einfach als vorkommende menschliche Erfahrung nimmt. Nach 2Sam 24,1 »entbrannte der Zorn Jahwes wiederum gegen Israel«. Kein Grund wird für diesen »Zorn« genannt. Er war einfach da. Der David umwölkende »Zorn« verdichtete sich in dessen Entschluß zu einer Volkszählung. Sie erst ist dann Davids

---

29 *G. Mayer*, Art. יכח, in: ThWAT III (1982) 620–628, hier 625. Zum besseren Verständnis ist vielleicht darauf hinzuweisen, daß in der antiken Erziehung durchaus mit Schlägen gearbeitet wurde. Trotzdem blieb der Erzieher Erzieher und wurde nicht zum Strafrichter. Die Schläge mußten nicht notwendig in schuldhaftem Verhalten der Zöglinge begründet sein.
30 *B.C. Culley,* Oral Formulaic Language in the Biblical Psalms (NMES 4), Toronto 1967, 103. Insofern sind Versuche, Ps 6 als »anthologischen Text« zu erklären (vor allem auf der Basis von Jeremia) sicher unangebracht. Anthologische Theorien finden sich bei *E. Podechard,* Le Psautier I. Ps 1–75, Lyon 1949; *P.E. Bonnard,* Le Psautier selon Jérémie (LeDiv 26), Paris 1960. Dagegen *J. Coppens,* Les Psaumes 6 et 41 dependent-ils du Livre Jérémie?, HUCA 32 (1961) 217–226; *P.C. Craigie,* Psalms 1–50 (WBC), Waco, Texas, 1983, 91f.
31 Vgl. *Mayer,* Art. יכח (s.o. Anm. 29) 625. *Culley,* a.a.O. 32, macht selbst darauf aufmerksam, daß in der Liste seiner Formeln nur die Nummern 1–72 mehr als zweimal belegt sind und alle späteren bezüglich ihres Formelcharakters Zweifeln unterliegen. Ps 6,2 erscheint in der Liste als Nr. 81.

Sünde. Sie provoziert nicht erst den Zorn, sondern sie entstammt dem zuvor David irrational treffenden »Zorn«, und als Sünde wird sie dann bestraft. Es gibt also eine nicht weiter hinterfragbare Erfahrung von Gottes Zorn. Sie wird in Ps 6,2; 38,2 schon in einen rationalen Erklärungszusammenhang gebracht: Sie entstammt an diesen beiden Stellen Gottes Erziehungshandeln. In Ps 38 wird das Erziehungshandeln später noch weiter rationalisiert als Reaktion Gottes auf die Sünde des Beters. Das geschieht in Ps 6 jedoch nicht. Dort bleibt es zunächst einfach bei der Zornwirklichkeit, und später kommen dann an der Umschwungstelle des Psalms die Feinde des Beters in Sicht. Vorher bittet der Beter nur, daß Gott ihn nicht weiter seinen Zorn erfahren lasse. Er spricht Gott nicht das Recht ab, ihn zu »erziehen«. Aber er sucht statt des göttlichen »Zorns« Erbarmen, Güte (das meint חָנֵּנִי, nicht Sündenvergebung!) als Sphäre des Erzogenwerdens.

Genauso wichtig wie das Fehlen eines Schuldbekenntnisses ist natürlich das Fehlen jeglicher Unschuldsbeteuerung. Wieder müssen wir semantische Offenheit konstatieren. Die erste Psalmhälfte ist ganz von unaufgeschlüsselter und vielleicht in diesem Stadium sogar unaufschlüsselbarer Zornerfahrung bestimmt, die fast mit Todeserfahrung identisch wird. Ob man Ps 6 bei diesem Verständnis noch einen »Bußpsalm« nennen will, ist Definitionssache. Ist »Buße« nur nach Sündeneinsicht möglich, dann ist Ps 6 kein »Bußpsalm«. Anders, wenn man das Wort »Buße« für jede Art von Selbstminderungsriten zuläßt, auch wenn ihr Anlaß vielleicht nur eine Not- und nicht eine Schuldsituation ist. Denn auf Selbstminderungshandeln solcher Art lassen sich die Aussagen in Ps 6,7–9 deuten.

5. Zum »Umschwung«

Bei der Rückfrage nach dem ursprünglichen Gebrauch der Klagelieder stellt sich regelmäßig die Frage nach der Ursache des »Stimmungsumschwungs« und der plötzlichen »Erhörungsgewißheit« – so auch hier für den Umschwung zwischen Ps 6,8 und 6,9[32]. Schon die synchrone Lektüre auf der Ebene des Gesamtpsalters erlaubt zumindest, es offen zu lassen, ob noch außertextliche Vorgänge postuliert werden müssen. Sie gestattet darüber hinaus die Frage, ob der konkrete Text nicht von weither auf den Umschwung hinsteuert.

Es gibt in Ps 6 zum Beispiel einen Assoziationsablauf »Weinen – Augen – Bedränger«. Die nächtlichen Tränen (6,7) assoziieren die geschwollen

---

32 Die Theorien sind übersichtlich zusammengestellt bei *Seybold*, Gebet (s.o. Anm. 15) 156f. Er selbst meint, der zu diesem Formular passende Beter habe aufgrund seiner »Bußleistungen« die Gewißheit haben können, »Jahwe könne an einer solchen Haltung nicht vorbeigehen« (158). Das klingt recht merkantil.

und hervorgetretenen Augen (6,8), und diese blicken auf die »Bedränger« (Ende von 6,8). Dieses Stichwort aber löst den Umschwung aus[33]. Der Anfang von Ps 6 ist ganz vom Gegenüber Beter–Jahwe geprägt. Es erreicht seinen Höhepunkt im ausdrücklichen Gegensatz der Personalpronomina אֲנִי – וְאַתְּ von 6,3.4. Je mehr sich in 6,6–8 die Klage ausbreitet, desto mehr entzieht sich Jahwe der Sprache. Diese erfaßt um so mehr die Existenz des Beters als eine Art Gesamtheitsphänomen. Hier tritt zum ersten Mal im Psalm das Wort כֹּל auf: בְּכָל־לַיְלָה (6,7). Diesem כֹּל auf Beterseite entspricht dann das כֹּל auf Gegnerseite in 6,8 am Ende: בְּכָל־צוֹרְרָי. Der hierdurch ausgelöste zweite Teil des Psalms ist gerahmt von כָּל־פֹּעֲלֵי אָוֶן (6,9) und כָּל־אֹיְבָי (6,11). Dem Gesamtheitsphänomen »Feinde« stehen dann in den inneren drei Sätzen Jahwe und Beter vereint gegenüber (6,9b.10). Schon in der dritten Bitte hat sich sprachlich also angebahnt, was ab 6,9 zutage tritt: Jahwe wechselt die Seite. Er steht dem Beter nicht mehr entgegen. Der Beter scheint einen Augenblick lang auf sich ganz allein (am Rande des Nichts) geworfen, seiner allumfassenden Nacht zeigen sich allumfassende Feinde. Sie sind ihm jetzt gegenüber, und Jahwe ist bei ihm.

Dann noch eine eigentümliche Assonanz: Am Höhepunkt des Gegenüber zu Jahwe ruft der Beter: עַד־מָתָי (6,4), und die dritte Bitte setzt dann ein mit שׁוּבָה (6,5). Wie ein Echo dieser Frage und dieses Anrufs klingt der Übergang von 6,8 zu 6,9: . . . . בְּכָל־צוֹרְרָי / . . . סוּרוּ Die Frage, wie lange Jahwe noch im Zorn abgewendet bleiben wolle, findet also durchaus im Text ihre Antwort: genau bis zu dem Augenblick, wo die »Feinde« in Sicht kommen und der Beter ihnen zuruft, sie sollten weichen.

Dies sind keine Zufälle. Der Text hat keinen Bruch, an dem etwas Außertextliches postuliert werden müßte. Um recht verstanden zu werden: Ich halte es weiterhin für legitim, nach seiner Vorgeschichte in einem alten Ritual zu fragen. Ich halte eine solche Fragestellung weder für aussichtslos noch für nutzlos. Die Sicherheit allerdings, mit der man anzunehmen pflegt, der Text habe in solchen Vorstadien schon genau so gelautet wie jetzt, kann ich kaum noch teilen. Auf jeden Fall ist dieser Text *jetzt* nicht mehr Teilstück oder Teilstücke-Kombination eines Rituals, zu dem vielleicht auch noch andere Texte anderer Rollenträger gehörten. Er steht in sich und ist auch so durchgestaltet, daß er in sich stehen kann. Es ist notwendig, nach dem Vorgang zu fragen, in dem er so, wie er jetzt ist, seinen Leser/Beter hineinzieht.

---

33   Genau dies zerstört *M. Dahood,* Psalms I: 1–50 (AncB), Garden City, NY, 1966, durch Umdeutung von צוֹרְרָי. Zur ugaritologischen Fragwürdigkeit seiner Lösung vgl. *Craigie,* Psalms 1–50 (s.o. Anm. 30) 90f.

6. Der »Vorgang« in Ps 6

Für ihn ist entscheidend, daß die »Feinde« erst im Augenblick des Übergangs zum zweiten Teil genannt werden. Sie treten an die Stelle dessen, was dem Beter zunächst als »Zorn« Gottes ansichtig und von ihm als Situation am Rande des Todes erlebt wird. Auslösend für die Veränderung der Optik ist die im Psalm geschehende Anrufung Gottes. Der Beter mutet dem Gott, den er als durch Zorn erziehenden Gott erfährt, zu, sich als der aus »Treue« (חֶסֶד) sich erbarmende (חָנֵּנִי) Gott zu zeigen, und er wird gehört.

Geht man davon aus, daß sich die Wahrheit erst in 6,9–11 zeigt, dann war die Situation des Beters, solange sie als »Zorn« erlebt wurde, verdunkelt und undurchschaut. Er sah seine Not als Problem des Gotteshandelns, während sie in Wirklichkeit das Problem der Verfolgung von Menschen durch Menschen ist. So war auch das Bild Gottes selbst ungeklärt. Gott wurde als zorniger Gott erlebt, während er sich am Ende als erhörender Gott zeigt. Auslösend für den Durchbruch der Wahrheit über Gott war die Bitte des Opfers: gewissermaßen eine Flucht vor Gott zu Gott.

Wir sind damit trotz der Ausschaltung der Sünden-Thematik sehr nah an den Erfahrungen des in seinem Zorn verborgenen und des dann in seiner Offenbarung rechtfertigenden Gottes, die Martin Luther mit diesem Psalm gemacht hat[34]. Gibt es zu dem Grundvorgang, den der Psalm objektiviert, auch Zugänge aus dem Bereich der modernen Humanwissenschaften?

Ich benenne – lang Auszuführendes abkürzend – einfach den humanwissenschaftlichen Theoriebereich, der mir für diesen »Vorgang« bisher die meiste Erklärungskraft geboten hat. Gewaltbestimmte gesellschaftliche Konstellationen, Aufrechterhaltung von »Gesellschaft« durch Verfolgung von »Opfern«, gesellschaftliche Verschleierung dieser Situation, deren Legitimierung durch Entwicklung eines dunklen und gewaltgeprägten Gottesbildes und Übernahme dieser Legitimation sogar durch die Opfer selbst – das sind wesentliche Deutungskategorien bei der Analyse archaischer, antiker und moderner Gesellschaften durch René Girard[35].

---

34 Vgl. *Knuth,* Auslegungsgeschichte (s.o. Anm. 5). *Luther* hat in seiner Auslegung von Ps 6, wohl schon heimlich von Mt 7,22f geleitet, bezüglich der Verfolger den Aspekt von Verschleierung und Aufdeckung klar gesehen. Vgl. z.B. WA 31/1, 282 (zu Ps 6,9): ». . . operari iniquitatem pertinet ad sanctos hypocritas, qui coram mundo non videntur ubelteter.« Weit weg von solcher Perspektive steht etwa die in Anwendung recht simpler moderner gruppenpsychologischer Einsichten (für den Urgebrauch des Psalms) gemachte Annahme bei *Gerstenberger,* Mensch (s.o. Anmn. 28) 145, die »Übeltäter« von 6,9 seien »Personen der natürlichen Antigruppe«. Diese Annahme erklärt gerade nicht, warum diese Leute erst beim »Umschwung« des Psalms zur Sprache kommen.
35 Als Einführung vgl. *N. Lohfink – R. Pesch,* Weltgestaltung und Gewaltlosigkeit (SKAB 87), Düsseldorf 1978; *R. Schwager,* Brauchen wir einen Sündenbock?, München 1978; *N. Lohfink* (Hg.), Gewalt und Gewaltlosigkeit im Alten Testament (QD 96), Freiburg 1983 (Literatur!). In deutscher Sprache gibt es bisher aus Girards Büchern nur *R. Girard,* Das Ende der Gewalt, Freiburg 1983.

Für Girard werden die von solchem »Sündenbockmechanismus« geprägten Weltkonstellationen durchbrochen im Bereich der jüdisch-christlichen Schriften, im Alten Testament beginnend[36]. Der Durchbruch geschieht vom Punkt des Opfers aus. Wenn dieses die ihm zugesonnene Sicht der Verfolger nicht mehr akzeptiert und an seinen Gott appelliert, reißen die Schleier. Die Wirklichkeit zeigt sich als Verfolgungsgeschehen[37].

Genau dieser Vorgang vollzieht sich in Ps 6. Dabei wird nicht nur das enthüllt, daß ein menschliches Opfer von Menschen, nicht von Gott, an den Rand seiner Existenz getrieben wurde, sondern zugleich zeigt sich Gott als »le Dieu des victimes«[38].

Wird in dem Vorgang von Ps 6 die vorauszusetzende Verfolgungs-Opfer-Situation verändert? Zunächst wird sie nur aufgehellt. Der Psalm führt zu so etwas wie »Aufklärung«. Er führt sogar noch ein Stück weiter: in die Hoffnung, ja Zuversicht des Opfers, daß die Verfolgung durch Menschen aufhören werde. Der Beter hofft, daß nun die Verfolger ihrerseits an den Rand ihrer Existenz geraten werden.

Das ist schon unglaublich viel. Dennoch bleibt es zweideutig. Auch Ps 83,14–19, wo Ps 6,11 gewissermaßen entfaltet vorliegt, bleibt ambivalent. Denn wenn nur ein Rollentausch zwischen Opfer und Verfolgern stattfindet, bleibt die Gewalt ja in der Welt. Gott bleibt ein Gott des Zornes, selbst wenn der Zorn nun andere trifft, Gott wegen dieser Wende von den Geretteten gepriesen werden kann und die nunmehr Getroffenen durchschauen und bekennen, was geschah. Anders wäre es, wenn die Wende des Geschicks der Feinde (6,11: שׁוּב) als deren »Umkehr« zu verstehen wäre. Aber kann es durch Aufklärung zu Umkehr kommen?

Hier sieht Girard Grenzen des in den Klageliedern Israels und selbst des im Buch Hiob stattfindenden Ausbruchs aus der alles umstrickenden Welt der Gewalt. Ein Stück weiter führen noch die Gottesknechtslieder bei Deuterojesaja. Doch das lösende Wort findet sich nach Girard erst in den Evangelien.

Girard hat meines Wissens seine Theorien nie an Ps 6 erörtert. Um so wichtiger ist es, daß dieser Psalm in den Evangelien mehrfach aufgegriffen wird, und zwar genau im Zusammenhang der Opfer- und Gewaltthematik.

7. Die »Beter« der Psalmen

Damit die literarische Legitimität dessen, was in den Evangelien mit Ps 6 geschieht, erkennbar wird, ist noch kurz die Frage nach dem »Beter« des

---

36   Vgl. zuletzt *R. Girard,* La route antique des hommes pervers, Paris 1985, eine Interpretation des Buches Hiob.
37   Vgl. *N. Lohfink,* Der gewalttätige Gott des Alten Testaments und die Suche nach einer gewaltfreien Gesellschaft, in: Der eine Gott der beiden Testamente, JBTh 2, Neukirchen-Vluyn 1987, 103–133, hier 126–128.
38   So der Titel des Abschlußkapitels von *Girard,* La route antique.

Psalms zu berühren. Hier gibt es auf der Ebene des Gesamtpsalters eine semantische Entschränkung.

Auch bei ursprünglichem kultischem Gebrauch waren die Psalmen schon »Formulare«. Verschiedenste Beter konnten sie beten. Die Referenz der Worte änderte sich je nach dem Beter. Im Psalter als ganzem wird offenbar selbst bei im Wortlaut individuellen Psalmen die Individualität des betenden Ich auf Israel hin entschränkt. Der Beter ist David, doch dessen Rolle ist seit Deuterojesaja auf ganz Israel in seinem Verhältnis zu den Völkern übergegangen. Das gilt noch einmal besonders, wo die Überschrift einen Psalm David zuordnet (vgl. 6,1) – doch nicht nur dort.

Das betende Israel kann natürlich in jeder betenden Versammlung und in jedem einzelnen Israeliten verdichtet da sein, erst recht im kommenden »messianischen« David. Betet ganz Israel, dann sind die Feinde die Völker, die Israel bedrängen. Betet eine Größe innerhalb Israels, gewissermaßen das »wahre Israel«, dann kann auch der andere Teil Israels in die Feindposition einrücken – etwa die in Israel herrschenden Gruppen, die die »Anawim« unterdrücken. Da auch das Theologumenon der endzeitlichen Völkerwallfahrt bereitliegt, ist selbst ein völliger Tausch der Positionen zwischen dem offiziellen Israel und den Völkern in Reichweite. Menschen aus den Völkern könnten in die Beterposition mit eintreten, und was Israel war, könnte immer mehr in die Feindposition geraten. Für alle diese Wandlungen steht das Aussagengefüge eines Psalms parat.

Hier ist noch vieles zu klären. Weil es sich nicht um ein für Ps 6 spezifisches Problem handelt, gehe ich darauf nicht ein[39].

8. *Ps 6 in Mt 7,23; Lk 13,27*

Die alttestamentlichen Zitate und Anspielungen in den neutestamentlichen Schriften werden in der Literatur meist nur textkritisch untersucht, seltener im Hinblick auf ihren inhaltlichen Beitrag zur neutestamentlichen Aussage oder gar auf eine eventuelle Neuinterpretation des alttestamentlichen Ursprungs durch die neutestamentliche Verwendung. Der Nachweis eines durch Evokation des alttestamentlichen Zusammenhangs entstehenden inhaltlichen Beitrags alttestamentlicher Zitate und Anspielungen zum neutestamentlichen Textsinn dürfte, soweit er überhaupt versucht wird, häufig dadurch erschwert sein, daß als Sinn der alttestamentlichen Texte das übernommen wird, was die nach dem ursprünglichsten Sinn ältester erschließbarer Textstadien suchenden zeitgenössischen Alttestamentler als alttestamentlichen Textsinn angeben. Das Ergebnis ist dann meist Diskrepanz, ist die These rein äußerlicher Sprachanklänge.

---

39   Vgl. etwa *J. Becker,* Israel deutet seine Psalmen (SBS 18), Stuttgart ²1967; ebenso *N. Lohfink,* Von der »Anawim-Partei« zur »Kirche der Armen«, Bib. 67 (1986) 153-176, hier 174f.

Wie sieht es bei den beiden synoptischen Zitationen von Ps 6,9 in Mt 7,23 und Lk 13,27 aus?[40] Im größeren Teil der Literatur wird zwar zu den beiden Stellen erwähnt, daß dort Ps 6,9 verglichen werden kann. Doch dabei bleibt es fast immer. Vermutlich hat M.-J. Lagrange das zum Ausdruck gebracht, was fast alle Kommentatoren insgeheim denken: Die letzten Wörter von Mt 7,23 »ressemblent au Ps. vi,9 . . ., mais dans un contexte bien différent.«[41] Noch etwas deutlicher wird Joseph A. Fitzmyer: »The suffering psalmist, whose prayer has been heard by Yahweh, charges his adversaries to leave him. The psalmist's words are now used in a minatory dismissal.«[42] Am klarsten dürfte Bonifazius Fischer formulieren: »Das Psalmwort, das in seinem ursprünglichen Zusammenhang nichts mehr ist als eine der im Psalter üblichen und häufigen Distanzierungen des Beters von gottloser Umgebung, wird im Munde Christi zum Wort endgültiger Verwerfung, das er einst als Weltenrichter zu den Gesetzlosen sprechen werde. Es wäre abwegig, hier von ntl. Deutung der Psalmstelle reden zu wollen; es handelt sich offenbar um eine Schriftreminiszenz, deren Sinn unter der Hand zugunsten eines neuen Zusammenhanges bewußt gewandelt wird.«[43] Hiergegen hat Hans Ch. Knuth mit Recht protestiert. Er hält solche Sicht allein schon deshalb für verfehlt, weil ja »jede Auslegung« den Sinn eines Textes »wandelt«[44]. Aber ist ein genereller Rückgriff auf das Wesen des hermeneutischen Geschehens schon eine befriedigende Lösung? Mir scheint, im konkreten Fall der synoptischen Zitationen von Ps 6,9 bliebe – unbeschadet aller Wandlung des Textsinns, die zu jeder Auslegung gehört – die neutestamentliche Verwendung trotz aller »Auslegung« unglaublich nahe bei der bisher bestimmten Sache des Textes.

Nach Lk 13,27 wird irgendwann der »Herr des Hauses« die Tür verschließen, und dann wird niemand mehr eingelassen werden. Selbst solchen, die seine Mahlgenossen gewesen waren und auf deren Straßen er gelehrt hatte, werden von ihm hören müssen: »Ich weiß nicht, woher ihr seid. Weicht von mir, ihr Täter des Unrechts alle!« Sie werden dann vom Reich Gottes, von Abraham, Isaak, Jakob und allen Propheten, ausgeschlossen sein, werden heulen und mit den Zähnen knirschen. Die Fortführung (13,29) spitzt die Aussage darauf zu, daß die Völkerwallfahrt der Heiden

---

40   Ob im Bereich der Synoptiker auch noch Mt 13,41 und 25,41 eine Anspielung auf Ps 6,9 enthalten, ist fraglich. In 13,41 würde man statt ποιοῦντες sonst ἐργαζόμενοι erwarten, in 25,41 statt πορεύεσθε eher ἀπόστητε (Ps 6,9 LXX) oder ἀποχωρεῖτε (Mt 7,23). In 13,41 könnte außerdem noch auf Zeph 1,3 (vgl. MT und Symmachus) angespielt sein. Natürlich ist an beiden Stellen auf dem Weg über Mt 7,23 indirekter Bezug zu Ps 6,9 anzunehmen. – Zu Mt 7,21–23 vgl. *H.D. Betz*, Eine Episode im jüngsten Gericht (Mt 7,21–23), ZThK 78 (1981) 1–30; jetzt in: *Ders.*, Studien zur Bergpredigt, Tübingen 1985, 111–140. Dort S. 131–133 auch zu Lk 13,23–30 und zu frühchristlichen Texten, deren Abhängigkeit von Mt 7 und Lk 13 nicht über alle Zweifel erhaben ist, so daß sie auch unabhängige Jesustraditionen spiegeln könnten. Zu den Textformen der beiden Zitate vgl. *K. Stendahl*, The School of St. Matthew and its use of the old Testament (ASNU 20), Lund ²o.J. (1967), 89f; *Joachim Jeremias*, Die Sprache des Lukasevangeliums. Redaktion und Tradition im Nicht-Markusstoff des dritten Evangeliums (KEK Sonderband), Göttingen 1980, 232. – *H. Köster*, Die synoptische Überlieferung bei den apostolischen Vätern, Berlin 1957, 84, schließt aus den divergierenden Abweichungen von der Septuaginta bei Matthäus und Lukas, die beiden Evangelisten hätten das Zitat in Q vorgefunden, ohne es als solches zu erkennen. Dagegen *P. Hoffmann*, Πάντες ἐργάται ἀδικίας, ZNW 58 (1967) 188–214, hier 201f.
41   *M.-J. Lagrange*, Évangile selon Saint Matthieu (EtB), Paris (1922) ⁶1941, 156.
42   *J.A. Fitzmyer*, The Gospel According to Luke (X–XXIV) (AncB 28A), Garden City, NY, 1985, 1026.
43   *B. Fischer*, Das Psalmenverständnis der Alten Kirche bis zu Origenes, I. Psalm 1–20, Habil. masch., Bonn 1946 (mir nicht erreichbar, zitiert nach *Knuth*, Auslegungsgeschichte [s.o. Anm. 5] 5).
44   *Knuth*, a.a.O. 20.

einsetzen wird (während die Ausgeschlossenen zu Israel gehören[45]). Die anschließende Perikope (13,31–35) handelt explizit vom Tod Jesu in Jerusalem.

Nach Mt 7,22f wird Jesus »an jenem Tag« (nämlich dann, wenn entschieden wird, wer ins Himmelreich eingeht oder nicht – vgl. 7,21) von Menschen, die als Propheten, Exorzisten und Wundertäter aufgetreten sind, gegen ihren Ausschluß aus dem Himmelreich angerufen werden. Doch er wird zu ihnen feierlich sprechen: »Ich kenne euch nicht. Weicht von mir, ihr Täter der Gesetzlosigkeit!« Das Logion steht im Kontext der Bergpredigt, der Charta des Gewaltverzichts.

Es geht in beiden Logien um das »letzte« Gericht, obwohl eigentümlich offen bleibt, ob dieses sich nicht mitten in der Geschichte vollzieht. Der Ausdruck »an jenem Tag« ist in Mt 7,22 ein Rückverweis auf die 7,21 vorausgesetzte Situation, und die ist sehr offen definiert[46]. Es muß auch schon unabhängig von der Anspielung auf Ps 6,9 offenbleiben, ob Jesus hier im Bild des Richters zu denken ist. Nichts weist positiv darauf hin. In der formulierungsmäßig am nächsten stehenden matthäischen Parallele, der Erklärung des Gleichnisses vom Unkraut (13,36–43), ist zwar die Rede von der »Vollendung der Welt« (39f), der »Menschensohn« sendet »seine Engel« aus, und die »Anstöße und Täter der Gesetzlosigkeit« (41) werden in den Feuerofen geworfen (42); aber es findet keine Umsetzung der Ernteszenerie in ein Gerichtsbild statt. Auf der Deutungsseite wird keine Gerichtsszenerie insinuiert, der Menschensohn bleibt der Bauer, der seine Ernte organisiert. In 7,21–23 ist vom Text her offen, ob Jesus selbst als der gedacht ist, der in 7,21 den Zugang zum Himmelreich verwehrt. Die Formulierung ist so, daß das Subjekt der den Zugang verwehrenden Entscheidung nicht genannt werden muß. Das ließe eher an Gott als Subjekt denken. Die in 7,22f angedeutete Szene besagt jedenfalls nur, daß nach der von wem immer bewirkten Verwehrung des Zutritts die Abgewiesenen sich an Jesus wenden und ihn mit Gegengründen zu einem ihnen günstigen Handeln bewegen wollen. Selbst wenn man hier eine

45   Letzteres hält sich aus dem aufgenommenen Traditionsgut trotz der Tendenz zur Universalisierung und Aktualisierung auf die lukanische Gemeinde hin, die die lukanische Redaktion zweifellos hat, aufgrund von 13,26 eindeutig durch. So selbst *Hoffmann*, Πάντες 212.

46   Höchstens vom Feuermotiv in 7,18 her könnte man sagen, der Gedanke an das Weltgericht liege schon in der Luft. Aber auch dieses Motiv ist hier viel lockerer und viel mehr auf der Bildebene verwendet als sonst bei Weltgerichtsaussagen. Beim Ausdruck »an jenem Tag« in 7,22 wird in der neueren exegetischen Literatur wohl etwas zu massiv der Eindruck erweckt, daß durch diese Formulierung die gesamte apokalyptische Weltgerichtsszenerie, womöglich noch in der von *P. Volz*, Jüdische Eschatologie von Daniel bis Akiba, Tübingen 1903, synthetisierten Gestalt, evoziert würde. Aber erst wenn man traditionsgeschichtlich hinter Matthäus zurückfragt und eine von Mt 7,21 abgesonderte (und dennoch wörtlich gleiche) Präexistenz von 7,22f annimmt, stellt sich die Frage, ob »an jenem Tage« ein eindeutiger Verweisterminus für »Weltgericht« gewesen sei. Die (gar nicht so häufigen) Belege des Ausdrucks im Alten und Neuen Testament weisen zwar normalerweise in die Zeit des definitiven Handelns Gottes am Ende der Geschichte, doch sind die damit verbundenen Vorstellungen recht verschieden. Muß man in der vorauslaufenden Traditionsgeschichte wirklich mit einem Verweisterminus rechnen, dann könnte das im redaktionell gestalteten Matthäus-Text noch mit aufklingen, mehr jedoch nicht. Im allgemeinen hat Matthäus eher eine Tendenz zur Lockerung apokalyptischer Zeitablaufpläne. *E. Schweizer*, Matthäus 7,15–23, GPM 27 (1973) 362–366, jetzt in: *Ders.*, Matthäus und seine Gemeinde (SBS 71), Stuttgart 1974, 126–131, hier 127, weist z.B. darauf hin, daß Matthäus auch »die Sätze über die Verfolgung der Gemeinde aus der Endzeit- in die Missionsrede übernimmt, also die Situation der Verfolgung als die gewissermaßen normale darstellt.« Man könnte ebenfalls sagen, daß er die in die definitive Entscheidung hineinführende Endzeit schon mit der Zeit der Mission anheben läßt.

Gerichtsszene mitdenken will, kann ein solcher Vorgang noch doppelt verstanden werden. Die Ausgeschlossenen können sich direkt an den Richter wenden, der dann sein ergangenes Urteil revidieren müßte. Dann wäre Jesus der Richter. Oder sie können sich an eine andere Person wenden, die als Zeuge oder Anwalt beim Richter für die Revision des Urteils eintreten soll. Dann wäre Jesus beim Gericht anwesend, aber nicht selbst der Richter. Angesichts der vielen Bilder, in denen das, was wir als »Weltgericht« zu bezeichnen pflegen, auch bei Matthäus auftritt, und der verschiedensten Rollen, die Jesus in ihnen übernimmt, wäre ein Bild von Jesus als »Paraklet« durchaus denkbar[47]. Auch in Lk 13,27 ist die eigentliche Weltgerichtsvorstellung mit Jesus als Richter nicht zu entdecken. Vielmehr findet sich hier das Bild vom Hausherrn, der sich beim Festmahl von den Polstern erhebt und das Tor schließt.

Muß man also an beiden Stellen nicht am Bild einer Gerichtsverhandlung haften, oder wenn, dann in einer sehr offenen Weise, dann kann man den Anklang an Ps 6,9 nicht schon einfach deshalb zur puren Formulierungsreminiszenz erklären, weil in Ps 6,9 ja nicht Gott, der Richter, spreche, sondern ein menschlicher Beter. In Wahrheit besteht zwischen dem Kontext von Ps 6,9 und dem Kontext der beiden Formulierungsanklänge in Mt 7,23 und Lk 13,27 ein tiefer reichender Zusammenhang.

Bei Matthäus und bei Lukas geht es um die einst geschehende definitive Aufdeckung der bis ins Gegenteil hinein verhüllten wahren Verhältnisse. Dabei zeigen sich bisher nicht als Feinde zu erkennende Menschen als Feinde. Genau eine solche Aufdeckung des bisher Verhüllten geschieht in Ps 6 auch in dem Vers, dessen Formulierung von den beiden Evangelien übernommen wird. Ist das der Fall, dann handelt es sich aber in beiden Evangelien um mehr als um eine »Formulierungsreminiszenz«. Die Sache des Psalms kommt in den Jesusworten zur Sprache. Der im Psalm in Sprache gefaßte Vorgang prägt auch den entscheidenden Punkt der Weltgeschichte, »jenen Tag«, an dem die vorher verdeckte Wahrheit zutage tritt.

Mit dieser Erkenntnis dürfte auch die oben noch offen gehaltene Alternative, ob Jesus in Mt 7,22f als Richter oder als Anwalt zu denken sei, zugunsten der Anwalt-Vorstellung entschieden sein. Die Benutzung des Psalms als solche legt dies nahe. Denn dort stehen der Beter und seine Verfolger einander angesichts Gottes gegenüber, und Gott entscheidet sich für den Beter und gegen die Verfolger. So kann auch bei Matthäus Jesus, wenn er sich beim Weltgericht die Worte des Psalmbeters zu eigen macht, nicht in der Rolle des Richters gedacht werden. Er nimmt vielmehr

---

47   Rechnet man an dieser Stelle mit der Vorstellung von Jesus als »Paraklet«, dann mag immer noch offen bleiben, ob man hier mit *Betz,* Episode (s.o. Anm. 40), Überreste einer frühen Paraklet-Christologie annehmen soll. Nicht jedes neutestamentliche Bild muß gleich eine frühe »Christologie« hinter sich haben. Doch sei noch auf etwas anderes aufmerksam gemacht: Man sollte mit der Rede vom »Gericht« auch deshalb vorsichtig umgehen, weil in der alttestamentlichen Sprache, aus der sie kommt, »Gericht« in vielen Fällen gar nicht als Richten eines Richters über einen Angeklagten, sondern eher als Prozeß zwischen zwei Parteien gedacht wird (Gott also als »Partei«, nicht als »Richter«) – weshalb im übrigen das definitive Gericht Gottes sehr leicht im Bild eines Krieges Gottes gegen die Völker konkretisiert werden kann.

Stellung zu anderen, die verurteilt worden sind und ihn um Hilfe beim Richter ansuchen, weil sie ihr Urteil revidiert haben wollen. Er sieht, wer sie in Wirklichkeit sind. Er muß sie der Gesetzlosigkeit zeihen. So weigert er sich mit den Worten des Psalms, sich als ihr Anwalt für sie einzusetzen. Im Psalter sind die, zu denen der Beter sagt: »Weicht von mir, alle Übeltäter!«, die Verfolger des Beters selbst. Wenn die Evangelisten Jesus beim »Weltgericht« diese Worte zu den vom Gottesreich Ausgeschlossenen sagen lassen, dann ist der Gedanke mitgesetzt, diese seien Verfolger Jesu gewesen, obwohl ein solcher Gedanke im Kontext nicht ausgesprochen wird; das Zitat als solches bringt ihn ein.

Zumindest für Matthäus läßt sich das noch ein wenig entfalten. »Gesetzlosigkeit« (ἀνομία) ist ein typisch matthäischer Terminus, obwohl auch die Septuaginta-Wiedergabe von Ps 6,9 ihn enthält und er daher in Mt 7,23 bereits aus diesem Grund steht. Dieses Wort weist nun ebenfalls in den Zusammenhang von Feindschaft und Verfolgung. Nach Mt 24,11f wird beim endzeitlich gehäuften Auftreten von falschen Propheten die Liebe vieler erkalten, weil die ἀνομία sich häuft. Sie muß nach 24,10 mit gegenseitigem Verrat und Haß zusammenhängen. In Mt 7 müssen wir den Begriff zusätzlich von der Bergpredigt her verstehen, zu deren Abschluß 7,23 gehört. So umschließt er auch gerade die Ablehnung des dort verkündeten Gewaltverzichts. Die, denen Jesus in der entscheidenden Stunde Ps 6,9 zitieren muß, schienen Propheten, Exorzisten und Wundertäter zu sein. Doch sie waren Verfolger und Gewalttäter. Der Kreis zum Anfang der Einheit schließt sich, wo von Propheten die Rede war, die wie Schafe kommen, in Wahrheit aber Wölfe sind (7,15)[48].

Daß hier der Ausschluß vom Himmelreich in der Gewalttätigkeit gründet, ist also auf jeden Fall klar. Neu wird durch das Zitat eingebracht, daß die wie Schafe auftretenden Wölfe es letztlich nicht auf die Jünger Jesu abgesehen haben, sondern auf diesen selbst. Die Identität Jesu mit seinen leidenden Jüngern wird hier nicht weiter entfaltet. Sie wird zum Thema werden in Mt 25,31–46.

Auf jeden Fall: Indem Jesus sich in Mt 7,23 und Lk 13,27 Ps 6,9 zu eigen macht, interpretiert er sich selbst vom Gesamtpsalm und dessen Duktus her als Opfer der Gewalt. Was sonst aus dem Kontext der beiden Zitate gar nicht deutlich würde: Durch das Zitat von Ps 6 ist an diesen Stellen auch von Jesu Ende am Kreuz die Rede. Was Jesus umgebracht hat, ist Gewaltverbissenheit, die sich dazu noch unter heiligster Tarnung verbarg. Menschen, die mit Jesus aßen und ihm auf den Straßen zuhörten, ja die in seinem Namen prophezeiten, Geister austrieben und Wunder wirkten, haben mit alldem nur verdeckt, daß sie eigentlich seine Feinde und Verfolger waren. Indem sie nicht durch die enge Pforte der Umkehr gingen (Mt 7,13; Lk 13,24, vgl. 13,5), standen sie nicht mehr auf der Seite des

---

48 Zum Wolfsthema in 7,15 vgl. *J. Gnilka*, Das Matthäusevangelium I (HThK), Freiburg 1986, 273f.

Opfers, und allein damit gehörten sie schon zu den Verfolgern. Wie im Psalm deckt das Opfer die wahren Verhältnisse auf. Die beiden Evangelientexte erhalten also durch das Psalmzitat eine staurologische Tiefendimension[49]. Umgekehrt bekommt, im »Kanon« gelesen, auch der Psalm ein neues Gewicht. Es wird deutlich, daß er nicht irgendwelche menschlichen Situationen zur Sprache bringt, sondern die Struktur des entscheidenden Vorgangs der Weltgeschichte, und daß sein genuinster Sprecher der verfolgte Messias ist.

Im lukanischen Zusammenhang findet dabei durch das sich anschließende Motiv der endzeitlichen Völkerwallfahrt eine vollständige Umkehrung der Rollen statt. Dies gilt auch von der johanneischen Verwendung von Ps 6, die im übrigen an der Stelle, wo der Psalm, auf der Ebene des Psalters allein gelesen, einfach noch offen blieb, nun kritisch weiterdenkt.

9. *Ps 6 in Joh 12,20–35*

Im Gegensatz zum Zitat von Ps 6,9 in Mt 7,23 und Lk 13,27 wird die insgesamt 5 Wörter umfassende Übereinstimmung von Joh 12,27 mit Ps 6,4f in den meisten neueren Kommentaren und Untersuchungen zu Johannes nicht einmal registriert. Dies ist dort besonders auffällig, wo man andere, weniger in Frage kommende alttestamentliche Parallelen durchaus benennt, vor allem Ps 42,6f[50].

Einen Hinweis auf Ps 6,4f habe ich – von Parallelstellenangaben in einigen Textausgaben und Übersetzungen abgesehen – nur bei ganz wenigen Autoren gefunden. Niemand rechnet mit einer Anspielung, erst recht niemand mit einem Zitat. Nur in der exegesegeschicht-

49 Man wird also zweifeln können, ob *Betz,* Episode (s.o. Anm. 40) 135, im Recht ist, wenn er zur »Christologie« von Mt 7,21–23 sagt, daß hier »die eschatologische Anwaltschaft Jesu weder mit dem Sühnetod noch mit Kreuzestod und Auferstehung motiviert wird.« Offenbar doch zumindest mit seinem gewaltsamen Tod.
50 Ohne Ps 6,4f zu erwähnen verweisen auf Ps 42,6f: *Th. Zahn,* Das Evangelium des Johannes (KNT), Leipzig [6]1921, 516 Anm. 36; *C.H. Dodd,* According to the Scriptures. The Sub-Structure of New Testament Theology, London 1952, 100f; *R. Bultmann,* Das Evangelium Johannes (KEK), Göttingen [15]1957, 327; *C.H. Dodd,* Historical Tradition in the Fourth Gospel, Cambridge 1963, 69; *R.E. Brown,* The Gospel According to John (i–xii) (AncB), Garden City, NY, 1966, 470; *H.-Th. Wrege,* Jesusgeschichte und Jüngergeschick nach Joh 12,20–33 und Hebr 5,7–10, in: *E. Lohse u.a.* (Hg.), Der Ruf Jesu und die Antwort der Gemeinde (FS Joachim Jeremias), Göttingen 1970, 259–288, 273 Anm. 43; *C.K. Barrett,* The Gospel According to St. John, London [2]1978, 425 (in der Einleitung, S. 28, nennt er dagegen auch Ps 6,4); *J. Beutler,* Psalm 42/43 im Johannesevangelium, NTS 25 (1979) 33–57, hier 37f. Der psychologische Grund für diese Fehlleistung dürfte in traditions- und quellenkritischer Aufmerksamkeitsfixierung liegen. Man rechnet mit Abhängigkeit von Mk 14,34 (oder ähnlichen Vorlagen). Dort liegt aber eine Anspielung auf Ps 42,6 vor. Daß Joh, wenn auch vielleicht durch die Benutzung von Ps 42,6 in seiner Vorlage angeregt, bewußt zu einem ähnlichen, aber doch für seine Zwecke geeigneteren Psalm hinübergewechselt sein könnte, kommt einem nicht in den Sinn. So greift man nicht einmal zur Konkordanz, um nachzusehen. Dies hat dann in einer vielleicht etwas zu kritischen Weise *E.D. Freed,* Psalm 42/43 in John's Gospel, NTS 29 (1983) 62–73, in seiner Auseinandersetzung mit *Beutler,* a.a.O., getan.

lichen Arbeit Knuths wird im Blick auf Ps 6,4 von einem »Anklang«, auf Ps 6,5 von einem »Zitat« gesprochen[51].

Angesichts dieses »Forschungsstands« ist zunächst einmal der Tatbestand genau zu erheben. Am Anfang von Joh 12,27 heißt es:

Νῦν ἡ ψυχή μου τετάρακται.

Dem entsprechen:
Ps 6,4 καὶ ἡ ψυχή μου ἐταράχθη σφόδρα
Ps 42(41),7 πρὸς ἐμαυτὸν ἡ ψυχή μου ὀταράχθη.

Dieser Befund[52] bliebe offen, schlösse sich ihm nicht im gleichen Vers das Gebet Jesu an:

πάτερ σῶσόν με ἐκ τῆς ὥρας ταύτης.

Dem entspricht:
Ps 6,5 πάτερ σῶσόν με ἕνεκεν τοῦ ἐλέους σου.

In Ps 42(41) gibt es dafür keine Entsprechung. Man könnte höchstens darauf hinweisen, daß im vorangehenden Vers 42(41),6 das Wort σωτήριον vorkommt. Schaut man auf den Inhalt, so entspricht Ps 6 mit seinem Aufschrei des Beters aus der Todesnähe heraus mehr dem johanneischen Kontext als Ps 42(41), das Gebet eines bedrängten Israeliten fern der Heimat. Insgesamt: Als alttestamentlicher Hintergrund für Joh 12,27 kommt eher Ps 6 als Ps 42(41) in Frage.

Jedoch ist die Nähe zu Ps 42(41), der in den synoptischen Gethsemane-Texten eine entscheidende Rolle spielt, aufschlußreich. Am treffendsten hat wohl Barnabas Lindars den vollständigen Sachverhalt definiert: »The refrain of Pss. 42.6,12, 43.5 lie behind our Lord's words at Gethsemane (Mark 14.34 = Matt. 26.38): ἵνα τί περίλυπος εἶ, ψυχή; Ps. 42.7 seems to lie behind the Johannine version of his inner struggle (John 12.27): ἡ ψυχή μου ἐταράχθη. The same words, however, also occur in Ps. 6.4, which is more likely to be the intended source because of the following σῶσόν με, cf. Ps. 6.5.«[53]

Ist die für uns in den Synoptikern greifbare Ölbergstradition, ebenso wie mehrere andere »synoptische« Traditionen, in Joh 12,20–36 aufgegriffen und verarbeitet[54], dann muß man für die Präsenz von Ps 6,4f anstelle von

51   Hinweise auf Ps 6,4: *J.H. Bernard,* A Critical and Exegetical Commentary on the Gospel According to St. John II (ICC), Edinburgh 1928, 436; *R. Hermann,* Die Prüfungsstunde des Sendungsgehorsams Jesu, ZSTh 7 (1930) 742–771, hier 745f; *A. Schlatter,* Der Evangelist Johannes. Wie er spricht, denkt und glaubt, Stuttgart ³1960, 269; *R. Schnakkenburg,* Das Johannesevangelium II: Kommentar zu Kap. 5–12 (HThK), Freiburg 1971, 485 (»vielleicht beeinflußt«); *B. Lindars,* The Gospel of John (NCeB), London 1972, 430f (»certainly derived«); *G. Reim,* Studien zum alttestamentlichen Hintergrund des Johannesevangeliums, Cambridge 1974, 160 Anm. 93 (»keine Anspielung«; »nur eine formale Parallele«); *Freed,* a.a.O. 65–67; *J. Beutler,* Habt keine Angst. Die erste johanneische Abschiedsrede (Joh 14) (SBS 116), Stuttgart 1984, 25. – »Anklang« und »Zitat« bei *Knuth,* Auslegungsgeschichte (s.o. Anm. 5) 23.
52   Weitere Septuaginta-Parallelen sind aufgelistet bei *Freed,* a.a.O. 65.
53   *B. Lindars,* New Testament Apologetic. The Doctrinal Significance of the Old Testament Quotations, London 1961, 99 Anm. 2.
54   Zum Zusammenhang zwischen den synoptischen Gethsemane-Szenen und Joh 12,27 vgl. z.B. *Brown,* John (s.o. Anm. 50) 470f; *Schnackenburg,* Johannesevangelium

Ps 42 mit einer bewußten Operation bei der Verarbeitung des Traditions-
materials rechnen. Der Verfasser oder Redaktor fand es offenbar ange-
bracht, den in seiner Tradition angedeuteten alttestamentlichen Hintergrund hier durch einen geeigneteren zu ersetzen. Ps 42/43 dagegen hat er,
wie Johannes Beutler breit gezeigt hat, in anderen Zusammenhängen (die
ebenfalls in bezug zur Gethsemane-Tradition stehen) intensiv ausgewer-
tet, vor allem in Joh 14.

Man kann nun weiter fragen: Hat er sich nur selbst von Ps 6 leiten lassen, oder wollte er
auch, daß seine Leser diesen Zusammenhang wahrnehmen? Auch wenn nur das erste der
Fall sein sollte, müßte die Exegese bei der Auslegung des johanneischen Textes stärker, als
das jetzt in der Johannesliteratur geschieht, über den Zusammenhang mit Ps 6 reflektieren.
Noch mehr aber bei der zweiten Annahme. Denn dann läge das Phänomen der »Anspielung« vor. Diese könnte sich in Jesu Bitte um Rettung aus der »Stunde« zu einem freien,
aber als erkennbar gemeinten »Zitat« des Psalms steigern. Hier gäbe es nochmals zwei
Möglichkeiten. Es könnte sich um Anspielung und Zitat des Erzählers handeln, für die Leser bestimmt. Sie müßten von den Lesern als solche erkannt werden, sollen sie den vollen
Textsinn erfassen. Es könnte darüber hinaus innerhalb der »erzählten Welt« Anspielung
und Zitat durch den johanneischen Jesus sein, für seine Zuhörer innerhalb der Erzählung
bestimmt. Dann wäre es für die Deutung des Textes wichtig, daß die Menge, die dabeisteht,
Anspielung und Zitat offenbar nicht erkennt oder bewußt nicht darauf eingeht. Welche
dieser Möglichkeiten zutrifft, kann nur durch eine hier nicht zu leistende Einzelanalyse der
Perikope sowie durch neue Klärung genereller Fragen bestimmt werden. So dürfte zwar
klar sein, daß im Johannesevangelium bei den innerhalb der »erzählten Welt« auftretenden jüdischen Personen Kenntnis (nicht notwendig auch Verständnis) des Alten Testaments vorausgesetzt wird. Doch weniger klar ist, in welchem Maß dies der Text auch von
seinen angezielten Lesern erwartet. Allerdings vielleicht mehr, als heute bei den Auslegern
angenommen wird. Die nun folgenden Ausführungen lassen sich schon bei der Minimalan-
nahme vertreten, daß nämlich der Verfasser oder Redaktor bei seiner Textgestaltung von
Ps 6 her beeinflußt war – gleichgültig, ob er diese Beeinflussung auch noch als solche erkennbar machen wollte oder nicht.

Ist der worthafte Bezug von Joh 12,27 zu Ps 6,4f akzeptiert, dann lassen
sich im Kontext noch weitere Bezüge zu Ps 6 vermuten. Sie sind nicht
mehr verbal festgemacht, sie sind inhaltlicher Art: (1) Die »Stunde« entspricht der den Psalm bestimmenden Todesnähe des Beters; (2) die »Verherrlichung« des Namens Gottes in 12,28 entspricht dem Erinnern und
Preisen Gottes in Ps 6,6[55].
Offenbar wird im textlichen Umfeld von Joh 12,27 die Sache des ganzen
Ps 6 ins Auge gefaßt, doch sie wird durch die dafür paratliegenden johanneischen Termini ausgedrückt (»Stunde« und »Verherrlichung«). Die
verbale Bezugnahme in 12,27 genügt, um inhaltlich noch mehr mitzude-

(s.o. Anm. 51) 484f. Ein ausführlicher inhaltlicher Vergleich findet sich bei *W. Thüsing*,
Die Erhöhung und Verherrlichung Jesu im Johannesevangelium (NTA 21,1–2), Münster
²1970, 75–88; das breite Bezugsfeld der Gethsemane-Tradition an verschiedensten Stellen
innerhalb des Johannesevangeliums arbeitet *Beutler*, Ps 42/43 (s.o. Anm. 50); *ders.*,
Angst (s.o. Anm. 51), heraus.
55   Die hintergründige Lenkung der Gedankenfolge durch Ps 6 könnte auch erklären,
weshalb hier der Aspekt wechselt und nicht mehr, wie zunächst in 12,23, von der Verherrlichung des Menschensohns, sondern von der Verherrlichung des Namens des Vaters die
Rede ist – so sehr beides in der johanneischen Theologie zusammengehört.

terminieren. Die ganze Einheit scheint eine Art christologischer »Midrasch« zu Ps 6 zu sein. Ich meine nicht, daß sie sich darin erschöpfe. Aber Ps 6 ist zumindest eine ihrer Voraus-Strukturen[56]. Deren Wirkung auf die Sinnkonstitution des Textes sei nun kurz nachgegangen. Der Einzug nach Jerusalem geht voraus (12,12–18). Die neue Szene wird eröffnet durch Philippus und Andreas, die nach Jerusalem reisende Griechen – also Menschen aus dem Bereich der Völker – zu Jesus führen (12,20–22). In der dadurch ausgelösten Rede Jesu verkündet dieser, daß er auf den Tod zugeht, seine »Stunde« (vgl. Ps 6,3f). Davon wird er zuinnerst erschüttert, und er stellt sich die Frage, ob er an seinen Vater die Bitten des Beters von Ps 6 um Errettung vor dem Tod stellen soll: »Jetzt ist meine Seele erschüttert (vgl. Ps 6,4). Was soll ich sagen? Vater, rette mich aus dieser Stunde (vgl. Ps 6,5)? Aber deshalb bin ich in diese Stunde gekommen. Vater, verherrliche deinen Namen (vgl. Ps 6,6).« Da ertönt die Stimme vom Himmel: »Ich habe verherrlicht und werde wieder verherrlichen.«

Hier wird also abgelehnt, daß der Logos, wenn er in den Bereich des Todes gekommen ist, sich vom Duktus von Ps 6 führen lassen darf. Wir geraten wahrlich in eine am zentralsten Ort des Weltgeschehens festgemachte Kritik an Ps 6 hinein[57]. Allerdings ist zugleich das tiefste Anliegen von Ps

56 Andere Voraus-Strukturen sind neben verschiedenen »synoptischen« Traditionen auch noch weitere alttestamentliche Texte. Einer, der bisher anscheinend noch nicht voll gewürdigt wurde, sei kurz erwähnt. *Schlatter,* Johannes (s.o. Anm. 51) 269, nimmt an, daß in Joh 12,28 δόξασόν σου τὸ ὄνομα auf Ps 86(85),9 δοξάσουσιν τὸ ὄνομά σου anspielt. Ist das der Fall, dann sollte man beachten, daß dort von der Jahweverehrung durch die Völker, wenn nicht gar von der Völkerwallfahrt gesprochen wird. Es ist ein altes Problem der Johannesauslegung, daß das Auftreten der Griechen in Joh 12,20f dann in der dadurch eingeleiteten Einheit keinerlei Echo mehr zu finden scheint. Nun, hier wäre das (allerdings nur einem seine Texte auswendig kennenden Psalmenbeter verifizierbare) Echo – genau auf dem Höhepunkt der Einheit.
57 Ich bin oben in der Übersetzung der schon von Chrysostomus (der noch griechisch sprach) vertretenen Auffassung von Joh 12,27 gefolgt. Nach ihr betet Jesus den Satz »Vater, rette mich aus dieser Stunde heraus!« nicht im Ernst als sein Gebet, sondern, im Nachschlag zur vorausgehenden Frage »Was soll ich sprechen?«, erwägt er ihn als nach Meinung vieler, auch nach dem Gefühl eines Teils seiner eigenen Seele in Frage kommendes Gebet, verwirft ihn als solches aber dann vom Wort ἀλλά ab. Diese Auffassung ist heute die der Mehrheit der Ausleger. Doch in der Neuzeit ist auch immer wieder die Meinung vertreten worden, Jesus spreche das Gebet ernsthaft. *J. Blank,* Krisis. Untersuchungen zur johanneischen Christologie und Eschatologie, Freiburg 1964, 277, sagt etwa, diese Bitte sei »genau so ernst zu nehmen wie die entsprechende Bitte in den synoptischen Berichten.« Eine ausführliche Begründung dieser Auffassung versucht *X. Léon-Dufour,* »Père, fais-moi passer sain et sauf à travers cette heure!« (Jn 12,27), in: *H. Baltensweiler – B. Reicke* (Hg.), Neues Testament und Geschichte. Historisches Geschehen und Deutung im Neuen Testament (FS O. Cullmann), Zürich/Tübingen 1972, 157–165. Er übersetzt: »Maintenant mon âme est troublée et je ne sais que dire. Père, fais-moi passer sain et sauf à travers cette heure! Mais oui! C'est pour cela que je suis venue jusqu'à cette heure. Père, glorifie ton nom!« Trotz alles Scharfsinns in der Argumentation von Léon-Dufour bleiben so schlichte Einwände wie der von *Thüsing,* Erhöhung (s.o. Anm. 55) 82, bestehen: »Wenn es sich um eine positive Bitte handeln würde, sieht man nicht ein, weshalb das τί εἴπω vorangestellt ist.« Hinzugefügt sei: Auch das ἀλλά wird eigentlich überflüssig. Léon-Dufour ist sich auch des Zitatcharakters des Gebets nicht bewußt. Rechnet man mit diesem, dann ist zu sagen: Gleichgültig, ob ernsthaft gebetet oder fragend erwogen und dann verworfen wird, im Endeffekt wird der ursprüngliche Sinn des Psalms kritisch verwandelt. Der frühere Beter

6 in den Vordergrund geschoben: daß es in dieser Welt »Gedenken« und »Preis« Gottes geben muß. Ps 6 auf Psalterebene kann sich solches nur durch Rettung des Beters aus dem Tod denken. Genau diese Denkeinschränkung wird hier in einem Jesus selbst offenbar tiefste Erregung bereitenden und eine Himmelsstimme provozierenden Schritt gesprengt. Dadurch erfüllt sich dann auf eine neue Weise das, worauf der Psalm hinauslief: daß alle Feinde weichen müssen.

In Joh 12,31f sagt Jesus nämlich auf das Nichtverstehen der Umstehenden hin: »Jetzt wird Gericht gehalten über diese Welt; jetzt wird der Herrscher dieser Welt hinausgeworfen werden. Und ich, wenn ich über die Erde erhöht bin, werde alle zu mir ziehen.« Bleibt Ps 6 hier weiter hintergründig mitstrukturierender Text, dann werden die »Feinde« des Psalms jetzt gewissermaßen auseinandergenommen. Einerseits sind es die Menschen (bis hinein in die Dimension der Israel gegenüberstehenden Völker, vgl. die Griechen aus 12,20–23), andererseits ist es hinter ihnen der »Herrscher dieser Welt«. Was der Psalm sagt (»Weichet von mir, ihr Täter des Übels alle«) gilt für den »Herrscher dieser Welt«: Er muß definitiv weichen. Dagegen gilt es nicht mehr gegenüber den Menschen. Sie werden »alle« (Leitwort des Psalms bei den »Feinden«!) zu dem gezogen, der durch seine Übernahme des ihm in der Feindschaft bereiteten Todes der Feindschaft den Boden entzogen hat.

10.   *Ps 6 im kirchlichen Kanon*

Die im besonders glücklich gelagerten Fall von Ps 6 im Neuen Testament geschehene christologische Neuaufnahme und Kritik des Psalms ist sicher exemplarisch auch für andere Fälle, in denen die Texte im Neuen Testament nicht ausdrücklich aufgenommen werden. Zugleich ist aber die »kanonische Auslegung« damit noch nicht am Ziel.

Der christliche »Kanon« hängt an der gesellschaftlichen Größe »Kirche« und ist in Funktion zur Anwendung in ihrem Raum gewollt. Erst wo Ps 6 für das Gebetetwerden durch an Christus im Raum von Kirche Glaubende aufgeschlossen ist, wird er für Christen voll ausgelegt sein. In der Perikope Joh 12,20–36 fehlt diese Dimension keineswegs, doch ist sie nicht unmittelbar mit Ps 6 in Verbindung gebracht. Jesus legt nämlich den Doppelaspekt der »Stunde« – Tod und Verherrlichung zusammen – in 12,25f

---

des Psalms wollte vor dem Tod bewahrt werden. Jesus muß sterben und ist hier schon dazu bereit. Er wird nicht ohne Tod erhöht und verherrlicht. Vgl. *Barrett,* John (s.o. Anm. 50) 425, zur ganzen Diskussion: »Little difference is made.« Bei Léon-Dufours Lesung geschieht die Umdeutung des Psalms gewissermaßen insgeheim und im voraus durch johanneische Texte wie Joh 12,23f (am Anfang der Einheit), wo sich die Verherrlichung, d.h. die Rettung, mit dem Tod des Weizenkorns verbindet. Der Psalm wird zwar von Jesus ernsthaft gebetet, aber in einem johanneisch umgedeuteten Sinn. Bei der üblichen Lesung wird die kritische Auseinandersetzung mit dem Psalm in 12,27f selbst existentiell und reflex vollzogen. Dies scheint mir vom Duktus des Texts her plausibler.

auch für die aus, die ihm dienen wollen, und am Ende, in 12,35f, fordert er die nochmals zum Glauben auf, die sich schon in die Finsternis hinein von ihm entfernen. Ähnlich ist es in Mt 7. Durch die Anspielung auf Ps 6,9 wird Jesus selbst sichtbar als der von christlichen Propheten, Exorzisten und Wundertätern letztlich Verfolgte. Im Zusammenhang wird deutlich, daß sie die Wölfe sind, die sich zunächst einmal einfach unter die Schafe gemischt haben. Auch hier werden also Geschick Jesu und Geschick seiner Jünger in eins gesehen.

Will man denen, die im Raum von Kirche an Jesus glauben, den Psalm 6 voll auslegen, dann muß ihnen über das, was bisher entfaltet wurde, hinaus zum Beispiel auch noch gesagt werden können, wie sie Anteil am Entschluß Jesu erlangen, den Vater nicht um »Rettung« aus der »Stunde«, sondern nur einfach um »Verherrlichung seines Namens« zu bitten, wohl wissend, daß sie dabei auch die getöteten Opfer der Verfolgung werden können.

Es könnte zum Beispiel sein, daß man in diesem Zusammenhang von der Taufe, von dem in ihr übernommenen Todesgeschick Jesu und von der bleibenden Taufbestimmtheit der christlichen Existenz handeln muß. Und diese Rede könnte dann im Kontext einer konkreten Gemeinde ein höchst konkretes Reden über Dinge werden, die in diesem Augenblick sich dort ereignen und nach Ausdruck im Gebet verlangen. Es könnte nötig werden, im Blick auf die Gemeinde selbst und das, was in ihr geschieht, zu neuer Unterscheidung der Geister zu kommen.

Hans-Joachim Kraus

Das Telos der Tora

Biblisch-theologische Meditationen

Es ist unbegreiflich, wenn in der christlichen Theologie, und so insbesondere in der dogmatischen Lehre »De scriptura sacra«, das Kanon-Problem in erster Linie im Rekurs auf das Neue Testament entfaltet wird. Die – im wahren Wortsinn – *fundamentale* Tatsache, daß Prototyp und Urgestalt des biblischen Kanons im *Alten Testament* vorgegeben sind, findet allenfalls historische, nicht aber die angemessene theologisch-systematische Beachtung. Müßte nicht die gelegentlich aufleuchtende Erkenntnis, daß das Alte Testament »*die* Schrift«, »*die* Bibel« der Juden und Christen war, ist und sein wird, alles Forschen und Fragen nach dem biblischen Kanon und so eben auch alle biblisch-theologischen Überlegungen in der Voraussetzung, Gedankenführung und Zielsetzung tiefgreifend bestimmen und prägen? Bedauerlicherweise bleiben auch die bekannten Beobachtungen, daß der Kanon des Neuen Testaments nach dem Vorbild der hebräisch-aramäischen Bibel strukturiert und gestaltet worden ist, zumeist im Formalen und im Aufweis des Historisch-Genetischen stecken. – Bei einer Analyse der Gründe und Hintergründe, auch der Motive und Tendenzen der wissenschaftlichen Trends würde man sehr bald ermitteln können, daß sich das Interesse am Aufweis der »gravierenden Unterschiede«, ja sogar der »unbestreitbaren Gegensätze« zwischen Judentum und Christentum, zwischen Israel und der Kirche, als der eigentliche Antrieb der Forschungen und Ergebnisfindungen herausstellt. An diesen Analysen ist in den vergangenen Jahrzehnten mit zunehmender Intensität gearbeitet worden.

Der griechische Begriff »Kanon« ist erst im 4. Jahrhundert n.Chr. aufgekommen. Er bezeichnet die »Regel« oder »Richtschnur« und dann auch den »umgrenzten Bereich«, den »zugewiesenen Bezirk« – als »regula fidei«: die Norm des Glaubens bzw. der kirchlichen Lehre des Glaubens. Alle diese Begriffe und Vorstellungen sind für den Prozeß der Kanon-Bildung des Alten Testaments weit zurückzustellen, damit die Eigenart des Vorgangs im Judentum sachgemäß ermittelt werden kann. Dabei ist das Faktum entscheidend, daß »die Schriften« bzw. »die Schrift« mit dem alles umfassenden und zugleich die Intention prägenden Begriff תורה bezeichnet worden ist. תורה muß nach hebräisch-jüdischem Verständnis mit

»Weisung« oder »Lehre« wiedergegeben werden. Die Übersetzung »Gesetz« mit ihren von der christlichen Theologie eingeführten »nomistisch«-kritischen Implikationen ist scharf zurückzuweisen, weil sie – schon im Ansatz – ein polemisches Interesse verfolgt und den Gegebenheiten in keiner Weise gerecht wird. »Die bekannte, im früheren Luthertum fast zu kanonischer Gültigkeit erhobene Vorstellung von einem Israel, das durch das Gesetz Gottes in einen immer härteren Gesetzeseifer getrieben und das gerade durch diesen Gesetzesdienst und durch die von ihm erweckte Sehnsucht nach dem wahren Heil auf Christus vorbereitet werden sollte, ist aus dem Alten Testament nicht zu begründen« (G. v. Rad, Theologie des Alten Testaments II, München [7]1980, 432).

Die Festlegung des genau umgrenzten Inhalts und Umfangs der תורה war ein solenner Akt, der vielfach einer »Synode zu Jamnia (Jabne)« um 100 n.Chr. zugeschrieben wird, die jedoch historisch nicht zu sichern ist. Doch schon seit ungefähr zwei Jahrhunderten war eine (noch nicht genau bestimmte) Anzahl von Büchern des Alten Testaments in den Synagogen in Geltung. Die Sammlung stand unter dem Gebot, daß nichts hinweggenommen oder hinzugefügt werden dürfe (vgl. Dtn 4,2; 13,1). Damit tritt der im deuteronomischen Schrifttum vorgebildete Begriff der *Unantastbarkeit der verbindlichen Texte* hervor. Wohl gleichzeitig konsolidiert sich die Vorstellung von der Verbal- und Literalinspiration der heiligen Dokumente. Dies alles sind bekannte, oft erforschte und, soweit erkennbar, bis in die Nuancen hinein beschriebene Prozesse. Doch bliebe zu beachten und zu bedenken, daß der Kanonisierung eine im einzelnen nicht ermittelbare Geschichte des Sich-selbst-Durchsetzens, Sich-Imponierens und Sich-Einwurzelns der Schriften voraufging. Wird in der Wissenschaft das Phänomen »Kanon« erörtert, dann gewinnt man oft den Eindruck, als sei das »Festlegen« der Grenzen des Schrifttums und das »Verfügen« der Norm durch die religiösen Autoritäten das eigentliche und primäre Ereignis. Es wird dann geflissentlich übersehen oder gar mißachtet, daß und wie der »Kanon« im Gottesvolk de facto sich selbst durchsetzte und einwurzelte.

Nach jüdischem Verständnis und im Kontext seiner Entstehungsgeschichte heißt und ist also das von den Christen »Altes Testament« genannte Buch תורה – »Weisung«. Bleibt man auf der Spur des Grundverständnisses dieses Begriffs, dann ist die verallgemeinernde Erklärung »normative Grundlage des Judentums« oder »heiliges Buch der jüdischen Religion« allenfalls die Umschreibung eines äußerlichen Phänomens. Doch die Tora als »Weisung« (mit allen ihren verschiedenartigen Inhalten, auch denen geschichtlicher, prophetischer, kultischer und weisheitlicher Provenienz) hat ein *konkretes Ziel*, das in der kontemporären jüdischen Tradition mit dem Begriff צדקה angezeigt ist: *Gerechtigkeit*, und zwar Gerechtigkeit Israels wie auch jedes einzelnen Israeliten und, von Israel ausgehend, Gerechtigkeit der Völker. Noch muß im einzelnen unerklärt bleiben, wie der hebräische Begriff der »Gerechtigkeit« zu fassen und zu verstehen ist. Ins Visier zu nehmen ist jedenfalls die Frage nach dem *Ziel der Tora* – als (»kanonische«) biblisch-theologische Frage, die in entscheidender Weise dann auch, wie zu zeigen sein wird, das *Neue Testament* betrifft.

Nur einen begrenzten Ausschnitt und Anfang biblisch-theologischer Besinnung kann und will der vorliegende Beitrag liefern. Es sind *drei Texte*, über die in jeweils geschlossenen, aber sachlich aufeinander abgestimmten Meditationen nachgedacht werden soll: Dtn 30,1–20; Jer 31,31–34; Röm 10,1–21. Die Auswahl und Abfolge bedarf einer ersten Begründung. Im deuteronomisch-deuteronomistisch-jeremianischen Traditionsbereich wird eingesetzt, weil hier das Thema »Telos der Tora« mit allen »kanonischen« Implikationen am deutlichsten und folgenreichsten hervortritt. Der neutestamentliche Text Röm 10 nimmt dann nicht nur auf Dtn 30,11–14 unmittelbar Bezug, er formuliert auch den inhaltsschweren und entscheidenden Satz neutestamentlicher Theologie, daß *Christus* das Telos der Tora sei (Röm 10,4). In seiner Wortbedeutung, Aussage-Intention und theologischen Relevanz wird dieses christologische Kerygma im Kontext der Tora neu zu befragen und zu erläutern sein. In diesem Zusammenhang muß auch auf Jer 31,31–34 und die traditionsgeschichtlichen Auswirkungen dieser prophetischen Verheißung in Ez 36,26f eingegangen werden. In allen Ausführungen aber wird, wie einleitend angezeigt, das Kanon-Problem akut sein.

I.   *Die Tora wirkt das gebotene Tun*

Zu erarbeiten ist der Text Dtn 30,1–20. Literarkritisch und traditionsgeschichtlich sind drei Stücke voneinander abzusetzen: 1–10; 11–14; 15–20. Das thematisch angezeigte Interesse gilt vor allem dem in der Mitte liegenden Abschnitt 11–14, doch wird der Rahmen genau zu beachten sein. Im ersten Stück (1–10) wird der Leser in die Situation des Exils gewiesen. Das Gottesvolk ist unter die Völker zerstreut und verstoßen worden (1), der in der Tora angeordnete »Fluch« hat Israel getroffen. Aber die Zeit des Strafgerichts Gottes liegt bereits dahinten, sie ist schon abgelaufen. Die Verstoßenen »kehren um« und hören wieder auf die Stimme ihres Gottes »von ganzem Herzen und von ganzer Seele« (2). Darum werden die Zerstreuten wieder gesammelt (3) und in das Land der Väter zurückgebracht (5). JHWH will und wird sich wieder über sein Volk freuen (9), weil Israel alles, was im »Buch der Tora« steht, also die Summe der Willensäußerungen und Gebote Gottes, hört und bewahrt (10). Der »Sprecher« dieser Botschaft lebt und verkündet in der Zeit des babylonischen Exils. Er richtet ein aktuelles, tröstendes Wort an die verzagten Exulanten, von denen aber vorausgesetzt oder besser: denen *zugesagt* wird, daß sie das Strafgericht Gottes angenommen und überwunden haben.

Die Situation gleicht der in Dtn 4,29–31 beschriebenen; auch dort ist das

Thema »Umkehr« bestimmend. Es wird demnach ein Ereignis wie das in
Jes 40,2 verkündigte vorausgesetzt. Im Kontext des Deuteronomiums
aber wird *die Zukunft vorweggenommen* (vgl. auch Dtn 29,21–28). Bemerkenswert ist der Stilwechsel. An die Stelle der paränetisch-ermahnen-
den, bisweilen konditional gefaßten Anreden und Aufrufe tritt eine ausgesprochen *indikativische Aussageweise*, die »weissagend«, die positiven
Prozesse antizipierend, von dem handelt, was sein *wird*, – und mit unbedingter Folgerichtigkeit eintreten muß. Die Vorstellungen, die sich mit
dem (zukünftigen) Geschehen verbinden, entsprechen der deuteronomistischen Rezeption der prophetischen Botschaft des Jeremia. An drei
Stellen wird dies besonders deutlich: In der Rede von der »Beschneidung
des Herzens« (Dtn 30,6; Jer 4,4), an der »Freude JHWHs« über sein Volk
(Dtn 30,9; Jer 32,41) und an der alle Aussagen durchziehenden Gewißheit,
daß im Gottesvolk eine neue, innige und innerste Aneignung der Tora
sich ereignen wird (vgl. Jer 31,31–34; 32,37ff). So hat man denn auch mit
Recht angenommen (M. Noth; G. v. Rad), daß der Abschnitt Dtn 30,1–
10 nicht zum deuteronomischen Tora-Buch, sondern zum *deuteronomistischen Geschichtswerk* (Jos, Ri, 1 und 2Sam, 1 und 2Kön) gehört, d.h.
zu denjenigen (dtr) Stücken, mit denen – wie durch Klammern – die (dtn)
Tora mit dem großen (dtr) Geschichtsopus verbunden worden ist. Diese
Verklammerung entsprach dem theologischen Interesse der Deuteronomisten, die Tora als Fundament und Kriterium der Geschichte Israels zu
verstehen, und also den *Weg* des Gottesvolkes als von der *Weisung* initi-
iert, geleitet und bestimmt zu begreifen. Es wäre darum eine Einschränkung des Blickfeldes, wenn 2Kön 25 als »Abschluß« des deuteronomistischen Geschichtswerkes betrachtet und die in diesem Kapitel berichtete
Begnadigung Jojachins (2Kön 25,27–30) als »Silberstreif am Horizont«
des im Exil endenden Weges gewertet würde. Die Feststellung und
»Weissagung« einer umfassenden Wende (Umkehr Israels, Sammlung
des Gottesvolkes, neue Landgabe, neuer Tora-Gehorsam) wird in Dtn
30,1–10 kundgetan. Hier wird bedingungslos und eindeutig erklärt: *Die
Geschichte Israels ist keine Geschichte des Scheiterns;* vielmehr führt diese Geschichte – durch die Tiefe der Fluchvollstreckung und des Strafge-
richtes hindurch – zu einem *neuen Anfang.* Sie führt insofern zum Fundament zurück, als das »Buch der Tora« (Dtn 30,10) Grund und Ziel alles
Lebens des Volkes Gottes in der Welt der Völker war, ist und sein wird.
Daß diese »Rückführung« mit der erneuten Gabe des Landes und der
Wiederaufrichtung der Verheißungen an die Väter Hand in Hand geht,
entspricht den in der Theologie des Deuteronomiums einander fest zuge-
ordneten älteren Traditionen Israels. Doch vor allem ist das Ganze ein Erweis: Das Wort der Tora ist »kein leeres Wort«, sondern das Leben Israels
(Dtn 32,47).
Es wird sich nun sehr schnell zeigen, daß die Verbindung des (dtr) Stückes
Dtn 30,1–10 mit dem eigenartigen und traditionsgeschichtlich schwer be-
stimmbaren folgenden Abschnitt 11–14 als eine sachlich begründete und

theologisch geschlossene sich erweist. Der in 11 vorliegende syntaktische Anschluß an das Vorhergehende wird darum nicht einfach als »sekundär« abzutun sein. Allerdings hebt sich der Passus 11–14 in seiner Sprachform deutlich von 1–10 ab. Denn formgeschichtlich liegt in diesen Versen eine *Disputation* vor, formal vergleichbar den Disputationen in Jes 40–55 (vgl. z.B. Jes 40,27ff). Der Text wäre zunächst zu erfassen:

»(11) Denn dieses Gebot, das ich dir heute gebe, ist für dich nicht zu wunderbar und unerreichbar. (12) Es ist nicht im Himmel, daß du sagen müßtest: Wer wird für uns zum Himmel emporsteigen und es uns holen und es uns verkündigen, daß wir es befolgen. (13) Es ist nicht jenseits des Meeres, daß du sagen müßtest: Wer wird für uns das Meer durchfahren, es uns zu holen und zu verkündigen, daß wir es befolgen. (14) Vielmehr ganz nahe ist dir das Wort, in deinem Mund und in deinem Herzen, daß du es befolgen kannst.«

Der Sprecher in dieser »Disputation« ist *Mose* (vgl. Dtn 29,1ff). Im Unterschied zu 30,1–10 tritt sein redendes Ich – dem Kontext des Deuteronomiums entsprechend – deutlich hervor. Anschließend an 10 versteht sich das Stück 11–14 als eine klärende, insbesondere in der Spitzenaussage 14 *hilfreiche und zusagende Paraklese*. Hinsichtlich der leitenden Begriffe ist festzustellen, daß מצוה in 11 das konkrete Gebot meint, das aus der תורה, dem Ganzen der Willensoffenbarung und Weisung Gottes, jeweils – in actu promulgationis – hervortritt. In 10 ist dieses »Ganze« erfaßt in der Formulierung »Gebote und Rechtsordnungen, die geschrieben stehen im Buch dieser Tora«. An die Stelle von מצוה tritt in 14 דבר. In der deuteronomischen Sprache sind die Gebote Gottes, vor allem »die zehn Worte«: דברים, das einzelne Gebot: דבר.
Die entscheidende Frage aber, von der aus der Text angegangen werden muß, ist die folgende: Gegen welche Reden und Auffassungen wendet sich das Disputationswort? Offenbar wird (in bestimmten Kreisen oder sogar allgemein?) die Meinung vertreten: Die Tora ist ein ganz und gar *transzendentes Phänomen,* sie ist für einen sterblichen Menschen »zu wunderbar«; sie ist »unerreichbar« und unerschwinglich. Wie die Zitate belegen, haben alle diese von Erstaunen und Distanzgefühl erfüllten Aussagen eine praktisch-ethische Pointe: Darum sind die Gebote auch *unerfüllbar,* niemand kann sie im Alltag des Lebens wirklich befolgen. – Aber wie kommt diese Auffassung zustande, die Tora sei »zu wunderbar« und »unerreichbar«? In Dtn 4,36 heißt es, JHWH habe seine Stimme »vom Himmel« erschallen lassen, als die Gebote kundgegeben wurden. Diese Vorstellung entspricht der älteren Tradition von der unter wunderbaren Erscheinungen, unter Donner und Blitzen, Rauch und Erdbeben geschehenen Offenbarung der göttlichen Gebote am Sinai (Ex 19,16ff). Genauer wird zu erklären sein, daß diese furchterregenden Theophanieschilderungen zur Negativfolie und Voraussetzung der Einsetzung eines (prophetischen) Übermittlers der Gottesgebote gehören (vgl. Ex 20,18–21; Dtn 18,15ff). M.a.W.: Weil die Selbstoffenbarung JHWHs »vom

Himmel her« und aus dem Feuer des Gottesberges heraus »zu wunderbar« war, wurde ein Mittler berufen und eingesetzt, die Gottesgebote zu
verkündigen. So gesehen enthält Ex 20,18–21 die *Ätiologie eines kultprophetischen Amtes der Tora-Übermittlung*. Man wird demnach den »Sitz
im Leben« der Reden und Vorstellungen von der »zu wunderbaren« und
»unerreichbaren« Tora nicht von vornherein in Mißverständnissen oder
abstrusen Spekulationen suchen dürfen. Es sind vielmehr Auswirkungen
jener Ätiologie des kultprophetischen Amtes, die *zuerst* die Unerreichbarkeit und Unzugänglichkeit der die Tora kundgebenden Gottesstimme
apostrophierte, um auf diese Weise das mosaisch-menschliche Übermitt-
lungsgeschehen zu motivieren. Auf der Linie dieser Begründungsinten-
tionen ist der Text Dtn 30,11–14 zu verstehen, aber stets unter Beachtung
der praktisch-ethischen Folgerung: Darum sind auch die (fernen und
unerreichbaren) Gebote *unerfüllbar*. – Nun wird in der Disputation die
Unerreichbarkeit der Tora in doppelter Weise veranschaulicht: mit der
Himmel-weiten und *Meeres*-fernen Distanz. »Wer will in den Himmel
fahren?« Diese sprichwörtliche Redeweise findet sich schon früh in den
Amarna-Briefen, dann z.B. in Ps 139,8 und Am 9,2. Von der unendlichen
Weite der Meere aber, den fernen »Inseln« und den fremden Gestaden,
wird im Alten Testament oft gesprochen (vgl. vor allem: Jes 40–55). In 12
und 13 wird die *Aussichtslosigkeit aller Bemühungen um menschliches
Herbeiholen und Sich-Aneignen der Tora* in der Disputation nachdrücklich betont. Denn, und dies ist nun positiv der entscheidende Skopus: die
Tora ist *nicht* im Himmel und *nicht* jenseits des Meeres; sie ist keine ferne
und unerreichbare, keine transzendente Größe. Und wenn auch Wunder
an ihr und in ihr zu besingen sind (Ps 119,18.129) – die Tora ist kein frem-
des, überweltliches Mysterium.
Alle diese Negationen und Zurückweisungen gehen zunächst aus von
dem einfachen Hinweis auf das »Gebot, das ich dir *heute* gebiete« (11).
Das Gebot wird ja kund, es *ist* gegenwärtig in der geschehenden Rede und
Mitteilung des Mose. Es vollzieht sich also – hic et nunc – der *Erweis der
Nähe des Wortes Gottes*. Im Deuteronomium hat היום einen zweidimen-
sionalen Charakter. Zum einen ist es das »Heute« mosaisch-geschichtli-
cher Übermittlung am Sinai und an den Grenzen des verheißenen Landes, »im Land Moab« (Dtn 29,69); hier gilt Mose als erster Mittler (Ex
19,18.21), als Urtyp des die »Worte JHWHs« überbringenden Propheten
(Dtn 18,15f). Zum anderen aber erschließt die deuteronomische Verkündigung die überlieferten Texte in Tradition und Interpretation der jeweils
aktuellen gottesdienstlichen Predigt (vgl. vor allem Dtn 31,9–13); prophetische Sprecher »wie Mose« übermitteln die Gebote Gottes im Kultus
(Dtn 18,18), Leviten rufen die Tora vor »ganz Israel« aus (Dtn 31,11). Das
Gebot wird in dieser aus der geschichtlichen Tiefe herauskommenden
kultischen *Aktualität* »heute« kund. »Heute« ist also nicht nur eine formale Zeitbestimmung, sondern Betonung der unmittelbaren Gegenwart
und Verbindlichkeit des Gebotes Gottes. Dabei wird vorausgesetzt, daß

die nicht zu vergessende, aber keineswegs absolut zu setzende und mit der
Absolutsetzung in Aporien führende Unerreichbarkeit der Tora ein
ernstzunehmender Diskussionsgegenstand ist, zumal sie stets den praktischen Effekt hat, Gottes Gebote als unerfüllbar abzutun – als unerfüllbar,
weil dieses Gebot doch als transzendent und beziehungslos zu gelten hat.
Diese Begründung der Unerfüllbarkeit trägt einen ganz anderen Akzent
als den der landläufigen Erklärung, die Tora sei unerfüllbar, weil der
Mensch keine Möglichkeit und Fähigkeit zum Hören und Gehorchen besitze; oder gar: weil Gott selbst »das Gesetz« dazu bestimmt habe, den
Menschen anzuklagen und zu verurteilen. In Dtn 30,11 überwindet das
Ereignis aktuell geschehender Gebotsmitteilung das bestehende Wissen
um die Hoheit und Unerreichbarkeit der Willensäußerungen Gottes. Es
ist schwer auszumachen, wann und wie die numinose Schau und das na-
menlose Erschrecken (vgl. Ex 20,18) jenen *resignativen Unterton* gewonnen haben, der in der Disputation, vor allem in 11, vernehmbar wird. Soll
eine im Exil verbreitete Meinung und Stimmung angesprochen werden?
Sind in der Volksmeinung auseinandergefallen: das wunderbare, im
Himmel lautwerdende Gottesgebot und eine Gemeinde, die auf Erden
nicht mehr bewegt wird, die in ihrer Selbsteinschätzung auch nicht mehr in
Bewegung versetzt werden kann von dem fernen und darum unwirksa-
men Wort Gottes? Steht dem Lobpreis einer in die Transzendenz gerück-
ten Tora ein zur Erfüllung der Gebote unfähiges, ein ohnmächtiges Gottesvolk gegenüber?
In der Disputation kann von Anfang an vom Faktum der *Präsenz des Gebotes Gottes* ausgegangen werden (11). Damit wird die Absurdität jeder
Argumentation erwiesen, die vom »schlechthin Wunderbaren« und »Unerreichbaren« redet. Das präsentische Wortgeschehen als solches zerstört
die religiösen und numinos-resignativen Verstiegenheiten. Niemand muß
utopische Forderungen stellen, um ein Unerreichbares erreichbar werden
zu lassen. In der Disputation beginnt bereits die *Paraklese,* der tröstende
und aufrichtende Zuspruch; sie gelangt zur Vollendung in der Zusage:
»Ganz nahe ist dir das Wort, in deinem Mund und in deinem Herzen, daß
du es befolgen kannst« (14).
Daß JHWH nahe ist denen, die ihn anrufen, wird im Deuteronomium als
das singuläre Geschehen in Israel bezeichnet (Dtn 4,7; vgl. auch Ps
145,18). Daß JHWH in Israel *gegenwärtig* ist, der Heilige im »heiligen
Volk«, wird von der deuteronomischen Verkündigung unablässig betont.
Aber nun ist von der *Nähe der Tora* die Rede, von der wirksamen Gegen-
wart ihres je konkreten Gebotes. Im »Mund«, d.h. in der gebietenden
Mitteilung bzw. im rekapitulierenden Sich-selbst-Vorsprechen (Ps 1,2;
Jos 1,8; Ps 119,148) ist »das Wort« präsent; dann aber vor allem im »Her-
zen«. Und mit diesem Begriff werden biblisch-theologische Zusammen-
hänge aufgetan, die genaue Beachtung verdienen.
In der alttestamentlichen Anthropologie gilt das *Herz* als die eigentliche
Mitte der menschlichen Existenz: Sitz des Vernehmens, Fühlens, Erken-

nens, Planens, Sich-Entschließens und Wollens. Der deuteronomischen Predigt eigentümlich ist die mit der Rede vom »Herzen« (des Volkes und des einzelnen im Volk) angezeigte Verinnerlichung und existentielle Vertiefung aller Aussagen über die Tora. Unablässig dringt das Deuteronomium darauf, daß Israel alles, was es im Offenbarungsgeschehen hört und sieht, »zu Herzen nimmt« und »nicht aus dem Herzen kommen läßt« (Dtn 11,18; 4,9). Das Hören und Gehorchen beim Vernehmen der »Stimme JHWHs« und also der gesamte Gottesdienst am Festtag und im Alltag des Lebens kann nur recht geschehen, wenn alles »von ganzem Herzen und von ganzer Seele« geschieht (Dtn 30,2; 10,12; 11,13). Dieses Moment des Durchdrungenseins und Erfülltwerdens des ganzen Herzens findet seinen krönenden Ausdruck im Begriff der »Liebe«: »Du sollst JHWH, deinen Gott, lieben von ganzem Herzen, von ganzer Seele und aus allen deinen Kräften« (Dtn 6,5; 13,4). – Nun sind diese Erwähnungen des »Herzens«, diese Verinnerlichungen, Vertiefungen und Ganzheitsansprüche in ihrer Form und Intention *Gebote und Ermahnungen* unter dem Vorzeichen des »Du sollst . . .«, wobei freilich das Sollen unter der Prämisse der Erwählung und unter dem Vorzeichen des Bundes ein an Israel in unbedingter Weise gerichteter Anspruch ist, der sich nicht dadurch legitimieren muß, daß er bestimmten ethischen Erwartungen und Zielsetzungen entspricht, auf menschliche Möglichkeiten und Fähigkeiten abgestimmt oder von einer evidenten Autorität begleitet ist. Das »Du sollst« (unter den besagten Prämissen) überholt alle Legitimationsbemühungen, setzt sie außer Kraft und vollzieht die Beanspruchung in einer Unbedingtheit ohnegleichen. – Aber nun unterscheidet sich die Aussage in Dtn 30,14 von allen im Zeichen des »Du sollst« stehenden Geboten und Mahnungen durch die indikativische, tröstende und ermutigende Zusage: Das Wort der Tora *ist* ganz nahe in deinem Herzen (14)!

Gewiß wird man erklären können, daß diese deuteronomische Zusage der prophetischen Verheißung in Jer 31,33 nahesteht, derzufolge JHWH seinem Volk die Tora ins Herz geben und ins Innere schreiben wird (vgl. auch Ez 36,26f). Aber Dtn 30,14 ist weder Prophetie und explizite Verheißung auf Zukünftiges noch Hinweis auf eine die Botschaft Jer 31,31–34 etwa voraussetzende Einlösung des göttlichen Versprechens. Beide Texte, Dtn 30,14 und Jer 31,33, rühren vielmehr, jeweils in ihrem Kontext, in ihrer Form und in ihrer besonderen Intention an ein bedeutsames Thema deuteronomisch-deuteronomistischer Tora-Theologie: das Zum-Ziel-Kommen der Gebote Gottes im »Herzen« seines Volkes und seiner Menschen. Dieses Zum-Ziel-Kommen bedeutet *Erfüllung* – Erfüllung der Tora. So ist der Zielpunkt deuteronomischer Paraklese die Zusage: Die Tora ist erfüllbar, sie kann »getan« (עשׂה), »befolgt« werden.

Der Zusage in Dtn 30,14 korrespondiert das Bekenntnis eines Beters und Sängers in Ps 40,9:

»Deinen Willen, mein Gott, tue ich gern,
und deine Tora habe ich in meinem Herzen.«

Die Tora wirkt das gebotene Tun. Das gegenwärtige Wort setzt sich im Herzen durch zur Erfüllung des Willens Gottes. Das Bekenntnis des Psalms als Antwort des Glaubens sagt es noch präziser: Der redende und gebictende *Gott selber* ist der das Hören und Gehorchen Wirkende. Dtn 30,14 bringt – aber dies kann hier nur andeutend mitgeteilt werden – die Grundbestimmung aller Gebote Gottes ans Licht: *Der Gebietende ist der die Erfüllung der Gebote Wirkende.* Im Dekalog ist die Formulierung לא mit dem reinen Indikativ eigentlich nicht mit dem (dann möglicherweise auch noch von I. Kant her als »moralischer Imperativ« verstandenen) »Du sollst . . .« zu übersetzen, sondern (z.B.) »Du *wirst* nicht töten!« (Ex 20,13). D.h.: »Du wirst es nicht tun – so wahr ICH, dein Gott (Ex 20,2), die Befolgung des Gebotes herbeiführe, in der Kraft meines gebietenden Wortes.« Das Deuteronomium spricht von der »Stimme JHWHs« (u.a. in Dtn 30,10), um lebendige Präsenz, Akt und Vollzug des Gebietens Gottes nachdrücklich hervorzuheben. Im Judentum der Mischna heißt es dann später: »Wo zehn beieinandersitzen und sich mit der Tora befassen, da ist die Schekina mitten unter ihnen« (mAv III,6).

Das schwerwiegende biblisch-theologische Problem aber muß schon jetzt angekündigt werden mit der Frage: Ist das Wort, das JHWH in der Tora redet, eindeutig und im absoluten Sinn (wie die creatio ex nihilo) *schöpferisch?* Gewiß, es *ist* das Wort des Schöpfers, von dem es in Ps 33,9 heißt:

»Wenn er spricht, so geschieht es;
wenn er gebietet, so steht es da.«

Aber sind die Wirkungen des gebietenden Wortes Gottes einlinig und eindeutig und absolut *lebenschaffend?* Die gesamte Prophetie des Alten Testaments spricht dagegen. Sie ist ein einziger Erweis des Spruchs 1 Sam 2,6 (Dtn 32,29):

»JHWH tötet und macht lebendig,
führt in die Totenwelt und wieder herauf.«

Diese Erfahrung entspricht aber durchaus auch den Aussagen des Deuteronomiums (Dtn 32,39), die, im unmittelbaren Kontext sowohl in Dtn 30,1ff wie auch in Dtn 30,15.18ff, auf die Auswirkungen des Fluches, der die Tora-Verkündigung begleitet, hinweisen. Auch im Talmud wird gelehrt: »Wie ein Fürst Macht hat, zu töten und lebendig zu machen, so hat auch das Wort der Tora Macht, zu töten und lebendig zu machen« (bShab 88b).

Es sind also in Dtn 30,14 *sehr konkrete Anlässe* gegeben, im tröstlichen, ermutigenden Sinn die Gegenwart und Wirkkraft der Tora dem Gottesvolk zuzusprechen. Denn Israel war und ist immer wieder umgeben von Stimmen und Meinungen, die ihm das Scheitern seiner Geschichte, die Unerreichbarkeit der Tora und die Unerfüllbarkeit der Gebote suggerieren wollen. Die Disputation zeigt, wie konkret und akut die Auffassungen sind, auf die die Paraklese in 14 sich bezieht.

Bliebe abschließend noch festzustellen, daß im Abschnitt 15–20, auf den schon hingewiesn wurde, Rudimente des im Deuteronomium zutage tretenden »Bundesrituals« (G. v. Rad) erkennbar werden, insbesondere in der »Vorlage« von Segen und Fluch, Leben oder Tod. Verbunden mit diesem Akt sind jedesmal Paränesen, die den Entscheidungsernst anzeigen und darum werben, »daß du das Leben erwählst und am Leben bleibst, du und deine Nachkommen, indem ihr JHWH, euren Gott, liebt und seiner Stimme gehorcht und ihm anhangt« (Dtn 30,19f). Der parakletische Zuspruch in 14 bedarf also noch einmal der paränetischen Ermahnung, denn die Tora wirkt das gebotene Tun nicht αὐτοματικῶς oder »schöpferisch« im Sinne eine creatio ex nihilo, sondern an Menschen, die unter der indikativischen Zusage der imperativischen Ermahnung bedürfen.

II.   *Die Verheißung neuer Tora-Erfüllung*

Die prophetische Verheißung Jer 31,31–34 ist eingefügt in den größeren Zusammenhang einer besonderen Schriftrolle (Jer 30 und 31), die *Heilsverheißungen für Israel* enthält. Die Schriftrolle wird in Jer 30,2f mit den Worten eingeführt: »So hat JHWH, der Gott Israels, gesprochen: Schreibe für dich alle Worte, die ich zu dir gesprochen habe, in eine Schriftrolle! Denn, siehe, Tage werden kommen – das ist JHWHs Spruch –, da wende ich das Geschick meines Volkes Israel und Juda – hat JHWH gesprochen –, und bringe sie zurück in das Land, das ich ihren Vätern gegeben habe, daß sie es besitzen . . .« Wer ist angesprochen? Wer soll die Schriftrolle verfassen? Jeremia (vgl. Jer 31,1f)? Baruch (Jer 36,7)? Ein (dtr) »Redaktor« (P. Volz; W. Rudolph)? Mit der Erörterung dieser Möglichkeiten ist das gesamte Einleitungsproblem des Jeremia-Buches aufgerufen. Es genügt aber an dieser Stelle und in diesem Zusammenhang die Feststellung, daß der Passus Jer 31,31–34, ein *Prosatext* inmitten zumeist prophetisch-poetischer Sprüche, als *deuteronomistische Rezeption einer Verheißung des Propheten Jeremia* zu erklären sein wird. Damit ist eine doppelte Aufgabe gestellt: zum einen das Aufspüren jeremianischer Elemente im Kontext der Verkündigung des Propheten (Quelle A), zum anderen die Herausstellung deuteronomistischer Begriffe und Theologumena (Quelle C; vgl. *S. Mowinckel,* Zur Komposition des Buches Jeremia, Kristiania 1914). – Es ist möglich, aber im einzelnen nicht nachweisbar, daß die Schriftrolle in Jer 30 und 31 der Zeit Josias zugewiesen werden kann (vgl. Jer 3,6). Mit dieser Situationsbestimmung ließe sich, wie zahlreiche Kommentatoren meinen, die »groß-israelische«, das Nordreich einbeziehende

Redeweise erklären (vgl. 2Kön 23,15ff). Aber der aus Anatot stammende Prophet (Jer 1,1) weiß sich doch wohl von Haus aus in den nordisraelitisch-ephraimitischen Traditionen verwurzelt (Jer 31,6.9.18f.20f). Zudem lebt er aus Überlieferungszusammenhängen, die stets »ganz Israel«, das alte Zwölfstämmevolk, vor Augen haben (Jer 31,1). Doch ist für Jeremia der *Zion* das zentrale Heiligtum. Darum heißt es in 31,6:

»Denn es kommt der Tag, an dem rufen die Wächter auf dem Gebirge Ephraim:
Auf, laßt uns zum Zion hinaufziehen, zu JHWH, unserem Gott!«

Wird zu »Israel« noch der Hinweis auf »Juda« hinzugefügt (z.B. in 30,3 und 31,31), dann kann es sich nur um eine sekundäre Setzung handeln, die den Begriff »Israel« im stark nordisraelitisch-ephraimitisch geprägten Kontext für ergänzungsbedürftig hielt (vgl. jedoch 31,33). – Dem Abschnitt 31,31–34 aber gilt nun alles Interesse. Der Text ist zunächst zu übersetzen:

»(31) Siehe, Tage werden kommen – das ist JHWHs Spruch –, da schließe ich mit dem Haus Israel (und dem Haus Juda) einen neuen Bund. (32) Nicht wird dieser Bund sein wie der, den ich mit ihren Vätern geschlossen habe, als ich sie bei der Hand nahm, um sie aus dem Land Ägypten herauszuführen. Sie waren es, die meinen Bund brachen, während ich doch Herr über sie war – das ist JHWHs Spruch. (33) Doch dies soll der Bund sein, den ich mit dem Haus Israel schließen werde nach jenen Tagen – das ist JHWHs Spruch –: Ich lege meine Tora in ihr Inneres und schreibe sie ihnen ins Herz. Und ich will ihr Gott sein, und sie sollen mein Volk sein. (34) Und es wird nicht mehr einer den anderen und niemand seinen Bruder belehren: Erkennt JHWH!, sondern sie alle werden mich erkennen, vom Kleinsten bis zum Größten – das ist JHWHs Spruch –, denn ich werde ihre Schuld vergeben und ihrer Sünde nicht mehr gedenken.«

Dies ist eine prophetische Verheißung, gekennzeichnet durch die in die Zukunft weisenden Ansagen (»Tage werden kommen«, 31; »nach jenen Tagen«, 33). Aber in einem bemerkenswerten Mißverhältnis steht die viermal, in jedem Vers, ausgerufene, prophetischem Brauch entsprechende Versicherung »dies ist JHWHs Spruch« zur prophetischen Fassung der Botschaft, die eine bestimmte (dtr) Rezeptionsgestalt repräsentiert. Der »Rezeptor« und »Zeuge« (man vermeide den Begriff »Redaktor«!) war offensichtlich besonders eifrig darum bemüht, die »prophetische Originalität« der mitzuteilenden Botschaft hervorzuheben.

Die Ankündigung eines *neuen Bundes* versetzt den Erklärer heutzutage in nicht geringe Verlegenheiten. Denn die bisher so selbstverständlich geführte Diskussion um den »alten« und den »neuen« Bund ist bis in die Wurzeln hinein problematisiert worden durch Fragen und Forschungen, die im Blick auf den Begriff »Bund« in den letzten zwei Jahrzehnten aufgeworfen wurden. Ein *Exkurs* muß zunächst eine Übersicht über die Problemlage vermitteln. Dies kann natürlich im Rahmen dieses Beitrages nur in zusammenfassenden Darlegungen geschehen. – Wurde בְּרִית in der Übersetzung »Bund« herkömmlich als Bezeichnung für eine *Lebens- und Gemeinschaftsordnung* verstanden, so begegnet diesem Verständnis heute Widerspruch. Hinzuweisen ist vor allem auf die Arbeiten von *E. Kutsch* (Verheißung und

Gesetz. Untersuchungen zum sog. ›Bund‹ im Alten Testament, Berlin 1973; Neues Testament – Neuer Bund? Eine Fehlübersetzung wird korrigiert, Neukirchen-Vluyn 1978). Kutsch übersetzt ברית mit »Bestimmung« oder »Verpflichtung« – übrigens im Rückverweis auf die 8. Aufl. des Hebräischen und Chaldäischen Wörterbuches über das Alte Testament von *W. Gesenius* (Leipzig 1878), wo ברית mit »Entscheidung«, »Bestimmung«, »Festsetzung« wiedergegeben wurde. – Es ist hier nicht der Ort, in eine explizite Auseinandersetzung mit den Thesen von Kutsch einzutreten. Ein methodisches Problem liegt wohl vor in der lexikographisch-statistischen Erfassung einer Begriffsgeschichte, die wesentliche Wortfelder, überlieferungsgeschichtliche Zusammenhänge und kultische Traditionen von ברית nicht ausreichend beachtet. – Neue Impulse sind von *L. Perlitt* (Bundestheologie im Alten Testament, Neukirchen-Vluyn 1969) ausgegangen. Bestimmend ist die Beobachtung, daß die frühen Schriftpropheten ברית nicht erwähnen, und daß erst in der Literatur des 7. und 6. Jahrhunderts v.Chr. eine außergewöhnliche Konzentration des Begriffs, vor allem im Deuteronomium, nachzuweisen ist. So wird die »Geburtsstunde« jener Bundestheologie im deuteronomisch-deuteronomistischen Schrifttum erkannt. Die neuen Erkenntnisse finden bereits ihren Niederschlag in der »Theologie des Alten Testaments in Grundzügen« (ATD ErgBd. 6) von *C. Westermann* (Göttingen ²1985): »Die Wendung כרת ברית bedeutet . . . nicht ›einen Bund schließen‹, sondern ›eine verpflichtende Zusage geben‹. Die Verbindung zu der Bedeutung ›Bund‹ ist leicht so zu erklären, daß bei einem Vertrag oder Bundesschluß von einer oder von beiden Seiten verpflichtende Erklärungen oder Zusagen abgegeben wurden. Seine theologische Bedeutung erhielt der Begriff erst in der deuteronomischen Zeit (L. Perlitt), und es ist sehr unsicher, ob vorher überhaupt in Israel von einer ברית (im Sinn von Bund) zwischen Gott und seinem Volk gesprochen wurde. Auf jeden Fall aber bedeutet ברית ursprünglich den Akt einer verpflichtenden Zusicherung, und es ist deshalb nicht möglich, aufgrund des vom Sinai-Ereignis berichteten Textes zu sagen, Jahwe habe am Sinai mit Israel einen Bund geschlossen. Dies ist vielmehr eine Deutung des Sinai-Ereignisses aus viel späterer Zeit, der spätdeuteronomischen . . .« (36). – Der Ertrag und Gewinn der wissenschaftlichen Diskussion ist zusammenzufassen: (1) Die Übersetzung des hebräischen Wortes ברית mit »Bund« ist auf jeden Fall ein *Versuch*, der die eigentliche Bedeutung des Begriffs nur behelfsmäßig und unvollkommen wiedergibt. (2) Die Intension einer verpflichtenden und zur Selbstverpflichtung aufrufenden *verbindlichen Zusage* ist dominant. Die ברית wird gestiftet. JHWH besitzt und behält den Primat, weil er selbst den authentischen Entwurf des Gemeinschaftsverhältnisses eröffnet. (3) ברית kann also sowohl den *Akt* bzw. das *Zeremoniell* der »verpflichtenden Zusage« oder »Bestimmung« bezeichnen wie dann auch die damit inaugurierte *Lebens- und Gemeinschaftsordnung* der beiden Partner. (4) Die theologische Explikation des am Sinai geschlossenen »Bundes« ist ein von der deuteronomisch-deuteronomistischen Überlieferung und Verkündigung durchgesetztes *nachträgliches Interpretament.* – Aber ganz sicher sind diese Ergebnisse nicht. Denn es fragt sich, ob die (dtr) theologische Explikation, die neuerlich so sehr in den Vordergrund getreten ist, nicht doch eine ältere Tradition voraufgeht, die, implizit und teilweise metaphorisch, von dem Gemeinschaftsverhältnis des »Bundes« zwischen JHWH und seinem Volk spricht. Sehen wir ab von der Möglichkeit, im Deuteronomium eine traditionsgeschichtliche, in den Kultus weisende Perspektive aufzureißen! Bemerkenswert ist die Sachlage im Buch des Propheten Hosea. So faßt *H. W. Wolff* in seinem Hosea-Kommentar (BK XIV/1, Neukirchen-Vluyn ³1976) die Exegese von Hos 2,18–25 mit folgenden Formulierungen zusammen: »Ein neuer Bund wird gestiftet . . . eine neue Verbundenheit Jahwes mit Israel«, eine »neue Eheschließung«; »Erneuerung des Gottesbundes«. »Der neue Bund setzt an keiner Stelle Taten Israels als Vorbedingungen oder Gegenleistungen voraus.« »Der neue Bund ist ein wahrhaft *neuer*.« »Zum neuen Bund gehören *neue Lebensverhältnisse*« (68). Mit diesen Erklärungen wird, frei von jeder begrifflichen Engführung, von der Metapher »Ehe« her das Gott-Volk-Verhältnis als »Bund« bezeichnet und in allen seinen Auswirkungen entsprechend erklärt. Die »Ehe« zwischen Gott und Volk *ist eine Lebens- und Gemeinschaftsordnung, ein Bund.* So bliebe für den aus der nordisraelitisch-ephraimitischen Traditionswelt herkommenden, von der Prophetie des Hosea bekanntlich stark beeinflußten Jeremia aus Anatot *dieser* ברית-Kontext offenzuhalten. Andererseits müßte auch die nordisraelitische Herkunft deuteronomischer Überlieferung und deren Übereinstimmung mit den Hauptthemen der Botschaft Hoseas bedacht werden.

»Tage werden kommen« (31). Die prophetische Verheißung versteht Zukunft als das *Auf-Israel-zu-Kommen* konkreter Zeiteinheiten: »Tage«. Hier handelt es sich also nicht um »ferne Zeiten«, um eine »dunkle (zu enthüllende) Zukunft«. Es empfiehlt sich, auch den Begriff der »Eschatologie« zurückzustellen, denn das Ultimum erscheint unter geschichtstheologischen Prämissen zumeist entweder als »das radikal Andere« oder wirklich als das »absolut Letzte«, jedenfalls nicht in dem alttestamentlichprophetischer Verheißung eigentümlichen *Andringen* und *Herankommen* der Tage des Heils.

Die herankommenden, zu-künftigen Tage sind erfüllt vom *Wirken des Gottes Israels.* JHWH will und wird einen »neuen Bund« mit seinem Volk, dem »Haus Israel« schließen. Aus diesem Versprechen wird man durchaus und zuerst das Moment der neuen »Bestimmung« und der verbindlichen Zusage heraushören sollen. Die ברית wird von JHWH gestiftet. Er besitzt und behält den Primat, weil von ihm allein der authentische Entwurf des durch seine Bestimmung inaugurierten Gemeinschaftsverhältnisses ausgeht. *Wie* die Lebens- und Gemeinschaftsordnung beschaffen ist, wird der Kontext zeigen. – Verzichten wir an dieser Stelle darauf, das vielschichtige und in neuerer Zeit umstrittene Kapitel der »kultischen Bunderneuerung« aufzuschlagen, um möglicherweise aus diesem Traditionszusammenhang Kategorien und Gesichtspunkte für die Ankündigung des »neuen Bundes« zu gewinnen! Materialien und Spekulationen zum gottesdienstlichen Bereich liegen im Jeremia-Kommentar von A. Weiser (ATD 21/22, Göttingen [7]1977) im Übermaß vor. Selbstverständlich ist der durch Jeremia verheißene »neue Bund« kein kultisch erneuerter Bund. Mögliche Vorgegebenheiten scheiden aus angesichts des einzigartigen Gotteshandelns. Dagegen wird zu erklären sein, daß die deuteronomistischen Züge des ברית-Verständnisses unverkennbar sind. Inwieweit andere traditionsgeschichtliche Zusammenhänge zu bedenken sind, ist zu erörtern. Jedenfalls wird der Wortlaut der prophetischen Verheißung genau zu beachten sein, damit keine Übersteigerungen oder willkürlichen Absolutsetzungen das Feld behaupten.

Der neue Bund *unterscheidet sich* von dem, der mit den Vätern geschlossen worden war, *erheblich.* Dieser »Bund mit den Vätern« wird aber *nicht* »alter Bund« genannt. Darauf gilt es zu achten. Ein Begriff »Altes Testament« ist Israel fremd; auf keinen Fall sollte er in den Text hineingelesen werden. Bedeutsam ist zunächst allein die Tatsache, wie dieser »Bund mit den Vätern« zustande kam und gestaltet war. JHWH nahm die Väter *bei der Hand* (wie ein Vater seinen Sohn, Hos 11,1). Er führte die Gefangenen und Unterjochten aus der Knechtschaft Ägyptens in die Freiheit; er geleitete sie, so ist hinzuzufügen, durch die Wüste. Der »Bund mit den

Vätern« war demnach eine ברית der *Befreiung und Führung* – und zwar in
der betont liebevollen und herzlichen, von JHWH ausgehenden *Bindung
und Verbundenheit,* die »mit Händen zu greifen« war. Dem Tora-Kon-
text entsprechend (33) wird in die Vorstellung von der Israel ergreifen-
den, führenden Hand Gottes auch die »Weisung« durch die am Sinai gegebenen Gebote und Rechtssätze einzubeziehen sein. – Doch diese durch
Befreiung, Führung und Weisung gekennzeichnete ברית, die wie ein
schützender und bewahrender Ring um Israel lag, ist von den Vätern ge-
brochen und zerbrochen worden – unbegreiflicherweise! Jeremia bringt
eine ebenso überraschende wie unfaßliche Eröffnung: Die auf Erwählung
und Exodus gegründete Lebens- und Gemeinschaftsordnung ist zerstört!
Dabei sind »die Väter« keineswegs nur Generationen der Vergangenheit;
die gegenwärtigen Hörer der Botschaft sind mitbetroffen. – Wann begann
der Bundesbruch? Jeremia erkennt den Anfang allen Abfalls von JHWH
(zu den Baalim) beim Eintritt in das von den Baalim besetzte Kulturland
(Jer 2,1–14). Dies entspricht auch dem Urteil Hoseas. Was damals begann
und bis zur Zeit des Propheten nachwirkt, ist insofern ein unbegreifliches
Geschehen, als doch JHWH der Baal Israels war. Diese eigentümliche
Aussage in 32 könnte in zweifacher Weise verstanden werden. Zum einen
im Sinne von Jer 3,14: JHWH – und keine andere Gottheit – war und ist
doch בעל Israels geworden (בעל ist der *Herr als Besitzer* und also der Ge-
ber aller guten Gaben des Landes, Hos 2,10). Dann wäre der polemische
Akzent gegen den Baalismus unübersehbar. Zum anderen aber kann das
Verb »Baal werden« auch die Bedeutung haben »zum *Eheherrn* wer-
den«, »sich jmd. antrauen« (בעל als Eheherr: Ex 21,22; Num 11,26 u.ö.).
Dann wären die Zusammenhänge des »Ehebundes«, von denen bei Hosea die Rede ist (s.o.) aufgerufen (vgl. Hos 2,16.21f). In beiden Interpre-
tationsperspektiven aber käme – in Übereinstimmung mit der gesamten
Botschaft des Propheten Jeremia – das Unfaßliche und Verwerfliche der
Abwendung von JHWH und des Bundesbruches zur Geltung. Dabei
schwingt der Gedanke mit: An JHWH hat es nicht gelegen, daß dieser
Bruch geschah (vgl. Mi 6,3f).
Noch einmal ist nachdrücklich zu betonen: Niemand möge urteilen, die in
32 bezeugte Erwählung, Befreiung und Führung, diese Liebe JHWHs zu
den Vätern, sei »das Alte«, das »Überwundene«, das »Vergangene«, das
durch etwas »völlig Neues« abgelöst und ersetzt werden müßte! »*Dieses
Alte ist ein Kontinuum.* Eben die Anerkennung dieser Hand wird die Öff-
nung der Herzen in Gang bringen, die zum neuen Dasein gehört. Der
Bund wird nicht aufgehoben, es sei denn in einem positiven Sinn, nämlich
auf =*empor-gehoben,* auf sein wahres Niveau gehoben« (*K.H. Miskotte,*
Meditation zu Jer 31,31–34, in: *G. Eichholz* (Hg.), Herr, tue meine Lip-
pen auf, Bd. 5, Wuppertal 1961). Es wird im Text eben *nicht* gesagt, daß
der (gebrochene) Bund nun auch von JHWH her aufgelöst und liquidiert
worden sei. Im vorsichtigen Versuch einer Deutung erklärt J. Calvin, ersetzt werde nicht die »Substanz«, wohl aber die »Ökonomie« des Bundes.

Ebenso *K. Barth:* »Es geht . . . um eine *intensive* Erweiterung des alttestamentlichen Bundesbegriffs. Der Israel-Bund selbst und als solcher ist einer radikalen *Strukturveränderung* fähig und wird ihrer in der Endzeit teilhaftig werden . . .«; so »wird man von einer ›*Aufhebung*‹ jenes ersten Bundes durch diesen ›neuen‹ und ›ewigen‹ der Endzeit jedenfalls nur im *positiven* Sinn dieses Begriffs reden dürfen.« »Es geht nicht um die Auflösung, sondern nun erst, nun gerade um die Offenbarung des Sinnes und damit auch des Bestandes jenes ersten Bundes« (KD IV/1 32). Wie könnte auch der liebende Gott, der die Väter »bei der Hand nahm«, diese Hand loslassen oder gar von sich stoßen?! Müßte nicht der »neue Bund« gerade darin bestehen und sich erweisen, daß dieses »bei-der-Hand-Nehmen« jetzt auf neue, noch festere und innigere Weise vollzogen wird?! – So wäre es völlig unsachgemäß, von einem »Scheitern« des Bundes mit den Vätern zu sprechen – so, als wäre dieser erste Bund ein Statut und nicht eine erbarmende *Tat und Geschichte* JHWHs gewesen. Die Verheißung Jer 31,31–34 aber tut es kund: Diese Geschichte der sich herabneigenden Liebe und Barmherzigkeit des Gottes Israels *geht weiter* (Jer 31,3); sie *geht denen nach,* die die befreiende, führende und weisende Hand ausschlugen und die ברית zerbrachen. Auf die Gegenwart der Hörer der prophetischen Verheißung kommen Tage zu, in denen diese Zusage erfüllt wird.

In 33 werden Inhalt und Gestalt des »neuen Bundes« mitgeteilt. Die neue ברית wird – und hier ist die Kontinuität unübersehbar – mit dem *»Haus Israel«* geschlossen. Wie beim Bund mit den Vätern handelt es sich um eine Israel-ברית. Doch nun sollte man nicht damit einsetzen, daß den auf Tafeln (Ex 31,18; 34,28f) oder auf Schriftrollen (Ex 34,4.7) *äußerlich* aufgezeichneten Geboten der Tora die *innere, innerliche* Eintragung der Tora in die Herzen diametral gegenübergestellt wird (vgl. 2Kor 3,3). Derartige, dann unversehens auf den Gegensatz von Materie und Geist rekurrierenden Konfrontationen können das eigentliche Gefälle der Verheißung nur verfälschen und die Botschaft entstellen.

In der Geschichte der Interpretation von Jer 31,31–34 ist denn auch diese Verfälschung und Verzerrung der prophetischen Botschaft in einem kaum begreiflichen Ausmaß geschehen. Der äußere Buchstabengehorsam und die innere (moralische) Gesinnung werden gegeneinandergestellt, obwohl doch insbesondere die deuteronomische Verkündigung *stets* darauf abzielt, daß der Wille Gottes »von ganzem Herzen und von ganzer Seele und aus allen Kräften« erfüllt wird (Dtn 6,5). Aber dem abendländischen Denken ist es eigen, eine Apotheose des Seelischen und Geistigen als des »Besten im Menschen« zu vollziehen und diese Idee auch noch als »christlich« auszuweisen. In solchem Trend wird der Moralismus (»das moralische Gesetz in mir«) als Überwindung des Legalismus gefeiert. Ein für die Lebensauffassung des Idealismus bezeichnender Ausdruck ist auch die Aufforderung *F. Schillers:* »Nehmt die Gottheit auf in euren Willen, und sie steigt herab von ihrem Weltenthron!« (»Die Ideale«). Alle diese Aussagen zielen auf die Autonomie des Menschen ab. Genauer: Der Mensch wird als der Initiant verstanden; das in ihm und aus ihm lebendige »moralische Gesetz« muß als Ursprung von Wille und Tat verstanden werden. Bemerkenswert in allen diesen Verstehensweisen ist die Tatsache, daß in den biblischen Text Indivi-

dualismus und Personalismus einfach hineingelesen werden (vgl. vor allem *Weiser,* Jeremia
z. St.), obwohl es sich doch um einen *Israel*-Bund handelt und das »Innere« oder »Herz«
zuerst und vor allem die erkennende, aufnehmende, fühlende, wollende und das Tun einleitende Lebensmitte des *Gottesvolkes* und nur von hier aus den einzelnen meint und
erreicht. Die Anthropologisierung der ברית kann nur mit einer völligen Ausscheidung des
Gott-Volk-Verhältnisses und also mit einer Tilgung der wesentlichen Aussage des Textes
erkauft werden.

In Wahrheit aber ist die ins »Innere« und ins »Herz« eingeschriebene Tora, ist *der Akt und die Tat* des Eintragens und Einprägens eine neue, inten-
sivere Weise des »bei-der-Hand-Nehmens« (32), des Erbarmens Gottes
mit seinem Volk, in dessen »steuernde Lebensmitte« nun liebevoll und
hilfreich eingegriffen wird. Die Verheißung neuer Tora-Erfüllung stellt
zugleich eine (endgültige) Vollendung der ברית in Aussicht: »Ich will ihr
Gott sein und sie werden mein Volk sein« (33b). Zu dieser Formulierung
oder Formel betont *R. Smend* (Überlieferung und Geschichte. Aspekte
ihres Verhältnisses, in: *H. Gese u. a.* [Hg.], Zu Tradition und Theologie im
Alten Testament [Biblisch-Theologische Studien 2], Neukirchen-Vluyn
1978, 22): »Der Satz, daß Jahwe der Gott Israels und Israel das Volk Jahwes sei, wurde als solcher erst verhältnismäßig spät, vielleicht gerade noch
in vorexilischer Zeit geprägt; er setzt jedenfalls die große Krise schon voraus, die die Propheten erkannten und deuteten. Was dieser Satz besagt, ist
aber viel älter; es steht bereits am Anfang der israelitischen Geschichte
und wird im Zeugnis des Alten Testaments als deren eigentliches Thema
durch die Jahrhunderte sozusagen durchgehalten.«
Die Verheißung des »neuen Bundes« ist ein Versprechen JHWHs, *er
selbst und er allein* wolle mit der Eintragung der Tora in das Herz seines
Volkes und so auch jedes einzelnen im Volk die Zeit des Heils herauffüh-
ren. Mit diesem Gott können Menschen nur so und in der Weise ins Verhältnis und in Gemeinschaft gelangen, daß Gott selbst die ברית aus freier
Gnade und in der liebevollen Hinwendung zu seinem Volk setzt. Begründet das ins Innere geschriebene Gebot Gottes *Autonomie*? Gewiß in dem
Sinn, daß es um einen neuen Akt der *Befreiung* von allen fremden Bin-
dungen und Gebundenheiten zu einem freien, spontanen Tun sich handelt, also um ein Selbstwerden des Gottesvolkes und seiner Menschen, er-
löst von allen ins Scheitern führenden Heteronomien und Gefangen-
schaften. Aber der neue Akt der Befreiung ist auch ein neues Ereignis der
Führung und Weisung durch die im Innersten waltenden Gebote Gottes.
So erst kann der Bund mit den Vätern zu vollkommener Gestalt und
Wirklichkeit werden. Doch wird sogleich die Aussage in 34 aufzunehmen
und zu bedenken sein.

Es ist interessant und aufschlußreich zu beobachten, wie *M. Buber* in seinem Buch »Der
Glaube der Propheten« (Heidelberg 1950) den Vergleich zwischen Jer 31,33 und Dtn
30,14 vollzieht: »Die Deuteronomiker vermeinten (Dtn 30,14), schon sei es an dem, schon
sei das Wort Gottes dem Volke im Herzen, und es brauche nur eben ›getan‹ zu werden;

aber Jeremia, der, ungeachtet der Wichtigkeit, die für ihn die Person als solche hat, dem Menschen eine geringere Entscheidungskraft zuschreibt, als die Propheten vor ihm, hält es für notwendig, daß erst die Offenbarung an die Seelen komme, und er glaubt und verheißt, daß sie kommen wird: JHWH wird selber sein Wort Israel ins Herz schreiben, ohne Tafeln, ohne gegenständliche Mitteilung mehr« (249). Mit den entsprechenden mystischen Aspirationen wird der »neue Bund« im Kontext chassidischer Tradition aufgenommen, allerdings auch mit dem für Buber bezeichnenden »Politikum«: »Wenn Gott dem Volk sein Wort ins Herz gibt, bedarf es keiner Sicherung mehr« (249).

Mit der Inschrift der Tora in die Herzen Israels ist der mündliche Tora-Unterricht und die gesamte Institution des (synagogalen) Lehramtes aufgehoben. Die jeden Unterricht forcierende theologische Erkenntnisforderung »Erkenne JHWH!« ist überflüssig geworden. J. Calvin bezeichnet es in seinem »Genfer Katechismus« als den »Sinn des Lebens«, Gott zu erkennen. Diese Sinn- und Zielbestimmung menschlicher Existenz ist nun erfüllt. Aber »Erkenntnis« meint keineswegs nur ein intellektuelles Verhalten, ein »Wissen um Gott«. Von der in 34 verkündigten *Vergebung* her wird deutlich, wie die Gotteserkenntnis des »neuen Bundes« zu verstehen ist. Wird die Schuld vergeben und der Sünde nicht mehr gedacht, dann *verschwindet alles, was Erkenntnis und Gemeinschaft verhindernd zwischen Gott und seinem Volk liegt.* Vergebung heißt: Es wird ein ganz neuer, unvergleichlicher Anfang gesetzt – für alle, ob klein oder groß, alt oder jung. Das Ereignis der Vergebung aber ist offenbar ein einziger, entscheidender, vollgenugsamer Akt, keineswegs die Begründung einer kultischen Versöhnungs-Institution oder ein permanent begleitendes Geschehen in der Zukunft. Die »Gravur der Sünde«, von der es in Jer 17,1 heißt: »Die Sünde Judas ist eingetragen mit eisernem Griffel, eingegraben mit diamantener Spitze auf die Tafeln ihres Herzens«, wird gelöscht. An ihre Stelle tritt die »Inschrift der Tora«. In Ez 36,26f wird diese Verheißung des Propheten Jeremia aufgenommen und mit dem Hinweis auf das schöpferische Wirken des »Geistes Gottes« neu entfaltet. Darauf wird später zurückzukommen sein. Zunächst aber liegt alles daran, Jer 31,31–34 *in der alttestamentlichen Eigenaussage* so deutlich wie möglich herauszustellen und den Text vor »kirchlichem Zugriff« und »christologischem Erfüllungspathos« zu bewahren. Die Botschaft des Jeremia ist und bleibt eine *Verheißung für Israel,* die in ihrem in sich geschlossenen Wortlaut nicht aufgebrochen werden kann und darf. Gewiß, die prophetische Heilsbotschaft weist über die Gegenwart, in der sie ausgesprochen wurde und wieder und wieder gesprochen wird, hinaus. Aber auch dieses Übersich-Hinausweisen der Prophetie Israels will bewahrt und bewährt sein. Der Neuansatz im Neuen Testament will als solcher in seinem Kontext aufgenommen und verstanden werden. Ob überhaupt und wie mit dem Alten Testament in den Einzeltexten der urchristlichen Schriften korrespondiert wird, muß gewissenhaft geprüft und bis in die Nuancen hinein untersucht und erklärt werden. Wer in diesem biblisch-theologischen Prozeß auch nur mit heimlichen Hintergedanken am Werk ist, Israel zu enterben, um auf diese Weise zum »Sieg des Christentums« und zum »Erweis seiner höheren Religiosität« beizutragen, der hat sein Tun a limine diskreditiert und kann im jüdisch-christlichen Dialog kein ernstzunehmender Partner sein. Biblisch-theologische Untersuchungen, die die Wirklichkeit des Judentums ignorieren, haben den Anspruch auf Sachgemäßheit verloren; sie sind zum Vorfeld eines dogmatischen, kirchlichen Monologes geworden.

III.   *Christus – die Erfüllung der Tora*

Beginnen wir mit der Feststellung, daß Paulus in dem jetzt zu erarbeitenden Kapitel Röm 10 mit einer *Kette von Tora-Zitaten* argumentieren will. Dies geschieht bekanntlich auch an zahlreichen anderen Stellen in den Briefen des Apostels, doch in besonderer Häufung in Röm 9–11. Das in diesen Kapiteln erörterte Thema »Gottes Weg mit Israel angesichts der Christus-Erfüllung und der Existenz der Kirche« fordert die Tora-Belege geradezu heraus. – Nun hat man in der neutestamentlichen Wissenschaft oft und viel zu dem sog. »Schriftbeweis« des Apostels Paulus sich geäußert, die zeittypischen (allegorischen) Verstehensweisen kritisch apostrophiert und das gesamte Verfahren in seiner Fragwürdigkeit dargelegt. Es hat dann freilich auch nicht an Versuchen gefehlt, in aller kritischen Analyse die Motive und Tendenzen des Apostel zu verstehen und ausdrücklich zu würdigen. Dieses »Verstehen« und »Würdigen« aber ist insbesondere angesichts des Passus Röm 10,5–10 allergrößten Zerreißproben und Belastungen ausgesetzt.

Schon J. Calvin bemerkte in seiner Auslegung des Römerbriefes, daß das, was Paulus unter Berufung auf Dtn 30,11–14 in Röm 10,5ff vorträgt, wohl nicht als Rekurs auf ein authentisches Zitat der Tora gewertet werden könne. Die Urteile in dieser Sache sind in der Neuzeit immer schärfer geworden. Aus neueren Kommentaren seien nur zwei Beispiele dargeboten: »Für eine historisch-kritische Betrachtungsweise ist die Vergewaltigung des buchstäblichen Wortsinnes in der Einleitung von 6 tatsächlich kaum zu überbieten« (*E. Käsemann*, An die Römer [HNT 8a], Tübingen 1973, 273). Und unter Hinweis auf die damalige jüdische Schriftauslegung, z.B. in der Sekte von Qumran, erklärt *U. Wilckens* (Der Brief an die Römer. 2. Teilband: Röm 6–11 [EKK VI/2], Zürich/Neukirchen-Vluyn 1980, 225): »... daß diese Exegese von Dtn 30 auch im Rahmen jener damals geläufigen *pescher*-Methode höchst gewaltsam ist. Die Eliminierung aller Bezüge zur Tora, durch die allererst Dtn 30 in einen Gegensatz zu Lev 18,5 gebracht wird, der sonst überhaupt nicht besteht, kann nur als bewußte Polemik erklärt werden. Wo die Synagoge ihre Hörer ermutigte, sie brauchten sich weder in die Höhe des Himmels noch in die Ferne jenseits des Meeres zu bemühen, um die Tora erst von dort zu holen, hält Paulus hier entgegen: Es gehe um Christus, den niemand vom Himmel herabzuholen brauche, (da er von dort herabgekommen ist? ...)« – Wie aber kann auf dieser »Basis« einer in ihrem Wortlaut *zerstörten* Tora, aus der vorsätzlich der entscheidende Begriff תורה herausgebrochen worden ist, überhaupt noch mit der Schrift »argumentiert« werden? Man wird sogar fragen müssen: Hat Paulus nicht an entscheidender Stelle die *Autorität der Tora* pervertiert? Wie also und mit welchem Recht kann er sie noch »zitieren«, mit ihr »argumentieren« (dies ist ja doch die Intention seines »Beweisverfahrens«!)? Muß sich nicht tatsächlich das Urteil aufdrängen, hier walte »bewußte Polemik«, die sich nicht scheut, einen »heiligen Text« den leidenschaftlich verfolgten Erweistendenzen dienstbar zu machen? Was ist denn »die Bibel«, »die Schrift« noch wert, wenn sie gegen sich selbst in dieser Weise ausgespielt, jeder Autorität beraubt und in ihrer Argumentationskraft usurpiert wird? – Für einen christlichen Theologen sind diese Fragen erstaunlich schnell und relativ leicht zu beantworten. Wählen wir als Beispiel eine Erklärung, die es sich nicht leicht gemacht hat: »Der *singuläre* Akzent, den Paulus mit seiner Theologie der Tora verbindet, ist sein tora*kritischer* Akzent, der sich bei näherem Zusehen als christologisch begründet erweist und nur als Konsequenz der Christologie begreifbar wird. . . . Paulus ist nicht torakritisch aus Tradition oder aus Erfahrung: was sich in seiner Torakritik kundtut, ist, autobiographisch gesehen, seine Begegnung mit Christus, mit der sich seine Welt veränderte« (*G. Eichholz*, Die Theologie des Paulus im Umriß, Neukirchen-Vluyn [4]1983, 237). Aber nun geht es doch gar nicht um eine Veränderung der »Welt des Paulus«, sondern um eine tiefgreifende *Veränderung der heiligen Schrift*, der Tora; und eben auch nicht um Torakritik, sondern um *Umgestaltung und Entstellung* des alttestamentlichen Textes – zugunsten alles bestimmender christologischer Aussage. Brachte die »Begegnung mit Christus« denn wirklich dem Apostel die Ermächtigung, wie Ton in der Hand des Töpfers die Aussagen der Tora – christologisch – *umzuformen*? Warum und mit welchem Recht kann sich Paulus dann noch auf die fundamentalen Voraussetzungen beziehen: »Es steht geschrieben«? Ist dies nicht ein absurdes Verfahren, das man möglicherweise auch noch »dialektisch« zu erklären sich unterfängt: Die Tora besteht als unbedingt vorgegebene Autorität, aber Christus ist – und nun bekommt die τέλος-Aussage in Röm 10,4 einen »legitim«-destruktiven Charakter – »das *Ende* der Tora«?! Alle diese Fragen und Probleme spitzen sich noch zu, wenn die Nuancen der Aussagen des Apostels in Röm 10,1–10 beachtet und bedacht werden.

Paulus betet und bittet, daß Israel »gerettet« wird (1). Auszugehen ist von der apostolischen Gewißheit: Das von den Propheten angekündigte und von der Apokalyptik »in Kürze« erwartete *eschatologische Gottesgericht ist angebrochen.* »Gottes Zorn vom Himmel her wird offenbar« (Röm 1,18). Der Apostel will sein Leben hingeben für sein Volk (9,3), dem doch die Sohnschaft, die Herrlichkeit, die Bundessetzungen, die Tora-Übermittlung, der Gottesdienst und die Verheißungen gegeben worden sind (9,4). Jetzt aber geht es um die *endzeitliche Rettung* (vgl. vor allem 10,9.11) – der prophetischen Ankündigung entsprechend: »Wer den Namen JHWHs anrufen wird, der soll gerettet werden« (Joel 3,5). Aber wie kann Paulus in Zweifel ziehen, daß Israel den Namen seines Gottes anruft und anrufen wird? Wir werden sehen, wie er argumentiert.

Der Apostel sieht sein Volk *in größter Gefahr* (2). Er attestiert den Tora-Treuen, daß ihr Leben durchdrungen ist vom »Eifer für Gott« (vgl. Num 25,11.13; 1Kön 19,10.14; Ps 106,29f). Er selbst, Paulus, war als Tora-Schüler Gamaliels ein »Zelot Gottes« (Apg 22,3; Gal 1,14). Aber dieser ganze Tora-Eifer – so sein Urteil – geschieht »ohne Erkenntnis«. Allgemein könnte man sagen: »Denn keine fromme Intensität entscheidet über den Wert eines Menschen, einer Epoche, eines geschichtlichen Ganzen für *Gott* und *seine* Sache; darüber entscheidet allein die *Erkenntnis*, die ihr zugrunde liegt« (*K. Barth*, Der Römerbrief, Zürich 1919, 296). Doch so allgemein ist die apostolische Aussage gar nicht gemeint. Sie dekretiert vielmehr von Anfang an und für alles Folgende bestimmend: Den Eiferern fehlt die Erkenntnis *Christi*, das Wissen um das Gekommensein des Messias. In 3 wird dieses alles entscheidende Desiderat, diese aus dem

Nicht-Erkennen resultierende Fehlorientierung des gesamten eifrigen, eifernden Lebens genauer erklärt. Dabei werden gegenübergestellt: die »*Gerechtigkeit Gottes*« und die »*eigene Gerechtigkeit*«. Während die »Gerechtigkeit *Gottes*« (als *Gabe*, die noch genauer zu erklären ist) »erkannt« wird, ist es für die »*eigene* Gerechtigkeit« bezeichnend, daß sie vom *Menschen* »gesucht« und eifrig erstrebt wird. Mehr noch: Während die »Gerechtigkeit Gottes« Ausdruck seiner *Herrschaft* ist, einer *Macht*, der der Mensch »sich unterwirft« (3b), geht und strebt die Selbstbewegung an dieser souverän waltenden und sich mitteilenden Gottesgerechtigkeit vorbei. – Aber was ist »Gerechtigkeit«? Sicher keine Tugend im Sinne der Ethik des Aristoteles, die sich verhängnisvoll auf Theologie und Kirche ausgewirkt hat. Im Alten Testament zeigt sich צדקה als ein Verhältnisbegriff: »Gerechtigkeit« kann das Lebensverhalten heißen, das in einem rechten, der ברית gemäßen Gemeinschaftsverhältnis zu JHWH steht, sich also als »bundesgemäß« erweist. Tritt in dieser Relation die Tora stärker hervor, dann kennzeichnet צדקה die den Geboten und Rechtsforderungen der Tora entsprechende Verhaltensweise – bis hin zur Vorstellung von einer *tätigen Erfüllung* dieser Tora. In dieser Konsequenz ist die »Gerechtigkeit *Gottes*« die von JHWH *ausgehende* tätige Tora-Erfüllung, – »*eigene* Gerechtigkeit« hingegen die vom se ipsum des Menschen gesuchte und erstrebte Erfüllung der Tora.

Aber müssen diese beiden Aspekte polarisiert werden? Müssen sie im einander ausschließenden Sinn frontal gegeneinander gestellt und als Alternativen zum Austrag gebracht werden? Sind nicht im Alten Testament und im Judentum diese beiden Aspekte korrelativ aufeinander bezogen, so daß der eine ohne den anderen gar nicht denkbar ist? Kann der Mensch ohne die von JHWH ausgehenden Wirkungen und Ermächtigungen der Tora gerecht werden? – Es ist bezeichnend für das oft ganz bewußt lancierte christliche Fehlurteil, wenn für den »unter dem Gesetz stehenden« Juden unterstellt wird, er sei in seiner »nomistischen Frömmigkeit« *ausschließlich* an seiner eigenen Gerechtigkeit und also an der *selbst*mächtigen Erfüllung der Tora orientiert und interessiert. Dem widersprechen nicht nur zahlreiche Texte der Tora, auf die zurückzukommen sein wird, sondern auch talmudische Erklärungen, jüdische Gebete und die Hymnen des Festes שמחת תורה.

Für Paulus aber ist die Alternative unausweichlich. Bestimmt durch den Kontext übersetzen wir 4: »Christus ist die Erfüllung der Tora zur Gerechtigkeit für jeden, der glaubt«. Das Verständnis von τέλος ist umstritten. Während J. Calvin im heilsgeschichtlich-pädagogischen Sinn an »*Ziel* und *Erfüllung*« denkt, hat die zu dualistischen Gegenüberstellungen von »Gesetz« und »Evangelium« führende Konzeption Luthers den folgenreichen Begriff »*Ende*« eingeführt, denn das »Gesetz« verurteilt und tötet, das »Evangelium« spricht Vergebung und Leben zu; darum hat das verurteilende und tötende »Gesetz« in Christus sein »Ende« gefunden. Aber die »Gerechtigkeit«, um die es sich in 3 und 4 handelt, muß doch wesentlich als tätige »Erfüllung der Tora« verstanden werden (vgl. zum Problem *P. von der Osten-Sacken, Jesus Christus – Ende der Tora?*, in: *Ders.*, Anstöße aus der Schrift, Neukirchen-Vluyn 1981, 11ff). Will Paulus im Anschluß an 3 betonen, daß die »Gerechtigkeit *Gottes*« als von Gott ausgehende Gabe und Macht in *Christus* offenbar geworden ist, dann kann dies folgerichtig nur bedeuten: In Christus ist *Erfüllung der Tora* (Vollendung ihrer Zielsetzung) manifest geworden – Erfüllung, die das Suchen und Streben nach »*eigener* Gerechtigkeit« ausschließt. Bevor die Frage gestellt und beantwortet werden kann, was es denn wohl heißen mag, die (erfüllte) Gerechtigkeit zu »glauben«, müssen die Aussagen in 3 und 4 *in der Perspektive des Alten Testaments* gesichtet und erklärt werden. Wir können also nicht einfach davon ausgehen, daß Paulus nach der Begegnung mit Christus eine totaliter aliter neue Auffassung gewonnen und eine christologische Setzung vollzogen hat, die jenseits der Tora absolut unbekannte, fremde, noch nie gesehene Ideen vertritt und dann torakritisch sich auswirkt. Vielmehr wird der Frage nachzugehen sein, ob und wie die apostolischen Aussagen in 3 und 4 in der »Schrift« ihren Legitimationsgrund haben bzw. von der Tora her und im Kontext der Tora aufgenommen und verstanden werden können. Indem in dieser Weise gefragt und vorgegangen wird, soll – der Argumentationsintention des Paulus in 6ff entsprechend, aber seinem Verfahren nicht folgend – nach dem Schriftgrund der *christologischen Erfüllungsdeklaration* (3f) geforscht werden. Denn genau diese Aufgabe ist gestellt, wenn nicht »Christus« als neues Prinzip mit der Tora konfrontiert, und die Tora dem eschatologischen Telos im Sinne des »Endes« ihrer Eigenaussagen gefügig gemacht werden soll. Diese Paulus-Kritik ist unausweichlich; sie ist ungleich bedeutsamer und dringlicher als die fadenscheinige Rechtfertigung der konkreten Ausformungen apostolischer Tora-Kritik durch christliche Theologen. Gleichwohl ist – der Intention des Paulus entsprechend – die *Autorität der Tora* aufzurufen, und zwar schon im Ansatz der christologischen Deklarationen (3f) und nicht erst im Blick auf die apologetischen Passagen (5ff). Von dieser Prüfung der Prämissen wird es abhängen, ob und wie die problematischen »Argumentationen«, die auf Dtn 30,11–14 konzentriert sind, aufgenommen und (noch) verstanden werden können.

Daß die »Gerechtigkeit Gottes« offenbar werden wird, ist der Inhalt alttestamentlicher Verheißungen. In Jes 40–66 stehen synonym צדקה und ישועה (Jes 46,13; 51,5; 52,10; 56,1; 62,11). Die »Gerechtigkeit Gottes« als sein zukünftiges *Heil*wirken ist »im Kommen begriffen«, sie »ist nahe« als ausschließlich von Gott ausgehende Gabe und Macht. In Ps 98,2 heißt es:

»Es tat kund JHWH sein Heil;
vor den Augen aller Völker offenbarte er seine Gerechtigkeit.«

Die Apokalypse der »Gerechtigkeit Gottes« erweist sich demnach als *universales Heilsgeschehen*. Der Gott Israels ist *allein* am Werk. Das Pa-

thos dieser Kundgabe geht insbesondere von Jes 40–55 aus. Auf der Linie
dieser Verheißungen und Erwartungen liegt die für den Römerbrief thematisch wie inhaltlich bestimmende Aussage, im Evangelium sei die »Gerechtigkeit Gottes« offenbar (Röm 1,17). Ja, auch der Begriff εὐαγγέλιον
entstammt der Botschaft Deuterojesajs (Jes 52,7ff) – mit allen Ansagen
des zukünftigen, universalen Eingreifens Gottes (Jes 52,10) und der kommenden Königsherrschaft JHWHs. Röm 10,3 steht in diesem Kontext.
Aber das Kommen und Offenbarwerden der »Gerechtigkeit Gottes« hat
im Alten Testament noch eine andere, konkretere Voraussetzung. Vom
zukünftigen Heilskönig, dem »Gesalbten JHWHs«, wird erwartet, daß er
»Recht und Gerechtigkeit« aufrichtet (Jes 9,6; 32,1; Jer 23,5; 33,15).
Nicht ohne Anspielung auf den Namen des judäischen Königs Zedekia,
aber doch auch in deutlicher Gegenüberstellung wird dem Messias der
zukünftigen Heilszeit der Name zuteil: »JHWH ist unsere Gerechtigkeit«
(Jes 23,6; 33,16). Der Gesalbte Gottes gibt dem Erscheinen und Wirken
der »Gerechtigkeit Gottes« Raum. Er ist – nomen est omen – Bürge für
die Selbstdurchsetzung der göttlichen צדקה in Israel, zugunsten des Gottesvolkes. So hat die (zukünftige) Apokalypse der »Gerechtigkeit Gottes« eine *messianische Spitze:* Der Messias ist JHWHs Gerechtigkeit für
Israel.
Wenn Paulus verkündigt, Χριστός sei die Erfüllung der Tora (4), dann befindet sich diese entscheidende christologische Botschaft im Zusammenhang mit dem im Alten Testament verheißenen zukünftigen Offenbarwerden der »Gerechtigkeit Gottes« und der messianischen Zuspitzung
dieser Erwartung. Auch in der zum nomen proprium gewordenen Χρι-
στός-Bezeichnung schwingt die Vorstellung vom »Gesalbten«, genauer:
vom *» Geist-Gesalbten «* mit (vgl. Jes 61,1; Lk 4,18f). In der überwiegend
pneumatologisch bestimmten Christologie des Apostels Paulus ist »Christus« ὁ ἔσχατος Ἀδὰμ εἰς πνεῦμα ζωοποιοῦν (1Kor 15,45): der »eschatologische Mensch«, von dem der lebenschaffende, schöpferische Geist
Gottes ausgeht (vgl. auch 2Kor 3,17). In ihm ist die (Jer 31,33 verdeutli-
chende) Verheißung Ez 36,26f zu Ziel und Vollendung gekommen:

»Ich werde euch ein neues Herz und einen neuen Geist in euer Innerstes geben. Wegneh-
men werde ich das steinerne Herz aus eurem Leib und euch ein fleischernes Herz geben. Ich
will meinen Geist in euch geben und will solche Menschen aus euch machen, die in meinen
Geboten ihr Leben führen und meine Rechtsforderungen halten und erfüllen.«

Zu dieser Verheißung ist in Kürze zu erklären: Im Gegensatz zum steiner-
nen, hart verschlossenen und unzugänglichen Herzen deutet die Rede
vom »fleischernen Herzen« hin auf ein weiches, zugängliches, man könnte sogar sagen: *wahrhaft menschliches,* d.h. dem Geschöpf Gottes entsprechendes und ihm zukommendes Herz. Das »steinerne Herz« erweist
sich als eine Verunstaltung, als eine Perversion des Menschlichen. Die
vom Propheten übermittelte Verheißung JHWHs sagt eine einschneiden-

de Wende an, die wie eine kritische, lebensgefährliche Operation geschildert wird. Das Herz aus Stein wird herausgenommen, ein neues Herz eingepflanzt. Mit dieser Vorstellung wird Jer 31,33 radikalisiert. Die Wende zum Neuen wird zum schöpferischen Prozeß, ausgeführt durch den *Geist Gottes*. Wenn dieser Geist ins Innerste des Menschen hineinkommt, dann geschieht die Wende vom Alten zum Neuen. Dann findet die Tora Gottes Eingang in eine Lebensmitte, die sich nun ganz und ausschließlich von Gottes Wort und Weisung leiten läßt. Durch den Geist *Gottes* wird die Tora erfüllt. – Das Neue Testament verkündigt Jesus als den »Christus«, den *Geist-Gesalbten* Gottes, den »eschatologischen Menschen« (*R.R. Geis, Gottes Minorität*, München 1971, 220ff). In ihm wird die »Gerechtigkeit Gottes« offenbar – als *Erfüllung der Tora* (Röm 10,4), als eschatologische Macht und Gabe. Denn der Geist-Gesalbte ist nicht nur Vollendung der prophetischen Verheißung Ez 36,26f, er teilt seinen Geist mit und verleiht in messianischer Vollmacht Partizipation an der in ihm erschienenen »Gerechtigkeit Gottes« und »Erfüllung der Tora«.

In dem allen ist die Christus-Verkündigung des Paulus keineswegs das absolute Novum, sondern kerygmatische Eröffnung, *daß die im Alten Testament prophetisch verheißene Zukunft des Heils bereits begonnen hat*. Der Kundgabe dieses »Evangeliums« (vgl. Jes 52,7ff) entspricht der *Glaube*. Doch was heißt nun »glauben«? Abzusehen ist von dem Versuch, »zwei Glaubensweisen« (M. Buber) feststellen zu können, um auf diese Weise eine Grundverschiedenheit zwischen der alttestamentlich-jüdischen und der neutestamentlich-christlichen Einstellung herauszubilden. Vielmehr kennzeichnet die Bedeutung der hebräischen Wurzel im Verb האמין eine Gemeinsamkeit erster Ordnung: Wer »glaubt«, der »macht sich fest«, der verankert seine Existenz im zusagenden, verheißenden Wort. Von dieser elementaren hebräischen Vorstellung ist auszugehen. »*Glaubens*gerechtigkeit« (4) wäre demnach ein völliges Sich-Gründen auf und Sich-Verankern in der im Christus als dem Geist-Gesalbten offenbar gewordenen »Gerechtigkeit Gottes« als der Erfüllung der Tora. Der Glaubende ist »gerecht«, weil er in der Kraft der Geist-Wirkung des Christus an dieser »Erfüllung der Tora« teilhat. Er bleibt darum nicht mehr auf sich selbst gestellt und veranlaßt, die »*eigene* Gerechtigkeit« (3) zu suchen und zu erstreben, er ist tätig einbezogen in die messianische Apokalypse der »Gerechtigkeit Gottes«.

Von diesem »eschatologischen Erfüllungsereignis« ist Paulus derartig ergriffen und bewegt (vgl. Phil 3,7.12ff), daß er *assoziativ* sich ihm als besonders geeignet anbietende Aussagen der Tora in Anspruch nimmt, um die messianische Apokalypse der »Gerechtigkeit Gottes« seinen jüdischen Zeitgenossen anschaulich vor Augen zu führen, eindrücklich nahezubringen und als in der Tora vorgebildet zu erweisen (5ff). Daß in diesem Vorgang die klaren Eigenaussagen der Tora zerstört werden, muß deswegen kritisch apostrophiert werden, weil der Apostel den Schriftgrund verläßt und die Autorität der Tora-Legitimation, die er doch anstrebt und für unverzichtbar hält, korrumpiert. Was sich hier vollzieht, könnte man als einen Akt der *Christus-Ekstase* bezeichnen, der den der Tora treuen Juden nicht gewinnt, sondern abstößt, der darüber hinaus die Tora als ganze christologischen Tendenzen opfert. Hier von Tora-Kritik zu sprechen, wäre ein Euphemismus. Denn in den Text Dtn 30,11–14 wird das urchristliche ῥῆμα τῆς πίστεως, das *wir* verkündigen (8), hineingelesen und der Austausch vollzogen: an die Stelle des »Wortes der Tora« wird »Christus« gesetzt (6).

Auch wird die Rede von »Mund« und »Herz« in Dtn 30,11–14 – weit entfernt vom hebräischen Wortsinn – dazu in Anspruch genommen, die Zuordnung von »Bekennen« und »Glauben« in der urchristlichen Gemeinde mit der Tora zu »begründen«. Das akklamative, im Gottesdienst der Christen ausgerufene *Bekenntnis* »HERR ist Jesus« (9; vgl. 1Kor 12,3; Phil 2,11), das aus dem *Glauben* an die Auferweckung des Gekreuzigten hervorgeht, wird den Juden als *eschatologische Rettung* angeboten (1 und 13), im Rekurs auf Joel 3,5: »Wer den Namen des HERRN anruft, der wird errettet werden.« Entscheidend ist dann die Erklärung: »Wenn man von Herzen glaubt, so wird man gerecht; und wenn man mit dem Mund bekennt, wird man gerettet« (10). Das angeschlossene Zitat aus Jes 28,16 erinnert noch einmal an den hebräischen Wortsinn von האמין: Wer »sich festmacht« im angebotenen Wort, der wird nicht scheitern (11). Universal ist das Angebot. Der Unterschied zwischen »Juden und Griechen« (12) schwindet dahin unter dem Reichtum des göttlichen Gebens, das niemanden ausschließt. Wer den HERRN anruft, wird gerettet werden – wer er auch sei und woher er auch komme.

Zum Nachdenken Anlaß gibt die Tatsache, daß in 9–13 der JHWH-κύριος-Name auf Jesus »übertragen« wird (vgl. auch Phil 2,10f). Dieses Faktum reißt die Frage nach den Ursachen und Hintergründen der kühnen Textveränderungen der Tora in 5ff noch einmal in anderer Weise auf. Denn offensichtlich ist es nicht nur eine »Christus-Ekstase«, in der Paulus über den Wortsinn der Tora sich hinwegschwingt, es ist das tief in die alttestamentliche Gottesoffenbarung hineingreifende Bekenntnis »HERR ist Jesus«, *das die Fundamente der Tora erschüttert.* Nur unter Beachtung der biblischen שם-Theologie kann eine Ahnung geweckt werden, was hier auf dem Spiel steht.

Die deuteronomisch-deuteronomistische Theologie hat die Rede vom שם-יהוה entwickelt und ausgeprägt. Verkündigt wird zum einen die Überweltlichkeit des Gottes Israels, zum anderen die Gegenwart seines auf Erden »wohnenden Namens«. Angesichts des Jerusalemer Tempels heißt es in 1Kön 8,27:

»Sollte Gott denn wirklich auf Erden wohnen? Siehe, der Himmel und aller Himmel Himmel können dich nicht fassen, um wieviel weniger dieses Haus . . .« (vgl. Dtn 10,14).

Dann aber wird erklärt (1Kön 8,29), Jerusalem sei der Ort, der unter der Zusage und Verheißung JHWHs steht:

»Mein Name soll dort wohnen!«

Nicht nur in 1Kön 8, auch an anderen Stellen, in denen die dtn-dtr שֵׁם-Theologie erkennbar ist, wird unterschieden zwischen »Gott im Himmel« und dem »Namen auf Erden«, zwischen »Gott in der Ferne« und dem »Namen in der Nähe«. Dabei steht der Name als Unterpfand der Gegenwart und der Anrufbarkeit Gottes im Zeichen der *Zusage und Verheißung,* d.h. er ist nicht unmittelbar greifbar, verfügbar; er ist allen magischen Manipulationen entzogen (Ex 20,7). Angesichts dieser Fakten wäre sowohl die Rede vom »Monotheismus« wie auch die Infragestellung »monotheistischer Frömmigkeit« ein unsachgemäßer Ansatz. Vielmehr entspricht die dtn-dtr Namenstheologie *dem Ereignis und der Bewegung der Selbstmitteilung des transzendenten Gottes,* der Verkündigung seiner weltüberlegenen Souveränität *und* seiner erbarmenden Herabneigung zu seinem Volk (vgl. Jes 57,15). Dieses *Geschehen* ist in keine Kategorie zu fassen und von keinem religionsgeschichtlichen Systembegriff zu umklammern. – In der Perspektive der alttestamentlichen Namenstheologie liegt das urchristliche Bekenntnis ΚΥΡΙΟΣ ΙΗΣΟΥΣ (1Kor 12,3; Phil 2,11; Röm 10,9). Dieses Bekenntnis will besagen, daß der ewige Gott in diesem Jesus als dem Christus-Messias gegenwärtig ist. Ihm ist darum der »Name über alle Namen« gegeben (Phil 2,9). Im Neuen Testament aber wurde dieses Bekenntnis nie als eine Entehrung oder sogar Entheiligung des שֵׁם־יהוה verstanden – im Sinne etwa einer kühnen Inanspruchnahme, Identifikation oder Substitution, vielmehr »zur Ehre Gottes des Vaters« und als Lobpreis der gnädigen Herabneigung des Gottes Israels in seinem Messias. – Bedenkt man diese biblisch-theologischen Voraussetzungen und Zusammenhänge, dann wird erklärlich, warum und mit welchem Recht Paulus in den Textbestand der Tora einzugreifen sich ermächtigt sah. Für ihn ist die Frage nach der Gegenwart des Gottes Israels, seines Waltens und Wortes (8) in Jesus (9) als dem Christus-Messias (4) entschieden. Aber was hier als verstehbar erscheint, bleibt im Prozeß des Umgangs mit der Tora fragwürdig und fremd.

In einer »logischen Kette« werden in 14–21 Anrufung, Glaube, Hören und Verkündigen (kausal) einander zugeordnet. Woher kommt der *Glaube,* der doch die Voraussetzung des Anrufens und Bekennens ist? – Der Glaube wird gewirkt ἐξ ἀκοῆς, dieses Hören aber διὰ ῥήματος Χριστοῦ (17). Wie in 8 wird das Ereignis lebendigen und gegenwärtigen Redens des Christus bestimmend ins Zentrum gerückt. Aber wo und wie geschieht denn dieses lebendige und gegenwärtige Reden des Christus in der Kraft seiner *Selbstbezeugung,* die aus der Auferweckung von den Toten hervorgeht (9)? Für das reformatorische Verständnis des Glaubens war und ist der Satz entscheidend: »Der Glaube kommt aus der Predigt«

(17). Aber die Predigt ist doch kein selbständiges und selbstmächtiges
»Wortgeschehen«! Von woher begründet sie ihren Anspruch und ihre
Vollmacht? Wie wird das »Reden des Christus« (17) zur apostolischen
Verkündigung, zum urchristlichen Kerygma (8), das Glauben wirkt? Paulus antwortet mit dem Hinweis auf die *Sendung* (15). Er spricht damit das
biblische Thema der *prophetischen Ermächtigung* an, die im Alten Testament im Kontext einer Theophanie und Berufung steht (vgl. vor allem Jes
6). Entsprechend geht die *Sendung des Apostels* aus der Christophanie,
der Selbstbezeugung des von den Toten erweckten Herrn hervor (1Kor
9,1; 15,8). So zielt der Aussagezusammenhang ab auf die Gewißheit,
»daß die Sendung, auf die alles andere sich gründet, geschehen ist und geschieht« (*Käsemann,* Römer 281). Auch *M. Luther* hat die alles tragende,
enorme Bedeutung der Sendung in seiner Auslegung des Römerbriefes
(1515/16) deutlich erkannt. Im Rekurs auf die alttestamentliche Prophetie erklärt er zu Röm 10,15: »So liegt die ganze Wurzel und der Ursprung
des Heils darin beschlossen, daß Gott einen aussendet. Sendet er ihn nicht
aus, dann predigen die falsch, die predigen, und dieses Predigen ist so viel
wie nicht predigen. Ja, besser wäre es, nicht zu predigen.« »Denn ohne das
Zeugnis Gottes oder ohne das Zeugnis einer von Gott bekräftigten Gewalt, sondern aus eigenem Antrieb, durch den Schein einer Frömmigkeit
dazu ermuntert, predigen sie, wie Jeremia (Jer 23,21) sagt: ›Sie liefen und
ich sandte sie nicht . . .‹« »Wir predigen, weil wir gesandt sind. Hier fallen
sie um! Und hier ruht doch der ganze Nachdruck. Hierin liegt das ganze
Heil beschlossen. Ohne dieses ist alles andere falsch.« So ruft Luther – unter deutlicher Bezugnahme auf Jer 23,9ff – das Kriterium und die Krisis
der prophetischen Sendung zum Verständnis von Röm 10,15ff auf. – Paulus bezieht sich auf Jes 52,7, die Aussendung der »Freudenboten«, die das
εὐαγγέλιον von der Gegenwart und Herrschaft Gottes kundtun. Doch
dieser Hinweis ist begleitet von der negativen Feststellung (16), die die re-
signierende Frage Jes 53,1 in Erinnerung ruft: »Herr, wer glaubt unserem
Verkündigen?« Obwohl die Predigt *Glauben wirkt,* steht die Verkündigung nicht im Zeichen des Erfolgs, sondern des *Widerspruchs,* der schon
den Propheten Israels begegnete (21).

Dies alles ist um so erstaunlicher, als sich doch die messianische Verkündigung der Endzeit dadurch auszeichnet, daß sie nicht nur dem erwählten
Volk, sondern auch den Völkern gilt (12). Die *Universalität der Botschaft*
veranschaulicht Paulus an einem Schöpfungspsalm (18; vgl. Ps 19,5). Wie
die »Glossolalie« des Geschaffenen (Ps 19,4) alle Räume und Zeiten
durchdringt, so geht das ῥῆμα Χριστοῦ in alle Lande aus, um die messianische Bestimmung und Vollendung der Schöpfung zu erfüllen. – Hat Israel dies alles nicht verstanden? Wie ist es zu begreifen, daß sich das erwählte Volk dem welterfüllenden, alldurchdringenden und »nahen
Wort« (8) verschließt? Zur Beantwortung dieser Fragen nimmt der Apostel Zuflucht zu drei Texten des Alten Testaments. Sie sollen das unfaßliche Sich-Verschließen erklären. 1. In Dtn 32,21 wird angesagt, daß Gott

selber sein erwähltes Volk durch Nicht-Erwählte herausfordern und »eifersüchtig machen« will. 2. Daß die Nicht-Erwählten das Heil (die »Gerechtigkeit Gottes«) erlangen, entspricht dem prophetisch übermittelten Gotteswort (Jes 65,1): »Ich ließ mich finden von denen, die mich nicht suchten, und tat mich denen kund, die nicht nach mir fragten.« 3. Das Verhältnis JHWHs zu Israel aber und die Reaktion des Gottesvolkes sieht der Apostel in der Aussage zum Ausdruck gebracht: »Den ganzen Tag strecke ich meine Hände aus nach dem Volk, das sich nichts sagen läßt und widerspricht« (Jes 65,2). – An dieser dreifachen Eröffnung erkennt man, wie wichtig dem Apostel das enthüllende Zitieren der »Schrift« ist. Um so unverständlicher aber bleibt die entstellende Veränderung der Tora in 5ff, die die Christus-Verkündigung forcieren soll, ihr tatsächlich aber ihren Legitimationsgrund entzieht.

Dies alles wird festgestellt und festgehalten werden müssen. Dennoch erschließt sich von Röm 10,4 her – in dem oben erklärten Sinn – eine biblisch-theologische Perspektive von unausschöpflicher Tiefe. Gehen wir über die Bezeichnungen »Christus-Ergriffenheit« oder »Christus-Ekstase« hinweg! Für Paulus ist Christus Jesus die *»Tora impleta«* in Person, die »erfüllte Tora«, die die alttestamentliche *»Tora implenda«*, die »zu erfüllende Tora«, gleichsam in sich aufnimmt. Der Paulus-Kritik sind an dieser Stelle deutliche Grenzen gesetzt. Doch bleibt die Frage nach dem alttestamentlichen Text in seinem genuinen Wortsinn bestehen.

Im umfassenden Sinn ist durch die vorgelegten Meditationen die Frage aufgeworfen, wie durch die Christus-Verkündigung des Neuen Testaments die Tora in ihrer Eigenaussage betroffen ist. Immer neu wird die Auslegung des Alten Testaments bestrebt sein müssen, das konkrete Selbstzeugnis der hebräischen und aramäischen Texte zu ermitteln. Der jüdisch-christliche Dialog ist für den Christen die ständige Herausforderung zu genuinem, sachgemäßen Verstehen, d.h. zur Eliminierung aller christologisch-eschatologischen Vorurteile und exegetischen Unterstellungen. Die Christus-Verkündigung des Neuen Testaments verliert ihren Schrift-Grund und ihre in der Urchristenheit unablässig gesuchte und zur Sprache gebrachte Legitimation, wenn in der Interpretation der Wortsinn des Alten Testaments – latent oder manifest – verändert wird. Die kritische Anweisung einer »christologischen Exegese« kann und darf darum vor dem apostolischen »Schriftbeweis« des Neuen Testaments nicht Halt machen. Denn zumeist ist es gerade diese Art der »Beweisführung«, die den christlichen Schriftausleger motiviert und inspiriert, auf ähnlichen Wegen den »Zugang zur Schrift« zu finden. Vielmehr liegt alles daran, dem Aussage-Gefälle der Tora zu folgen, die Grund-Intention des Ganzen in immer neuen Anläufen zu ermitteln und auch die Frage nach den Voraussetzungen und Zusammenhängen der neutestamentlichen Christus-Verkündigung so zu stellen und zu beantworten, daß den jeweils erschließenden Aussagen der »Schrift« wirklich gefolgt wird. Wenn die Christenheit begriffen hat, daß Gott in Israel zur Welt kommt und daß es unmöglich ist, Jesus Christus von der auf ihn hinweisenden Geschichte mit allen ihren Verheißungen auch nur an einer einzigen Stelle zu trennen, dann müßte es auch unwidersprochen bleiben, daß die Tora und eben diese Geschichte mit allen ihren Verheißungen an keinem Punkt a priori christologisch angepaßt und in ihrem Wortsinn umgestaltet werden darf.

Hans-Georg Link

Der Kanon in ökumenischer Sicht

Für Ellen Flesseman-van Leer

I. Umgangsweisen mit der Schrift

In den *orthodoxen* Kirchen erreicht die Feier der Göttlichen Liturgie mit dem kleinen Einzug ihren ersten Höhepunkt: Der Priester mit dem Evangelienbuch und der Diakon mit dem Weihrauchfaß durchschreiten die Ikonenwand zu dem kleinen Umzug in der Kirche, der »das Buch der Bücher« allen Anwesenden erst einmal sinnenfällig vor Augen führt. Bevor der Priester die Schrift auf dem Altar niederlegt, neigt er sie in alle vier Himmelsrichtungen, um ihre weltumspannende Bedeutung zu verdeutlichen. Der Diakon kündigt mehrfach mit dem Ruf »Weisheit« die Lesungen an und fordert die Gemeinde zur Aufmerksamkeit auf. Nach der Verlesung des Evangeliums bringt der Priester seine Verehrung für die laut gewordene Weisheit Gottes durch Verneigen und Berühren des Buches zum Ausdruck. Die Gemeinde antwortet mit verschiedenen Doxologien. Wer diesen bis in altkirchliche Zeit zurückreichenden Ritus des kleinen Einzuges heute mitvollzieht, der wird sich nicht nur durch die ausdrucksstarke Symbolsprache angesprochen fühlen, sondern in ihr auch eine tiefe Hochachtung vor der Schrift und insbesondere vor dem Evangelium zum Ausdruck gebracht sehen. Die Predigt folgt häufig erst nach Abschluß der Göttlichen Liturgie, meist frei und nicht von der Kanzel herab gehalten, nicht immer ganz tiefschürfend, dafür aber auf das alltägliche Leben bezogen, sozusagen als gute Ratschläge für den Weg durch die Woche. Sie bildet die Brücke zwischen der »Göttlichen Liturgie« und der »Liturgie nach der Liturgie« im Alltag der Welt.

Innerhalb der *römisch-katholischen* Kirche hat sich mit dem Zweiten Vatikanischen Konzil auch im Blick auf den Umgang mit der Schrift ein tiefgreifender Wandel vollzogen. Mit der dogmatischen Konstitution über die göttliche Offenbarung »Dei Verbum« von 1965 hat sich erstmals in der Geschichte ein Konzil derart ausführlich und positiv zum Thema »Wort Gottes« geäußert. Die Konstitution über die heilige Liturgie von 1963 »Sacrosanctum Concilium« hat mit der Einführung der Landessprache zugleich auch dem gesamten Wortgottesdienst innerhalb der Meßfeier ein neues Gewicht verliehen. Seitdem sind mehrere Lesungen und eine Homilie im Anschluß an das Evangelium in der Messe zur Selbstverständlichkeit geworden. Die enge Zusammengehörigkeit von Wort- und Feierteil im eucharistischen Gottesdienst wird nachdrücklich unterstrichen. Diese Änderungen im Vollzug der Liturgie der Kirche wären ohne eine vorausgegangene jahrzehntelange Annäherung zwischen evangelischen und katholischen Exegeten nicht möglich geworden. Der vom Benziger und Neukirchener Verlag herausgegebene »Evangelisch-katholische(r) Kommentar zum Neuen Testament« ist die bislang wohl ergiebigste Frucht dieses Annäherungsprozesses im deutschsprachigen Bereich.

Die *reformatorischen* Kirchen haben einen vielfältigen Umgang mit der Schrift entwickelt. Seit Luthers Zeiten steht der Predigtgottesdienst nach wie vor im Mittelpunkt des kirchlichen Lebens, wenn er auch in eine unübersehbare Krise geraten ist. Daneben sind informelle Bibelauslegung, gemeinsames und individuelles Bibellesen zu wesentlichen Elementen evangelischer Tradition geworden. In der reformierten Kirche hat die fortlaufende Bibellese, die lectio continua, ihren besonderen Platz, und die seit über 250 Jahren erscheinenden Losungen der Herrnhuter Brüdergemeine sind heute weltweit verbreitet. Auch die Entwicklung der Bibelwissenschaft zu ihrem heutigen Niveau gehört zum guten Erbe der reformatorischen Kirchen. Im Widerstand der Bekennenden Kirche gegen den Nationalsozialismus ist es zu einer Wiederentdeckung des Wortes Gottes und seines Anspruches auf alle Bereiche unseres Lebens gekommen.

Auf diesem Hintergrund der orthodoxen, katholischen und reformatorischen Traditionen wird es verständlich, daß sich die *ökumenische* Bewegung in unserem Jahrhundert wesentlich als Bibelbewegung etabliert hat. Denn die Gottesdienste, zu denen sich die Angehörigen der verschiedenen Kirchen zusammenfanden, waren von Anfang an bibelbezogene Wort-Gottesdienste und sind es größtenteils bis heute geblieben: Lesung und Auslegung der Schrift stehen im Mittelpunkt, Lieder und Gebete gehören mit dazu. Unbestreitbar handelt es sich dabei um eine einfache Form des Gottesdienstes, die vielfältigen liturgischen Reichtum vermissen läßt und deswegen je länger desto unbefriedigender wird; sie hat aber den Vorteil des Schlichten, auf die gemeinsame ökumenische Grundlage in der Schrift immer wieder zurückzuführen. Um diese grundlegende gemeinsame Orientierung der ökumenischen Bewegung festzuschreiben, ist die Formulierung »gemäß der Heiligen Schrift« (vgl. 1Kor 15,3f) 1961 in die Basis des Ökumenischen Rates aufgenommen worden. Diese ökumenische Betonung der Schrift hat schon vielfältige Früchte gezeigt: Im deutschsprachigen Raum gibt es erfreulicherweise seit einigen Jahren einen ökumenischen Bibelleseplan und die Einrichtung ökumenischer Bibelwochen. Der Ökumenische Rat unterhält praktisch seit seiner Gründung eine Abteilung für biblische Studien. Seit 20 Jahren kommen Vertreter der katholischen Kirche wie des Ökumenischen Rates jährlich zu einer Tagung zusammen, um die Bibeltexte für die »Gebetswoche für die Einheit der Christen« gemeinsam auszuwählen und auszulegen. Die sog. Lima-Liturgie von 1982, das ökumenische Formular eines Abendmahlsgottesdienstes hat sich die Erfahrung verschiedener Kirchen im gottesdienstlichen Umgang mit der Schrift zunutze gemacht: Der »Wortgottesdienst« beginnt – so war es jedenfalls in Vancouver 1983 – mit einer feierlichen Bibelprozession zum Altar. Auf das Kollektengebet folgen eine alttestamentliche, eine Epistel- und eine Evangelienlesung, von der Gemeinde jeweils mit Responsorien beantwortet. An die Predigt schließt sich eine ausgiebige meditative Stille an, manchmal von entsprechender Musik begleitet, die dem Teilnehmer Zeit läßt, das Gehörte zu überdenken. Zum Abschluß wird der in den Alltag der Welt zurückkehrenden Gemeinde vor dem Segen die Kernaussage des Evangeliums als Sendungswort mit auf den Weg gegeben.

Seit Ernesto Cardenal die Gespräche mit seiner Gemeinde in Lateinamerika über das Leben Jesu veröffentlicht hat (auf deutsch erstmals 1976 »Das Evangelium der Bauern von Solentiname«) breitet sich in ökumenischen Kreisen das sog. Bible sharing, Bibel-Teilen, immer weiter aus. Es ist eine gemeinschaftliche Form des Bibelgesprächs, die als Sieben-Schritte-Weg bekannt geworden ist:

1. Man bittet um die Gegenwart des Geistes.
2. Der jeweilige Bibeltext wird versweise reihum gelesen.
3. In einer 5 bis 15minütigen Schweige-Meditation macht sich jeder seine eigenen Gedanken zu dem Text: Unterstreichungen, Kommentare, Fragen.
4. Einzelne bemerkenswerte Worte, Satzteile oder Sätze des Abschnitts werden von Teilnehmern ohne jeden Kommentar laut in die Runde gesprochen – der Text erhält dadurch sein Gruppen-Profil.
5. Bemerkungen, Fragen und Antworten schließen sich an, aber keine eigentliche Diskussion. Jeder Teilnehmer wird mit dem akzeptiert, was er beitragen will.
6. Überlegungen zum praktischen Umsetzen des Vernommenen in der Gruppe, Geeinde, Öffentlichkeit folgen.
7. Gemeinsames Beten und/oder Singen rundet das Bibelgespräch ab.

Aus diesen Umgangsweisen mit der Schrift innerhalb der ökumenischen Bewegung möchte ich nun einige erste Schlußfolgerungen ableiten. Zunächst: Heutzutage darf man feststellen, daß die Schrift im jeweiligen Gottesdienst der drei christlichen Haupttraditionen, der orthodoxen, katholischen und reformatorischen, an hervorragender Stelle ihren Ort erhalten und ihr Wort zu sagen hat. Mit anderen Worten: Es handelt sich bei der Schrift spätestens seit dem Zweiten Vatikanischen Konzil nicht mehr um protestantisches Sondergut, das sich als Schibboleth gegen die katholische oder orthodoxe Tradition ins Feld führen ließe. Statt dessen haben die reformatorischen Kirchen innerhalb der ökumenischen Bewegung dieses Jahrhunderts maßgeblich dazu beigetragen, die Schrift auch in den anderen Kirchen zu beheimaten. Wir haben es dabei mit einem Vorgang von ökumenischem Teilen der Gaben zu tun, über den man sich nur von

Herzen freuen kann. Damit hat die Schrift seit 1965 – der Proklamation von Dei Verbum – ihre traditionelle kontrovers-theologische Rolle endgültig ausgespielt und ist zur ökumenischen Grundlage der Christenheit geworden.

Ferner: Seit den Anfängen der ökumenischen Bewegung hat die Schrift ihre hervorragende Eignung als gemeinsamer Anknüpfungspunkt der verschiedenen Kirchen erwiesen. Ökumenische Gottesdienste sind ohne die Schrift undenkbar und undurchführbar. Bi- und multilaterale theologische Dialoge kommen ohne das Gespräch über entsprechende Schriftstellen zu keinen tragfähigen Ergebnissen. Manche ökumenische Gruppe überlebt seit Jahrzehnten dank ihrer gewachsenen Gemeinschaft über der aufgeschlagenen Bibel. So hat die Schrift eine elementare ökumenische Brückenfunktion im spirituellen, theologischen und informellen Bereich gewonnen. Die Probleme über Umfang, Autorität und Auslegung des Kanons, von denen noch die Rede sein wird, sind heutzutage zu gemeinsamen Themen innerhalb der ökumenischen Bewegung geworden.

Schließlich: Die verschiedenen Formen im Umgang mit der Schrift führen zu einer wesentlichen Bereicherung innerhalb der ökumenischen Gemeinschaft. Je vielfältiger die Teilnehmer an ökumenischen Bibelgesprächen sind, desto ergiebiger fällt das Zusammenbringen der unterschiedlichen Erfahrungen und Traditionen aus. Wenige Dinge bringen die ökumenische Bewegung so sehr vorwärts wie das gemeinsame Lesen, Hören, Schweigen, Reden, Beten und Singen von Menschen verschiedener Konfessionen und Regionen, die sich über der Schrift zusammenfinden.

II.   Stiefkind Altes Testament?

Angesichts der großen Bedeutung, die das gemeinsame Bibelstudium für das Zusammenwachsen der ökumenischen Bewegung insgesamt besaß und besitzt, leuchtet es ein, daß man schon bald die Notwendigkeit empfand, sich über gemeinsame Grundlagen zur Auslegung der Schrift zu verständigen. In den frühen Nachkriegsjahren haben verschiedene Tagungen stattgefunden, die sich namentlich mit der ethischen und politischen Botschaft der Bibel für die moderne Welt befaßten. Ihre Ergebnisse sind 1949 in dem sog. Oxforder *Wadham-Bericht*, so genannt nach dem Tagungsort Wadham College, zusammengefaßt worden[1]. Dieser Bericht versteht die Schrift aus beiden Testamenten als eine Einheit: Die Einheit des Alten und des Neuen Testaments besteht in Gottes fortwährender erlösender Tätigkeit in der Geschichte seines Volkes, die in Christus ihre Erfüllung erreichte. Von diesem, die beiden Testamente umfassenden heilsgeschichtlichen Ansatz aus, kommt der Wadham-Bericht nicht nur zu der üblichen Folgerung, das Alte Testament im Licht des Neuen zu ver-

1   In: *E. Flesseman-van Leer* (Hg.), The Bible. Its Authority and Interpretation in the Ecumenical Movement (Faith and Order Paper 99), Genf 1980, 13–17 (passim).

stehen, sondern auch zu der Empfehlung, von einem neutestamentlichen Text aus sich dem Alten Testament zuzuwenden, »um dessen Hintergrund in Gottes früherer Offenbarung zu entdecken«. Der Wert des Alten Testaments liegt nach dem Wadham-Bericht vor allem darin, die ganzheitliche Offenbarung Gottes, einschließlich ihrer sozialen und politischen Dimensionen, zur Geltung zu bringen.

Vergleicht man die Perspektive des Wadham-Berichtes von 1949 mit der Rolle, die das Alte Testament faktisch in vielen Kirchen und in der ökumenischen Bewegung spielt, dann kommen allerdings verschiedene Probleme zum Vorschein. Sie beginnen damit, daß der *Umfang* und die sprachliche Grundlage des alttestamentlichen Kanons zwischen den Kirchen nicht einheitlich geklärt ist: Die orthodoxe und katholische Tradition nehmen die griechische Fassung der Septuaginta als Grundlage, die vom Hellenismus beeinflußt ist und zusätzliche apokryphe Schriften umfaßt, die im hebräischen Kanon nicht enthalten sind. Statt dessen gehen die reformatorischen Kirchen auf den ursprünglichen und begrenzteren hebräischen Schriftenkanon zurück. Natürlich hat diese unterschiedliche Ausgangsbasis Auswirkungen auf das jeweilige stärker hellenistisch oder mehr hebräisch geprägte Gesamtverständnis des Alten Testaments – und in seinem Gefolge auch auf das des Neuen. Darüber hinaus ist es ein schwerwiegender Mangel an christlicher Einheit, daß alle Kirchen sich bisher nicht auf einen gemeinsamen Umfang und die maßgebende Ursprache des alttestamentlichen Kanons haben verständigen können.

Eine weitere Schwierigkeit ergibt sich aus dem unterschiedlichen *Gebrauch,* den Kirchen vom Alten Testament machen. Während in den gottesdienstlichen Lektionarien der reformierten Tradition das Alte Testament seinen festen Platz hat, ist das in anderen Kirchen nicht immer so der Fall. Ähnlich prekär steht es mit alttestamentlichen Predigttexten beispielsweise in der lutherischen Perikopenordnung. Etwas günstiger sieht es in vielen Kirchen mit dem Sprechen oder Singen von Psalmen aus, die sich besonders gut dazu eignen, von der ganzen Gemeinde aufgenommen zu werden. Welche langfristigen Auswirkungen hat es aber auf die Vertrautheit mit dem Alten Testament, wenn es in vielen Kirchen mehr und mehr aus dem liturgischen, homiletischen und katechetischen Leben verschwindet?

Leider muß man hinzufügen, daß faktisch auch in den meisten *ökumenischen* Texten das Alte Testament kaum eine Rolle spielt. Darin spiegelt sich das gebrochene Verhältnis, das große Teile der Christenheit heutzutage zur hebräischen Bibel haben. In Indien und anderen asiatischen Ländern wird die Frage diskutiert, ob man nicht die alttestamentlich-jüdischen Schriften durch heilige Schriften aus dem eigenen *kulturellen Kontext,* etwa die hinduistischen Veden, ergänzen oder sogar ersetzen soll. Die Frage wird verständlich, wenn man sich die Anstrengungen vieler Länder in der Zwei-Drittel-Welt vergegenwärtigt, die europäischen Überfremdungen zu überwinden und zu einer eigenen authentischen

Form des Christentums vorstoßen. Hinzu kommt etwa in Indien, daß die vedischen Schriften mindestens so alt wie die alttestamentlichen sind und der Hinduismus für indische Christen eine ähnliche Stellung einnimmt wie das Judentum für die frühen Christen: Es ist jeweils die ältere, vom Christentum nicht überwundene Religion.

Dieselbe Bewegung hin zum eigenen kulturellen Erbe und einer angemessenen Inkulturation des christlichen Glaubens hat dagegen in vielen afrikanischen Kirchen zu einer Wiederentdeckung und entsprechenden Aufwertung des Alten Testaments geführt. Auch sozial und politisch engagierte schwarze Christen in den USA haben das Alte Testament für sich neu entdeckt. Dennoch bleibt es dabei: Je mehr der eigene Kontext in den Ländern der Zwei-Drittel-Welt gesucht wird, desto dringlicher stellt sich die Frage nach der Verbindlichkeit der alttestamentlich-jüdischen Tradition.

Schließlich hat die fortschreitende geschichtliche und geographische Entfernung des Christentums von seinem alttestamentlichen Wurzelboden zwangsläufig auch Auswirkungen auf das Verhältnis zwischen *Christen* und *Juden*. Das wird schon an der Terminologie deutlich. Spricht man vom »Alten Testament«, dann denkt man als Christ geradezu zwangsläufig vom »Neuen« her. Und alles Neue hat in unserer Zeit ganz besonders den Klang des Interessanten und Maßgebenden, das das Vorhergehende eben zum »Alten« macht, veralten läßt, zum alten Eisen wirft. Bezeichnet man statt dessen dieselben heiligen Schriften als »hebräische Bibel«, vermeidet man nicht nur diesen verhängnisvollen Gegensatz zwischen alt und neu. Man betont auch die gemeinsame Bezugsgröße »Bibel«, die das Ganze stärker zum Ausdruck bringt als das Wort »Testament«. Und man bezieht sich auf das positive Charakteristikum der hebräischen Ursprache im Unterschied zur griechischen Bibel (dem »Neuen« Testament). In einem deutschsprachigen Beitrag im Neukirchener Verlag halte ich es nicht für erforderlich, auf die katastrophalen Folgen näher einzugehen, die die Mißachtung der hebräischen Bibel für das jüdische Volk in unserem Kulturbereich hatte. Umgekehrt muß man schließen: Wenn die Schoah möglich geworden ist, wie weit mußte die Entwurzelung des Christentums aus seinem alttestamentlich-jüdischen Nährboden fortgeschritten sein!

So steht es in ökumenischer Sicht alles andere als gut mit dem hebräischen Teil des Kanons. Auf dem Hintergrund dieser durchaus besorgniserregenden Tatbestände innerhalb der Ökumene haben in den siebziger Jahren noch einmal verschiedene ökumenische Tagungen stattgefunden, die sich namentlich mit der Rolle des Alten Testaments auseinandergesetzt haben. Ihre Ergebnisse wurden 1977 im *Loccum-Bericht* zusammengefaßt: »Die Bedeutung des Alten Testaments in seinem Verhältnis zum Neuen«[2].

Er knüpft an Einsichten des Wadham-Berichtes von 1949 an, wenn er

---

2   In: *Flesseman-van Leer* (Hg.), a.a.O. 59–76 (passim).

programmatisch feststellt: »Wir unterstreichen unsere Überzeugung, daß das Alte Testament von entscheidender und theologischer Bedeutung für den christlichen Glauben ist« (66). Er betont den spezifischen Eigenwert des Alten Testaments, den er vor allem in dem Schöpfungs- und Geschichtsbezug der Offenbarung findet. »Besonders in unserer Zeit mit ihren weltweiten ethischen und strukturellen Problemen benötigen wir die Weite und Tiefe des Alten Testamentes nötiger denn je« (72).

Im Blick auf den unterschiedlichen *Umfang* des alttestamentlichen Kanons in den verschiedenen kirchlichen Traditionen hält es der Loccum-Bericht für »wichtig«, daß die Kirchen eine gemeinsame Fassung haben (75). Er spricht sich dafür aus, den hebräischen Text als maßgebende Grundlage anzuerkennen, aber auch die sog. deuterokanonischen Schriften, die Apokryphen, miteinzubeziehen, d.h. er empfiehlt die Lösung der leidigen Frage in Richtung auf Ursprünglichkeit des Wortlauts und Inklusivität des Umfangs. So ist die ökumenische französische Übersetzung, Traduction Oecuménique de la Bible (TOB), verfahren, auf die sich der Loccum-Bericht auch bezieht. Angesichts des unterschiedlichen *Gebrauchs* legt der Bericht allen Kirchen die Frage vor, »ob das Alte Testament in ihrem Gottesdienst und ihrer Lehre angemessenen Raum hat« (76). Und er bittet sie in dieser Hinsicht, ihre Lektionarien, ihre Predigten sowie ihr katechetisches Material zu überprüfen.

Sehr viel schwieriger ist auch für den Loccum-Bericht die Frage zu beantworten, wie die Rolle des Alten Testaments in der Begegnung mit anderen *Religionen* zu bestimmen ist. Denn hier betritt man weitgehend unbeackertes Neuland. Zunächst gilt es sich klarzumachen, daß das Alte Testament nicht allein im Neuen Testament des Christentums, sondern ebenfalls in Mischna und Talmud des Judentums sowie, wenn auch in geringerem Maße, im Koran des Islams eine Fortsetzung gefunden hat. Alle drei monotheistischen Religionen beziehen sich auf das Alte Testament, alle drei nehmen für ihre Anhänger in Anspruch, »Kinder Abrahams« zu sein, allen dreien ist das Land des Alten Testaments heilig. Es wird m.E. hohe Zeit, daß zumindest diese drei monotheistischen Religionen ihre gemeinsamen Wurzeln in der hebräischen Bibel wiederentdecken. Nachdem sie sich mehr als tausend Jahre lang bekämpft, bekriegt und voneinander abgegrenzt haben, ist es angesichts der Überlebensprobleme unserer Gegenwart wirklich an der Zeit, daß sie sich auf das ihnen Gemeinsame, sie Verbindende zurückbesinnen, um gemeinsam besser in der Lage zu sein, den heutigen Überlebensfragen der Menschheit zu begegnen.

So sehr eine Inkulturation des christlichen Glaubens in die verschiedenen Regionen der Erde zu begrüßen ist, so wenig kann sie doch durch eine Ersetzung des Alten Testaments mit heiligen Schriften anderer Religionen erkauft werden. Denn mit dem alttestamentlichen Kontext verlöre man bald auch den neutestamentlichen Text. Wir Deutschen haben an dieser Stelle mit den Versuchen, das Christentum zu entjudaisieren, nicht nur bitterste Erfahrungen gemacht im Blick auf die nachfolgende Entchristlichung. Wir haben damit auch den meisten übrigen Kirchen eine allerdings schlimme Erfahrung voraus. Deshalb haben wir hier besonders wachsam zu sein und unter Umständen unsere Mitchristen in anderen Regionen vor entsprechenden Versuchungen im Namen einer kontextorientierten Inkulturation des Christentums zu warnen.

Die Art und Weise, in der wir mit der hebräischen Bibel umgehen, wird auch ausschlaggebend dafür sein, wie wir Angehörigen des mosaischen Glaubens und anderer Religionen begegnen. Innerhalb der Dialogabteilung des Ökumenischen Rates sind von 1975 bis 1982 »ökumenische Überlegungen zum *jüdisch-christlichen Dialog*« erarbeitet worden. Sie gehen von einer spezifischen historischen und theologischen Asymmetrie zwischen Juden und Christen aus: »Während das Verständnis des Judentums der neutestamentlichen Zeit integraler und unabdingbarer Bestandteil einer jeden christlichen Theologie wird, ist für Juden ein theologisches Verständnis des Christentums von weniger grundsätzlicher oder integraler Bedeutung« (1.4). Im Blick auf die gemeinsamen Heiligen Schriften heißt es: »Christen wie Juden sehen in der hebräischen Bibel die Geschichte, die Israels heilige Erinnerung an Gottes Erwählung und Bund mit seinem Volk überliefert. Die Beziehung zwischen den beiden Glaubensgemeinschaften, die beide den Gott Abrahams, Isaaks und Jakobs anbeten, ist eine historische Tatsache« (2.10).

Aus diesen Grundbestimmungen zieht das Dokument zum Schluß erste Folgerungen für den jüdisch-christlichen Dialog: »Der Dialog kann zu Recht als wechselseitiges Zeugnis beschrieben werden. Der Geist des Dialogs besteht darin, ohne Einschränkungen in aller menschlichen Verletzlichkeit für den anderen offen und präsent zu sein« (4.6). Natürlich sind das erste und nicht letzte Worte, um nach einer jahrtausendealten Entfremdungsgeschichte einen neuen Zugang von Christen zu Juden zu finden. Denn insgesamt gilt: Der Ernstfall für das christliche Verhältnis zur hebräischen Bibel ist das christliche Verhalten gegenüber Menschen hebräischer Herkunft.

III. *Schrift und Tradition*

Seit Luther am 18. April 1521 auf dem Reichstag zu Worms seine reformatorischen Erkenntnisse und sein persönliches Lebensschicksal unauflöslich mit der Schrift verbunden und gegen die kirchliche Tradition ins Feld geführt hat, ist das Verhältnis von Schrift und Tradition jahrhundertelang ein heiß umstrittenes Thema zwischen evangelischer und katholischer Theologie gewesen. Dem im Lehramt der Kirche gipfelnden Traditionsverständnis der katholischen Seite stellte die evangelische das restriktiv verstandene und gehandhabte sola scriptura entgegen. Behauptete die protestantische Orthodoxie die Irrtumslosigkeit (inerrantia) der Schrift, so konterte die katholische Restaurationstheologie später mit der

Behauptung der Unfehlbarkeit (infallibilitas) der ex cathedra Verlautbarungen des päpstlichen Lehramtes (seit 1871 Dogma). Bei dieser Frontstellung blieb es offiziell bis 1950, als die leibhaftige Aufnahme Mariens in den Himmel ex cathedra verkündet wurde und noch einmal einen Sturm protestantischer Entrüstung bis hin zur Verbitterung hervorrief.

Seit 1952 nahm sich dann die ökumenische Kommission für Glauben und Kirchenverfassung des heißen Eisens an und faßte auf ihrer vierten Weltkonferenz 1963 in Montreal – also vor 25 Jahren – ihre bis dahin gewonnenen Erkenntnisse in dem Bericht zusammen: »Schrift, Tradition und Traditionen«[3].

Er unterscheidet zwischen drei verschiedenen Bedeutungen von Tradition: »Mit der TRADITION ist das Evangelium selbst gemeint, wie es von Generation zu Generation in und von der Kirche übermittelt wurde: der im Leben der Kirche gegenwärtige Christus selbst. Mit *Tradition* meinen wir den Traditionsvorgang.« Den Begriff *Traditionen* gebrauchen wir »einerseits, wenn wir von der Verschiedenheit der Ausdrucksformen sprechen, andererseits aber auch, wenn von dem die Rede ist, was wir gemeinhin konfessionelle Traditionen nennen, wie z.B. die lutherische Tradition oder die reformierte Tradition.«[4] Diese Unterscheidungen bedeuten im Blick auf das Verhältnis von Schrift und Tradition, daß man die beiden Größen nicht mehr als zwei voneinander weitgehend unabhängige und einander ablösende Bezugsfelder verstehen kann. Vielmehr beginnt der Traditionsvorgang bereits *innerhalb* der Schriften des Alten und Neuen Testaments, wie es die traditionsgeschichtliche Exegese bereits seit Jahrzehnten erkannt hat. Statt eines Gegeneinanders haben wir es also mit einem vielfältigen Zueinander und Ineinander von Schrift und Tradition zu tun. Dieses Ergebnis der exegetischen und ökumenischen Arbeit unseres Jahrhunderts bedeutet zunächst, daß es sich bei der traditionellen Entgegensetzung von Schrift und Tradition um eine wissenschaftlich und ökumenisch überholte kontrovers-theologische Position handelt. Sie hatte ihr relatives Recht als Folge des Zusammenstoßes von Schrift und Tradition in der Reformationszeit. In der Zeit der Alten Kirche waren Schrift und Traditon wie selbstverständlich positiv aufeinander bezogen, und in unserem ökumenischen Zeitalter geht es um die Wiedergewinnung des differenzierten Zusammenhangs beider Bezugsgrößen.

Welche Auswirkungen ergeben sich daraus für das Verhältnis von *biblischem Kanon* und *altkirchlicher Tradition*? Die Herausbildung des Kanons fällt weitgehend in die altkirchliche Zeit, und die maßgebenden Entscheidungen über den Umfang des alt- und neutestamentlichen Kanons wurden bekanntlich auf altkirchlichen Synoden getroffen. An diese altkirchlichen Synodalentscheidungen ist die gesamte Christenheit gebun-

---

3 In: *H.-G. Link* (Hg.), Gemeinsam glauben und bekennen. Handbuch zum Apostolischen Glauben, hg. v. H.-G. Link, Neukirchen-Vluyn/Paderborn 1987, 110–115.
4 *Link* (Hg.), a.a.O. 110.

den! Es ist gerade für die reformatorischen Kirchen wichtig, sich klar zu machen, daß es sich hier um grundlegende und bindende altkirchliche Entscheidungen handelt. Luther hätte besser daran getan, die Reihenfolge der neutestamentlichen Schriften nicht zu manipulieren, indem er den Hebräer- und den Jakobusbrief ans Ende des Neuen Testaments strafversetzt hat, nur weil sie seinem Christusverständnis nicht voll entsprachen. Er hat damit der zunehmenden protestantischen Respektlosigkeit gegenüber grundlegenden altkirchlichen Entscheidungen Vorschub geleistet, was den ökumenischen Prozeß bis heute belastet. Während die ökumenische Einheitsübersetzung von 1980 der ursprünglichen Reihenfolge der neutestamentlichen Schriften folgt, hält die revidierte Lutherbibel von 1984 noch immer an Luthers problematischen und eigenwilligen Umstellungen fest. Es wäre ein Akt ökumenischer Umkehr von protestantischer Eigenwilligkeit zu ökumenischer Gemeinsamkeit, wenn auch die Lutherbibel zur altkirchlichen Reihenfolge der kanonischen Bücher zurückkehrte[5].

Wie das Beispiel von Luthers Umgang mit dem Kanon zeigt, ist es an der Zeit, das Verhältnis der aus der Reformation hervorgegangenen Kirchen zur Alten Kirche insgesamt zu überprüfen. Denn es läßt sich nicht mehr übersehen, daß die Überschätzung des reformatorischen Ansatzes zu einer Unterschätzung des altkirchlichen Erbes der gesamten Christenheit geführt hat. Die Isolierung der Schrift von der Alten Kirche hat auch die Schriften der Apostolischen Väter und – was schlimmer ist! – den Reichtum der altkirchlichen Liturgien aus dem Gesichtsfeld verbannt. Schließlich hat auch das Verkümmern der gesamtchristlichen Bekenntnistradition von 381 – ökumenisches Bekenntnis von Nizäa-Konstantinopel – im mitteleuropäischen Protestantismus mit dieser verhängnisvollen Entgegensetzung von Schriftkanon und kirchlicher Tradition zu tun.

Seit einer Reihe von Jahren bemüht sich die Kommission für Glauben und Kirchenverfassung darum, aus ihren grundsätzlichen Erkenntnissen von Montreal 1963 nun konkrete Folgerungen zu ziehen. Das geschieht in erster Linie in dem langfristigen Studienprojekt: Auf dem Weg zu einem gemeinsamen Ausdruck des apostolischen Glaubens heute. Im Mittelpunkt dieser Studienarbeit steht eine gemeinsame Auslegung des christlichen Glaubens anhand des ökumenischen Glaubensbekenntnisses von 381. Der erste[6] und der siebente[7] Auslegungsentwurf sind auch in deutscher Sprache veröffentlicht. Die Auslegung gliedert sich in neun thematische Kapitel. Jedes Kapitel beginnt mit einer Einleitung, die das Thema formuliert und heutige Herausforderungen dazu benennt. Im ersten Teil

5   Vgl. dazu *H.-G. Link*, Ökumenische Herausforderungen. Eine Problemskizze, in: *H. Deuser u.a.* (Hg.), Gottes Zukunft – Zukunft der Welt (FS J. Moltmann), München 1986, bes. 177.
6   In: *H.-G. Link* (Hg.), Ein Gott – ein Herr – ein Geist. Zur Auslegung des apostolischen Glaubens heute (ÖR.B 56), Frankfurt 1987, 21ff, 71ff, 115ff.
7   Den einen Glauben bekennen. Auf dem Weg zu einem gemeinsamen Ausdruck des apostolischen Glaubens heute auf der Grundlage des Glaubensbekenntnisses von Nizäa-Konstantinopel (381) (Faith and Order Paper 140), Genf 1988.

der Auslegung geht es zunächst um »das Bekenntnis und seine biblische Grundlegung«. Der zweite Teil versucht dann eine »Auslegung für heute«. In unserem Zusammenhang ist vor allem der jeweils erste Teil dieser ökumenischen Auslegung von Interesse. Er beginnt mit Erläuterungen zum Text des Glaubensbekenntnisses und überprüft sie anschließend im Blick auf ihre biblische Grundlegung. Der methodische Ausgang vom Wortlaut des Bekenntnisses hat sich für die Bewältigung und Begrenzung des jeweiligen Themas als außerordentlich hilfreich erwiesen. Die Schriften des Alten und Neuen Testaments dienen anschließend als kritische Instanz für die Aussagen des Bekenntnisses. In der Einleitung der gesamten Auslegung heißt es dazu: »Die Aussagen des Glaubensbekenntnisses von Nizäa-Konstantinopel sind im Zeugnis der Schriften des Alten und Neuen Testaments verwurzelt und müssen im Kontext der Tradition der Kirche an diesem gemessen werden.«[8] Bei der Einzelüberprüfung zeigt sich dann, daß z.B. das »gekreuzigt unter Pontius Pilatus« in der Schrift besser belegt und tiefer gegründet ist als das »aufgefahren in den Himmel«. Auch daß die in den Evangelien zentrale Reich Gottes-Verkündigung Jesu im Bekenntnistext nicht vorkommt, gehört zur kritischen Überprüfung, die Akzentverschiebungen vom Neuen Testament zum altkirchlichen Credo feststellt. Nichtsdestoweniger zeigt diese ökumenische Auslegung nun en detail, daß und wie biblische und altkirchliche Bekenntnisaussagen positiv aufeinander bezogen sind. Damit wird nun auch im Konkreten der Nachweis erbracht, daß nicht das Gegeneinander, sondern das Zueinander und Miteinander von Schrift und Tradition das angemessene Verhältnis beider ausmacht. Nach Jahrhunderten der Konfrontation ist seit 25 Jahren Entspannung in den Beziehungen zwischen Schrift und Tradition angezeigt. Je schneller und umfassender sich diese ökumenische Entwicklung verbreitet, desto besser ist es für unseren Umgang sowohl mit der Schrift als auch mit der Tradition.

IV. *Kanon und kirchliche Einheit*

Die Schriften des alttestamentlichen Kanons umfassen von ihren ältesten Partien – etwa dem Lamechlied (Gen 4,23f), dem Mirjamlied (Ex 15,21), dem Gesang der Debora (Ri 5) – bis zu den jüngsten bei Daniel, Esra und Nehemia einen Zeitraum von mindestens tausend Jahren. Die neutestamentlichen Schriften umschließen von der ältesten Paradosis in 1Kor 15,3b–5 bis zum 2. Petrusbrief, dem wohl spätesten Dokument, immerhin mehr als hundert Jahre. In beiden Testamenten handelt es sich um denselben Vorgang der Sammlung, Sichtung, Ordnung, Abgrenzung und abschließenden Entscheidung, der zu den uns vorliegenden Kanonsammlungen geführt hat. Sie zeichnen sich nicht nur durch geschichtliche Tie-

---

8 A.a.O. 4 § 12.

fendimensionen, sondern auch durch darstellerische Vielfalt aus. Die Grundvorgänge des Exodus und der Geschichte Jesu sind praktisch in jeder literarisch belegten Zeit erneut dargestellt, bedacht und ausgelegt worden. Wie vielfältig ist etwa Israels Grunderfahrung beim Jahwisten, Elohisten, in der Priesterschrift, im deuteronomistischen Geschichtswerk und in den Psalmen immer erneut zur Sprache gebracht worden! Im Neuen Testament gibt es praktisch keine Schrift, die sich nicht auf das Grundereignis der Geschichte Jesu bezöge, wobei die vier Evangelien, Paulus und der Hebräerbrief sich besonders intensiv mit dem Weg Jesu auseinandersetzen. In beiden Testamenten haben wir ein Nebeneinander und Miteinander von Schriften verschiedener Zeiten, Orte, Gattungen, Stile, Perspektiven und Intentionen vor uns. Das kann sich in einigen Fällen bis zur Gegensätzlichkeit steigern, wenn z.B. Davids berühmte Volkszählung einmal auf Gott (2Sam 24,1), das andere Mal auf den Satan (1Chr 21,1) zurückgeführt wird. In solchen Fällen hat man sich keineswegs für die eine und gegen die andere Sicht entschieden, sondern beide Fassungen in den Kanon aufgenommen; und das nicht aus Verlegenheit, sondern um die Verschiedenheit der Zeiten und Sichtweisen bewußt einzubeziehen. So ist der vielfältige, farbige, unerschöpfliche Charakter der Kanonsammlungen zustande gekommen. Verschiedenartigkeit, Tiefendimension, Weiträumigkeit und Großzügigkeit sind Merkmale beider Sammlungen – die Synodalen der altkirchlichen Kanonsynoden müssen weise inspirierte Menschen gewesen sein!

Nun meinte *Ernst Käsemann* in einem Aufsatz von 1951 – also auf dem Höhepunkt der kontroverstheologischen Auseinandersetzungen über das Mariendogma von 1950, als die ökumenische Bewegung hierzulande praktisch noch eine unbekannte Größe war – die These vertreten zu können: »Der neutestamentliche Kanon begründet als solcher nicht die Einheit der Kirche. Er begründet ... dagegen die Vielzahl der Konfessionen.«[9] Im Klima der damaligen vorkonziliaren konfessionellen Spannungen hatte er zumindest mit seiner Antithese recht, daß »jeder konfessionelle Absolutheitsanspruch« vom Neuen Testament abgewiesen wird. Es spricht auch für Käsemanns Fähigkeit zur kritischen Relativierung seiner These, wenn er zwanzig Jahre später folgenden Kommentar dazu schreibt: »Ich (wollte) in meiner These nicht das letzte Wort gesprochen wissen. Zu meinem Ergötzen stürzte sich aber jedermann auf den anstößigen Satz als solchen ... Eulenspiegelei im theologischen Dialog setzt zum mindesten die Gedanken in Bewegung.«[10] Es ist höchst aufschlußreich für das ökumenische Bewußtsein in diesem Land, wie viele Menschen dem großen Neutestamentler unkritisch auf den Leim gegangen sind und seine gezielt provokante Sicht zu ihrem ökumenischen Credo gemacht haben – zu dessen erstauntem Ergötzen. Nur zu gern sah man sich

---

9 In: *E. Käsemann* (Hg.), Das Neue Testament als Kanon. Dokumentation und kritische Analyse zur gegenwärtigen Diskussion, Göttingen 1970, 131.
10 *Käsemann* (Hg.), a.a.O. 356f.

offenbar in seiner selbstverschuldeten konfessionellen Unmündigkeit mit bekannter Autoritätsgläubigkeit von einer theologischen Größe bestätigt.

Die überspitzte These vom Kanon als *Begründung* für die Vielzahl der Konfessionen würde Käsemann vermutlich heute selber nicht mehr so aufstellen. Denn m.W. ist keine einzige Konfession aus einem Konflikt über den Kanon oder das Schriftverständnis hervorgegangen. Es ist sicher zutreffend, daß sich zumindest die Hauptkonfessionen auf den Kanon mit gutem Grund berufen können. Daraus aber eine Legitimierung der Kirchenspaltungen ableiten zu wollen, hieße jedoch, die Begründungszusammenhänge auf den Kopf zu stellen. Der Kanon begründet nicht die Vielzahl der Konfessionen, sondern das eine Volk Gottes aus Juden und Heiden und die eine christliche Kirche in ihrer vielfältigen Ausprägung. »Der Kanon des Neuen Testaments oder der gesamten Bibel begründet eben doch die Einheit der Kirche, qualifiziert diese Einheit aber nun als Verbindung verschiedener Positionen und ›Konfessionen‹«.[11]

Andererseits müssen vom Kanon und seiner spezifischen Eigenart aus auch kritische Anfragen an manche *ökumenischen Konsensbestrebungen* gerichtet werden. Nicht nur, daß die Flut gemeinsamer Erklärungen, die die erschöpfte Christenheit überschwemmt, kaum noch zu übersehen ist, so daß sie darin zu ertrinken droht, weil eine Erklärung die vorhergehende gleich wieder hinwegspült. Mehr noch, daß viele ökumenische Erklärungen, wie z.B. die jährlichen Pfingstbotschaften des Ökumenischen Rates, sich in der Grauzone mittlerer Allgemeinplätze bewegen, die allen alles und deswegen leicht niemandem etwas sagen, bringt die notwendigen ökumenischen Bemühungen um mehr Gemeinsamkeit in Mißkredit. Selbst an die äußerst hilfreichen Konvergenzerklärungen zu Taufe, Eucharistie und Amt von 1982 kann man die Frage richten, ob jeder Abschnitt gemeinsam verantwortet werden muß oder ob man sich nicht mit einem kürzeren gemeinsamen Text begnügen kann und Detailfragen, wie z.B. die der Ämtergestalt, nicht der Freiheit der Kirchen anheimstellen kann. Es gibt jedenfalls eine problematische ökumenische Tendenz, sich zu jedem Thema einheitlich zu äußern, ihm die Spitzen abzubrechen und mit einer verräterisch abgeschliffenen und glatten Erklärung es allen recht machen zu wollen – Salon-Ökumene! Demgegenüber ist gerade der biblische Kanon das beste Beispiel für Einheit in der Vielfalt seiner Schriften. Ökumenische Fülle wird nicht so errreicht, daß alle alles zur gleichen Zeit sagen – das wäre Chaos-Ökumene –, sondern durch den vielstimmigen Chor der verschiedenen Stimmen zu verschiedenen Zeiten und an verschiedenen Orten.

Im Hintergrund stehen verschiedene Leitvorstellungen über die künftige Einheit der Christenheit[12]. Die Idee einer *organischen Union,* wie sie

---

11 *R. Stahl,* Grunddimensionen einer ökumenischen Ekklesiologie – Ein Versuch, ThLZ 111 (1986) 85.
12 Einen Überblick gibt *G. Gaßmann,* Art. Einheit, EKL I (1986) 1002ff.

1961 in Neu Delhi formuliert wurde, war sicherlich vom Enthusiasmus über den damaligen Beitritt der meisten orthodoxen Kirchen und über das Modell der vereinigten Kirche von Südindien getragen. Zwar hat sie die ökumenischen Einheitsbemühungen bis heute kräftig inspiriert, aber nach mehr als 25 Jahren ist man auch ernüchtert im Blick auf ihre praktische Umsetzbarkeit. Der Lutherische Weltbund hat sich auf seiner Tagung in Daressalam 1977 die Vorstellung der *versöhnten Verschiedenheit* offiziell zu eigen gemacht, die bei den vorhandenen Gegebenheiten der verschiedenen Konfessionen ansetzt und sich insofern durch einen größeren Realitätsbezug auszeichnet. Sie mag nicht das Ganze umfassen, was hier zu sagen und zu sehen ist, aber einen notwendigen ersten Schritt benennt sie auf jeden Fall.

Am besten entspricht sicherlich die 1975 in Nairobi offiziell vertretene *konziliare Gemeinschaft* der Kirchen dem, was vom biblischen Kanon aus dazu zu sagen ist[13]. Denn hier wird Einheit weder als Einerleiheit noch als Verschiedenheit, sondern als Gemeinschaft der Verschiedenen verstanden. Das Konzil ist seit den Tagen der Alten Kirche die Form christlicher Zusammenkunft, die dem Gedanken des einen Gottesvolkes aus allen Völkern am ehesten entspricht. Konziliare Gemeinschaft der Verschiedenen unter dem einen Evangelium heißt die Richtung, die vom biblischen Kanon den ökumenischen Einheitsbemühungen gewiesen wird. Zu dieser Einheit gehören einige unverzichtbare Koordinaten, die ich nur noch kurz aufzählen kann: die Aufhebung gegenseitiger Verwerfungen, ein gemeinsames Bekenntnis des apostolischen Glaubens, gegenseitig anerkannte Gottesdienste, Sakramente und Ämter sowie eine konziliare Form der Entscheidungsfindung in aktuellen Fragen. Eine solche Form konziliarer Gemeinschaft der christlichen Kirchen entspricht am ehesten der Einheit in der Vielfalt, wie wir sie im biblischen Kanon vor uns haben. Man braucht kein Prophet zu sein um festzustellen, daß das Thema *Ekklesiologie* auf der ökumenischen Tagesordnung für das kommende Jahrzehnt ziemlich weit oben rangiert. Der biblische Kanon kann auch im Blick auf die ökumenische Einheit der Christenheit, die wir suchen und zu der wir unterwegs sind, seine wegweisende Kraft erweisen. Denn er ist und bleibt das beste Modell sichtbarer Einheit der Verschiedenen, das die Christenheit besitzt.

---

13   Vgl. dazu *L. Vischer,* Konzepte der Einheit, in: *Chr. Link / U. Luz / L. Vischer* (Hg.), »Sie aber hielten fest an der Gemeinschaft . . .«. Einheit der Kirche als Prozeß im Neuen Testament und heute, Zürich 1988, 33ff.

Ingo Baldermann

Didaktischer und »kanonischer« Zugang

Der Unterricht vor dem Problem des biblischen Kanons

I

Den praktischen Disziplinen bereitet es noch immer einige Mühe, sich von der ihnen zudiktierten Rolle der Anwendungswissenschaften zu emanzipieren. Die Theorie-Praxis-Diskussion in den politischen und pädagogischen Wissenschaften wie auch die ökumenische Diskussion um den Ansatz der Theologie haben der Praxis längst eine gänzlich andere, und zwar eine konstitutive und kritische Rolle zugewiesen. Die in der Praxis erfahrenen Herausforderungen haben ein solches Gewicht gewonnen, daß sie nicht nur die überkommenen Handlungsmuster, sondern auch die ihnen zugrundeliegenden normativen Entscheidungen in Frage stellen, sie jedenfalls neu kritisch zu reflektieren fordern. Das gilt nicht nur für die großen Menschheitsprobleme, den Hunger und die Bedrohung der Menschheit durch die nukleare oder ökologische Katastrophe, die unausweichlich zu der Einsicht führen, daß die Frage nach der Wahrheit des Glaubens nicht von seiner Praxis zu trennen ist; auch in der alltäglichen Praxis des Unterrichts werden die Normenprobleme völlig neu gestellt. So kann sich etwa, wer heute unterrichtet, der Frage nicht mehr entziehen, ob er durch die Anlage und Durchführung seines Unterrichts nicht eben die Überzeugungen zerstört, die er eigentlich vermitteln möchte. Eine Schule, deren ganzes System auf Konkurrenzkampf und entsprechende Auslese angelegt ist, darf sich nicht wundern, wenn es ihr nicht gelingen will, Schüler zu Partnerschaft und Solidarität zu erziehen[1]. So werden wir auch die Frage nach der Bedeutung des biblischen Kanons für den Unterricht nicht abgesehen von den Erfahrungen und kritischen

---

1 Vgl. dazu das Manifest der Pädagogen auf dem Kinderforum beim Frankfurter Kirchentag 1987, in dem es heißt: »Wir werden Kinder nicht über Zukunft belehren, sondern selbst mit einer besseren Zukunft beginnen – . . . Dann beklagen wir die Ellenbogengesellschaft nicht länger, sondern heben sie in der Schule auf. Wir lassen unsere Schüler abschreiben und zusammenarbeiten. Wir lassen sie nicht mehr durchfallen. Wir verzichten auf Prüfungen, die ihnen Angst machen. Stattdessen bestätigen wir ihnen all das, was sie können. Wir geben keine Noten mehr, sondern schreiben auf, was wir mit den Kindern zusammen getan haben. Wir verteilen Kinder nicht in Schubkästen; wir sortieren, verschieben, taylorisieren sie nicht . . .« (Forum Kinder und Erziehung am 19. 6. 87; Manuskript der Erklärung von Gerold Becker, Hartmut v. Hentig und Jürgen Zimmer, S. 4).

Rückfragen der unterrichtlichen Praxis erörtern können. Eines ist von vornherein deutlich: Es ist nicht möglich, dem Unterricht seine Inhalte und die Form ihrer Behandlung durch dogmatische Entscheidungen vorzugeben, die der Unterricht dann nur noch entsprechend auszuführen hat. Wo das geschieht oder auch nur der Verdacht entsteht, erhebt sich alsbald – und mit Recht! – ein Aufstand der inzwischen selbstbewußt gewordenen Pädagogen. So war es bei dem Protest, der nach 1969 zur Ablösung der Evangelischen Unterweisung und überhaupt des biblischen Unterrichts durch einen problemorientierten Religionsunterricht führte. Die Argumente, die diesem Prozeß zu so großer Breitenwirkung verhalfen, hießen: Die Vorgabe der Bibel als Unterrichtsgegenstand ist autoritär, entmündigt Lehrer und Schüler, orientiert sich an einer zur Norm erhobenen Tradition statt an der Zukunft, macht den Religionsunterricht obendrein zum Stoffunterricht und übergeht die eigentlichen Fragen der Schüler[2].

Im Kontext der gegenwärtigen pädagogischen Diskussion sind solche Fragen unvermeidlich. Die Diskussion über Sinn und Formen von Unterricht in der modernen Welt hat zu einer Festlegung bestimmter Standards geführt, hinter denen kein Unterricht mehr, sofern er einer offenen kritischen Reflexion unterliegt, unbeschadet zurückbleiben kann. Die Maßstäbe, die sie setzen, verfügen deshalb über eine so weitreichende Anerkennung, weil es im Grunde ethische Maßstäbe sind, eine Art hippokratischer Selbstverpflichtung der Pädagogen, getragen von dem Erschrecken über die Möglichkeiten des Mißbrauchs pädagogischer Macht. Wer unterrichtet, darf sich darin nicht zum Funktionär eines Systems degradieren lassen, sondern muß als Pädagoge immer auch den Anspruch erfüllen, so etwas wie Anwalt des Kindes zu sein; und als solcher wird er Widerspruch anmelden müssen, wenn sein Unterricht dogmatischen Vorentscheidungen gleich welcher Art unterworfen wird[3].

2   Eine Reihe charakteristischer und wichtiger Texte zum Ansatz des problemorientierten Religionsunterrichts finden sich gesammelt bei *H.-B. Kaufmann* (Hg.), Streit um den problemorientierten Unterricht an Schule und Kirche, Frankfurt a.M. 1973; darin z.B. *Kaufmann* auf S. 41: »Eine Stofforientierung, eine Deduktion aus dogmatischen Systemen wird zurückgewiesen, da sie den jungen Menschen Zwängen unterwirft und Mündigkeit verhindert«; angeregt werden soll vielmehr »das entdeckende, kreative und problemlösende Denken und Verhalten«, das an den »Problemen unseres Lebens und unserer Zukunft orientiert ist«. Über die teilweise parallel geführte Diskussion in der DDR informiert übersichtlich mit z.T. unzugänglichen Quellen *E. Schwerin*, Entwicklungen im Bereich der Kinder- und Jugendkonfirmandenarbeit auf der Ebene des Bundes der Evangelischen Kirchen in der DDR in den Jahren 1970–1980 unter dem Gesichtspunkt des Verhältnisses von Tradition und Situation, Diss. Rostock 1985 (Lit!); Rahmenplan für die kirchliche Arbeit mit Kindern und Konfirmanden, Nachdruck mit Kommentaren 1978 beim Comenius-Institut Münster.

3   Die Gefahr, daß die Schule insgesamt die in der Gesellschaft (der Erwachsenen) herrschenden Normen und den von ihnen ausgehenden Zwang autoritär weitergibt, statt Freiräume für die heranwachsende Generation zu schaffen, ist blockübergreifend, ebenso aber auch glücklicherweise die Kritik der Pädagogen an solchem Systemzwang; vgl. z.B. *D. Schmidt*, Mitglied der Akademie der Erziehungswissenschaften beim ZK der SED: Das Bild des Kindes – eine Norm und ihre Wirkungen; in: ndl 10/82: »Das Kind soll eines Tages selbständig werden, unabhängig von unserem Dasein und unserer Führung . . .; das

Trotzdem bleibt der vehemente Angriff des problemorientierten Unterrichts auf die »Mittelpunktstellung der Bibel«[4] ein merkwürdiger und widersprüchlicher Vorgang. Zwar rechnet Kaufmann mit einem »Selbstmißverständnis« des biblischen Unterrichts[5], doch treffen seine Konsequenzen nicht die Art des unterrichtlichen Umganges, sondern die Bibel selbst: Sie wird für die pädagogischen Defizite des Unterrichts haftbar gemacht und zu einer Randexistenz im Unterricht verurteilt. Dabei meinte gerade das reformatorische Schriftprinzip ja alles andere als eine autoritäre Vorgabe dogmatischer Inhalte und ihres Wahrheitsanspruchs. Systematiker und Exegeten stimmen darin überein, daß allein schon die immense Widersprüchlichkeit biblischer Aussagen verbietet, die Bibel in solcher Weise zur norma normans zu machen. Das Schriftprinzip formuliert vielmehr das bleibende Recht der kritischen Rückfrage gegen den autoritären Anspruch sich verfestigender Traditionen[6]. Wie es dazu kommen konnte, daß das Schriftprinzip selbst dazu dienen mußte, die traditionelle Lehrautorität zu verfestigen, und dies nicht nur in der Katechetik, sondern auch im interkonfessionellen Dialog, bleibt das große Rätsel seiner Wirkungsgeschichte.

Wir orientieren uns zunächst an der bemerkenswerten Übereinstimmung, in der die Systematiker wie der Exeget die Rolle des biblischen Kanons beschreiben. Die Frage ist, wie überhaupt ein Buch, das so gegensätzliche theologische Optionen zusammenbindet, als Kanon handhabbar sein soll[7]. Die Bibel kann zum Kanon nur werden, indem sie selbst Prozesse der Auseinandersetzung[8] und Vergegenwärtigung[9] in Gang setzt, Lernprozesse also, die zu Einsichten führen, die ihre eigene Evidenz haben.

Kind soll imstande sein, als Erwachsener das eigene Leben durch gesellschaftlich nützliche Arbeit erfolgreich zu gestalten; das Kind soll seinem gegenwärtigen und künftigen Leben zustimmen, es soll Ja sagen zu Glück und Unglück, zu Erfolg wie Mißerfolg; es soll späterhin kämpfen können und wollen für die Durchsetzung wahrhaft menschlicher Lebensverhältnisse; das Kind soll lernen, daß es nirgendwo allein ist, daß ihm Hilfe zuteil wird, wenn es anderen helfen wird . . . Ich habe Bedenken gegenüber der weithin verbreiteten Selbstgefälligkeit, die das bildungspolitische Problem der Konkurrenz gegenwärtiger Bildungs- und Erziehungshilfe (als Norm wie als Praxis) und künftiger Bewährungserfordernisse in der Welt von morgen für gelöst hält . . . Ich bin erschrocken über das gelegentlich formulierte, zum Glück meist nur partiell realisierbare Prinzip der Zielsetzungs- und Wirkungseinheit aller Erzieher . . . Es verführt dazu, dem Kind ein Netz kontrollierender Instanzen und Personen überzuwerfen, in dem es kaum Entscheidungsspielräume, aus dem es oft kein Entrinnen gibt«. Ich verdanke diesen Hinweis einem Referat von *E. Schwerin*.

4   *Kaufmann* (Hg.), Streit 23.
5   Ebd.
6   Die selbstkritische, kirchenkritische und kirchenerneuernde Dynamik des Schriftprinzips zeigt neuerdings sehr eindrücklich an der Theologie des Lukas B. *Kahl*, Armenevangelium und Heidenevangelium, Berlin/DDR 1987, bes. 191f.
7   Vgl. etwa *G. Ebeling*, Dogmatik des christlichen Glaubens, Band I, Tübingen 1979, 25ff, über »Dogmatik im Zeichen des Schriftprinzips« und *E. Käsemanns* Beiträge in: *Ders.* (Hg.), Das Neue Testament als Kanon, Göttingen 1970; Berlin/DDR 1973.
8   Was der Kanon zeigt, »ist nicht die Wirklichkeit allein des rechten Glaubens, die es in dieser Isolation irdisch nie gegeben hat und geben kann. Es ist die Wirklichkeit, in welcher der Glaube angefochten bleibt und sich ständig dem Aberglauben zu widersetzen hat, in welcher es deshalb auch echte Predigt und Lehre nur in der Auseinandersetzung mit unangemessener und falscher gibt« (*Käsemann*, a.a.O. 408).
9   *Ebeling*, Dogmatik I 40f.

Die Kanonizität der Bibel kann nicht angesehen von solchen didaktischen Vorgängen angemessen beschrieben werden. So ist das reformatorische Schriftprinzip kein dogmatisches[10], sondern ein didaktisches, am Prozeß der Einsicht orientiertes Prinzip[11]: »Die Schrift ist weniger Systematikerin als vielmehr Pädagogin.«[12] Gerade deshalb aber ist es notwendig, die Realisierung des Schriftprinzips im Unterricht, seine Auswirkungen und Mißverständnisse kritisch ins Auge zu fassen.

II

Der unterrichtliche Umgang mit der Bibel hat sich in erstaunlicher Beharrlichkeit seit den Zeiten der Evangelischen Unterweisung an einem gleichbleibenden einfachen Grundmodell orientiert, das mit veränderten Rahmenbedingungen auch der hermeneutische und schließlich der problemorientierte Religionsunterricht übernommen hat: In der Bibel begegnet den Schülern ein gewichtiger Text, jedoch aus einer fremden Welt; historische und theologische Erläuterungen sind notwendig, um diese Fremdheit zu überwinden: früher in der Form der »Wort- und Sacherklärungen«, im hermeneutischen Unterricht, dann auch als eine ausdrückliche Reflexion auf die fremdartige sprachliche Form. Im entscheidenden geht es um die theologische Aussage des Textes, und diese wird schließlich in einem letzten Schritt des Verstehens auf die eigene Situation bezogen. Dahinter ist der klassische aristotelische Dreischritt erkennbar, der in Exegese, Predigt und Unterricht eine erstaunlich beharrliche Wirksamkeit entfaltet hat[13].

Die Bibel erscheint in diesem Modell als das autorisierte Buch christlicher Glaubenslehre; auch der problemorientierte Religionsunterricht benutzt sie nicht anders, wo er sich in der Auseinandersetzung mit einem Problem, in der Regel in einem letzten Schritt, um eine Konfrontation mit den Aussagen des christlichen Glaubens bemüht. Er unterscheidet sich von den vorausgegangenen Formen des Religionsunterrichts darin, daß er dies als die christliche Sicht (bzw. den christlichen Lösungsversuch) des Problems ausdrücklich relativiert; die biblische Sicht ist eine neben möglichen anderen. Damit wird dem Unterricht das Moment des Autoritären genommen, aber der Bibel haftet es weiterhin an.

So muß die Bibel in diesen verschiedenen Formen des Unterrichts und in der Auseinandersetzung darüber eine Rolle spielen, die sie weder spielen

---

10   *Ebeling* zeigt die Entstellung des reformatorischen Schriftprinzips in der protestantischen Orthodoxie, a.a.O. 25ff.
11   Zwischen der hermeneutischen und der didaktischen Problematik gibt es so viele Entsprechungen, daß die Begriffe weithin austauschbar sind; die didaktische Frage ist von ähnlicher grundsätzlicher Bedeutung für die Theologie insgesamt.
12   *Kahl,* Armenevangelium 197.
13   Vgl. insbesondere *F. Gräßmann,* Religionsunterricht zwischen Kirche und Schule. Kritik seiner Praxis, München 1961, 96ff.

kann noch will. Schon die ungeheuren theologischen Spannungen innerhalb der Bibel selbst schließen es von vornherein aus, sie in dieser Weise zur Norm zu machen, als biete sie »die Einheit eines dogmatischen Lehrganzen«[14]. Dieses von Gerhard Ebeling als Mißverständnis beschriebene »im Protestantismus weithin herrschende gesetzliche Kanonsverständnis«[15] hat auch die Religionspädagogik erobert, und seltsamerweise gerade dort, wo aus pädagogischen Gründen gegen die vermeintlich vorgegebene Autorität der Bibel protestiert wird. Mit dem Schriftprinzip der Reformation aber haben solche Voraussetzungen nur wenig zu tun.

In seiner Abweisung der Fragen nach einem Kanon im Kanon, nach einem inhaltlich maßgebenden Prinzip der Schriftauslegung, macht Ebeling deutlich, wie wenig dogmatisch das reformatorische Schriftprinzip gemeint ist[16]. Es läßt sich gerade nicht mit der Festlegung des Schriftsinnes auf bestimmte zentrale dogmatische Grundsätze abgelten, sondern es nötigt dazu, den Weg des rechten Verstehens der Schrift immer wieder von neuem zu suchen. Rücken wir dabei den Begriff des *Verstehens* in den Mittelpunkt, sprechen wir von einem hermeneutischen Prozeß; bleiben wir bei dem Begriff des *Weges*, haben wir es mit einem genuin didaktischen Vorgang zu tun; beides läßt sich nicht voneinander trennen. Wie stark dieses didaktische Moment im Schriftprinzip wirksam ist, zeigen die Grundsätze, mit denen Luther das Schriftprinzip erläutert und entfaltet: das der Klarheit der Schrift (claritas scripturae) und das der zureichenden und verbindlichen Selbstinterpretation der Schrift (scriptura sui ipsius interpres)[17].

Beides sind polemische Prinzipien, die deutlich erkennen lassen, was sie abwehren: Die Überzeugung von der doppelten Klarheit der Schrift, ebenso äußerlich wie innerlich, weist die Vorstellung zurück, die Schrift wisse sich selbst nicht ausreichend verständlich zu machen und müsse deshalb durch berufene und autorisierte Interpreten für den Laien erst geöffnet werden. In den notwendigen Dingen redet die Bibel einleuchtend und klar, und nur weil das so ist, kann Luther damit rechnen, daß die Gemeinde mündig ist, selbst über die rechte Predigt zu urteilen[18], und daß auch der einzelne Glaubende imstande ist, für sich selbst Rede und Antwort zu ste-

---

14   *Ebeling*, Dogmatik I 331.
15   Ebd.
16   *Ebeling*, a.a.O. 331f. Sein Vorwurf, daß die Setzung eines Kanons im Kanon immer zumindest mit dem Anschein von Willkür verbunden ist, bleibt mir trotz Käsemanns Widerspruch einleuchtend.
17   Von der doppelten claritas der Schrift handelt *Luthers* Schrift »De servo arbitrio« (WA 18, 606–609.653); vgl. dazu *K.H. zur Mühlen*, Gotteslehre und Schriftverständnis in Martin Luthers Schrift »De servo arbitrio«, in: JBTh 2, Neukirchen-Vluyn 1987, 210ff; von der Schrift als sui ipsius interpres spricht Luther in der Auseinandersetzung mit der päpstlichen Bulle über das Schriftverständnis 1520 (WA 7, 97).
18   Daß eine christliche Versammlung oder Gemeine Recht und Macht habe, alle Lehre zu urteilen und Lehrer zu berufen, ein- und abzusetzen. Grund und Ursach aus der Schrift: WA 11, 408–416.

hen, was er spätestens im Tode wird tun müssen[19]. So entspricht das Schriftprinzip der Ekklesiologie; es duldet keine neue Hierarchie der Experten; das allgemeine Priestertum impliziert den allgemeinen direkten Zugang zum Verständnis der Schrift.

Dieses Prinzip wäre freilich mißverständlich und mißbräuchlich, wenn es nicht durch den anderen Grundsatz erläutert würde, daß die Schrift sich selbst interpretiert. Auch hier richtet sich die Polemik gegen die Meinung, dem Leser der Schrift müsse von außerhalb der Schrift erst einmal der rechte Maßstab und Schlüssel zu ihrem Verständnis vorgegeben werden. Aber ihre Klarheit und Eindeutigkeit gewinnt die Schrift erst aus dem Zusammenhang des Ganzen. Dies ist ein anspruchsvolles Prinzip: Es fordert kanonische Auslegung und läßt nicht zu, das Verstehen der Bibel mit dem rechten Verständnis eines ihrer Sätze zu verwechseln. Es fordert einen Leser, der in der Lage ist, die unterschiedlichen Positionen und Zusammenhänge der Bibel aufeinander zu beziehen, um sie so sich gegenseitig interpretieren zu lassen. Mit anderen Worten: Es fordert einen Leser mit biblischer Kompetenz.

In beiden Fällen haben wir es jedenfalls mit didaktisch unmittelbar relevanten Prinzipien zu tun; beide stellen Ansprüche an unseren Unterricht und nötigen uns, bestimmten geläufigen Formen unterrichtlichen Umganges mit der Bibel den Abschied zu geben: zum einen all jenen Umgangsformen, die von der grundsätzlichen Fremdheit und Unzugänglichkeit der biblischen Texte ausgehen, zum anderen aber auch der vor allem in den Plänen und Modellen des problemorientierten Religionsunterrichts beheimateten Beschränkung auf isolierte, aus dem gesamtbiblischen Zusammenhang gelöste Textstellen. Daraus ergibt sich die Aufgabe, im Unterricht andere Formen des Umganges mit der Bibel zu entwikkeln, die das Schriftprinzip der Reformation nicht zu einer Karikatur seiner selbst degenerieren lassen.

III

Mit allen Versuchen, Kinder und Jugendliche auf dem Umweg über die historische Literatur und hermeneutische Reflexion an biblische Texte heranzuführen, habe ich immer wieder deprimierende Erfahrungen gemacht. Was ich unterwegs an wichtigen hermeneutischen Einsichten aufzulesen und in das Gepäck der Kinder einzusammeln gedachte, war ihnen auf den langen Umwegen zu schwer geworden; sie hatten es längst aus ihren Rucksäcken wieder ausgeschüttet, wenn wir endlich den biblischen Text erreichten. So bin ich es leid, die Kinder erst nach Babylon zu entfüh-

---

19   *Luther* beginnt seine Predigt am Sonntag Invocavit 1522 mit den Sätzen: »Wir sind allesamt zum Tod gefordert, und es wird keiner für den anderen sterben . . . Ich werde dann nicht bei dir sein noch du bei mir. Hierin so muß ein jedermann selber die Hauptstücke, die einen Christen belangen, wohl wissen und gerüstet sein« (WA 10/3, 1f).

ren, wenn sie die Schöpfungsgeschichte[20], oder in die Wälder des judäischen Gebirges, wenn sie den 23. Psalm verstehen sollen[21], oder sie auf einem großen Umweg in die Bildersprache der Märchen und Gedichte einzuführen, damit sie die Wahrheit der neutestamentlichen Wundergeschichten begreifen. Am Ende standen die biblischen Texte wie in einer Vitrine im Museum da, mit erklärenden Anmerkungen versehen, aber doch seltsam anzuschauen. Wir selbst haben ja in der jüngsten Zeit ganz andere Erfahrungen mit der Bibel machen können; sie hat mit hinlänglicher Klarheit das Notwendige zu sagen gewußt, und zwar so, daß es auch in der öffentlichen Diskussion wahrgenommen wurde: zu den Fragen der Gerechtigkeit ebenso wie zu denen des Friedens und der Vergewaltigung der Schöpfung. Gerade auch im ökumenischen Gespräch wird die Bibel so wahrgenommen, und hier erweist sie sich nicht nur als eine tragfähige gemeinsame Basis, sondern zugleich als der wirksamste Motor der Einigung. Und erstaunlicherweise weiß sich die Bibel gegen die mannigfaltigen Versuche der Vergewaltigung oder Verharmlosung doch immer wieder selbst mit ihrer Sache Gehör zu verschaffen. So versuche ich nun, auch solche grundlegenden Erfahrungen mit der Bibel didaktisch im Zusammenhang mit meinem eigenen Unterricht zu reflektieren. Dabei gewinnt ein völlig anderes Grundmodell immer deutlichere Konturen.

Die erste Entdeckung ist, daß Kinder in der Bibel eine Sprache für wichtige elementare Erfahrungen finden, für die sie sonst keine Sprache haben. Ich meine damit keine besonderen religiösen Erfahrungen, sondern einfache grundlegende Erfahrungen, die zum Menschsein notwendig hinzugehören: die Erfahrung der Angst, wie sie in der Klage der Psalmen Gestalt gewinnt, aber auch die Erfahrung der überwältigenden Freude an der Kostbarkeit des Lebens, wie sie im Lob der Psalmen laut wird[22]. Ich habe immer wieder erfahren, wie Kinder den Versuchen, pädagogisch an ihre Ängste heranzukommen, mit sicherem Instinkt Widerstand entgegensetzen; erst die Sprache der Psalmen öffnet ihnen den Mund, weil sie mit deren Worten auch abgründige Ängste aussprechen können, ohne sich selbst zu entblößen. Ich habe begriffen, wie notwendig es ist, Kindern zu einer Sprache der Freude zu verhelfen, die ihrer Sensibilität für das Lebendige entspricht, für Tiere und Pflanzen und ihre eigene Lebendigkeit. Und ich habe schließlich gesehen, wie schwer schon kleinere Kinder an den Erfahrungen von Unfrieden und Ungerechtigkeit und an der gewalttätigen Zerstörung der Schöpfung leiden und wie notwendig sie eine Sprache brauchen, die ihnen in alledem eine Perspektive der Hoffnung öffnet, ohne die Trauer zu verharmlosen. Es waren vor allem die Seligpreisungen, die von einer Hoffnung sprachen, die dem Druck solcher Er-

---

20 Z.B. *H. Illies,* Die biblische Urgeschichte im Unterricht; Göttingen ²1964.
21 So z.B. bei *Th. Bruinier,* »Der Himmel geht über allen auf«, Teil II: Psalm 23 – Planungsideen an Klasse 8, in: Schönberger Hefte 4/86 (16. Jahrgang) 12f.
22 Vgl. meinen Bericht: Wer hört mein Weinen? Kinder entdecken sich selbst in den Psalmen (WdL 4), Neukirchen-Vluyn 1986.

fahrungen standhält: Sie sprechen von einer Erde, die den Sanftmütigen gehören wird, in der die Hungrigen satt und die Traurigen getröstet werden. Kinder verstehen solche Sätze nicht nur, sondern sie leben mit ihnen. Dies sind nicht die Erfahrungen einer einzelnen unterrichtlichen Sternstunde; sie beherrschen seit mehr als zehn Jahren meine unterrichtliche Arbeit. Sie sind nicht auf eine bestimmte Altersstufe oder Schulform beschränkt, auch nicht auf besonders intelligente oder kreative Kinder; sie setzen auch kein besonderes Charisma des Unterrichtenden voraus, sondern bestimmen die ganz alltägliche Arbeit in unseren schulpraktischen Übungen. Was sie voraussetzen, ist nur dieses: sich im unterrichtlichen Umgang mit der Bibel auf ein anderes Modell einzulassen, also auch für den biblischen Unterricht einen Paradigmenwechsel vorzunehmen[23].

Dieser Paradigmenwechsel kann selbstverständlich nicht bedeuten, daß nun ein neues einheitliches Schema die Herrschaft über jede Unterrichtsstunde beansprucht. Es geht darum, daß die Bibel eine andere Rolle in unserem Unterricht beansprucht; und die Vielfalt kreativer Unterrichtsformen kann daran nur wachsen. Das Neue dieser Rolle läßt sich an den folgenden Punkten besonders deutlich erkennen:

1.   Der Unterricht setzt dort an, wo Worte der Bibel den Kindern und Jugendlichen unmittelbar verständlich werden, also an den Stellen, an denen Kinder und Jugendliche in besonderer Weise die Klarheit der Schrift erfahren können. Das können Worte der Klage oder der Freude, des Zweifels oder der Hoffnung sein, in denen sich die Kinder und Jugendlichen selbst wiederfinden, aber auch das auf dem Hintergrund aller erfahrenen Unmenschlichkeit einleuchtende einfache Gebot der Menschlichkeit oder das Wort der Verheißung, das inmitten der Verzweiflung Hoffnung und Zukunft eröffnet.

2.   Solcher Unterricht verbindet im Ansatz die pädagogisch zwingend gebotene Schülerorientierung mit der theologisch unaufgebbaren biblischen Orientierung. Diese Verbindung ist kein bloßes Konstrukt oder Postulat, sondern sie ergibt sich von selbst, wo die immense Belastung gerade der jungen Generation durch gesellschaftliche, weltpolitische und die daraus resultierenden persönlichen Probleme ebenso ernst genommen wird wie der Anspruch der Bibel, daß es in ihr um eben solche Fragen auf Leben und Tod geht.

3.   Wie in der Theologie der Reformation korrespondiert auch in diesem Unterricht die vorausgesetzte Klarheit der Schrift der intendierten Mündigkeit des einzelnen. Selbständigkeit und Urteilsfähigkeit in den

23   *W. Winks* eindrucksvolles Plädoyer für eine »Bibelauslegung als Interaktion. Über die Grenzen historisch-kritischer Methode« (deutsche Ausgabe Stuttgart 1976) schließt mit den Sätzen: »Wir kämpfen nicht einfach um die Zukunft einer wissenschaftlichen Disziplin, sondern um unser Leben. Vielleicht hoffen wir zuviel, aber dennoch wollen wir auf ein neues Denkraster, eine neue, menschlichere Form des Bibelstudiums hoffen« (61). Zu den didaktischen Aspekten interaktionaler Bibelauslegung vgl. *D. Dormeyer,* Die Bibel antwortet. Einführung in die interaktionale Bibelauslegung, Göttingen/München 1978. Mir erscheint freilich der Begriff der Interaktion für das gesuchte neue Paradigma noch als zu formal.

Dingen des Glaubens, der Liebe und der Hoffnung sind auch heute nur zu gewinnen durch Einübung in einen eigenständigen, kreativen Umgang mit der Schrift, nicht aber in der Abhängigkeit von bestimmten theologischen Lehren oder Lehrern. Ein Unterricht, der nicht alles daran setzt, zu solcher Mündigkeit zu führen, versündigt sich an einer Generation, die noch vor ganz ungeahnten Herausforderungen stehen wird; und eine Kirche, die sich selbst als »Lerngemeinschaft« begreift[24], unterwegs zu noch unbekannten neuen Aufgaben, ist auf eine solche Mündigkeit ihrer Glieder schlechthin angewiesen.

4. Mit diesem Ansatz der Erschließung der Bibel unmittelbar aus den Fragen und Erfahrungen der Betroffenen aber finden wir uns plötzlich in einem weitreichenden ökumenischen Konsens. Das ökumenische Gespräch wird beherrscht von den Erfahrungen eines neuen, belebenden Umganges mit der Bibel, und dessen Prinzip ist, in unterschiedlichen Kontexten und Begriffen formuliert, überall das gleiche: Mit der Theologie und insbesondere mit dem Verstehen der Bibel in der Situation der Betroffenen anzusetzen. Weltweit lesen Christen die Bibel so, daß sie zu allererst an ihr lernen, sich ihrer eigenen Situation bewußt zu werden, um dann aus der Bibel Perspektiven der Hoffnung und Handlungsimpulse für ihre Situation zu gewinnen. Ein solches Lernen ist das Gegenbild zu der Container-Methode, mit der Paolo Freire so treffend die gängigen Formen der Wissensanhäufung als ein entmündigendes und entwürdigendes Lernen karikiert hat[25]; hier dagegen geht es um ein Lernen aus dem ursprünglichen Interesse daran, sich über die eigene Situation mehr Klarheit zu verschaffen.

Ich habe nie die Absicht verfolgt, dieses Prinzip des conscienticizing in meinen Unterricht zu übertragen. Ich entdecke erst jetzt den direkten Zusammenhang mit dem Vorgang, in dem Kinder in der Bibel eine Sprache für Erfahrungen finden, die sonst sprachlos bleiben, und für eine Hoffnung, ohne die sie nicht leben können. Die Unterschiede zwischen der Situation, in der lateinamerikanische oder südafrikanische Basisgemeinden einerseits und die Kinder in meinem Unterricht andererseits die Bibel lesen, übersehe ich nicht; ich kann aber auch nicht darüber hinwegsehen, daß auch unsere Kinder wehrlose Opfer von katastrophalen Entwicklungen zu werden drohen, die meine Generation heraufbeschworen hat. Jedenfalls stellt sich auf diesem Hintergrund die Frage nach der Autorität der Bibel völlig anders: Sie behält nicht den Charakter der Zumutung, einer autoritär vorgegebenen Entscheidung zuzustimmen, sondern verwandelt sich in die Frage nach der Glaubwürdigkeit einer lebensnotwendigen Sprache der Hoffnung.

---

24 So die programmatische Formulierung von Bischof A. Schönherr; vgl. Kirche als Lerngemeinschaft. Dokumente aus der Arbeit des Bundes der Evangelischen Kirchen in der DDR (FS A. Schönherr zum 70. Geburtstag) Berlin 1981.
25 *P. Freire,* Pädagogik der Unterdrückten, Stuttgart 1971, bes. Kap. II.

IV

Mit diesem Ansatz ist das Modell eines veränderten Umganges mit der
Bibel im Unterricht erst zur Hälfte beschrieben. Eine andere Entdeckung
kommt kommt hinzu, die sich im Nachhinein als eine notwendige Ergänzung und Abrundung erwies. Beide Vorgänge scheinen nicht nur didaktisch, sondern auch systematisch zusammenzugehören; wie der beschriebene Ansatz mit der claritas scripturae die eine Seite des reformatorischen Schriftprinzips aufnahm, so stellen sich die folgenden Schritte wie
eine unterrichtliche Entfaltung seiner anderen Seite dar, daß nämlich die
Schrift sui ipsius interpres ist, sie selbst der authentische Interpret ihrer
selbst.

Die Grundstruktur dieser Entdeckung läßt sich leicht beschreiben; ihre
didaktischen Konsequenzen sind für mich noch nicht annähernd zu über-
schauen. Die Psalmenworte, in denen die Kinder sich selbst wiedergefun-
den hatten, waren dadurch zu ihren eigenen Worten geworden, besetzt
mit eigenen emotional tiefreichenden Erfahrungen. Diese Worte beglei-
teten die Kinder wie selbstverständlich bei der Arbeit an anderen biblischen Texten und eröffneten hier völlig neue Zugangsmöglichkeiten. Ich
nenne nur zwei Beispiele: Zu den stärksten Trostworten, die die Kinder
aus den Psalmen mitgenommen hatten, gehörten Sätze wie »Du siehst
mein Elend an« (Ps 31,8) und »Der Herr hört mein Weinen« (Ps 6,9). Als
Inbegriff allen Trostes aber war dabei das Wort »Du bist bei mir« (Ps 23,4)
erschienen. Ich erzählte später von der Gottesbegegnung des Mose am
brennenden Dornbusch, um den Zusammenhang mit dem alttestamentlichen Gottesnamen herzustellen[26]. Für die Kinder wurden dabei die Psalmenworte, die sich in dem Auftrag an Mose widerspiegeln, zum Schlüssel
der Geschichte: »Ich habe das Elend meines Volkes in Ägypten gesehen;
ich habe ihr Schreien gehört« (Ex 3,7). Die Frage nach der Merkwürdigkeit, überhaupt der Möglichkeit der Gotteserscheinung spielte dadurch
für die Kinder keine Rolle mehr; entscheidend war die Verheißung an die
Geängsteten und Verzweifelnden.

Eindrücklicher noch waren die Erfahrungen beim Umgang mit neutestamentlichen Wundergeschichten. Die Gestalten der Leidenden begannen
zu reden, indem die Kinder ihnen ihre eigenen Psalmworte in den Mund
legten, und auf einmal waren der Blinde und der Gelähmte, ja selbst der
Besessene zwischen den Gräbern nicht mehr Objekte des Mitleids, sondern Gestalten ihrer eigenen Angst und Verlorenheit; die Wundergeschichten aber wurden zu Geschichten ihrer eigenen Hoffnungen und
Träume. Auch hier trat die Frage nach der Merkwürdigkeit des Wunders
und seiner Möglichkeit völlig zurück; sie wurde von den Kindern überhaupt nicht mehr thematisiert. Die Geschichten waren offenbar für die
Kinder aus merkwürdigen Geschichten zu notwendigen Geschichten ge-

---

26   Vgl. *I. Baldermann*, Einführung in die Bibel (UTB 1486), Göttingen 1988, 35f.

worden, zu Geschichten der Hoffnung gegen die Übermacht der Trauer und Angst. Wenn ich diese Vorgänge didaktisch reflektiere, ist gar nicht mehr so erstaunlich, was da geschah: Die Psalmenworte haben die Wundergeschichten für eine Identifikation geöffnet, wie sie durch keine wohlmeinende Beispielgeschichte auch nur in annähernd gleicher Intensität zu erreichen wäre. In den Worten der Psalmen ist für die Kinder vor allem emotionale Erfahrung versammelt, und so öffnen sie die Geschichte auch für ein emotionales Verstehen. Die Psalmensprache aber verbindet die Leiderfahrung in einer elementaren Weise mit der Gottesfrage[27], und so werden die Wundergeschichten mit Hilfe der Psalmenworte nicht nur zu den eigenen Geschichten der Kinder, sondern zugleich auch wieder zu den eigentlich theologischen Geschichten, als die sie ursprünglich erzählt worden sind. Über die Psalmenworte ist in ihnen die Frage nach dem »Warum« und »Wie lange noch« des Leides von Anfang an gegenwärtig, und *daraus* erwächst die Spannung der Geschichte, nicht aus dem distanziert erörterten Problem der Möglichkeit oder Unmöglichkeit einer Durchbrechung der Naturgesetze.

Auch diese Unterrichtsvorgänge sind nicht aus der Absicht heraus entstanden, die Selbstinterpretation der Schrift durch die Schrift zum Leitfaden des Unterrichts zu machen. Sie haben sich so ergeben, weil sich die Psalmenworte tatsächlich als Schlüssel zu anderen Texten der Bibel erwiesen. Die Bibel durch die Bibel zu interpretieren kann nur heißen, daß die Schrift sich auf solche Weise selbst erschließt, und zwar auch zunächst verschlossene oder schwer zugängliche Stellen. Erschließen aber ist etwas anderes als eine Deutung zu geben, d.h. das Gemeinte mit anderen Worten besser verständlich zu sagen. Bei Luther erscheint die Bezeichnung der Bibel als sui ipsius interpres gerade in der Abweisung der auf solche Weise geschehenen »Interpretation«[28]. Die Schrift interpretiert sich selbst auf andere Weise, als es die Traditionen der Kirche tun, eben so, daß sie aller Verdunkelung zum Trotz das Ihre ans Licht bringt. So wird durch die Behauptung der Klarheit der Schrift nicht ausgeschlossen, sondern gerade vorausgesetzt, daß ein Prozeß eingehenden eigenen Lernens notwendig ist, um ad lucem et intellectum, zum Licht und Sinn der Schrift vorzudringen. – Ich ziehe ein Fazit:

1. Ich habe anfangs das reformatorische Schriftprinzip als ein didaktisches Prinzip in Anspruch genommen. Mit der Bezeichnung der Schrift als sui ipsius interpres beschreibt Luther tatsächlich die Binnenstruktur des Kanons als eine didaktische und dialogische Struktur. Die biblischen Schriften nehmen ausdrücklich Bezug aufeinander und wollen in solchem Zusammenhang gelesen sein. Die Wundergeschichten des Neuen Testaments setzen die Psalmen voraus; sie lesen sich wie neu inszenierte Psalmen; und nicht nur für die Kinder, sondern auch für mich selbst war ein

27 *Baldermann*, Weinen 66ff.
28 WA 7, 97.

langer Weg durch die Psalmen notwendig, um die Wundergeschichten
neu zu verstehen. So setzt das Neue Testament insgesamt das Alte voraus,
einen langen Weg der Erfahrungen mit der Verheißung des Anfanges;
aber das gilt nicht nur für das Verhältnis der beiden Testamente, sondern
auch innerhalb ihrer für den Dialog der Positionen, der sich auch noch in
den Schichten der Bearbeitung widerspiegelt.

Das oben über den Kanon Gesagte läßt sich jetzt im Blick auf den Unterricht noch präzisieren: Die Autorität des biblischen Kanons, die ihn zum
entscheidenden Maßstab für alles theologische Reden, auch im Unterricht, erklärt, ist nur die Außenseite des Schriftprinzips; seine Innenseite
ist die durch und durch dialogische Struktur des Kanons. *Daß* überhaupt
ein Kanon entstand, ist ein Zeichen für die Notwendigkeit eines verbindlichen Maßstabs; daß der Kanon aber *diese* Gestalt annahm, die Gestalt einer Zusammenfügung so unterschiedlicher Stimmen, ist ein Zeichen dafür, daß die Verbindlichkeit nicht autoritär in dogmatischen Setzungen
gesucht wurde, sondern im Dialog. Aus der Sicht der Didaktik ist daran zu
erinnern, daß es auch anderwärts Einsichten gibt, die nicht anders zu gewinnen sind als in einem intensiven, spannungsvollen Dialog gegensätzlicher Positionen; eben dies aber ist die innere Struktur des biblischen Kanons: seine eigentlich didaktische Struktur.

2.   Solche dialogischen Lernprozesse brauchen Zeit; sie können nicht
mit der Elle der Effizienz gemessen und am zielstrebigen Erreichen ge-
setzter Lernziele kontrolliert werden. Es ist etwas anderes, Standpunkte
von außen zu beschreiben oder selbst in den Dialog einzutreten. Wer
selbst in den Dialog eintritt, hat es nicht mehr nur mit der Frage nach theologischen Lehrmeinungen, sondern mit der ganzen Last der Fragen nach
der schwer durchschaubaren Wirklichkeit zu tun. Sich darauf einzulassen,
kostet viel Zeit, aber anders ist unterrichtlich der Zugang zur Bibel nicht
sachgemäß zu gewinnen. Biblische Orientierung und Wirklichkeitsorientierung sind nicht zwei gegensätzliche Anforderungen, zwischen denen
der Unterricht auf irgendeine Weise Kompromisse zu schließen hätte;
beide Forderungen liegen auf unterschiedlichen Ebenen, doch biblische
Orientierung ist jedenfalls ohne Wirklichkeitsorientierung nicht zu haben.

3.   Die didaktischen Formen, in den biblischen Dialog hineinzuführen,
sind so vielfältig wie dieser Dialog selbst. Ein besonders enges Geflecht,
fast schon von der Dichte der Graswurzelstruktur, haben Franz Rosenzweig und Martin Buber mit dem System der Leitworte ans Licht gebracht, an denen für sie das Strukturprinzip der Einen Schrift greifbar
wird (»unter dem Wirken dieses Prinzips ist eben der Kanon entstanden«)[29]. Doch dies ist nur eine unter vielen anderen Formen der Bezugnahme: Nicht nur in Stichwortbezügen oder ausdrücklichen Zitaten, sondern auch in Anspielungen ganz anderer Art, in der selbstverständlichen

---

29   *M. Buber,* Zu einer neuen Verdeutschung der Schrift. Beilage zu dem Werk »Die fünf
Bücher der Weisung«, Olten 1954, 13.

Voraussetzung der Kenntnis grundlegender Überlieferungen wird dieser Dialog ebenso greifbar wie in den vielschichtigen Aneignungs- und Interpretationsprozessen, die in der Arbeit der Redaktion erkennbar sind. Die didaktische Aufgabe ist unendlich, von keinem Lehrplan der Christenlehre oder des Religionsunterrichts auch nur halbwegs erschöpfend zu beschreiben; lebenslanges Lernen ist gefordert. Aber der Unterricht kann den Weg und die Motivation zu solchem lebenslangen Lernen an der Bibel öffnen oder nachhaltig verschließen.

4. Die didaktische Struktur des Kanons aber ist zugleich seine ökumenische Struktur. Der biblische Kanon ist das Gegenbild zu jeder konfessionellen Rechthaberei: Er bindet die gegensätzlichsten theologischen Standpunkte und Perspektiven zu einem verbindlichen Dialog aneinander; der Kanon hätte von vornherein keinen Bestand gehabt, er wäre alsbald an den inneren theologischen Widersprüchen zerborsten, wäre er nicht im Geist eben jenes ökumenischen Dialoges zusammengefügt, der heute wieder die ökumenische Gemeinschaft trägt.

So erscheint biblischer Unterricht heute als ein Kernstück ökumenischen Lernens[30]. Ein Unterricht, der die Bibel preisgibt, gibt mit der unersetzlichen biblischen Sprache der Hoffnung zugleich die Basis des ökumenischen Gesprächs preis. Ökumenisches Lernen verlangt nach Lage der Dinge heute unabdingbar biblische Kompetenz. Nur die Sprache der Bibel vermag die Abgründe zu überwinden, durch die die Christen konfessionell, kulturell und sozial voneinander getrennt sind. Ernst Käsemann sah durch den biblischen Kanon »in seiner vorfindlichen, das heißt dem Historiker zugänglichen Gestalt« nicht die Einheit der Kirche, sondern die Vielfalt der Konfessionen begründet[31]. Das stimmt, solange wir uns auf die Unterschiedlichkeit der theologischen Standpunkte konzentrieren. Das Lebensprinzip des Kanons aber, sein eigentlich didaktisches Prinzip, ist die Zusammenführung so gegensätzlicher Standpunkte zu einem gemeinsamen verbindlichen Gespräch. Und so gesehen begründet der biblische Kanon als das »Buch des Lernens« tatsächlich alle Anstrengungen konziliaren Lernens in der Richtung auf wachsende Gemeinsamkeit.

---

30 Vgl. die Arbeitshilfe der Kammer der EKD für Bildung und Erziehung: Ökumenisches Lernen. Grundlagen und Impulse; Gütersloh 1985, 19: »Ökumenisches Lernen ist in einem doppelten Sinn Biblisches Lernen. Wenn Christen verschiedener Kirchen und unterschiedlicher Kultur- und Lebenskreise einander teilgeben an ihrem Verstehen biblischer Texte und an ihren geistlichen Erfahrungen, kann die Weite und Aussagekraft alt- und neutestamentlicher Texte besser wahrgenommen werden. Ökumenisches Lernen heißt deshalb, durch andere und zusammen mit anderen die Bibel tiefer verstehen zu lernen ... Ökumenisches Lernen führt zur Bibel und erwächst aus der Bibel.«

31 *E. Käsemann*, Begründet der neutestamentliche Kanon die Einheit der Kirche?, in: *Ders.* (Hg.), Das Neue Testament (s.o. Anm. 7) 131.

V

Im ökumenischen Gespräch gibt es gravierende konfessionelle Unterschiede in der theologischen Bewertung der Verbindlichkeit der Schrift. Es gibt aber zugleich ein wachsendes gemeinsames vitales Interesse der Kirchen und der Basisgemeinden an der Bibel. Hier haben sich gewisse ökumenische Standards für den Umgang mit der Bibel entwickelt, die die konfessionellen Traditionen zum Teil bestätigen, teils relativieren, in jedem Fall aber für das ökumenische Gespräch über die Bibel und mit der Bibel Verbindlichkeit gewonnen haben. Dazu gehört zunächst das Prinzip der Dialogfähigkeit, das es verbietet, die Bibel noch weiter vor den Wagen konfessioneller Abgrenzungsinteressen zu spannen; dann das Prinzip der Ganzheitlichkeit des Verstehens, das es verbietet, den Dialog mit der Bibel nur intellektuell zu suchen und die Emotionalität und Leiblichkeit auszuklammern oder die Botschaft der Bibel nur auf den einzelnen zu beziehen und nicht auf die Gesellschaft und die Strukturen; und damit zusammenhängend schließlich ein Prinzip, das sich am schärfsten mit dem linguistischen Begriff der Illokutionarität beschreiben läßt, d.h. die biblischen Texte sind als ein Impuls zur Veränderung zu nehmen, zur Veränderung des einzelnen wie der Gesellschaft, und ein Umgang mit der Bibel, der von solcher Veränderung nichts wissen will, verweigert die geforderte Verbindlichkeit. All diese Prinzipien entsprechen in bemerkenswerter Weise grundlegenden Einsichten der neueren didaktischen Diskussion.

In die Reihe dieser ökumenischen Prinzipien für den Umgang mit der Bibel aber gehört vor allen anderen das der Kontextualität: Ein biblischer Text kann nicht anders als in Verbindung mit seinem Kontext verstanden werden. Das erscheint als eine altbekannte Selbstverständlichkeit, hat aber in der ökumenischen Diskussion eine eigene Dynamik gewonnen. Als der unmittelbare Kontext gelten zunächst einmal – ähnlich wie in kommunikationsorientierten linguistischen Modellen – die eigenen Erfahrungen des Lesers, die dieser an den Text heranbringt. Es ist diese Form der Kontextualität, die den oben beschriebenen Ansatz kennzeichnet: Die Erfahrung der Kinder und Jugendlichen ist der erste unmittelbare Kontext zum Erschließen der biblischen Texte.

Mit der Entdeckung, daß sich biblische Texte gegenseitig interpretieren, und zwar nicht nur unmittelbar benachbarte, sondern gerade sehr unterschiedliche Texte, nehmen wir eine Kontextualität anderer Art wahr: Der biblische Kanon insgesamt wird zum maßgeblichen Kontext, aus dem heraus die einzelnen Texte reden; er zeigt das Bezugsfeld ihrer Anspielungen, den Wurzelboden ihrer Konnotationen; er bewahrt den Code, aus dem sie sprechen, in den verschiedenen Stadien seiner Entwicklung. In solchen kontextuellen Zusammenhängen findet der Unterricht unerschöpfliche Impulse und Arbeitsmöglichkeiten.

Aus diesen beiden Formen der Kontextualität aber entwickelt sich eine dritte, die für unser Verstehen der biblischen Texte eine ähnlich konstitutive Bedeutung gewinnt. Ich kann mit dem biblischen Kanon nicht sachgemäß umgehen, ohne die Gemeinschaft zu sehen, die ihm ein solches Gewicht beimißt, gerade auch die gegenwärtige community of faith, die ihn mir präsentiert. Ich kann nicht meine Erfahrungen als Ansatz zum Verstehen biblischer Texte begreifen, ohne zugleich wahrzunehmen, wie andere die gleichen biblischen Texte ähnlich unmittelbar aus ihrer eigenen Situation verstehen. Und so kann ich schließlich auch nicht selbst in den großen biblischen Dialog eintreten, ohne die anderen wahrzunehmen, die in gleicher Weise in diesen Dialog einbezogen sind. So weitet sich der Kontext zwangsläufig aus: Auch die Erfahrungen all derer, die sich wie wir um das Verstehen der Bibel bemühen, sind als Kontext nicht mehr zu überhören, auch Hunger, Gewalt und Unterdrückung nicht; und dieser Kontext gewinnt in der ökumenischen Gemeinschaft die gleiche Verbindlichkeit wie die anderen Kontexte. Wo er im Unterricht nicht präsent ist, ist es unsere Aufgabe, ihn zu vergegenwärtigen. Biblischer Unterricht ist heute nicht mehr anders möglich als im Sinne eines solchen ökumenischen Lernens. An dieser Aufgabe können wir in unserem Unterricht auch das Erzählen wieder neu lernen, nicht als eine künstliche pädagogische Veranstaltung, sondern als eine lebensnotwendige Mitteilung, als Teilnahme an dem Lernen von Christen in anderen Teilen der Welt.

Carlos Mesters hat die Bibel in einem unvergeßlichen Gleichnis[32] als ein schönes großes Haus beschrieben, voller Licht, mit offenen Türen und Fenstern, in dem das Volk zu Hause war und seine Feste feierte. Dann aber kamen kluge Leute, sprachen von dem besonderen Wert dieses Hauses, von der Notwendigkeit seiner Erhaltung, schlossen die Türen und Fenster bis auf einen Nebeneingang, legten künstliches Licht, und das Haus wurde zum Museum.

Glücklicherweise ist das noch nicht das Ende des Gleichnisses. Am Ende kommen Arme, die ein Obdach suchen, und öffnen sich die große Tür, zuerst nur nachts, dann, zum Entsetzen der klugen Männer, auch am Tage; Licht fällt ein, Kinder kommen und Frauen, viele Leute, das ganze Haus ist voll Gesang, und alle feiern ein großes Fest. Welche Vision auch für unseren Unterricht!

Da trennen sich am Ende die beiden klugen Männer. Der eine geht im Zorn über soviel Unverstand davon, der andere bleibt und feiert mit.

Möchte jemand fragen, wo denn bei einem solchen Umgang mit der Bibel die historisch-kritische Exegese noch Raum behält? Sie bleibt ja doch dabei; in Mesters' Gleichnis ebenso wie auch in Ernesto Cardenals Gesprächen mit den Bauern von Solentiname, nur: Muß es denn immer in der Rolle des Türhüters sein?

---

32   In: *H. Brandt* (Hg.), Die Glut kommt von unten. Texte einer Theologie aus der eigenen Erde, Neukirchen-Vluyn 1981, 9f.

II

Entstehungs- und Wirkungsgeschichte des Kanons

Magne Sæbø

Vom ›Zusammen-Denken‹ zum Kanon

Aspekte der traditionsgeschichtlichen Endstadien des Alten Testaments

I. Einleitendes zur theologischen Problemlage

An den Werken zweier schöpferischer Forscher unserer Zeit, die sehr zur Debatte herausgefordert haben, läßt sich in gewissem Ausmaß der gegenwärtige Stand der alttestamentlichen Forschung als einer historischen und theologischen Wissenschaft veranschaulichen. Einmal ist Gerhard von Rads zweibändige *Theologie des Alten Testaments* (1957–60), die in mehrerer Hinsicht eine Wasserscheide in der neueren Erforschung des Alten Testaments herbeigeführt hat, zu erwähnen. Sein Werk hat sich nicht nur im engeren theologischen Raum als besonders wirksam erwiesen[1], sondern es hat in bemerkenswerter Weise auch dazu beigetragen, daß einzelne Disziplinen der alttestamentlichen Wissenschaft stärker als vorher aufeinander bezogen worden sind, zumal v. Rad die ›Theologie‹ des Alten Testaments nun der ›Einleitung‹ desselben – und damit den Ergebnissen der historisch-kritischen Exegese – erheblich näher gebracht hat. In dieser Weise und auch sonst durch seine überlieferungsgeschichtliche Forschung hat er die wesentliche Frage nach methodischer Einheit in der alttestamentlichen (bzw. biblischen) Wissenschaft stark aktualisiert.

Zwanzig Jahre später hat sich sodann Brevard S. Childs diesem reizvollen interdisziplinären Anliegen – sowie der theologischen Einheitsfrage – sozusagen von der anderen Seite her zugewandt, indem er durch seine völlig neu gestaltete *Introduction to the Old Testament as Scripture* die Disziplin der ›Einleitung in das Alte Testament‹ gezielt unter ein *theologisches* Vorzeichen gestellt hat[2]. Das hat Childs an Hand einer besonders profi-

---

1 Zur Auswirkung von *G. v. Rad*, Theologie des Alten Testaments, I–II, München 1957–60, s. besonders den Forschungsbericht von *W.H. Schmidt*, »Theologie des Alten Testaments« vor und nach Gerhard von Rad, VF 17 (1972) 1–25. Bedeutsam wurde vor allem die Debatte um das Verhältnis von Pluralität und ›Mitte‹ in der alttestamentlichen Theologie, die seine Darstellung hervorgerufen hatte; vgl. etwa *R. Smend*, Die Mitte des Alten Testaments (ThSt 101), Zürich 1970; *H. Graf Reventlow*, Hauptprobleme der alttestamentlichen Theologie im 20. Jahrhundert (EdF 173), Darmstadt 1982 [= Hauptprobleme I], 138–147 (Lit.).
2 Vgl. *B.S. Childs*, Introduction to the Old Testament, London 1979, zur Kritik an den herkömmlichen Einleitungen bes. 39–41.

lierten Anwendung des *Kanon*-Begriffs zu erreichen gesucht; und dabei redet er sowohl von einer »canonical shaping« der alttestamentlichen Bücher als auch von ihrer »canonical history«[3].

Es dürfte auf der Hand liegen, daß eben der Begriff des *Kanons* für die theologischen Zwecke von Childs sehr geeignet gewesen sein muß, zumal sich in diesem Begriff ›Einleitung‹ und ›Theologie‹ weithin überschneiden, und weil sich hier Geschichte (die Kanonwerdung) und theologisch Normatives (die kanonische Sammlung heiliger Bücher als Norm) am engsten verbinden. Darüber hinaus dürfte es der theologischen Problemlage der jüngsten Zeit gemeinhin eigen sein, daß dem Kanon-Begriff – dabei speziell dem alttestamentlichen Kanon – eine bemerkenswerte Aufmerksamkeit gezeigt worden ist[4]. Der ›Kanon‹ könnte sogar als ein Signalwort neuerer theologischer Besinnung mancher Exegeten bezeichnet werden – wobei der Akzent auf die Bedeutung der Letztgestalt des Alten Testaments gelegt wird. An dieser Letztgestalt war seinerzeit v. Rad sehr interessiert; in größerem Ausmaß als andere hat jedoch Childs sie erörtert und theologisch hervorgehoben.

Die Frage drängt sich auf, ob der vielgestaltige neuere Gebrauch des Kanon-Begriffs hinreichend klar oder sachlich geeignet sei. Der Frage wäre unbedingt näher und breiter nachzugehen, was aber hier nur im beschränkten Ausmaß geschehen kann. Dabei sollte man einen bestimmten Punkt besonders beachten, weil er als ein speziell komplizierender Punkt angesehen werden darf, und zwar der *Übergang* oder Wechsel von der – vorwärts ausgerichteten – *Traditionsgeschichte* zu der – im wesentlichen rückwärts blickenden – *Kanongeschichte*, womit hier die Kanongeschichte im engeren Sinne gemeint ist. Wie und wann sich dieser Übergang oder diese geänderte Blickrichtung der Tradenten im Umgang mit dem Über-

---

3   Die Grundauffassung von *Childs* ist zwar in früheren Arbeiten (Biblical Theology in Crisis, Philadelphia 1970, bes. 97–122; The Old Testament as Scripture of the Church, CTM 43 [1972] 709–722; The Exegetical Significance of Canon for the Study of the Old Testament, Congress Volume, Göttingen 1977 [VT.S 29], Leiden 1978, 66–80) erkennbar, doch ist die Debatte um seine besondere Methode, die vor allem im anglo-amerikanischen Raum stattgefunden hat, erst nach dem Erscheinen seiner Introduction in Gang gekommen, s. die Beiträge (von B. Kittel, J. Barr, J. Blenkinsopp, H. Cazelles, G.M. Landes, R.E. Murphy, R. Smend) in JSOT 16 (1980) 2–51 sowie die Beiträge (von B.C. Birch, D.A. Knight, J.L. Mays, D.P. Polk, J.A. Sanders) in HBTh 2 (1980) 113–197; an beiden Stellen hat sich Childs mit seinen Kritikern auseinandergesetzt, s. JSOT 16 (1980) 52–60; HBTh 2 (1980) 199–211. Vgl. noch die ausführliche Besprechung seines Buches von *W. Zimmerli*, VT 31 (1981) 235–244; ebenso *J. Barr*, Holy Scripture. Canon, Authority, Criticism, Oxford 1983, 75ff.130ff; *H.M. Barstad*, Le canon comme principe exégétique, StTh 38 (1984) 77–91.
4   Neben Childs wären – unter vielen Forschern – vor allem zu erwähnen: *J.A. Sanders*, Torah and Canon, Philadelphia 1972; *ders.*, Canon and Community. A Guide to Canonical Criticism, Philadelphia 1984; *ders.*, Text and Canon. Concepts and Method, JBL 88 (1979) 5–29; *S.Z. Leiman*, The Canonization of Hebrew Scripture. The Talmudic and Midrashic Evidence, Hamden, Conn. 1976; *ders.* (Ed.), The Canon and Masorah of the Hebrew Bible, New York 1974, 5–282; *J.-D. Kaestli – O. Wermelinger* (Ed.), Le canon de l'Ancient Testament. Sa formation et son histoire, Genève 1984; s. sonst den informativen Forschungsbericht von *H. Graf Reventlow*, Hauptprobleme der Biblischen Theologie im 20. Jahrhundert (EdF 203), Darmstadt 1983 [= Hauptprobleme II], 125–137 (Lit.).

lieferungsmaterial vollzogen hat, sollte man nun wesentlich schärfer ins Auge fassen. Im Blick auf diesen Punkt dürfen hier in aller Kürze einige einschlägige, aktuelle Fragen erörtert werden.

II. Bemerkungen zum gegenwärtigen Gebrauch des Kanon-Begriffs

In der neueren Bibelforschung ist die Einschätzung des biblischen Kanons im Verhältnis zur traditionellen Sicht bunter geworden, und zwar nicht nur in theologischer, sondern auch schon in historischer Hinsicht. Als historisches Phänomen wird der Kanon der hebräischen Bibel heute weithin nicht in demselben Ausmaß wie früher von seinem Endpunkt – oder gar von einem ›Beschluß‹ der sogenannten Synode von Jamnia um 90/100 n.Chr. – her erfaßt, sondern wird vielmehr als das Ende eines längeren und komplexen Werdegangs eingeschätzt, also nicht so sehr punktuell wie ›traditionsgeschichtlich‹ betrachtet[5].

Mit dieser längeren Perspektive der Kanongeschichte wäre man wohl auf den ersten Blick geneigt, eben die kanon-theologische Position von Childs zu verbinden, denn er läßt ja die Anfänge der Kanonwerdung relativ früh, und zwar in vorexilischer Zeit, einsetzen. Die Frage ist nun aber, wie Childs – und andere Forscher ähnlicher Auffassung – die Anfänge und Entwicklung der Kanonwerdung des näheren beschreibt. Das Verständnis dieses Werdegangs wird jedoch einigermaßen erschwert, wenn Childs zum Ausdruck bringt, daß er den Begriff des *Kanons* nicht im herkömmlichen, sondern in einem *erweiterten* Sinn verstehe, wobei es ihm mehr um einen theologischen als einen literarischen und historischen Begriff gehe; denn im ›Kanon‹ sehe er in erster Linie eine normative Größe, die aus einer tragenden und gestaltenden Interaktion von Tradition/Text und glaubender Gemeinde hervorgegangen sei[6].

Dabei darf aber nicht übersehen werden, daß sich Childs hier in einer Zwischenposition befindet, die nicht immer von seinen Kritikern gebührend beachtet worden ist. Einerseits hat er ein waches Auge für die *histo-*

---

5 Vgl. etwa die Darstellungen von *E. Sellin – G. Fohrer,* Einleitung in das Alte Testament, Heidelberg 1965, 535, oder *G.W. Anderson,* Canonical and Non-Canonical, CHB 1 (1970) 113–159, mit der o. in den Anm. 3–4 angeführten Literatur; *J.C.H. Lebram,* Aspekte der alttestamentlichen Kanonbildung, VT 18 (1968) 173–183; die einschlägige Literatur ist ansonsten fast unübersehbar. – Zur neueren Problematisierung der sog. Synode von Jamnia vgl. *J.P. Lewis,* What Do We Mean By Jabne?, JBR 32 (1964) 125–132; *R.C. Newman,* The Council of Jamnia and the Old Testament Canon, WThJ 38 (1975) 319–350; *P. Schäfer,* Die sogenannte Synode von Jabne, Judaica 31 (1975) 54–64.116–124; *G. Stemberger,* Die sogenannte Synode von Jabne und das frühe Christentum, Kairos NS 19 (1977) 14–21. – Hinzu kommen noch die Kanon-Probleme der Septuaginta (und anderer versiones) sowie die besonderen Probleme der Apokryphen; s. etwa *A.C. Sundberg,* The Old Testament of the Early Church (HThS 20), Cambridge, Mass. 1964, sowie *R. Beckwith,* The Old Testament Canon of the New Testament Church and its Background in Early Judaism, London 1985. Zudem haben die Qumran-Funde die Kanon-Fragen mehrfach in ein neues Licht gestellt, vgl. etwa *Sanders,* Canon 12–15. S. sonst *Reventlow,* Hauptprobleme II 126f (Lit.).

6 S. etwa Introduction 46ff; JSOT 16 (1980) 53–55.

rischen Fragen und betont die Notwendigkeit, deutlich zwischen der literarischen Entstehung der biblischen Bücher und der Kanonwerdung zu unterscheiden[7] – wobei er sich mit Forschern wie S.Z. Leiman oder M.G. Kline auseinandersetzt, die versucht haben, »to establish an unbroken canonical continuity from the Mosaic period«, die also eine Identität von Schriftwerdung und Kanonwerdung zu behaupten scheinen[8]. Andererseits ist ihm aber offensichtlich noch gewichtiger, daß die Schriftwerdung und die Kanonwerdung auch nicht auseinandergerissen werden, wie es öfter geschehen ist, weil dann die Kanonwerdung bloß als ein separater Akt nach der abgeschlossenen Schriftwerdung betrachtet und dargestellt wird[9].

Nun gibt es unter Forschern, die allgemein die Ansicht einer längeren Kanonwerdung teilen, doch gewisse Meinungsunterschiede. So setzt sich etwa Childs mit James A. Sanders auseinander, und zwar unter anderem weil dieser seine eigene Methode als »canonical criticism« bezeichnet hat, während Childs seine Arbeitsweise nicht als *eine* kritische Methode neben anderen modernen Methoden wie Literarkritik oder Formkritik sehen möchte, sondern sie vielmehr als eine umfassende Betrachtungsweise unter der Anwendung verschiedener kritischen Methoden handhaben will. Weil Sanders dazu noch sein »canonical criticism« existenziell in die Gegenwart hinein ausdehnt, hebt Childs demgegenüber die ›Objektivität‹ des Textes in seiner Letztgestalt – und dadurch seine einmalige und noch gültige Normativität – hervor[10]. Wie unter anderem Robert B. Laurin nennt auch Childs die abschließende Phase der Kanonwerdung »canonization«; doch markiert er seinen eigenen Standort, wenn er gleich hinzufügt: »the earlier decisions were not qualitatively different from the later ones«[11].

Es liegt also Childs – sowie anderen wie etwa Sanders und Sheppard – sehr daran, die Kanonwerdung nicht als einen abgesonderten Schlußpunkt, sondern als einen in die Schriftwerdung integrierten Prozeß besonderer

---

7   Vgl. Introduction 58–62.71; HBTh 2 (1980) 201.204.209f.
8   Introduction 55f.60–62.128; vgl. HBTh 2 (1980) 209f.
9   Introduction 51–55; in seinem Göttinger Kongreß-Vortrag 1977 gibt *Childs* ein »klassisches« Wort Gunkels wieder, das die Ansicht, die die Schriftwerdung gegen die nachfolgende Kanonisierung ausspielt, gut kennzeichnet, The Exegetical Significance of Canon for the Study of the Old Testament, VT.S 29 (1978) 66–80, hier 66.
10   Introduction 56f.82f. Seinerseits setzt sich auch *Sanders* mit Childs auseinander; s. etwa HBTh 2 (1980) 173–197; Canon 17–19.37f; Torah xi–xv. Vgl. sonst *Barr*, Holy Scripture 156f. S. sonst unten Anm. 49.
11   So VT.S 29 (1978) 67; vgl. Introduction 66; HBTh 2 (1980) 209. Wenn *Laurin*, der der existentiellen Sicht von Sanders nahe steht, »a distinction between ›canonizing‹ (the dynamic process of tradition growth) and ›canonization‹ (the static event of tradition closure)« macht, schätzt er diese Unterscheidung anders als Childs ein, indem er hier hinzufügt: »Canonization has been untrue to the canonizing process of tradition history« (Tradition and Canon, in: *D.A. Knight* [Ed.], Tradition and Theology in the Old Testament, Philadephia 1977, 261–274, hier 261). Vgl. noch den Childs-Schüler *G.T. Sheppard*, Canonization. Hearing the Voice of the Same God through Historically Dissimilar Traditions, Interp. 36 (1982) 21–33.

Art zu verstehen[12]. Wie dies nun in jeder Hinsicht zu beurteilen sei, darf dahingestellt bleiben; doch im Verhältnis zur gängigen Auffassung dürfte dies im Ausgangspunkt als etwas durchaus Erwägenswertes und Positives eingeschätzt werden. Wenn es aber dabei zur konkreten Beschreibung des Verhältnisses von Schriftwerdung und Kanonwerdung kommt, bleibt im Blick auf eine profilierte Klärung dieses Verhältnisses im einzelnen viel zu wünschen übrig[13]. Schließlich hat man in diesem Zusammenhang auch noch von einer »holistischen Lesung der Hebräischen Bibel« geredet[14]; aber auch so kann man nicht umhin, möglichst genaue *Unterscheidungen* im Material vornehmen zu müssen, und zwar sowohl historisch als auch theologisch[15].

Denn das Verhältnis von Schriftwerdung und Kanonwerdung ist zunächst analytisch und kritisch durch historische und theologische Unterscheidungen und Differenzierungen zu klären; erst wenn das Trennende säuberlich erarbeitet worden ist, können die einheitlichen Linien des Ganzen klarer hervortreten. Auch der theologischen Einheitsfrage wird es gewiß förderlich sein, methodisch nicht allzu viel in einen Topf zu werfen.

Bei dieser Gelegenheit darf das Augenmerk auf eine besondere Grenzmarkierung konzentriert werden, die oben am Ende des ersten Kapitels anvisiert wurde; um ihre Bestimmung besser in den Griff zu bekommen, sollen nun zwei verschiedene Sachverhalte etwas ausführlicher erörtert werden.

III. *Zusammen-Denken* und *Midrasch*

Zur weiteren Klärung des Verhältnisses von Schriftwerdung und Kanonwerdung darf der Ausgangspunkt in einer grundsätzlichen Aussage von Childs genommen werden. Er hat einmal sein kanon-theologisches Anliegen folgendermaßen zum Ausdruck gebracht: »What is important to recognize is how a particular religious perspective, governed by a process of fixing the tradition into authoritive writings, more and more shaped the tradition toward a particular canonical goal«[16]. Es kann sodann aufschlußreich sein, dieser Aussage eine andere gegenüberzustellen, die Walter Baumgartner in einem Brief vom 16. Juli 1942 an Karl Barth – an-

12 Vgl. *Childs*, Introduction 77f, zudem seine Bemerkung in HBTh 2 (1980) 209: »The canonical history is not a history which is separated from the larger literary history, but one aspect of the whole. It never replaced the literary history, but increased in importance and intensity in the post-exilic period«.
13 Introduction 50–62; vgl. seine Erörterung der einzelnen Bücher. Dasselbe läßt sich aber auch von den einschlägigen Ausführungen anderer Forscher dieser Position sagen.
14 So *Sheppard*, Canonization 21; vgl. *Childs*, Introduction 252f; *Sanders*, Torah ix; *ders.*, Canon 36f.
15 Es dürfte bezeichnend sein, daß *Childs* es nicht von »großer exegetischer Bedeutung« findet, »to be able always to distinguish sharply between the literary and canonical aspects of this history. Particularly in the early period, it is often impossible to know why stories were included in a cycle, or why various sources were joined« (HBTh 2 [1980] 210).
16 Ebd.

läßlich des Bandes II/2 der Kirchlichen Dogmatik – formuliert hat: »Gewiß kann sich der Sinn eines Stückes ändern, wenn es in größeren Zusammenhang tritt. Aber wie weit haben die Redaktoren der ganzen Bücher und vor allem die Endredaktionen des ganzen Kanons eine bestimmte Auffassung *im einzelnen* damit verbunden, und soweit das der Fall war, ist nicht auch da der Standpunkt noch der atl.-jüdische, so daß es dann nochmals einen großen Sprung braucht, um auf den christlichen Boden zu kommen?«[17]

Obgleich die beiden zitierten Alttestamentler jeweils vorsichtig formulieren, scheint zwischen ihren unterschiedlichen Aussagen doch ein tiefer Meinungsunterschied darüber zu klaffen, wie sich die Kanonwerdung zur vorgegebenen und zum Teil umgebenden Schriftwerdung verhält, oder aber weiter ausgeführt, wie die gegenseitige Beziehung der genannten Prozesse konkret zu begreifen und beschreiben ist.

Zugleich darf man den Abstand zwischen beiden Positionen aber auch nicht allzu groß veranschlagen, da sich der schon erwähnte »erweiterte Kanonbegriff« von Childs – sowie von Sanders und anderen – letztlich doch wohl nicht so neuartig oder radikal herausstellt, wie es auf den ersten Blick scheinen mag. Denn wenn man die Ausführungen von Childs[18] oder Sanders[19] mit denjenigen von Literarkritikern wie Otto Eißfeldt[20] oder schon Gustav Hölscher[21] vergleicht, sieht man doch auch die Nähe und Ähnlichkeit ihrer Darlegungen. Ihnen gemeinsam ist das historisch-kritische Bild des allmählichen Heranwachsens von Traditionen, Sammlungen und Schriften im biblischen Israel. Während aber die Literarkritiker – sowie die Formkritiker – die *Literaturwerdung,* und etwa beim Pentateuch die besondere Bedeutung von D und P, in den Vordergrund gerückt haben, um so »die Vorbedingung für das Werden einer kanonische Geltung genießenden Sammlung« vor allem im »Gesetz und Prophetenwort«[22] zu erblicken, haben Childs und Sanders *von der Letztgestalt des Kanons her* ihr Augenmerk vornehmlich auf diejenigen religiösen »Kräfte« gerichtet, die den literarischen Werdegang auf diese kanonische Letztgestalt hin so oder so geprägt haben – wobei eben auch die besondere Bedeutung von D und P beachtet worden ist.

Nun läge wohl die Behauptung nicht fern, es handle sich hier bloß um verschiedene Aspekte derselben Geschichte; es geht aber gewiß um mehr. Weil die literar- und formgeschichtlichen Beschreibungen der Literaturwerdung sehr oft auf halbem Wege stehengeblieben sind, ohne die Tatsa-

---

17   *R. Smend* (Hg.), Karl Barth und Walter Baumgartner. Ein Briefwechsel über das Alte Testament, ZThK.B 6: Zur Theologie Karl Barths, Tübingen 1986, 240–271, hier 254.
18   Introduction 62–67 und bes. 127–135 (zum Pentateuch, zudem 224 speziell zum Deuteronomium), 236–238.306–310 (zu den ›früheren‹ und ›späteren‹ Propheten), 501–503 (zu den ›Schriften‹).
19   *Sanders,* Torah 1–53.54–116; vgl. *ders.,* Canon 21–45.46–68, wo einerseits »Canonical Process« und andererseits »Canonical Hermeneutics« getrennt erörtert werden.
20   *O. Eißfeldt,* Einleitung in das Alte Testament, Tübingen 1964, 765–770.
21   *G. Hölscher,* Kanonisch und Apokryph, Naumburg/S. 1905, 7–18.19–24.25–35.
22   *Eißfeldt,* Einleitung 761.

che und Art der textlichen Letztgestalt historisch und theologisch hinreichend erklärt zu haben, ist es durchaus verständlich, daß die Aufmerksamkeit in den letzten Jahren so nachdrücklich auf die Letztgestalt der Schriften und auf den Kanon gerichtet worden ist – zumal der Kanon natürlich nicht unvorbereitet ›über Nacht‹ da war. Es besteht immerhin die Gefahr, daß man die vor-kanonischen Stadien und »Vorbedingungen« oder bestimmte Themen der alttestamentlichen Theologie frühzeitig kanonisch und darum unsachgemäß interpretiert. Wenn beispielsweise Sanders die von ihm angenommene »kanonische Hermeneutik« in fünf Punkten näher erklärt, geht es doch nur noch um sehr allgemeine – wenn auch ganz zentrale – theologische Themen im Alten Testament, während man gleichzeitig besondere Anliegen eben im »Gesetz und Prophetenwort« vermißt[23].

Bei dieser Sachlage scheint es nun sehr nötig, den Nahtstellen zwischen Schriftwerdung und Kanonwerdung noch präziser nachzugehen. Dabei soll zunächst ein Phänomen, das ›Zusammen-Denken‹ genannt werden kann, erörtert werden. Das Wort ›Zusammen-Denken‹ ist allerdings von Walther Zimmerli theologisch benutzt worden, als er in einer Besprechung der Theologie des Alten Testaments aus der Feder Gerhard von Rads nach einem größeren »Wagnis des Zusammen-Denkens« gefragt hat[24]. Dabei ging es um die heutige Strukturierung und Darstellung einer Theologie des Alten Testaments. Das Wort kann aber auch im historischen Sinn von einem wichtigen Prozeß in der alttestamentlichen Überlieferungsgeschichte selbst verwendet werden, wie aus einigen Beispielen hervorgehen mag.

In seiner Arbeit zum Deuteronomistischen Geschichtswerk hat Martin Noth unter anderem die »Haltung« des Dtr »gegenüber den überkommenen Überlieferungen« erörtert[25]. Er stellt dabei fest, daß der Dtr »seinen Stoff nicht nur gesammelt und ausgewählt, sondern auch, da er ein geschlossenes Gesamtwerk schaffen wollte, die verschiedenen ihm vorliegenden Überlieferungen *miteinander verbunden und Unstimmigkeiten zwischen ihnen auszugleichen versucht*« hat[26]. »Im ganzen« hat der Dtr »seiner Geschichtserzählung streng den Charakter eines Traditionswerkes gegeben, dessen Absicht die Sammlung und Erklärung der noch vorhandenen Überlieferungen zur Geschichte seines Volkes war«[27]. Daß diese Geschichtsschreibung auch stark theologisch geprägt war, hat Noth eben-

---

23 Canon 50–57; 51: »One, the Bible is a monotheizing literature. Two, it betrays a broad theocentric hermeneutic. Three, much of it celebrates the theologem *errore hominum providentia divina* (God's grace works in and through human sinfulness). Four, in it God betrays a divine bias for the weak and dispossessed. Five, there is a fourfold hermeneutic process by which it adapted international wisdom«.
24 *W. Zimmerli*, Rezension G. v. Rad, Theologie des Alten Testaments, VT 13 (1963) 100–111, hier 105.
25 *M. Noth*, Überlieferungsgeschichtliche Studien (1943), Darmstadt 1957, 95–100.
26 Studien 98.
27 Studien 100.

falls zum Ausdruck gebracht – obwohl er diese Seite noch stärker hätte
ausführen können[28].

Das Phänomen des Sammelns und Erwählens von Überlieferungen und
vor allem der schöpferischen Gestaltung von Geschichtswerken, das
Noth in seinen Studien – sowie in seiner Untersuchung zum Pentateuch[29]
– als einen wichtigen Wesenszug der alttestamentlichen Traditions- und
Redaktionsgeschichte aufgezeigt hat, läßt sich als ein immenses *Zusammen-Denken* der reichlich vorhandenen Einzelüberlieferungen verstehen. Es ist eine allmähliche Vereinheitlichung der geschichtlichen Vielfalt geschehen, die weithin theologisch bewegt und geprägt ist. Das betrifft nun nicht nur die geschichtlichen Überlieferungen, sondern gilt
auch für andere Überlieferungs-Felder des Alten Testaments, etwa die
prophetischen und die *weisheitlichen* Überlieferungen und ihre Sammlungen.

Das Buch Jeremia hat anerkanntermaßen eine besonders komplexe
Überlieferungs- und Redaktionsgeschichte hinter sich, aus der hier nur
auf ein paar Punkte eingegangen werden kann[30]. Unter den vielfach bear-
beiteten und verzahnten Überlieferungen heben sich Aussagen über das
»Wort JHWHs« heraus, die im Jeremia-Buch sehr reichlich belegt sind,
und zwar in besonders profilierter Weise in dem den prophetischen
Dienst legitimierenden Berufungsbericht (1,4ff) sowie in dem durch ein
»Über die Propheten« (לַנְּבִאִים) redaktionell überschriebenen Abschnitt
(23,9–32), wo Jeremia sich mit anderen Propheten auseinandersetzt. An
diesen und vielen anderen Stellen kommt die einzigartige Funktion und
Bedeutung des »Wortes JHWHs« entschieden zum Ausdruck; man hat
dabei auch noch von einer besonderen »Worttheologie« geredet, die hier
jedoch nicht näher zu erörtern ist[31].

Wenn man nun die ungewöhnlich breite *Überschrift* in 1,1–3 in diesem
Licht betrachtet, wird eine Doppelheit der Überschrift besonders beach-
tenswert, da zunächst »die Worte Jeremias« (1,1) und sodann »Wort
JHWHs« (1,2) notiert ist, während die Septuaginta die Formulierung
»Das Wort Gottes, das an Jeremia erging« an die Spitze des ersten Verses
gerückt hat[32]. Zur gegenwärtigen komplexen Gestalt der Überschrift läßt

28   Studien 100–110, § 13: Die theologischen Leitgedanken. Doch wird man sagen können, daß sein Werk in dieser Beziehung weithin durch *v. Rad*, Theologie, ergänzt wird.
29   Vgl. *M. Noth*, Überlieferungsgeschichte des Pentateuch (1948), Darmstadt 1960;
auch die »literarischen Gestaltungen« und die »Pentateucherzählung als ganze« werden
erörtert (247–271).
30   Bei dieser Gelegenheit darf aus der sehr reichen Literatur besonders hingewiesen
werden auf *S. Mowinckel*, Zur Komposition des Buches Jeremia (SVSK.HF 1913,5), Kristiania (Oslo) 1914; *E. Nielsen*, Oral Tradition (SBT 11), London 1954, 64–79; *W. Thiel*,
Die deuteronomistische Redaktion von Jeremia 1–25 (WMANT 41), Neukirchen-Vluyn
1973; *ders.*, Die deuteronomistische Redaktion von Jeremia 26–45 (WMANT 52), Neukirchen-Vluyn 1981. Vgl. noch zusammenfassend *O. Kaiser*, Einleitung in das Alte Testament, Gütersloh 1984, 246–259, und neuerdings *S. Herrmann*, Art. Jeremia/Jeremi-
abuch, TRE XVI (1987) 568–586.
31   Vgl. *v. Rad*, Theologie II (s.o. Anm. 1) 93–111, bes. 107.
32   Vgl. *W. Rudolph*, Jeremia (HAT I/12), Tübingen 1958, 2f; *Thiel*, Redaktion (1973)
49–61.

sich bei dieser Gelegenheit dreierlei kurz bemerken. Erstens werden durch die einleitende Angabe – »Die Worte Jeremias« – des ersten Verses, der wohl »den ältesten Bestandteil« der Überschrift ausmacht[33], nicht nur die vielfältige Verkündigung und die Klagen Jeremias, sondern auch seine Symbolhandlungen und Taten sowie verschiedene Berichte über ihn unter dem einen Begriff des *Wortes* – und zwar im Plural – zusammengefaßt[34]. Zweitens wird diese ›Zusammenfassung‹ in dem den nächsten Vers einleitenden Relativsatz durch die Singularform »Wort JHWHs« noch weiter ›zugespitzt‹ und das Interesse durch die gestaltenden Tradenten von der Person des Propheten auf Gott, seinen Berufer und Herrn, und sein wirkungsmächtiges Wort verlegt. Drittens wird diese ›Entwicklung‹ durch die Form der Septuaginta einen wesentlichen Schritt weitergeführt, wobei also der Schwerpunkt noch stärker auf die Funktion des »Wortes Gottes« gelegt wird. Es läßt sich also hier *eine im Wandel fortschreitende Überlieferung* beobachten[35]; und im Laufe dieser prophetischen Tradierung hat sich eine unverkennbare *theologische ›Systematisierung‹ und Deutung der Überlieferungsstoffe* ausgewirkt[36].

Die Doppelheit von den »Worten Jeremias« und dem »Wort JHWHs« ist auch noch in Jer 36 wahrnehmbar. Zudem ermöglicht dieses Kapitel gewissermaßen einen Einblick in die Schriftwerdung der prophetischen Verkündigung, wodurch sie sich nicht nur für die gegenwärtige Generation, sondern auch noch für künftige Generationen des Volkes als wirksam erweisen konnte[37]. Dazu läßt dieser Bericht erkennen, daß die prophetische Überlieferung mit einer ersten Niederschrift nicht für immer fixiert worden ist, sondern daß sie noch Gegenstand einer Gestaltung war und daß sich daneben eine mündliche Überlieferung fortgesetzt hat[38]; denn – wie es zum Abschluß lapidar gesagt wird – zur neuen von Jeremia diktierten Rolle »wurden noch viele Worte gleicher Art hinzugefügt« (36,32).

Von diesen wenigen Texten her ergibt sich ein Bild der Tradierung und der Schriftwerdung der prophetischen Verkündigung, das andere Texte und Prophetenschriften noch bestätigen können, daß nämlich die Pro-

---

33   *Thiel*, Redaktion (1973) 49.
34   Vgl. *Mowinckel*, Komposition 25. Wenn *Rudolph*, Jeremia 2, die Eröffnungsworte durch »Die Geschichte Jeremias« wiedergibt, wird wohl die hier grundlegende Bedeutung des Wort-Begriffs verkannt.
35   Vgl. *Thiel*, Redaktion (1973) 49ff.
36   Auch *B.S. Childs*, The Canonical Shape of the Prophetical Literature, Interp. 32 (1978) 46–55. hier 53, redet von »the creative dimension involved in the collecting process«, nur daß er diesen Prozeß »canonical shaping of the prophetic literature« nennt – was eben die Frage nach terminologischer und sachlicher Einordnung aufwirft.
37   Vgl. noch Jes 8,16–18; s. sonst *Nielsen*, Oral Tradition 64–79, bes. 68f.73.
38   Vgl. *S. Mowinckel*, Prophecy and Tradition (ANVAO.HF 1946, 3), Oslo 1946, 21–23.61–65; 21: »It is indeed a fact that some of the longer, strongly deuteronomizing prose speeches by Jeremiah ... are actual parallels to (variants of) metrically formed sayings which obviously have been contained in Baruch's book roll ... Jeremiah's sayings have *also* continued to live as oral tradition *beside* Baruch's book and, in a way, independently of it«.

phetenüberlieferung eine überaus lebendige und wandelbare Größe war, die sich in ständiger Bewegung durch *produktive* Gestaltung und Neuinterpretation auszeichnete. *Die Letztgestalt ist aber nicht von ungefähr gekommen, sondern läßt sich weither als ein gezieltes Zusammen-Denken bezeichnen, das in theologischer Hinsicht vor allem durch das Wissen um das wirkungsmächtige Wort Gottes geprägt wurde.*
Grundsätzlich ist das traditions- und redaktionsgeschichtliche Verfahren dasselbe auch im *weisheitlichen* Bereich – obwohl mit etwas anderen Akzenten, wie an der Gestalt des Proverbienbuches erkennbar ist. Gewöhnlich wird zwischen dem ersten Hauptteil, Prov 1–9, der durch größere Redeabschnitte und einen ausgesprochen theologischen Inhalt gekennzeichnet ist, und dem nächsten, Prov 10–22,16, der die erste »salomonische Sammlung« von Sprüchen der Erfahrungsweisheit ausmacht, eine »große Kluft« angenommen[39]. Gewiß liegen da erhebliche Unterschiede vor; doch gegen einen allzu schroffen Gegensatz wäre mehreres zu sagen. Hier sollen zwei Sachverhalte erwähnt werden, die sonst unbeachtet geblieben sind[40].
In der »Salomo-Sammlung« Kap. 10ff sieht man im allgemeinen keine besondere Komposition, sondern fast nur eine mehr oder weniger zufällige Aneinanderreihung der einzelnen Sentenzen[41]. Am Anfang von Kap. 10 läßt sich jedoch eine Mini-Komposition beobachten, die für das Verständnis des abschließendes Gestaltungsprozesses aufschlußreich sein dürfte. Zwischen den V. 1 und 8(-10), die durch den Gegensatz von »weise« und »töricht« verbunden sind, ergeben die V. 2–7 eine bemerkenswerte Struktur, die den Gegensatz von »arm« und »reich« zum Thema hat. Während das Thema in den V. 4–5, dem Kern der vorliegenden Einheit, erfahrungsweisheitlich entfaltet ist, und zwar so, daß »lässige Hand« nur Armut, aber »fleißige Hand« und Verstand Reichtum bringen – wobei die Armut hier als selbstverschuldet angesehen und hingestellt wird –, ist das Thema sodann in den V. 2–3 und 6–7 durch einen um diesen Kern herumgelegten Rahmen weiter und anders erklärt. Dies dergestalt, daß das Verhältnis von Armut und Reichtum an Hand der Begriffe »Frevel/Frevler« und »Gerechter/Gerechtigkeit« sowie durch das Tun und den Segen JHWHs gedeutet wird, wobei der Akzent von dem eigenen Tun des Menschen auf das Wirken Gottes und somit auf eine eindeu-

39 So mit vielen anderen *v. Rad*, Theologie I (s.o. Anm. 1) 455; vgl. *ders.*, Weisheit in Israel, Neukirchen-Vluyn ³1985, 224.
40 S. die ausführlichere Erörterung bei *M. Sæbø*, From Collections to Book – A New Approach to the History of Tradition and Redaction of the Book of Proverbs, Proceedings of the Ninth World Congress of Jewish Studies, Div. A, Jerusalem 1986, 99–106; *ders.*, Fortolkning til Salomos ordspråk – Forkynneren – Høysangen – Klagesangene, Oslo 1986, 29ff.167ff.
41 Vgl. etwa *W. McKane*, Proverbs, London 1970, 10ff; *Childs*, Introduction 555: »There is no significant ordering of the individual proverbs into larger groups. Occasionally single proverbs are linked in a loosely connected group either by word association od by general similarity of content«; neuerdings *O. Plöger*, Sprüche Salomos (BK XVII), Neukirchen-Vluyn 1984, 118f.

tiger religiöse – oder theologische – Ebene verlegt worden ist. Später im Kapitel ist dies zudem als eine Maxime direkt zum Ausdruck gebracht worden (V. 22):

»Der Segen Jahwes ist es, der reich macht,
und bei ihm fügt (eigene) Mühe nichts hinzu«[42].

Damit hat eine erfahrungsweisheitliche Aussage (10,4–5) durch ihre Rahmung (10,2–3.6–7) eine ethisch-religiöse und theologische Umdeutung erfahren, die nun in einem unverkennbaren Gegensatz zur ›ursprünglichen‹ Aussage selbst steht, zumal der Rahmen durch eine weitere Rahmung (10,1.8–10) noch ausgebaut und die so entstandene Spannung später (10,22) sogar verschärft worden ist. Wenn Childs meint, der erste Hauptteil »chs. 1–9 serve as a hermeneutical guide for reading what follows«, und daß »the older collection of chs. 10ff. has been left largely in an unedited stage«[43], läßt sich vor allem gegen letzteres festhalten, daß schon die Mini-Komposition von 10,1–10 als »a hermeneutical guide« für die erste »Salomo-Sammlung« angesehen werden darf.

Zum zweiten läßt sich die Behauptung des theologischen Charakters von 10,1–10 auch durch die Beobachtung erhärten, daß sich die theologische ›Bearbeitung‹ dieser Sammlung noch weiter erstreckt. Innerhalb der allgemein angenommenen zwei Teile der ersten »salomonischen Sammlung«, 10–15 und 15–22,16, befinden sich nämlich die ethisch-religiös oder theologisch am stärksten geprägten Kapitel jeweils am Anfang und Ende dieser Sammlungen, was die Vermutung nahelegt, daß auch in diesem größeren Kontext eine bewußte Rahmung vorgenommen worden ist; anders ausgedrückt: Der traditionelle Sprüche-Stoff wurde in dieser rahmenden Weise theologisch gesammelt, in gewissem Ausmaß systematisiert und dadurch gedeutet.

Wenn man schließlich noch bedenkt, daß die »Salomo-Sammlung« mit ihrem Sentenz-Stil zudem noch von Kompositionen mahnenden Lehrstils umgeben ist (von 22,17ff sowie vor allem von der langen, theologischen »Vorhalle« Kap. 1–9 mit ihren ganz besonderen Teilkompositionen), ist man geneigt, den theologischen Faktor bei der abschließenden Gestaltung des Proverbienbuches, vor allem der Kap. 1–24, wesentlich höher zu veranschlagen, als es gemeinhin geschieht[44]. *So ist auch im Bereich der israelitischen Weisheitslehre ein im JHWH-Glauben wurzelndes, theologisch sehr bedeutsames Zusammen-Denken des reichen Traditionsstoffes zu beobachten.*

---

42 Die Übersetzungen nach *Plöger,* Sprüche Salomos 120. Vgl. etwa auch Dtn 8,12–14.17–18; 9,4–5.
43 Introduction 555.
44 Wenn *McKane,* Proverbs 10–22, in der Annahme, es gäbe »no context in the sentence literature«, die einzelnen Sprüche in drei »Klassen« einteilt, und später, 413ff, diese »Klassen« quer durch die Kapitel von Prov 10ff verfolgt, hat er damit von vornherein seine Chancen verspielt, diese redaktionelle Endphase recht in den Griff zu bekommen. Ein neuer

Ob man dieses Verfahren mit Childs als »the canonical shaping« der alttestamentlichen Literaturwerke nennen sollte, ist nun aber die heikle Frage der aktuellen Debatte. Um diese Frage profilierter beantworten zu können – was im nächsten Abschnitt versuchsweise erfolgen wird – mag es der Sache förderlich sein, jetzt auch noch einige kurze Bemerkungen zum neueren Gebrauch des Begriffes ›*Midrasch*‹ zu machen.

Der heute häufige Gebrauch von ›Midrasch‹ – entsprechendes gilt von ›Kanon‹ – hat nicht nur eine wahre Renaissance, sondern zugleich eine Erweiterung und Mehrdeutigkeit des Begriffs herbeigeführt. Nachdem sich Robert Gordis 1930 darum bemüht hatte, die traditionelle »Kluft« zwischen der Bibel und der späteren rabbinischen Exegese dadurch zu überbrücken, daß er die Existenz von ›Midraschim‹ schon innerhalb der Bibel nachweisen wollte – und zwar in der Chronik, Hos 12,4f und Jes 30,26[45] – suchten später vor allem I.L. Seeligmann[46] und Renée Bloch[47], aber auch einige andere Bibelforscher, diesen Erweis noch wesentlich zu erweitern[48]. Dabei ist nun allerdings eine – gelinde gesagt – terminologische Unsicherheit entstanden. Dazu haben in den letzten Jahren wohl nicht am wenigsten solche Versuche beigetragen, die – auf diese oder jene Weise – schon im biblischen Raum ›Midrasch‹ und ›Kanon‹ eng aufeinander beziehen möchten, wie es etwa bei J.A. Sanders geschieht, der nicht nur von »canonical criticism« spricht, sondern auch von einem biblischen »comparative midrash« als »a new sub-discipline« (neben der Textkritik)[49]. Auf der anderen Seite scheinen Bemühungen um einen engeren und strafferen Gebrauch von ›Midrasch‹ noch nicht den erwünschten Erfolg gehabt zu haben[50].

Sprüche-Kommentar, der auch die abschließende Gestaltung und ihre theologische Komponente bis zum Ende des Wegs, zur Letztgestalt des Buches, verfolgt, scheint sehr erforderlich zu sein.
45   *R. Gordis,* Midrash in the Prophets, JBL 49 (1930) 417–422.
46   *I.L. Seeligmann,* Voraussetzungen der Midraschexegese, Congress Volume. Copenhagen 1953 (VT.S 1), Leiden 1953, 150–181; vgl. *ders.,* Indications of Editorial Alteration and Adaption in the Massoretic Text and the Septuagint, VT 11 (1961) 201–221.
47   *R. Bloch,* Art. Midrash, DBS 5 (1957) 1263–1281 (Lit.).
48   Vgl. etwa – mit unterschiedlichen Bezeichnungen des Phänomens – *P.R. Ackroyd,* Some Interpretative Glosses in the Book of Haggai, JJS 7 (1966) 163–167; *J. Weingreen,* Rabbinic-Type Glosses in the Old Testament, JSS 2 (1967) 149–162; *S. Sandmel,* The Haggada within Scripture, JBL 80 (1961) 105–122; *G. Vermes,* Bible and Midrash. Early Old Testament Exegesis, CHB I (1970) 199–231; *B.S. Childs,* Psalm Titles and Midrashic Exegesis, JSS 16 (1971) 137–150; *M. Fishbane,* Torah and Tradition, in: *D.A. Knight* (Ed.), Tradition and Theology in the Old Testament, Philadelphia 1977, 275–300; *E. Tov,* Midrash-Type Exegesis in the LXX of Joshua, RB 85 (1978) 50–61; *A. Pietersma,* David in the Greek Psalms, VT 30 (1980) 213–226. S. ferner die folgenden Anmerkungen.
49   *J.A. Sanders,* Text and Canon. Concepts and Method, JBL 98 (1979) 5–29, bes. 6f; *ders.,* Canon (s.o. Anm. 4) 25f. S. sonst oben Anm. 10. Vgl. auch *Sheppard,* Canonization (s.o. Anm. 11) 21–23.
50   So etwa *A.G. Wright,* The Literary Genre Midrash, Staten Island, N.Y. 1967, mit dem sich *R. Le Déaut,* A propos d'une definition du midrash, Bib. 50 (1969) 395–413, auseinandergesetzt hat; sein Artikel ist sodann ins Englische übersetzt und, mit einem Vorwort von J.A. Sanders, in Interp. 25 (1971) 259–282 erschienen. Später hat sich *D. Patte,* Early Jewish Hermeneutic in Palestine (SBLDS 22), Missoula, Mont. 1975, um eine Klärung der Terminologie des ›Midrasch‹ bemüht, bes. 315–324 (Postscript: A Proposal for the Nor-

Bei alledem ist es nun aber bemerkenswert, daß Michael Fishbane in seiner groß angelegten Arbeit »Biblical Interpretation in Ancient Israel«, wo
er in mehrfacher Hinsicht Fäden der unterschiedlichen Versuche, einen
›inner-biblischen Midrasch‹ nachzuweisen, aufnimmt und breiter ausführt, den Begriff ›Midrasch‹ in bezug auf die Bibel jedoch völlig meidet
und statt dessen von inner-biblischen »comments« und »revisions«, »interpretation« und »exegesis« redet[51]. Dabei geht es ihm auch sehr darum,
wie er sagt, »to distingwish between the received text, the *traditum,* and
the scribal annotations addressed to it, the *traditio*«[52]. An Hand des Be-
griffspaars *traditum/traditio* kann er sowohl Kritik an der »anthologischen« Begründung von biblischen *»écrits midrashiques«* von seiten A.
Roberts und seiner Schule üben[53] als auch S. Mowinckels Sicht der prophetischen Überlieferung zustimmen[54]; er sieht auch noch das Verhältnis
von Paralleltexten im Licht dieser Begriffe, wobei er etwa zur Chronik (im
Verhältnis zu Sam–Kön) bemerkt, daß sie ihre eigene *Tendenz* hat – was
aber nicht mit Exegese zu verwechseln ist[55].
Wenn Fishbane schließlich die Behandlung der »Gesetzes-Auslegung«
(legal exegesis) und der »Gesetzes-Überlieferungen« *(legal traditions)*
zum dominierenden Orientierungspunkt seiner Darstellung macht, setzt
er die Tora als den eigentlichen Schwerpunkt des Kanons voraus – was
aber bereits auf das nächste Kapitel übergreift.
Bei alledem darf es auch bei Fishbane als die Hauptsache gelten, wie anhand der obigen Beispiele deutlich wurde, daß die lange und komplexe
Überlieferungsgeschichte, von der die hebräische Bibel ein so vielgestalti-
ges Zeugnis ablegt, eine sehr lebendige und wandelbare Größe war, die
nur durch eine in mehrfacher Weise vereinheitlichende Sammlung und
Deutung die schließliche Letztgestalt der Bibel erreicht hat; und *durch
diese Sammlung und Deutung zieht sich als roter Faden ein umfassendes*

---

malization of Terminology), wobei er sich der Position von *Vermes,* Bible 199–231, nähert;
er schlägt vor, »to keep the term ›midrash‹ to designate a literary genre . . . A *midrashic
hermeneutic* can be characterized as an interpretation which assumes that Scripture is the
final and complete revelation of the election and vocation of the community; . . . it is furthermore characterized by an interpretation of Scripture by Scripture« (319).
51 M. *Fishbane,* Biblical Interpretation in Ancient Israel, Oxford 1985, 274f.287–
291.429.431–433. Er unterscheidet sonst zwischen »legal« (91ff), »aggadic« (281ff) und
»mantological« (443ff) Exegese in der hebräischen Bibel. – Vgl. unter seinen früheren Arbeiten noch bes. The Qumran Pesher and Traits of Ancient Hermeneutics, Proceedings of
the Sixth World Congress of Jewish Studies, I, Jerusalem 1977, 97–114, sowie Revelation
and Tradition. Aspects of Inner-Biblical Exegesis, JBL 99 (1980) 343–361.
52 *Fishbane,* Interpretation, 42f.
53 *Fishbane,* Interpretation 286–288; 287: »Indeed, the textual references which are
supposed to derive from earlier sources are generally so vague and disconnected, with vir-
tually no clusters of parallel terms or analogous contexts, that little is gained by calling them
exegetical or ›midrashic‹«.
54 *Fishbane,* Interpretation 289: »Rather, a learned vocabulary may simply have been
reapplied by later prophetic tradents . . . Thus, one may, in principle, agree with S. Mowinckel that, since the words of a prophet were living words, ›they were again and again re-
actualized in new, analogous situations by men who showed themselves to be authorized,
inspired transmitters and perpetuators of the heritage‹.«
55 *Fishbane,* Interpretation 290f.380ff.

theologisches Zusammen-Denken. Der ›Motor‹ war also nicht ein in ferner Zukunft liegendes »kanonisches Ziel« – um auf ein Wort in dem diesen Abschnitt einleitenden Zitat von Childs anzuspielen – *sondern ›von hinten her‹ die formende Kraft der monotheisierenden JHWH-Theologie des alten Israel.*

IV. Traditionsgeschichte und Kanonwerdung

Aus der obigen Erörterung dürfte unter anderem hervorgehen, daß es gewiß inner-biblische Interpretation und Reinterpretation gibt, daß sich aber gleichzeitig die Frage erhebt, inwieweit es auch sachgemäß ist, diese Interpretation bereits als ›Midrasch‹ zu bezeichnen. Man darf wohl feststellen, daß einige Versuche, die in diese Richtung getan worden sind, das Verhältnis von biblischer Traditionsgeschichte und der daraus folgenden Kanonwerdung eher zugedeckt als aufgedeckt haben. Der Forschung ist aber indirekt der Dienst geleistet worden, daß dadurch das Problem dieser Verhältnisbestimmung deutlicher ins Blickfeld trat.

I.L. Seeligmann hat 1953 umsichtig nur von »der Vorgeschichte des Midrasch« und »dem Übergang des biblischen Denkens in das des Midrasch« geredet; aber er hat andererseits auch hervorgehoben, »dass sich die älteste Midraschexegese organisch aus der Eigenart der biblischen Literatur entwickelt hat«[56]. Man wird also von einer Kontinuität des jüdischen Midrasch mit dem biblischen Schrifttum bei aller Diskontinuität durch den Kanon sprechen können[57]. Demgegenüber suchte Childs seinerseits das – an sich positiv zu bewertende – Anliegen zu verwirklichen, die Kontinuität der kanonischen Letztgestalt der Schrift mit der vorangehenden Literaturwerdung zu erarbeiten und darzustellen. Darüber hinaus haben einige auch noch von einem »*canonical consciousness*« in der Literaturwerdung geredet[58].

Was besagt nun eigentlich dieser neue Ausdruck? Präziser: Wie und wann ereignete sich letztendlich die Kanonisierung? Und abschließend: Welche Bedeutung erlangte der Kanon, als er schließlich vorlag? Zu dem historisch-theologischen und hermeneutischen ›Dreieck‹ von *Überlieferung, Kanon* und *Midrasch*, mit dessen Klärung sich die Forschung nun intensi-

---

56 *Seeligmann*, Voraussetzungen (s.o. Anm. 46) 150f. Auch *Fishbane*, Revelation 343, bemerkt zur exegetischen Tradition des jüdischen Midrasch, »that its roots lie in the biblical period – both pre- and post-exilic«.

57 Vgl. *Seeligmann*, Voraussetzungen 150: »Bei den alten Midraschim . . . hat man das Empfinden, daß sie dem biblischen Text noch mit einer schöpferischen Freiheit gegenüber stehen. Manchmal scheint es, als ob sie nicht so sehr einen festen, fixierten Text interpretieren, wie einen noch flüssigen, nicht abgeschlossenen, fortsetzen und mit ihren Gedanken umspielen«.

58 S. etwa *Childs*, Introduction (s.o. Anm. 2) 50; *Fishbane*, Revelation 349.361; *Sheppard*, Canonization 23ff; vgl. auch schon *Seeligmann*, Voraussetzungen 152 (s. gleich unten).

ver beschäftigen sollte, können hier bloß einige Bemerkungen gemacht werden.

1. Bei aller Rede von Kontinuität verschiedener Art, die es gewiß gegeben hat, ist *die Tatsache des Kanons als Endphase und Schlußpunkt* – trotz vereinzelter späterer Diskussion – festzuhalten und gebührend zu berücksichtigen; denn die Schriftwerdung ist doch zu einem bedeutsamen Ende gekommen. Wenn G. Vermes in diesem Zusammenhang zunächst gesagt hat: »Post-biblical midrash is to be distinguished from the biblical only by an external factor, canonisation«, und sodann fortfährt: »By common though mysterious consent, and using criteria which largely elude us, the Palestinian religious authorities decided, probably at about the end of the third century B.C., to arrest the growth of sacred writings and establish a canon«[59], dann scheint er den Werdegang allzu »mysterious« und die Bedeutung des Kanons allzu äußerlich aufgefaßt zu haben. Die Kontinuität kann nicht durch irgendeine Verflüchtigung der kanonischen Diskontinuität, sondern nur in einem realen Gegenüber zu ihr sachgemäß erfaßt und beschrieben werden.

2. Zur Profilierung dieser grundlegenden Doppelheit, vor allem im Hinblick auf die Äußerungen über »canonical shaping« und »canonical consciousness«, darf zunächst wieder auf *die traditionsgeschichtliche Eigenart der israelitischen Literaturwerdung,* die im vorigen Abschnitt erörtert wurde, hingewiesen werden. Denn wenn Childs – wie andere – die Darstellung der »Entwicklung des hebräischen Kanons« mit dem Deuteronomium beginnt[60] oder in seinem Göttinger Vortrag das Vorhaben, »to describe the influence of canon on the formation of the Hebrew Bible«, konkret ausführt[61], kann man sich des Eindrucks kaum erwehren, daß seine Ausführungen eher zufällig als genügend allgemein seien. Dem darf von daher das andere Bild der biblischen Literaturwerdung entgegengehalten werden, das oben ermittelt wurde; demzufolge läßt sich die Letztgestalt der biblischen Schriften nicht als etwas schon im voraus gegebenes, sondern allgemein als etwas historisch und theologisch *Gewordenes* verstehen, das nach frühen Voraussetzungen durch einen kreativen und produktiven Prozeß entstanden ist. Seine *Einheit* in der Vielfalt der Überlieferungen ist durch ein vom JHWH-Glauben getragenes und in verschiedenen Kreisen Israels sich auswirkendes theologisches *Zusammen-Denken* gewonnen worden. Dadurch ist die notwendige Bedingung und Vorbereitung des Kanons geschaffen, ohne die der Kanon nie Kanon sein würde.

3. Oft wird *Autorität* mit dem Kanon verbunden, was in gewissem Sinne sachgemäß ist, denn der Kanon meint Autorität. Autorität braucht aber

59   Bible (s.o. Anm. 48) 199.
60   Introduction 62ff; s. sonst o. Kap. III.
61   Significance (s.o. Anm. 3) 66ff; hinzu kommen noch die Ausführungen in seiner Introduction zu den einzelnen Schriften im Alten Testament.

umgekehrt nicht Kanon zu bedeuten[62]; doch ist sie – wie die Einheit –
notwendige Bedingung für die Entstehung eines Kanons. Es ist hier von
wesentlicher Bedeutung, daß diese Sachverhalte (Einheit, Autorität, Kanon), die zwar verwandt sind, dennoch sauber unterschieden werden.
4. Die *Überschriften* einzelner Bücher, denen nicht zuletzt aus einem
kanongeschichtlichen Interesse heraus Aufmerksamkeit gewidmet worden ist, vereinen die Aspekte von Einheit und Autorität, wie schon oben
im Zusammenhang der Überschrift Jer 1,1–3 zum Ausdruck kam. Dabei
sind insbesondere die Überschriften von Prophetenschriften und Psalmen
beachtet worden[63]. Unter den vielen David zugeschriebenen Psalmen
sind in diesem Zusammenhang vor allem diejenigen, die auch noch eine
besondere Situationsangabe haben (7; 18; 34; 51; 54; 56; 57; 59; 60; in
der Septuaginta noch weitere), besonders aufschlußreich[64]. Denn dadurch ist erstens eine Integration von ursprünglichen Kultpsalmen und
besonderen Geschichtsüberlieferungen vorgenommen und somit ein
wichtiger vereinheitlichender Schritt in der Richtung auf *eine aus Schriften bestehende Schrift* getan worden; zweitens sind durch die starke Konzentration auf die Person Davids sehr viele unterschiedliche Psalmen
eben unter seiner großen und indisputablen Autorität – so besonders in
später Zeit, wie etwa aus der Chronik ersichtlich ist[65] – überliefert worden. Es geht also hier um eine ›geliehene‹ personale Autorität, die diesen
Psalmen einen zum Teil neuen Status verliehen hat; das dürfte aber nur
von einer *vor-kanonischen Situation* her begreiflich sein.
Dieser Sachverhalt läßt sich aber in bezug auf die ähnliche Rolle Salomos
noch weiter erhärten, die er für den Status und die Autorität von Weis-
heitsschriften wie Proverbien, Kohelet und Hoheslied – dazu in nachbibli-
scher Zeit Weisheit Salomos und Psalmen Salomos – gespielt hat. Das Bemerkenswerte in diesen Fällen ist nicht so sehr die Überschrift in Spr 1,1
(neben den älteren Überschriften in 10,1 und 25,1) als vielmehr der Befund in Koh 1 sowie Hld 1 und 3,6–11. Denn in Koh 1 wird die Überschrift
1,1 noch in 1,12–18 durch die Schilderung des weisen Jerusalemer Königs
– jedoch ohne den Namen Salomo zu erwähnen – ›gestützt‹; und in Cant
1 ist, wohl zur Auffüllung der Überschrift 1,1, in 1,4 und 1,12 von »König«
die Rede; noch interessanter ist aber der historisierende Einschub 3,9f im
Lied 3,6–8.11, wo plötzlich von Salomo im Präteritum geredet wird, um
seinen prachtvollen ›Tragstuhl‹ zu schildern; in Anknüpfung an die
»Sänfte Salomos« in V. 7 wird also in V. 9f das – für die Autorität wichtige
– ›Thema Salomo‹ in dieser Weise ausgebreitet[66].

---

62   S. etwa *Anderson,* Canonical (s.o. Anm. 5) 117f.
63   Vgl. *B.S. Childs,* Psalm Titles and Midrashic Exegesis, JSS 16 (1971) 137–150; *ders.,*
Introduction 520f; *G.M. Tucker,* Prophetic Superscriptions and the Growth of a Canon, in:
G. W. Coates – B.O. Long (Ed.), Canon and Authority, Philadelphia 1977, 56–70.
64   Vgl. hierzu etwa *Kaiser,* Einleitung (s.o. Anm. 30) 351f (Lit.).
65   Vgl. etwa *M. Sæbø,* Art. Chronistische Theologie / Chronistisches Geschichtswerk,
TRE VIII (1981) 74–87 (Lit.).
66   Zur näheren Begründung vgl. *Sæbø,* Fortolkning (s.o. Anm. 40) 192ff.267ff.291f.

Das Entscheidende beim Befund in Kohelet und im Hohenlied ist, daß der salomonische Autoritäts-Aspekt zur gestaltenden Traditionsgeschichte, zur Komposition und Schriftwerdung, wenn auch in ihrem letzten Stadium, gehören mag, ohne daß der Name Salomo das alles Entscheidende gewesen ist; denn der nachbiblischen Weisheit Salomos und den Psalmen Salomos hat auch er nicht ›helfen‹ können. Dennoch gilt: Zusammen mit ›davidisch-historisierenden‹ Überschriften einiger Psalmen zeigt vor allem die ›salomonische Autorität‹, daß dieses Phänomen *dem vorkanonischen Endstadium der Traditionsgeschichte eigen* gewesen ist. Es hat den Kanon vorbereitet, darf aber selbst kaum als ›kanonisch‹ bezeichnet werden.

5. Demgegenüber dürfte die Sache völlig anders liegen, was etwa Koh 12,12–14, den zweiten ›Epilog‹ des Kohelet, und hier besonders die V. 13f betrifft. Wenn man nämlich diese letzten Verse, die als »eine dogmatische Korrektur« zum Vorangehenden bezeichnet worden sind[67], mit Koh 11,9, der als ein im Widerspruch zu Num 15,39 stehender Vers aufgefaßt worden ist, oder aber mit angeblichen Widersprüchen im Buch selbst, die nicht ›korrigiert‹ worden sind[68], vergleicht, dann ergibt sich etwas für die Kanonfrage sehr Wesentliches: Man hat nicht mit ›Korrekturen‹ in das Corpus des Buches eingegriffen, sondern solche nur am Ende des Buches angefügt. Das heißt wiederum, daß man hier mit dem Tradierten anders verfährt als in der früheren gestaltenden Überlieferungsgeschichte: *Man befaßt sich nunmehr mit einem Buch,* das seine Letztgestalt erreicht hat bzw. als abgeschlossen angesehen wird. Es geht ferner darum, dieses Buch nun in ein literarisch größeres Ganzes, in eine Sammlung von autoritativen Schriften, *einzuordnen* und es mit diesem – wenn nötig – möglichst zu *harmonisieren.*

Erst in diesem späten Stadium kann man »den Übergang von literarischem Wachsen in beginnende Interpretation« beobachten; erst jetzt läßt sich »das Aufkommen eines Kanonbewußtseins« mit vollem Recht annehmen, um wieder an Seeligmann anzuknüpfen[69]. Damit liegt nun eine tiefgreifende Änderung der Betrachtung und Haltung gegenüber dem Überlieferten, dem *traditum,* vor, die es so bis dahin noch nicht gab: *Man blickt zurück auf etwas Abgeschlossenes.* Das gilt im besonderen für einen *Teil* des vorliegenden Schrifttums, das man als »heilige Bücher« ausgesondert hat. Damit ist das *traditum* im wesentlichen festgelegt und begrenzt worden; als »Heilige Schrift« trägt es zudem in sich selbst eine Autorität, die nun die personal begründete Autorität einzelner Schriften überhöht.

---

67   So *A. Lauha,* Kohelet (BK XIX), Neukirchen-Vluyn 1978, 7; vgl. 20f.
68   Vgl. *H. W. Hertzberg,* Der Prediger (KAT XVII/4), Gütersloh 1963, 23–25; s. sonst *S. Holm-Nielsen,* The Book of Ecclesiastes and the Interpretation of it in Jewish and Christian Theology, ASTI 10 (1976) 55–96.
69   Vgl. *Seeligmann,* Voraussetzungen (s.o. Anm. 46) 152; auch *Childs,* Significance (s.o. Anm. 3) 67, gibt zu, daß »the term ›canonization‹ should be reserved for the final fixing of the limits of Scripture«.

Der Umstand, daß ein *Übergang* dieser Art, der von einem unverkennbaren ›Kanonbewußtsein‹ zeugt, stattgefunden hat, bleibt nun das Entscheidende; demgegenüber ist es weniger wichtig, diesen Übergang zeitlich genau festzulegen, zumal er zu verschiedenen Zeiten und in unterschiedlicher Weise vorbereitet worden und geschehen ist, wie in der neueren Forschung dargelegt wurde[70]. Die Beobachtung des angegebenen Übergangs dürfte ein allgemeines Merkmal der Kanonwerdung erkennen lassen, wie etwa auch dadurch zum Vorschein kommt, daß der obige Befund zu Koh 12 in einer Aussage aus der Spätphase der Kanongeschichte (um 95 n.Chr.) seine Entsprechung findet: in der bekannten Aussage des *Josephus* in Ap I 38: »Denn bei uns gibt es *keine Unzahl voneinander abweichender und sich gegenseitig widersprechender Bücher,* sondern nur zweiundzwanzig, welche die gesamte Vergangenheit schildern und mit Recht als göttlich angesehen werden«[71]. Bei Josephus wird übrigens eine auch sonst belegte Auffassung vertreten, die den Propheten eine grundlegende Rolle bei der Kanonwerdung beimißt. Wenn auch der Pentateuch zuerst eine besondere Stellung und kanonische Autorität hat genießen können, so darf dies doch nicht gegen die prophetischen Bücher ausgespielt werden; denn die Kanonwerdung – einschließlich der weisheitlichen und übrigen »Schriften« – weist eben keine geradlinige Geschichte auf. Die kanonische Vielfalt sollte auch in Bedeutung und Geltung gewahrt bleiben[72].

Darüber hinaus läßt sich der *Übergang* sowohl in dem ›parallelen‹ Phänomen der vereinheitlichenden *Textgeschichte,* die in den ›standardisierten‹ Masoretischen Text mündete[73], als auch in der geänderten Art der *Herstellung* von Rollen/Schriften im alten Israel[74] noch erkennen.

6. Auch in einem traditions- und geistesgeschichtlich weiteren Zusammenhang hat es Übergänge und Änderungen gegeben, die für die Erfassung der Kanonwerdung aufschlußreich sein dürften. Im ›Epilog‹ zu Kohelet etwa hat man gern – und gewiß mit Recht – eine *gesetzesorientierte*

---

70 S. Anm. 4 und 5 oben sowie die nächste Anm.
71 So nach *Lebram,* Aspekte (s.o. Anm. 5) 173 (Hervorhebung von mir); vgl. *Hölscher,* Kanonisch und Apokryph (s.o. Anm. 21) 2f; *Bill.* IV/1 417.
72 Vgl. etwa *Lebram,* Aspekte; ebenso die zutreffende Kritik an Sanders, speziell seiner Studie Torah and Canon (s.o. Anm. 4) bei *R.E. Clements,* Covenant and Canon in the Old Testament, in: *R.W.A. McKinney* (Ed.), Creation, Christ and Culture (FS T.F. Torrance), Edinburgh 1976, 1–12, bes. 9–11, sowie *Sheppard,* Canonization (s.o. Anm. 11) 25ff. In der sehr reichen einschlägigen Lit. s. neuerdings *D. Barthélemy,* L'état de la Bible juive depuis le début de notre ère jusqu'à la deuxième révolte contre Rome (131–135), in: *Kaestli-Wermelinger* (Ed.), Canon (s.o. Anm. 4) 9–45.
73 Vgl. etwa *Sh. Talmon,* The Old Testament Text, CHB I (1970) 159–199, sowie mehrere Beiträge in: *F.M. Cross – Sh. Talmon* (Ed.), Qumran and the History of the Biblical Text, Cambridge, Mass. / London 1975; *D. Barthélemy,* Etudes d'histoire du texte de l'Ancien Testament (OBO 21), Freiburg (Schweiz) / Göttingen 1978, bes. 341–364; *Sanders,* Text (s.o. Anm. 4), 6ff; sonst *M. Sæbø,* From Pluriformity to Uniformity. Some Remarks on the Emergence of the Massoretic Text . . ., ASTI 11 (1977/78) 127–137 (jetzt in: *Ders.,* Ordene og Ordet. Gammeltestamentlige studier, Oslo 1979, 42–52).
74 Vgl. *M. Haran,* Book-Scrolls et the Beginning of the Second Temple Period. The Transition from Papyrus to Skins, HUCA 54 (1983) 111–122.

Tendenz erkennen wollen. Genau dies gilt wohl auch für das Endstadium
der sehr komplexen Gestaltungsgeschichte des Psalters, insofern er in
fünf Teile gegliedert und durch einen ›Gesetzes-Psalm‹ eingeleitet worden ist[75]. Weil nun aber Ps 1 auch als ein Weisheits-Psalm angesehen wird,
darf diese besondere Einleitung des Psalters als ein Beispiel einer *sapien-
talisierenden* Tendenz genommen werden, die sich in der Spätzeit zunehmend geltend machte[76]. In dieser Zeit kam es nämlich zu verschiedenen
theologischen Aufbrüchen und neuen Gruppierungen, die die »heiligen
Schriften« anders lasen und interpretierten[77].

7. Mit der Existenz »Heiliger Schriften« in begrenzter Anzahl und mit
eigener Autorität ist nicht nur ein *traditum* neuer Art auf den Plan getreten, sondern ist auch eine neue *traditio* entstanden, die sich nun, an die
verpflichtende Norm des Kanons grundsätzlich gebunden, vornehmlich
in der Form der *Auslegung* der heiligen Texte auswirkt und verwirklicht –
im Midrasch wie im Neuen Testament.

V.   *Zum Abschluß*

Mit diesen Darlegungen wurde die sehr komplizierte und kontroverse
Problematik der Vorgeschichte und der Bildung des Kanons der hebräischen Bibel erörtert.
Den Ausgangspunkt bildete das am Kanon konzentrierte theologische
Anliegen Brevard S. Childs', der vor allem die Kontinuität des Kanons mit
dem vorangehenden Prozeß der Schriftwerdung hervorhob und erarbei-
tete. Dieses Anliegen ist gewiß zu begrüßen und ernsthaft zu beachten.
Immerhin haben die obigen Erörterungen erwiesen, daß sich mit dem Kanon – trotz aller Kontinuität – ein bedeutsamer und wirkungsvoller Übergang und Einschnitt ergab. Und nachdem der Kanon ›dazwischengekom-
men ist‹, hat sich auch das Verhältnis von *traditum* und *traditio* verändert.
Dabei wurde versucht, das Verhältnis zwischen der vorgegebenen Traditionsgeschichte, dem Kanon der hebräischen Bibel bzw. des Alten Testaments und der nach-kanonischen Auslegung in neuer Weise zu klären.

---

75 Hierzu vgl. etwa *C. Westermann*, Zur Sammlung des Psalters, in: *Ders.*, Forschung am
Alten Testament (TB 24), München 1964, 336–343; *H. Gese*, Zur Geschichte der Kult-
sänger am zweiten Tempel, in: *Ders.*, Vom Sinai zum Zion (BETh 64), München 1974,
147–158.
76 Vgl. etwa *G.T. Sheppard*, Wisdom as a Hermeneutical Construct. A Study in the Sapientializing of the Old Testament (BZAW 151), Berlin / New York 1980, bes. 120–150,
wo folgende Texte im Alten Testament erörtert werden: Koh 12,12–14; Hos 14,10; Ps 1; 2;
2Sam 23,1–7. Mehrere wären aber zu erwähnen.
77 Vgl. etwa *Sh. Talmon*, Typen der Messiaserwartung um die Zeitwende, in: *H.W.
Wolff* (Hg.), Probleme biblischer Theologie (FS G. v. Rad), München 1971, 571–588 (jetzt
in: *Ders.*, Gesellschaft und Literatur in der Hebräischen Bibel. Gesammelte Aufsätze I [In-
formation Judentum 8], Neukirchen-Vluyn 1988, 209–224).

Johann Maier

Zur Frage des biblischen Kanons im Frühjudentum im Licht der Qumranfunde

I. *Einleitung*

In der neueren Forschung hat das Thema »Kanon« des Alten Testaments eine beachtliche Aktualität gewonnen, mehrere Publikationen behandeln zusammenhängend[1] oder in Einzelbeiträgen[2] Entstehung und Umfang des Schriftenkorpus, das als »Altes Testament« bezeichnet wird, wobei die Unterschiede zwischen der hebräischen und griechischen Bibel noch einen besonderen Aspekt darstellen[3]. Bis zu den Qumranfunden war die Behandlung des Kanons und seiner Geschichte ein wenig variabler Standard-Topos der biblischen Einleitungswissenschaft oder der Dogmengeschichte gewesen. Nachdem aber die vollständige Jesaja-Rolle aus Qumran (1QIs^a) und die – leider – unvollständige Jesaja-Rolle (1QIs^b) publiziert waren, kam Bewegung in die Diskussion, zumal nach und nach direkt oder indirekt Teile auch anderer biblischer Bücher in Zitaten oder Textfragmenten zutage kamen. Die bisher immer noch instruktivste Übersicht dazu bot *F.M. Cross* in »The Ancient Library of Qumran and Modern Biblical Studies« (Garden City 1958), im einzelnen ergänzt durch die Beiträge im von *F.M. Cross* und *Sh. Talmon* herausgegebenen Sammelband »Qumran and the History of the Biblical Text« (Cambridge/Mass. 1975). Die sensationelle Tatsache, daß zumindest für ein biblisches Buch, Jesaja, ein vollständiger Text gefunden wurde, der ca. tausend Jahre hinter die mittelalterlichen großen Handschriften zurückreicht, hat naturgemäß vor allem textgeschichtliche Interessen geweckt,

---

1 S. zuletzt: *R. Beckwith,* The Old Testament Canon of the New Testament Church and its Background in Early Judaism, London 1985; *D.G. Meade,* Pseudonymity and Canon, Tübingen 1986; *H.-J. Fabry,* 11QPs^a und die Kanonizität des Psalters, in: *F. Haag – F.L. Hossfeld*(Hg.), Freude an der Weisung des Herrn. Beiträge zur Theologie der Psalmen (FS Heinrich Gross), Stuttgart 1986, 45–67.
2 *S.Z. Leiman* (Ed.), The Canon and Masorah of the Hebrew Bible, New York 1974; *J.-D. Kaestli – O. Wermelinger*(Ed.), Le canon de l'Ancien Testament. Sa formation et son histoire, Genève 1968.
3 *N. Fernández Marcos,* Introducción a las versiones griegas de la Biblia, Madrid 1979; *ders.*(Ed.), La Septuaginta en la investigación contemporánea, Madrid 1985; *A. Pietersma* (Ed.), De Septuaginta (FS J.W. Wevers), Mississauga/Ont. 1984; *R.W. Klein,* Textual Criticism of the Old Testament. The Septuagint after Qumran, Philadelphia 1974.

und auf diesem Gebiet wurde in neuerer Zeit sehr viel geleistet, wobei die Qumranfunde in vielfacher Hinsicht stimulierend gewirkt haben[4].

Überblickt man den Stand der Kanon-Forschung, so ergibt sich vordergründig ein ausgesprochen positives Bild: Durch die Qumranfunde sind fast alle Bücher der hebräischen Bibel zumindest durch Fragmente bezeugt, sieht man von Haggai und Ester ab. Auch die Chronikbücher scheinen noch fraglich zu sein, das eventuelle Fragment bedarf noch der Prüfung[5]. Andrerseits steht diesem statistisch günstigen Befund entgegen, daß eben nur vom Buch Jesaja ein vollständiger Text erhalten ist und von vielen biblischen Schriften nur kleine Fragmente vorliegen, die wenig über den Textbestand insgesamt aussagen können. Vor allem die Tatsache, daß keine Tora-Rolle erhalten blieb, ist zu bedauern. Wie die vorhandenen Fragmente als Bestandteile von Schriftrollen zu werten sind, bleibt ebenfalls noch zu klären, wobei wieder den Rollen in althebräischer Schrift ein Sonderstatus zuerkannt werden muß[6]. Die buchtechnischen Fragen sind inzwischen auf einer breiteren Basis bearbeitet worden[7]. Weitere Kriterien, die bereits sehr genau analysiert wurden, liefern Orthographie (Plenebzw. Defektivschreibung)[8] und Textgliederung[9]. Von der Orthographie her ergibt sich offenbar ein deutlich höherer (früherer) Stabilitätsfaktor für die Tora, der man also auch in Qumran einen entsprechenden Grad an Autorität zugeschrieben hat. Sie dürfte als Offenbarung vom Sinai bzw. an Mose schon so früh als autoritativ gegolten haben, daß Samaritaner und Sadduzäer[10] dies als vorgegeben hingenommen haben. Damit stellte sich natürlich die sehr interessante Frage nach dem Zusammenhang zwischen Kanonbildung und frühjüdischen Richtungskämpfen. Man suchte auch

---

4   D. Barthélemy, Ètudes d'histoire du texte de l'Ancien Testament, Freiburg (Schweiz) / Göttingen 1978; ders., Critique textuelle de l'Ancien Testament I–II, Freiburg (Schweiz) 1982/86; E. Tov, The Nature and Background of Harmonizations in Biblical Manuscripts, JSOT 31 (1985) 3–29.
5   S. J.A. Fitzmyer, The Dead Sea Scrolls, Missoula ²1977, 157: 2Sam 7 dürfte eher zugrunde liegen.
6   K.-A. Mathews, The Background of the Paleo-Hebrew Texts at Qumran, in: C.L. Meyers (Ed.), The Word of the Lord Shall Go Forth (FS D.N. Freedman), Winona Lake 1983, 549–568; J.E. Sanderson, An Exodus Scroll from Qumran, 4Qpaleo Exod. and the Samaritan Tradition, Atlanta 1986; D.N. Freedman – K.A. Mathews, The Paleo-Hebrew Leviticus Scroll (11Qpaleo Lev), Winona Lake 1985.
7   M. Haran, Book Scrolls in Pre-exilic Times, JJS 33 (1982) 161–173; ders., More Concerning Book Scrolls in Pre-exilic Times, JJS 35 (1984) 84f; ders., Bible Scrolls in the Early Second Temple Period (Hebr.), ErIs 16 (1982) 86–92; ders., Bible Scrolls in Eastern and Western Jewish Communities from Qumran to the High Middle Ages, HUCA 56 (1985) 21–62; ders., Book Size and the Device of Catchlines in the Biblical Canon, JJS 36 (1985) 1–11; J. Maier, Jüdische Auseinandersetzung mit dem Christentum in der Antike, Darmstadt 1982, 10–114.
8   W. Weinberg, The History of Hebrew Plene Spelling, Hoboken/N.J. 1985; F.I. Andersen – M.D. Forbes, Spelling in the Hebrew Bible, Rom 1986.
9   J.M. Oesch, Petucha und Setuma (OBO 27), Freiburg (Schweiz) / Göttingen 1979; ders., Textgliederung im Alten Testament und in den Qumranhandschriften, Henoch 5 (1983) 289–321.
10   J. Le Moyne, Les Sadducéens, Paris 1972, 357ff.

hier zu Ergebnissen zu kommen[11], doch die Quellen erlauben wenig konkrete und beweisbare Feststellungen. Im großen und ganzen gilt wohl, daß die eschatologisch orientierten Strömungen, und damit (in gemäßigter Haltung) auch die Pharisäer, das größte Interesse am Prophetencorpus bzw. an seiner Aufwertung in autoritativer Hinsicht erkennen ließen[12]. Und wichtig ist gewiß, daß die Ausbildung der Vorstellung vom »Kanon« von Anfang an in innerjüdische Auseinandersetzungen gehört, da die Kontrolle über autoritative Schriften in jedem Fall eine Machtposition bedeutete[13]. Diese war nur durch eigene Verfügung über den anerkannt autoritativen Text zu unterlaufen und konnte durch Einführung weiterer, der eigenen Position dienlicher autoritativer Texte gekontert werden. Dabei spielen auch die Institutionen eine Rolle, welche die Textüberlieferung und den Textgebrauch beherrschten, wobei in erster Linie an den Tempel zu denken ist, in zweiter Linie an Gruppenorganisationen außerhalb des Tempels, zuletzt an die Synagoge, wo sich erneut ein Kampf um die Verfügung über die autoritativen Texte abspielte, wobei die Rabbinen in etwa jene Privilegien für sich verteidigten, die sie zuvor der Priesterschaft streitig gemacht hatten[14].

II. Zum Sprachgebrauch

Eine gewisse Schwierigkeit liegt im Sprachgebrauch von »Kanon« und »kanonisch«, der vielfach zu unreflektiert erfolgt und häufig noch dazu speziell christliche Vorstellungen einschließt. Demgegenüber kann nicht deutlich genug betont werden, daß die Definition eines »Kanons« biblischer Schriften im Christentum wie im Judentum erst sehr spät erfolgte und es daher Mißverständnisse provozieren kann, wenn der Ausdruck für die ältere Zeit angewendet wird[15]. Dies bedeutete auch eine andere Einstellung zum Text, der als solcher erst in dem Maß Bedeutung gewann, als der Begriff der Kanonizität inhaltliche Konturen erhielt. Bis dahin dominierte nicht der Text als vielmehr der im Text überlieferte Inhalt, was den relativ freien Umgang mit biblischen Texten ermöglichte. Noch Josephus, der schon merklich auf den Kanonbegriff zusteuerte, konnte der Überzeugung sein, in seinen »Antiquitates Judaicae« nichts hinzugefügt und

11   *M. Smith*, Palestinian Parties and Politics that Shaped the Old Testament, New York 1971; *A. Lemaire*, Les écoles et la formation de la Bible dans l'Ancien Israel (OBO 39), Freiburg (Schweiz) / Göttingen 1981.
12   *J. Blenkinsopp*, Prophecy and Canon, Notre Dame 1977; *A. Rofé*, Gli albori delle sette nel giudaismo post-esilico, in: Atti del V Congresso internazionale dell'AISG, S. Miniato 1984, Roma 1987, 25–35; *Fabry*, 11QPsª (s.o. Anm. 1) 47ff.
13   *G. Bruns*, Canon and Power in the Hebrew Scriptures, Critical Inquiry 10 (1984) 462–480.
14   Für später s. *Maier*, Auseinandersetzung 10–114.
15   *P. Neuenzeit*, Art. Kanon, SM(D) II (1968) 1025–1034; *J. Barr*, Holy Scripture. Canon, Authority, Criticism, Oxford 1983; *R. Meyer*, Kanonisch und apokryph, ThWNT III (1938) 979–987.

nichts wegzulassen zu haben, damit eine Phrase des Deuteronomiums gebrauchend, die in der jüdischen Rechtsgeschichte zu einem festen Prinzip geworden ist. In der Tat dauerte die Standardisierung und Fixierung des Textes ja auch länger als die begriffliche Definition des Kanons, auch wenn von früh an ein Zusammenhang zwischen Textgestalt und autoritativem Gewicht eines Schriftexemplars bestand. In diesem Zusammenhang ist es unerläßlich, die in der jüdischen Tradition so deutliche Abstufung der Offenbarungsautorität in 1. Tora, 2. Propheten und 3. Hagiographen (TN"K) auch historisch ernstzunehmen. Nichts deutet darauf hin, daß im rabbinischen Judentum die Autorität der »Propheten« gegenüber der Tora etwa abgewertet worden wäre; im Gegenteil, gerade im rabbinischen Judentum gewinnt die ganze Bibel mit ihren drei Teilen ein immer größeres Gewicht, und in der Folge wurde auch verstärkt darauf Wert gelegt, einen Sachverhalt aus allen drei Teilen – TN"K – zu begründen. Die in diese drei Teile (TN"K) abgestufte »Kanonizität« muß massive historische Voraussetzungen im frühen Judentum gehabt haben. Es ist kaum anders denkbar, als daß zunächst einmal die Tora allein als autoritative Tradition galt, wie sie auch späterhin in halachischer Hinsicht als »schriftliche Tora« den eigentlichen Offenbarungsinhalt bildet, dem »nichts hinzugefügt und nichts abgezogen werden« darf. Auch die liturgische Verwendung zeigt die Abstufung an. Die Tora wird bis heute in einem Zyklus vollständig gelesen, aus dem Prophetenkorpus nur Auswahlperikopen zu den Tora-Perikopen, während es für die Hagiographen in dieser Form keine liturgische Lesung gibt, sieht man von der Verwendung der Megillot zu bestimmten Festen ab. Es ist daher nicht sinnvoll, einen einheitlichen Begriff der »Kanonizität« vorauszusetzen, zumal die liturgische Verwendung auch noch rituelle Gesichtspunkte mit sich bringt, galten doch nur jene Exemplare von Schriftrollen als »heilig« und tauglich, die nach ganz bestimmten Vorschriften hergestellt worden sind. Diese Vorschriften sind zwar gewiß rabbinisch, fußen aber auf älteren Voraussetzungen, die ihren »Sitz im Leben« dort haben, wo »Heiligkeit« im rituellen Sinne eben zuhause war, nämlich am Heiligtum.

Dort galt die Heiligkeit zunächst dem Pentateuch. Für die Rabbinen war die Heiligkeit der Propheten-Schriftrollen kein Thema mehr, wohl aber die der Hagiographen. Hier hat eine Ausweitung der rituellen Heiligkeitsqualität von der Tora auf die Propheten und Hagiographen stattgefunden, insofern sogar eine Aufwertung der beiden letzten Corpora gegenüber der Tora.

III.   *Der Pentateuch und die Tora*

1.   *Stoff, Text und funktionsgerechte Fassungen*

Ein zunächst noch offeneres Verhältnis zwischen Text und Stoff entsprach juristischen Bedürfnissen. Der Sachverhalt ist es, der beschrieben wurde, und die Rechtsvorschrift und die Sanktion sind es, die festgelegt werden müssen. Der exakt tradierte Text hingegen ist ein sekundäres Anliegen, erst spürbar, sobald den Inhalten in ihrem Wortlaut Offenbarungscharakter zugeschrieben wird. Für die Tora dürfte dieses Stadium zwar recht früh anzusetzen sein, wie früh, ist allerdings noch immer unklar. Geht man davon aus, daß in der frühen nachexilischen Zeit die Textgestalt noch nicht das Gewicht hatte, das ihr gegen Ende des Zweiten Tempels zukam, wird man für die persische Periode noch mit beträchtlichen Variablen zu rechnen haben, vor allem, wenn man in Rechnung stellt, daß vom überlieferten Recht in einigen seiner Sparten unterschiedliche Fassungen vorhanden gewesen sein konnten, den Bedürfnissen einzelner Gruppen bzw. Funktionen angepaßt. Die Priesterschaft müßte eigentlich detailliertere und umfangreichere Fassungen des Kultgesetzes zur Hand gehabt haben als die davon nur teilweise betroffenen Laien. Dasselbe mag für Funktionäre der Verwaltung und der Justiz gelten. Es liegt nahe anzunehmen, daß der zum Masoretischen Text hinführende Pentateuchtext im wesentlichen auf eine Kompromißfassung zurückgeht, die in persischer Zeit die unterschiedlichen Strömungen in Judäa auf einer gemeinsamen Traditionsbasis verbinden sollte. Dies schließt nicht aus, daß daneben und auch weiterhin noch sachgebietsbezogene Fassungen existierten, die nicht publik waren, und es schließt auch nicht aus, daß es gerade wegen des erreichten Kompromisses in oppositionellen Kreisen ältere und neuere Fassungen von Teilen oder des ganzen Stoffes gab, den man mit der Mose-Überlieferung verband und aus Oppositionsgeist heraus weiter pflegte oder im Bedarfsfall neu aktualisierte.

Die »Tempelrolle« von Qumran hat solche Überlegungen provoziert, weil die anfänglich textgeschichtlich zentrierte Betrachtung der pentateuchischen Inhalte zu keinem befriedigenden Ergebnis geführt hat, es sei denn, man hält von vornhinein den Masoretischen Text für die Norm, von der aus man die »Abweichungen« verzeichnet, ein Verfahren, das durchaus verbreitet ist. Nun hat aber J. Strugnell bekanntgegeben, daß es noch andere Zeugnisse für etwas wie »Pentateuchparaphrasen« gibt. Man war zu der Zeit noch mehr am Stoff als am Text orientiert. Der Text des Pentateuch mußte in dem Maß an Gewicht gewinnen, als ein bestimmter Text eine entsprechende Funktion in den damaligen innerjüdischen Verhältnissen erhielt. Solche Funktionen konnten sein: a) die Absicherung einer möglichst breiten Rechtsbasis für die Praxis im Tempelstaat, b) eine liturgische Funktion. Die Tora-Lesung könnte im Tempel zunächst dem Zweck gedient haben, die erreichte breite Kompromiß-Rechtsbasis mit einem religiös-autoritativen Nimbus zu umgeben, zusätzlich zu dem im Pentateuch ohnedies durch den Bezug auf Mose bzw. auf den Sinai schon vorgegebenen »Alters«-Kriterium. Sobald einmal der Pentateuch liturgisch verlesen wurde, war auch von Bedeutung, welcher Wortlaut aus welchem Exemplar verlesen wurde. Wie noch in rabbinischer Überlieferung bekannt war, gab es im Tempel so etwas wie Musterexemplare der Schriftrollen, die als Tempelschriftrollen verständlicherweise von vornherein auch den entsprechenden Heiligkeitsgrad hatten und entsprechende Reinheitspraktiken erforderten. Damit waren diese Musterexemplare in priesterlicher Hand und Handhabung, die Tempelpriesterschaft verfügte letztlich monopolartig über die Textkontrolle, im Meinungskampf des damaligen Judentums ein erheblicher Vorteil, der nichtpriesterliche Gruppen provozieren mußte[16]. Bemerkenswerterweise haben diese frühen Verhältnisse dann auch noch in der rabbinischen Synagoge Spuren hinterlassen: Einmal gilt die Tora bis heute als die eigentliche Offenbarung, und demgemäß sind auch die Schreibvorschriften für den Pentateuch andre als für die übrigen Teile der Bibel, zum andern blieb den Priestern als eines ihrer wenigen Privilegien der Vorrang bei der liturgischen Lesung.

»Heilige Schrift« war also im Judentum zunächst »Schrift des Heiligtums«, und zwar der Pentateuch in einer bestimmten Fassung, von der mehrere Textüberlieferungen bezeugt sind: die zum Masoretischen Text führende Tradition, die samaritanische[17], die Qumran-Pentateuchtexte, die hebräische(n) Vorlage(n) der griechischen Übersetzung (»Septuaginta«)[18]. Daß es sich bei diesem dem Masoretischen Text verwandten Pentateuch um den »kanonisch« gewordenen handelt, beweist aber keineswegs etwas für sein Alter gegenüber anderen Fassungen, wie sie teilweise in der Tempelrolle oder in den von J. Strugnell angekündigten »Pentateuchparaphrasen« bezeugt sind. Die kanonisch gewordene Pentateuchfassung[19] repräsentiert eben möglicherweise nur den zu einer bestimmten Zeit erreichten weitgehend gemeinsamen Nenner innerhalb der frühjüdischen Parteienlandschaft. Wann dieser Kompromiß über das Inhaltliche (den Stoff) hinaus auch zu textlichen Fassungen in einigermaßen fixierter Gestalt geführt hat, bleibt umstritten. Erst kürzlich suchte G. Garbini[20] sie ins 3. Jahrhundert zu datieren, als Jerusalemer Fassung nach babylonischen Vorgaben und mit antiägyptischer Tendenz, wobei die griechische Pentateuchübersetzung dazu dienen sollte, die Jerusalemer Fassung auch in der Diaspora durchzusetzen. Davor gab es seiner Meinung nach eine »Esra-Tora« (ein Ritualkodex) und eine Zadokiden-Tora (die Tempelrolle). Doch die dem Masoretischen Text verwandte Fassung muß nicht so spät sein, sie könnte erheblich älter sein, möglicherweise der Reform des Esra zugrunde gelegen haben[21].

16   Dazu *Maier*, Auseinandersetzung 10ff.
17   *L.F. Giron*, Datos para una historia de los Samaritanos y los origenes de su Pentateuco, El Clivo 22 (1985) 149–174.
18   *A. Aejmelaeus*, What Can We Know about the Hebrew »Vorlage« of the Septuagint?, ZAW 99 (1987) 58–89.
19   Zur Orientierung über die ziemlich unübersichtlich gewordene Diskussion s. *A.H.J. Gunneweg*, Anmerkungen und Anfragen zur neueren Pentateuchforschung, ThR 48 (1983) 227–253; 50 (1985) 107–131.
20   *G. Garbini*, Storia e ideologia nell'Israele antico, Brescia 1986, 183ff.
21   Dazu s. *A.H.J. Gunneweg*, Zur Interpretation der Bücher Esra, Nehemia, in: VT.S 32 (Congress Volume Vienna 1980), Leiden 1981, 146–161; *R. Rendtorff*, Esra und das Gesetz, ZAW 96 (1984) 165–186; *J.A. Sanders*, Torah and Canon, Philadelphia 1976.

2. Die Tempelrolle aus Qumran

Die längste bekannt gewordene Schriftrolle aus Qumran, 1978 durch Y. Yadin ediert[22], kann neben der Kriegsrolle am ehesten in Anspruch nehmen, ein wohlkomponiertes Buch darzustellen. Inhaltlich fällt eine an dem Prinzip der abgestuften Heiligkeit orientierte Stoffanordnung ins Auge. Am Anfang (systematisch: im Zentrum) steht das Heiligtum, wie es nach der Landnahme hätte erbaut werden sollen, also der eigentlich von Gott gewollte erste Tempel mit seinem Kult. Darauf folgen Bestimmungen für die Stadt des Heilligtums und für ihre Umgebung, für Städte im Heiligen Land und für das Volk im Heiligen Land. In den Teilen zum Opferkult ist ebenso wie in den letzten Abschnitten ein Zug zur juristischen Systematisierung der in der Bibel differierenden Überlieferungen zu beobachten und zugleich ein Ansatz zu einer Sachordnung. In beiden Fällen begegnen Verfahren, die bei rein textgeschichtlicher Betrachtung nicht ausreichend zu beurteilen sind, vor allem nicht unter der Voraussetzung einer Kanonizität des Textes im Sinne der auf den Masoretischen Text zulaufenden Fassungen[23].

Im Teil über die Tempelanlage, der gewissermaßen die im Pentateuch enthaltenen Vorschriften für die Erstellung des Zeltheiligtums durch solche über den Bau des festen Heiligtums ergänzt, überraschte die Diktion. Sie entspricht direkter Gottesrede wie in Pentateuchpartien der Sinaioffenbarung. Über die Datierung der Tempelrolle bestehen derzeit erhebliche Meinungsverschiedenheiten. Y. Yadin wollte in ihr vor allem Reaktionen auf die Hasmonäerherrschaft sehen. H. Stegemann[24] hingegen hält den Text für vorqumranisch und möchte ihn in die persische Periode datieren. Möglicherweise liegt die Wahrheit in der Mitte, die Endgestalt könnte qumranisch sein, die einzelnen Traditionskomplexe aber machen einen älteren Eindruck, könnten in spätpersischer und frühhellenistischer Zeit ihre literarische Gestalt erhalten haben, was ein noch höheres Alter für Einzelinhalte nicht ausschließt.

Ohne Zweifel will die Tempelrolle Tora sein. Galt sie als solche in der Qumrangemeinde, und wenn ja, in welchem Sinn? B.Z. Wacholder vertritt die These, es handle sich um die neue Tora der Qumrangemeinde und das in ihr beschriebene Heiligtum sei das Heiligtum der Endzeit[25]. Das paßt allerdings nicht zu den sonstigen Nachrichten über das eschatologische Heiligtum[26], zudem vermag Wacholder die sonstigen Qumran-Pen-

---

22   *Y. Yadin,* The Temple Scroll, 3 Bde., Jerusalem 1978; *J. Maier,* The Temple Scroll, Sheffield 1986 (mit weiterführenden Literaturangaben).

23   *St.A. Kaufman,* The Temple Scroll and Higher Criticism, HUCA 53 (1982) 29–43.

24   *H. Stegemann,* The Origin of the Temple Scroll, erscheint in: VTS Leiden 1987/8 (XIIth Congress of the JSOT, Jerusalem 1986).

25   *B.-Z. Wacholder,* The Dawn of Qumran, Cincinnati 1983. Daß neben dieser »neuen Tora« die »alte« weiter akzeptiert blieb, vermutet *W. McCready,* A Second Torah at Qumran?, SR 14 (1985) 5–15.

26   *F. García Martínez,* La »nueva Jerusalem« y el Templo futuro de los manoscritos de Qumran, in: D. Muñoz León (Ed.), Salvación en la Palabra (FS A. Diez Macho), Madrid 1985, 563–590.

tateuchtexte und deren Verwendung nicht recht zu erklären. Da die vorhandenen Fragmente nur 2–3 Exemplare der Tempelrolle bezeugen, kann man mit H. Stegemann bezweifeln, daß der Text für die Qumrangemeinde eine große praktische Bedeutung hatte. Tatsächlich wissen wir über die Kriterien, nach denen vor 70 n.Chr. in Qumran solche Texte verwertet wurden, nicht viel. Die Art der Schrift und der Gebrauch des Gottesnamens geben zwar Hinweise, aber nicht in ausreichendem Maß. Über »heilige« Schriftrollen ist überhaupt nichts bekannt, es wäre aber wichtig zu wissen, von welchen Texten rituell taugliche Rollen hergestellt wurden, um abschätzen zu können, ob und in welchem Grad sie als autoritativ galten. Die bloße Tatsache, daß ein bis zwei Fragmente eines biblischen Buches in Qumran gefunden wurden, beweist also keineswegs seine »Kanonizität« (zumal offen ist, was dies heißt), ebensowenig, wenn gewisse Texte später als apokryph oder nichtkanonisch galten, daß sie auch in Qumran kein autoritatives Ansehen hatten.

3. *»Offenbares« und »Verborgenes«*

Innerhalb der Tora-Autorität im weiteren Sinn, also für die Feststellung der jeweils gültigen Normen (später: Halacha) begnügte sich die Qumrangemeinde nicht mit der schriftlich überlieferten Tora, in welcher Fassung auch immer. Sie hatte darüber hinaus die Vorstellung, daß für jede Epoche spezielle Normen gelten; sie behauptete eben, daß ihre jeweiligen Ordnungen und Normen »der Zeit« entsprächen und daß sie imstande sei, die bislang »verborgenen« Normen für ihre spezifische Zeit »offenbar« zu machen[27]. Welche Kriterien dabei zur Anwendung kamen, wie kontrollierbar diese Rechtsfindung also war, ist nicht erkennbar, an vorderster Stelle steht hier offensichtlich die Autorität der zuständigen Institution. Im allgemeinen wird bei der Diskussion solcher Fragen zu stark die Bedeutung der Schriftauslegung betont, was beim modernen Leser wahrscheinlich falsche Vorstellungen über die tatsächlichen Vorgänge weckt, und überdies gibt es gerade in dem Punkt ein Rätsel, das auch die Frage des »Kanons« berührt: Wenn 1QSa 1,6f bestimmt wird, daß jedermann im endzeitlich wiederhergestellten Israel im Buch הָגִי unterrichtet und seinem Alter gemäß in den Bundesgesetzen unterwiesen werden muß, erscheint mit dem Buch הָגִי eine nach wie vor unidentifizierte Größe von hohem Autoritätsrang. Das gilt auch für die Praxis der Gruppe, aus der die Damaskusschrift (CD) stammt. In CD 10,4–6 erscheint das Buch הָגִי ebenfalls den »Grundlagen des Bundes« vorgeordnet, hier aber als Basis für die Rechtssprechung. In 13,2f gilt für die Zehnergruppe, daß sie von einem im Buch הָגִי bewanderten Priester geführt werden soll. Dieselbe Beschlagenheit im Buch הָגִי wird CD 14,7f vom priesterlichen Vorsitzenden der Gemeindeversammlung gefordert, wobei darauf von allen מִשְׁפְּטֵי הַתּוֹרָה die Rede ist, so daß man das Buch הָגִי nicht ohne weiteres mit

---

27 Dazu s. *L.H. Schiffman,* The Halakhah at Qumran, Leiden 1975, 22ff.75f; *J.M. Baumgarten,* Studies in Qumran Law, Leiden 1977, 30f.

der Tora identifizieren kann[28]. Um welches Buch handelte es sich aber?[29] In der geläufigen Redeweise wäre ihm »Kanonizität« sicher nicht abzusprechen.

IV. *Das Prophetencorpus*

Mit Sicherheit galten die eigentlichen Prophetenbücher in Qumran als Texte mit Offenbarungscharakter, ob hingegen die Vorstellung von einem Corpus der »Großen« und »Kleinen« Propheten oder gar für ein Prophetencorpus im Sinn des TN"K eine feste Vorstellung bezüglich der Autorität bestand, muß offen bleiben. Die Tatsache, daß von Haggai bislang nichts gefunden wurde, darf nicht überbewertet werden, immerhin gibt es ein Dodekapropheton in Griechisch aus 4Q[30]. Man kann also annehmen, daß es in Qumran außer der Tora (in ihrer publizierten, zum Masoretischen Text führenden Pentateuchfassung und eventuellen sachspezifischen Fassungen) noch eine Gruppe von prophetischen Schriften autoritativer Art gab, wobei aber schwerlich dieselbe Qualität von Autorität vorauszusetzen ist, was immer übersehen wird, sobald man von einem einheitlichen Begriff der Kanonizität ausgeht und die abgestufte Autorität des TN"K in der späteren jüdischen Überlieferung ignoriert. Die qualitative Differenz wird etwa deutlich an der Methode der Auslegung bzw. Anwendung am Pesher[31]. Bei ihr wird die interpretierende Autorität gegenüber der Schriftautorität hoch veranschlagt, etwa 1QpHab 7,1-5, wo behauptet wird, erst der Lehrer der Gerechtigkeit habe dank göttlicher Eingebung für seine Zeit als Endzeit verbindlich zu deuten gewußt, was Habakuk seinerzeit auf Gottes Geheiß für die Endzeit niederschrieb. Die Prophetenschriften erhielten ihren autoritativen Rang aus dem heilsgeschichtstheologischen Interesse der endzeitlich orientierten Stimmung im frühen Judentum[32]; und in Kreisen mit akuter Endzeiterwartung erlangten sie im Sinne der aktualisierenden Pesher-Deutung eine entscheidende Funktion im Meinungsstreit. Gesetzlich ist dies nur insofern von Belang, als es dabei auch um die Bestimmung der »Zeit« geht, für die das jeweils »Offenbare« an Recht gelten soll. Es ist jedoch kaum denkbar, daß ein gesetzlicher Tora-Text einer Pesher-Deutung unterworfen werden konnte.

---

28 Anders *Schiffman,* Halakhah 44f. Weiter dazu *Baumgarten,* Studies 16. Auch *Y. Yadins* Vermutung, es handle sich um die Tempelrolle (The Temple Scroll, London 1985, 225f), ist fragwürdig. Zu erwägen ist nach wie vor der Gedanke, es handle sich um eine Zusammenfassung der jeweils als »offenbar« geltenden, also der jeweils gültigen Normen; so schon *P. Wernberg-Møller,* The Manual of Discipline, Leiden 1957, 123.
29 Dazu im übrigen *L. Vegas Montaner,* Biblia del Mar Muerto, Profetas Menores, Madrid 1980.
30 Vgl. ebd.
31 *M.P. Horgan,* Pesharim, Washington 1979; *G.J. Brooke,* Exegesis at Qumran, Sheffield 1985, 38ff; *E. Jucci,* Il Pesher, un ponte tra il passato e il futuro, Henoch 8 (1986) 321-338.
32 S.o. Anm. 12.

Die Publizität der »Propheten« war offenbar eine im Vergleich zur Tora
auch eingeschränktere, stärker den Parteiengrenzen verhaftet. Bedauer-
lich ist, daß aus den Qumrantexten nichts über eine Schriftlesung zu erfahren ist; es wäre in dem Zusammenhang interessant, ob es in diesen
Kreisen bereits Prophetenperikopen gab.

V.   *Hagiographen und Psalter bzw. Psalmen*

Noch weniger definiert war wohl die Autorität der einzelnen Hagiographen, von einem Hagiographencorpus in kanonischem Sinn fehlt in
Qumran jede Spur. Schließlich gab es diesbezüglich noch im rabbinischen
Judentum eine gewisse Unsicherheit. Der Befund fällt für die einzelnen
Bücher auch recht unterschiedlich aus[33]. Eines aber steht mit Sicherheit
fest: Den Psalmen, die man auf David zurückführte, kam ein hoher Autoritätsrang zu, der sich auf zweierlei Weise begründete. Einmal infolge des
liturgischen Gebrauchs, zum andern wegen der prophetischen Funktion
Davids, dem man damals zahlreiche Dichtungen zuschrieb[34]. Hier
sprengt das Kriterium der Inspiration bzw. Prophetie (zugleich des Alters) den herkömmlichen Rahmen des »Kanonischen« völlig. Demgemäß erfolgt in 11QPs[a] die Anordnung der Stücke aus dem Psalter nicht
nach dessen Folge, und dazwischen begegnen »nichtkanonische« Dichtungen[35]. Zwar mögen dafür zunächst liturgische Bedürfnisse den Aus-
schlag gegeben haben, doch kommt ein zweiter Gesichtspunkt hinzu,
denn die Schöpfungen Davids, eines inspirierten und prophetischen Autors, unterliegen im Bedarfsfall wie prophetische Texte der Pesher-Inter-
pretation, wie an 4QpPs 37 zu ersehen ist. Diese prophetische Qualität
Davids war nicht spezifisch qumranisch, sie wurde auch im späteren Judentum und auch im Christentum geteilt.
So ist festzustellen, daß auf alle Fälle die davidischen Psalmen in Qumran
eine Art kanonisches Ansehen genossen; der uns geläufige Psalter hingegen scheint seine autoritative Geltung und seine Publizität auf anderem
Gebiet erlangt zu haben als in diesem noch stark am Tempelkult orientierten Sektenbereich. Der Psalter scheint eine »publizierte« Auswahl darzustellen, die vorwiegend im früh-synagogalen Bereich populär wurde,
auch in der Diaspora[36]. Für den eigentlich kultischen Raum sind andere
Voraussetzungen anzunehmen. Sieht man von den wenigen Stücken ab,
die im überkommenen Psalter für eine kultische Verwendung wirklich in

33   *B.J. Diebner*, Erwägungen zum Prozeß der Sammlung des dritten Teiles der antik-jü-
dischen Bibel, der KTWBJM, DBAT 21 (1985) 139–199.
34   *J.A. Sanders*, The Psalms Scroll of Qumran 11 (11QPs[a]), Oxford 1965, 91–93. Laut
Kol. 27,2–11 soll David insgesamt 4050 Dichtungen verfaßt haben. Z. 11 lautet: »All diese
sprach er durch Prophetie, die ihm gegeben worden war vor dem Höchsten«.
35   Dazu zuletzt *Fabry*, 11QPs[a] (s.o. Anm. 1). Nunmehr ist eine weitere Textpublikation
zu beachten: *E.M. Schueller*, Non-Canonical Psalms from Qumran, Atlanta 1987.
36   Vgl. *J. Maier*, Zur Verwendung der Psalmen in der synagogalen Liturgie, in: *H. Bek-
ker – R. Kaszynski* (Hg.), Liturgie und Dichtung I, St. Ottilien 1983, 55–90.

Anspruch genommen werden können, gewisse Festpsalmen und die »Tagespsalmen« der Leviten zum Tamidopfer der Wochentage, kommt man nicht um die Schlußfolgerung herum, daß der größte Teil der im Tempelkult beheimateten Texte nicht erhalten geblieben sind, weil sie eben gar nicht »publik« gemacht wurden. Man kann mit Vorbehalt in den Sabbat-Opfer-Liedern, die C. Newson ediert hat[37]. mehr oder minder adaptiertes liturgisches Gut sehen, ursprünglich für die Sabbatopfer des ersten Jahresviertels am Tempel bestimmt. Darüber hinaus gibt es Hinweise auf entsprechende Kompositionen für die Monatstage. Selbstverständlich sind noch gewichtigere liturgische Texte für die Feste und Fasttage anzusetzen. Die Kanonizität des Psalters hingegen hat ihre Begründung nicht hier im Tempelkult.

VI. *Schlußbemerkung*

Autoritativer Rang eines Textes und spätere Kanonizität sind nach dem bisher Festgestellten in frühjüdischer Zeit nicht einfach deckungsgleich in den Voraussetzungen. Der Pentateuch scheint nicht deckungsgleich gewesen zu sein mit der innerhalb der einzelnen Richtungen differierenden »Tora«, er stellt vielmehr den publizierten Kompromiß dar, der – möglicherweise mit Rücksicht auf die persische Oberherrschaft – einst auf möglichst breiter Basis gefunden wurde, ohne daß damit zwangsläufig alle älteren Traditionen und neue Entwicklungen ausgeschlossen wurden[38]. Die Frage, was tatsächlich jeweils rechtlich wirklich in Geltung war und praktiziert wurde, ist ohnehin nur selten beantwortbar. Man muß hier eine gewisse Bandbreite an Beweglichkeit ansetzen. Jedenfalls kam zur Zeit der Geltung und Anwendung des Buches הָגִי oder der »Offenbaren Dinge« in Qumran diesen Normen ein hoher Autoritätsrang zu. Aber auch die Pharisäer verstärkten ja für ihre »väterlichen Überlieferungen« den Autoritätsanspruch stetig – bis zur These von der doppelten Tora nach 70 n.Chr., einer »schriftlichen« (im Pentateuch) und einer »mündlichen«. Keine Gemeinschaft war imstande, allein auf der schriftlich überlieferten Tora-Basis die Bereiche abzudecken, die es zu regeln galt. Je umstrittener eine Neuregelung war, desto dringlicher war der Autorisierungsbedarf. Allerdings konnte auch der umgekehrte Weg eingeschlagen werden, den offenbar die Sadduzäer wählten, die Festschreibung der Offenbarungsautorität auf den Pentateuch, um im übrigen freie Hand für eigene Vorstellungen zu haben.

Eine zweite Wurzel der Autorität war neben den Bedürfnissen rechtsgeschichtlicher Art die liturgische Verwendung der Texte. Der Ursprung dürfte auch hier am Tempel liegen, doch läßt sich nicht sagen, wann die Lesung des Pentateuchs eingeführt wurde und wann sie außerhalb des

---

37   C. *Newsom,* Songs of the Sabbath Sacrifice, Atlanta 1985.
38   A. *Baumgarten,* The Torah as a Public Document in Judaism, SR 14 (1985) 17–24.

Tempels in frühsynagogalen Veranstaltungen Fuß faßte. Dort, im außerkultischen Raum, hat wohl die Prophetenlesung ihren Ursprung, die geeignet war, diesen Texten die von der endzeitlich ausgerichteten Strömung gegenüber dem priesterlichen Establishment gewünschte Dignität zu verleihen. Der Psalter war nie Gegenstand einer Schriftlesung, er wurde aber synagogal und privat gebraucht, der private Gebrauch außerhalb der offiziellen Synagogengottesdienste sicherte ihm von vornherein einen prominenten Platz in der christlichen Praxis. Liturgisch wurden jedoch Einzelpsalmen verwendet, auch Psalmteile, und darüber hinaus bot David als Prophet auch die Möglichkeit heilsgeschichtstheologischer Verwendung von Psalmen, nicht unwichtig für die christologische Benützung des Psalters.

Die Qumrantexte bezeugen somit für das Judentum vor 70 n.Chr. eine weit kompliziertere Situation als sie die geläufige Rede von »Kanon« und »kanonisch« erkennen läßt. Einen Kanon gibt es streng genommen erst, nachdem eine jüdische Richtung, die pharisäisch-rabbinische, ihre Auffassung durchgesetzt hatte, im 3./4. Jahrhundert n.Chr. Aber auch die Rabbinen kämpften noch um die Kontrolle über den normativen Text und benützten dazu Vorschriften für die Erstellung tauglicher, rituell heiliger Schriftrollen-Exemplare. Wie vielfältig müssen die dabei noch spürbaren Differenzen erst vor 70 n.Chr. gewesen sein, als keine jüdische Richtung imstande war, ihren Willen der Mehrheit aufzuzwingen.

Die Geschichte der Alten Kirche bestätigt mit ihrer Vielfalt das bunte Bild des jüdischen Hintergrunds im frühesten Christentum, und auch die Kirche bedurfte noch einiger Zeit zur Definition des »Kanons«. Allerdings dominierten zur Zeit des Urchristentums bereits deutlich zwei Corpora: Gesetz und Propheten, daneben kam dem Psalter eine besondere Stellung zu. Die Grenzen des »Kanonischen« bzw. der autoritativen Überlieferungen waren noch einige Zeit offen, vor allem in bestimmten Bereichen der Alten Kirche, entsprechend dem Befund für jene jüdischen Gruppen, die der endzeitlich orientierten Richtung zuzurechnen sind.

Hans Hübner

Vetus Testamentum und Vetus Testamentum in Novo receptum

Die Frage nach dem Kanon des Alten Testaments aus neutestamentlicher Sicht

I. *Hinführung zur Thematik*

Für die Frage nach der Rezeption des Alten Testaments im Neuen ist es unerläßlich, die Problematik der alttestamentlichen Kanonbildung im 1. Jahrhundert n.Chr. zu erörtern. Doch kann sie in diesem Zusammenhang nicht um ihrer selbst willen thematisiert werden. Der eigentliche Diskussionspunkt ist vielmehr, wie auf dem Hintergrund einer nicht ganz durchschaubaren Geschichte der alttestamentlichen Kanonbildung die genannte Rezeption *theologisch* zu bewerten ist und welche Konsequenzen dies für das Universitätsstudium des Alten Testaments haben müßte. Wenn von theologischer Bewertung die Rede ist, so soll damit in den Blick genommen werden, daß der Vorgang dieser Rezeption die jeweilige Theologie des rezipierenden neutestamentlichen Autors mitbestimmt. Der Grad solcher Mitbestimmung ist unterschiedlich, bei einigen neutestamentlichen Autoren jedoch so hoch, daß ihre theologische Konzeption, würde man die alttestamentlichen Elemente aus ihr entfernen, z.T. konturenlos würde, z.T. sogar in sich zusammenbräche. Für Matthäus oder Paulus, um nur diese beiden zu nennen, würden die theologischen Konturen bis zur Unkenntlichkeit verzerrt, wollte man aus ihren Werken die alttestamentlichen Bezüge eliminieren. Ihre theologische Aussage ist das, was sie ist, in essentieller Weise durch eben diese Bezüge.

Was ist aber die *Schrift* für die neutestamentlichen Autoren? Man könnte diese Frage sehr allgemein mit dem Hinweis darauf beantworten, daß es doch die vom Judentum übernommene Sammlung heiliger Bücher ist, die allerdings von einem christlichen Vorverständnis aus gelesen und ausgelegt wird. Im Prinzip ist das richtig. Aber im jeweils konkreten Fall ergeben sich entscheidende, theologisch äußerst relevante Differenzen. Denn die sehr allgemein formulierte Antwort enthält unzureichend bestimmte Größen. Zu pauschal ist vom Judentum die Rede, von der Sammlung heiliger Bücher, vom christlichen Vorverständnis. Ist etwa die Schrift – bleiben wir bei den beiden eben genannten Beispielen – für Paulus und für Matthäus exakt dieselbe Größe? Betrachten beide neutestamentlichen Autoren sie in gleicher Weise als Norm? In welcher Weise gilt sie beiden jeweils als Autorität, in welcher Weise als Kanon? Wie stehen Schrift, Kerygma und evtl. auch Jesusverkündigung als autoritative Elemente innerhalb ihres Autoritätengefüges zueinander? Wie ist dieses Zueinander im Blick auf die jeweilige theologische Konzeption des betreffenden neutestamentlichen Autors zu denken? Bestimmt im jeweiligen Einzelfall mehr die theologische Konzeption dieses Autors, wie sich Schrift, Kerygma und Jesusverkündigung zu ihrem autoritativen Charakter zueinander verhalten, oder beeinflussen diese Größen eher die theologische Konzeption? Allein diese Frage zu stellen zeigt, wie komplex unsere Problematik ist.

II. *Die Septuaginta als die heilige Schrift der neutestamentlichen Autoren*

Wollen wir versuchen, einen methodisch verantwortbaren Weg für die Beantwortung dieses Fragenkomplexes zu finden, so muß zunächst auf ein bekanntes *Faktum* hingewiesen werden: Weitesthin berufen sich die neutestamentlichen Autoren auf die *Septuaginta*. Vornehmlich gilt dies für Paulus. Dieser Sachverhalt ist deshalb von theologischer Brisanz, weil an entscheidenden Stellen, etwa der paulinischen theologischen Argumentation, der dort geführte Schriftbeweis mit Hilfe des hebräischen Textes gar nicht möglich wäre. Als Beispiel sei nur das Zitat Dtn 27,26 in Gal 3,10 genannt: Für πᾶς und πᾶσιν in der Septuaginta gibt es keine hebräische Entsprechung. Will man daran festhalten, daß Gal 3,10 für die theologische Argumentation des Briefes konstitutiv ist[1], so wird man nicht um das Urteil herumkommen, daß das Alte Testament hier *in seiner griechischen Übersetzung theologische Relevanz* besitzt. Und nicht nur in diesem Falle gilt, daß der Septuaginta im Neuen Testament eine theologische Qualität zukommt, die der hebräische Urtext nicht besitzt.

Die Septuagintaproblematik – besser: die Problematik des hebräischen Originals! – tritt noch deutlicher ins Bewußtsein, wenn man bedenkt, daß auch solche ihrer Schriften, die in der Biblia Hebraica nicht enthalten sind, von neutestamentlichen Autoren für ihre theologische Argumentation herangezogen wurden. Es sind Schriften, die entweder ganz oder zu ihrem größeren Teil ursprünglich in griechischer Sprache verfaßt wurden (z.B. Weisheit Salomos) oder zwar aus ihrem hebräischen Original ins Griechische übersetzt wurden, dieses aber seinerseits nicht Bestandteil der Biblia Hebraica geworden ist (z.B. Jesus Sirach). Sicherlich ist dabei zu berücksichtigen, daß aus diesen Schriften in der Regel keine förmlichen Zitate, womöglich noch mit formula quotationis versehen, im Neuen Testament begegnen. Aber Paulus hat immerhin wichtige Gedanken aus Weisheit Salomos seinen theologischen Darlegungen zunutze ge-

---

1   H. *Hübner,* Das Gesetz bei Paulus. Ein Beitrag zum Werden der paulinischen Theologie (FRLANT 119), Göttingen ³1982, 19f.

macht[2], und zwar auch dort, wo er einen in seinem Sinne wichtigen theologischen Sachverhalt darlegt. Und daß, um ein weiteres Beispiel zu nennen, Bar 3,9–4,4 für eine theologich so bedeutsame Stelle wie 1 Kor 1,18–31 neben Jer 9,22f für die Berufung des Paulus auf die Schrift konstitutiv ist, habe ich vor einiger Zeit zu zeigen versucht[3].

III.   *Zur Kanonfrage im 1. Jahrhundert n. Chr.*

Mit dem zuletzt Gesagten ist allerdings das leidige Problem angesprochen, ob es außer dem engen Kanon, wie er um ca. 100 n. Chr. in rabbinischen Diskussionen zu einem gewissen Abschluß gekommen ist, einen erweiterten *alexandrinischen Kanon* gegeben habe. Die Frage kann hier nicht ausdiskutiert werden; doch sind in diesem Zusammenhang einige Anmerkungen zum alttestamentlichen Kanonproblem erforderlich[4].

Die bekannten Stellen aus dem Sirach-Prolog, wo zum ersten Male die Dreiteilung der Schrift (Gesetz, Propheten, die übrigen althergebrachten Bücher) begegnet, hilft für unsere Frage nicht weiter, nicht nur, weil sie zu wenig konkret ist, sondern auch aus chronologischen Gründen; ebensowenig Josephus, der in Ap I 8 von 22 Büchern der Schrift spricht, darunter vier, »welche Hymnen auf Gott und Lebensunterweisungen für die Menschen enthalten«. Diese 22 Bücher dürften mit dem im rabbinischen Schrifttum bezeugten Kanon von 24 Büchern identisch sein. Insofern wird Josephus' Ansicht lediglich die rabbinische Überzeugung um 100 n. Chr. dokumentieren. Doch müssen wir später noch auf Josephus zurückkommen.

1.   *Der hebräische Kanon*

Für die Frage nach der Fixierung des hebräischen Kanons ist vor allem die Mischna-Stelle *Yad III,5*[5] von höchster Wichtigkeit, zumal im Blick auf sie die Meinungen auseinandergehen. Hier ist allerdings Klarheit erforderlich, denn ohne Klarheit über den hebräischen Kanon läßt sich über die noch umstrittenere Frage nach dem alexandrinischen Kanon noch weniger sagen.

Zum ersten Male postulierte Heinrich Graetz eine jüdische *Synode von Jamnia*[6], auf der die Synagoge ihren Schriftkanon endgültig festgelegt habe. Diese Hypothese konnte sich weitgehend durchsetzen. Bekanntlich ist

2   Dies ist zumeist unbestritten; anders jedoch vor allem *D.-A. Koch*, Die Schrift als Zeuge des Evangeliums. Untersuchungen zur Verwendung und zum Verständnis der Schrift bei Paulus (BHTh 69), Tübingen 1986, 47.
3   *H. Hübner*, Der vergessene Baruch. Zur Baruch-Rezeption des Paulus in 1 Kor 1,18–31, StNTU 9 (1984) 161–173.
4   Zur Lit. s. vor allem *G. Wanke*, Art. Bibel I, TRE VI (1980) 1–8, hier 7f; im folgenden wird Literatur nur insoweit genannt oder zitiert, als es zur Begründung erforderlich ist.
5   Auf andere Mischna-Stellen gehe ich hier aus Platzgründen nicht ein.
6   *H. Graetz*, Kohelet oder der salomonische Prediger, Anhang I: Der alttestamentliche Kanon und sein Abschluß, Leipzig 1871, 147–173.

diese Auffassung aber in den letzten Jahrzehnten mehrfach energisch bestritten worden, vor allem durch Jack P. Lewis in seinem Aufsatz »What
Do We Mean by Jabneh?«[7]. Mit Recht machte er darauf aufmerksam, daß
in der mischnisch-talmudischen Literatur die hebräischen bzw. aramäischen Bezeichnungen für die Versammlung von Jamnia (»the gathering
of Jabneh«) im allgemeinen mit »academy«, »court« oder »school« übersetzt werden. »When, however, canon is under consideration, the group
suddenly becomes a ›council‹ or ›synod.‹«[8] Man wird ihm wohl zustimmen müssen, wenn er sagt: »These titels are not appropriate for Judaism.«[9] Weiter wird man zuzugeben haben, daß »a specific canonical
discussion at Jabneh« nur für Kohelet und Hoheslied nachweisbar ist
(mYad III,5)[10]. Lewis geht sogar noch einen Schritt weiter, wenn er erklärt: »Though it is often assumed that apocrypha were excluded at that
time, no text specifically attributes a discussion of the apocryphal books to
Jabneh. That the apocrypha were discussed by the gathering is a conjectu-
re incapable of proof.«[11] Sein Fazit: »In the absence of evidence, it would
be sounder scholarship to admit ignorance and to allow the question to re-
main as vague as the sources are. We can say that certain books came before the gathering at Jabneh; that debate continued after that time; and that
opinion about the extent of the canon crystallized in the Tannaitic period.
Beyond this, we cannot be certain.«[12]

Mit der Bemerkung, daß die Debatte über die Kanonizität der in mYad
III,5 genannten Bücher nach Jamnia weitergeführt wird, geht es Lewis natürlich darum, die Entscheidung der Versammlung von Jamnia über Kohelet und Hoheslied abzuwerten. Eine ähnliche Intention verfolgt auch
Peter Schäfer mit seinem 1975 publizierten Aufsatz »Die sogenannte
Synode von Jabne«: Dort sei eben nicht der jüdische Kanon endgültig
festgelegt worden, sondern nur ein erster (!) Versuch unternommen, Kohelet und Hoheslied endlich (!) nach langen Streitigkeiten für kanonisch
zu erklären[13]. Und Gunther Wanke gibt zu bedenken, daß selbst, wenn
man geneigt sein sollte, dem Lehrhaus von Jabne die entscheidende Lehrautorität für das Judentum zuzugestehen, diese Autorität doch nicht ausgereicht haben dürfte, um seine Entscheidung hinsichtlich Kohelet und
Hoheslied endgültig verbindlich durchzusetzen[14].

---

7   *J.P. Lewis,* What Do We Mean by Jabneh?, JBL 32 (1964) 125–132; s. auch *S.Z. Leiman* (Ed.), The Canon and Masorah of the Hebrew Bible. An Introductory Reader (LBS),
New York 1974, 254–261; auf evangelisch-theologischer Seite s. vor allem Otto Kaiser, der
Lewis folgte, so z.B. *O. Kaiser,* Einleitung in das Alte Testament. Eine Einführung in die
Ergebnisse und Probleme, Gütersloh [5]1984, 411.
8   *Lewis,* Jabneh 128.
9   Ebd.
10   *Lewis,* Jabneh 130.
11   *Lewis,* Jabneh 131.
12   *Lewis,* Jabneh 132.
13   *P. Schäfer,* Die sogenannte Synode von Jabne, Zur Trennung von Juden und Christen
im ersten/zweiten Jh. n.Chr. (Fortsetzung), Jud. 31 (1975) 116–124, hier 122; Schäfer
geht erstaunlicherweise überhaupt nicht auf Lewis' Argumentation ein.
14   *Wanke,* Art. Bibel 6f.

In der Tat scheint diese Autorität nicht voll ausgereicht zu haben, wie spätere Diskussionen gerade über diesen Punkt deutlich machen. Aber die Frage ist doch, ob *nach der Intention* der damals an der Entscheidung von Jamnia Beteiligten die Frage definitiv entschieden werden sollte! Und das ist m.E. unbestreitbar. Ging nun *nachweislich* die Diskussion *nur* um die beiden genannten Bücher, so ging es doch wohl auch insofern um den ganzen Kanon, als hier anscheinend die im Blick auf ihn noch offenen Fragen als entscheidungsreif angesehen wurden. Deshalb ist es ein künstliches Auseinanderreißen zweier eng miteinander verflochtener Fragen, wenn nach Wanke für Jamnia »zwar die Diskussion (!) um Koh und Cant, nicht aber das Problem des Abschlusses des gesamten Kanons zu belegen ist«[15]. Für diejenigen, die damals in Jamnia zu einer Entscheidung gekommen sind, dürfte gerade mit ihr eine verbindliche Aussage über den Umfang des jüdischen Kanons gemacht worden sein. So ist zu fragen, ob man heute nicht den jüdischen Text mYad III,5 innerhalb eines reichlich modernen, geradezu »abendländischen« Rasters exegesiert, nämlich mittels der systematischen Frage, wie sich Teil und Ganzes zueinander verhalten, wenn man konstatiert, daß hier unter bewußtem Verzicht auf eine Aussage über das Ganze nur ein Teilaspekt entschieden wurde. Daß in Jamnia, wie auch immer man diese Entscheidungsversammlung titulieren will, der für das sich neu konstituierende Judentum nach der Katastrophe von 70 n.Chr. verbindliche Kanon mit im Blick war, und *somit eben im Blick auf ihn* über Kohelet und Hoheslied entschieden wurde, scheint mir sicher zu sein.

Halten wir fest: Für zwei umstrittene Bücher wurde gemäß mYad III,5 festgestellt, daß sie »die Hände verunreinigen«, מטמאין את הידים, also Heiligkeit und höchste Dignität besitzen. Somit gilt nun auch für sie, was per se für alle heiligen Schriften gilt: כל כתבי הקדש מטמאין את הידים. Auch wenn der Begriff »Kanon« hier noch nicht vorkommt, so impliziert doch die Wendung »die Hände verunreinigen« eindeutig die Vorstellung von kanonischen Schriften[16]. Mit der autoritativen Festlegung der Kanonizität von Kohelet und Hohemlied ist nun nach der Absicht der an der Entscheidung Beteiligten die Kanonizität aller Schriften der Biblia Hebraica verbindlich festgelegt.

2. Ein alexandrinischer Kanon?

Was aber bedeutet dieses Ergebnis für die Hypothese eines alexandrinischen Kanons, der umfangreicher gewesen sein soll als der palästinische?

---

15 *Wanke,* Art. Bibel 7.
16 Anders z.B. *J. Barr,* Holy Scripture. Canon, Authority, Criticism, Oxford 1983, 51: »It is surely more likely that the question is a truly ritual one: the discussion is not, whether this or that book is canonical, but whether it, canonical or not, had certain ritual effects.« Doch ist hier zu fragen, *warum* diese rituellen Wirkungen bei bestimmten Büchern angenommen wurden. Die Antithese »kanonisch – rituell« ist künstlich konstruiert. Die folgenden Sätze Barrs zeigen auch, daß er diese Antithese zumindest in ihrer Fraglichkeit erkennt.

Zunächst einmal, daß der für die endgültige oder zumindest quasiendgültige Fixierung feststehende Zeitpunkt am Ende des 1. Jahrhunderts n.Chr. bereits in eine Zeit weist, in der das Judentum nach der Katastrophe von 70 n.Chr. seine Identität vor allem in der Schrift zu gewinnen sucht. Was Wanke für die Zeit nach der ersten Katastrophe, also nach 587 v.Chr., herausstellt, nämlich die Erfahrung der identitätsbewahrenden Funktion der Überlieferung, die damals den Anlaß zur Kanonisierung bot[17], galt nun a fortiori für die Zeit nach der zweiten Katastrophe. Der Begriff dessen, was wir kanonisch nennen, in den Diskussionen von Jamnia jedoch mit der Wendung »die Hände verunreinigen« umschrieben wurde, dürfte wohl erst jetzt in aller Strenge gefaßt worden sein – in einer Zeit also, in der nun das pharisäisch-rabbinische Element dominierte und sich schließlich absolut setzte. Da vor 70 n.Chr. der Kanon der Pharisäer in etwa den Umfang von Jamnia gehabt haben dürfte, der der Sadduzäer hingegen nur den Pentateuch umfaßte, andererseits aber apokalyptische Gruppen in einer Reihe von Apokalypsen den schriftlichen Ausdruck göttlicher Offenbarung sahen, *kann man also zu dieser Zeit nicht von einem in Palästina allgemein akzeptierten Kanon sprechen.* Daß Ansätze zur Kanonisierung schon seit Jahrhunderten bestanden und dann ausgebaut wurden, ist unbestritten; daß die Tora bei allen jüdischen Gruppierungen unangefochten als verpflichtendes Sinaigesetz Gottes galt, ebenso. Freilich ist *damit* der Begriff der »Geltung aus Schriftlichkeit« *noch nicht gegeben.* Sieht man von Sadduzäern und Samaritanern ab, wird man wohl ähnliches auch von den Prophetenbüchern sagen können. Auch sie besaßen religiöse Autorität, wenn auch, gemessen an der Tora, sicherlich in etwas abgeschwächter Weise. Wo man sie wie im Qumran eschatologisch als Verheißung der Heilszeit verstand und auslegte, ist freilich ihr Geschriebensein die Voraussetzung für ihre Deutung. Doch ist gerade ihr von jedermann erhebbarer Literalsinn irrelevant. Es bedarf eines eigenen Offenbarungsaktes Gottes, kraft dessen der Lehrer der Gerechtigkeit befähigt ist, die Prophetentexte so auszulegen, daß sich ihre Worte auf die Endzeit, d.h. auf die Qumran-Ära beziehen, wie vor allem 1QpHab zeigt[18].

Sollten wir mit unserer Vermutung recht haben, daß die Prophetenbücher (einschließlich der sog. Früheren Propheten) einen etwas geringeren Autoritätsgrad besaßen als die Tora, so wird dies erst recht von den sog. Schriften anzunehmen sein. M.E. sieht James Barr den Sachverhalt richtig, wenn er sagt: »It is a natural supposition, and perhaps very roughly correct, that the three-stage canon of the Hebrew Bible corresponds to decreasing degrees of religious authority and importance: the Torah was certainly do-

---

17   *Wanke,* Art. Bibel 3.
18   S. vor allem *G. Jeremias,* Der Lehrer der Gerechtigkeit (StUNT 2), Göttingen 1963, 140ff.

minant, the Prophets important, the Writings of only limited importance.«[19]
Er fügt dann, wiederum mit Recht, sofort hinzu: »The dominance of the Law is beyond question. But the rest of the graduation does not work out in detail.«[20] Mit Barr kann man vielleicht auch fragen, ob nicht sogar zunächst nur – natürlich anachronistisch gesprochen – ein zweigeteilter »Kanon« vorlag. Immerhin liege ja im Neuen Testament »die normale Klassifikation von zwei einfachen Kategorien« vor, nämlich »Gesetz und Propheten«. Nur Lk 24,44 begegne eine Dreiteilung, doch bezeichnenderweise würden dort als dritte Größe nicht die Schriften, sondern die Psalmen genannt[21]. Und auch Jos Ap I 8 sei so interpretierbar, daß die Zweiteilung zugrunde liege[22]. Diese Vermutung Barrs müßte aufgrund einer sehr sorgfältigen Exegese des Josephus-Textes, die hier jedoch nicht erfolgen kann, noch erwiesen werden. Aber dieser Text, so sehr er in der Regel mit Recht als Zeugnis für den Umfang des hebräischen Kanons der pharisäischen Rabbinen herangezogen wird, enthält doch eine interessante Passage, die als Polemik gegen die Zugehörigkeit von einigen Büchern zur heiligen Schrift verstanden werden kann: »Von Artaxerxes aber bis auf unsere Zeit . . . ist alles aufgezeichnet, aber diesen Schriften ist nicht dieselbe Glaubwürdigkeit zuerkannt worden wie den Schriften vor ihnen, weil es da keine zuverlässige Kontinuität von Propheten mehr gab.«[23]
Alles in allem: *Die Kanonfrage ist vor 70 n. Chr. offen – nicht nur in bezug auf den Umfang der heiligen Schriften, sondern vor allem in bezug auf das Wesen des Kanonischen.*
Was dies für die Frage nach dem Kanon der alexandrinischen Juden bedeutet, liegt auf der Hand. Ist nämlich in der Zeit vor der zweiten Zerstörung des Tempels die Kanonfrage so offen, wie es soeben dargestellt wurde, und sind wir auch gar nicht in der Lage, im einzelnen zu sagen, wo genau und wann genau welche Bücher, vor allem solche der sog. Schriften, in besonderer Geltung standen – um es bewußt etwas unscharf auszudrücken –, so erweist sich die Frage, ob neben dem palästinischen Kanon ein alexandrinischer existiert habe, als eine Frage, die die geschichtliche Vielfalt des damaligen Judentums mißachtet. *Die Frage nach einem Nebeneinander von palästinisch-hebräischem und alexandrinisch-griechi-*

---

19 *Barr*, Holy Scripture 60; anders *R. Hanhart*, Die Bedeutung der Septuaginta in neutestamentlicher Zeit, ZThK 81 (1984) 395–416, hier 399: »Innerhalb der kanonisierten Schriften ist ein Wertunterschied zwischen Tora, Nebiim und Ketubim nicht mehr festzustellen.« Richtig ist diese Feststellung jedoch für die christliche Rezeption der Schrift (s. u.).
20 *Barr*, Holy Scripture 60.
21 *Barr*, Holy Scripture 55.
22 *Barr*, Holy Scripture 55f.
23 Übersetzung nach *O. Eißfeldt*, Einleitung in das Alte Testament unter Einschluß der Apokryphen und Pseudepigraphen sowie der apokryphen- und pseudepigraphenartigen Qumran-Schriften, Tübingen ³1964, 763; die entscheidende griechische Wendung am Ende dieses Satzes lautet: πίστεως δὲ οὐχ ὁμοίας ἠξίωται τοῖς πρὸ αὐτῶν διὰ τὸ μὴ γενέσθαι τὴν τῶν προφητῶν ἀκριβῆ διαδοχήν.

schem Kanon simplifiziert die Komplexheit des damaligen religiösen Judentums. Albert C. Sundberg, jr. wird richtig gesehen haben, wenn er sagt: »Since other sacred writings, beside the Law and the Prophets, were not gathered into a definitive collection and since there was as yet no concept of a closed canon, such writings continued to be written.«[24] Und wenn er darauf verweist, daß das Diasporajudentum einige Schriften in griechischer Sprache produziert habe – zu nennen wäre z.B. Weisheit Salomos oder Tobit – und daß diese von den griechisch sprechenden Juden in ihrer Geltung nicht von den ins Griechische übersetzten palästinischen Schriften unterschieden wurden[25], so dürfte er auch hierin richtig urteilen. Ich stimme Sundberg deshalb auch in der von ihm gezogenen Konsequenz zu: »This situation, then, of closed collections of Law and Prophets and a third group religious writings of undetermined proportions, obtained throughout Judaism. About the close of the first century A.D. a definitive collection of ›Writings‹ was gathered out of this third group, and the canon of scripture was closed by Palestinian Jews. Soon the closed canon came to be recognized throughout Judaism, including the diaspora.«[26]

Haben wir nun aber die Frage nach einem neben dem palästinischen separat existierenden alexandrinischen Kanon als falsche, zumindest nichtadäquate Frage abgewiesen, so ist es dennoch in diesem Zusammenhang sinnvoll, kurz auf einen Einwand einzugehen, den Sundberg gegen die Existenz der Hypothese von der Existenz eines alexandrinischen Kanons anführt: Aufgrund dieser Hypothese werde Jerusalem durch Alexandrien als religiöses Zentrum für die nichtpalästinischen Juden ersetzt; das aber sei unplausibel[27]. Dieser Einwand kann jedoch nicht überzeugen. Einmal ganz abgesehen davon, daß der Vergleich »palästinischer Kanon – alexandrinischer Kanon« schon deshalb für die Zeit vor 70 n.Chr. nicht möglich ist, weil es in Palästina je nach Religionspartei mehrere Kanonvorstellungen gab – sinnvoll wäre höchstens der Vergleich des evtl. alexandrinischen Kanons mit dem der palästinisch-pharisäischen Partei, und auch hier wäre das angeführte Argument von der wahrscheinlichen Offenheit des Kanons mitzubedenken! –, so muß doch betont werden, daß Jerusalem für Israel, und zwar einschließlich seiner Diaspora, religiöses Zentrum vor allem wegen des Tempels war und nicht wegen des dort in doch unterschiedlicher Weise gesehenen Kanons. Jerusalem war auch für die Juden in Alexandrien kultisches Zentrum[28].

---

24 *A.C. Sundberg, jr.*, The Old Testament of the Early Church (HThS 20), Cambridge/ Mass. 1964, 82.
25 Ebd.
26 Ebd.
27 *Sundberg*, Old Testament 51f.
28 Man könnte höchstens fragen, wie neben Jerusalem als dem kultischen Zentrum Israels schlechthin das ägyptische Leontopolis (JosAnt 13,3,1f u.ö.) als mögliches Kultzentrum der ägyptischen Juden zu verstehen wäre. Aber eine wirkliche religiöse Konkurrenz zwischen Jerusalem und Leontopolis wird man im Ernst nicht behaupten können, geschweige denn eine Korrespondenz zwischen Leontopolis und einem u.U. anzunehmenden alexandrinischen Kanon! Aus Platzgründen gehe ich auf 4Esra 14,18–48 hier nicht ein.

IV. *Die heilige Schrift der neutestamentlichen Autoren*

Es wurde eingangs schon darauf hingewiesen, daß die Autoren des Neuen Testaments weitesthin die *Septuaginta* als die für sie autoritative heilige Schrift betrachten. Sie ist es, aus der sie ihre Zitate entnahmen. Ihre Aussagen sind es, die sie zur theologischen Argumentation an entscheidenden Stellen heranzogen. Daß im Neuen Testament zuweilen Schriftzitate begegnen, deren griechischer Text von der Septuaginta-Fassung etwas abweicht und sich da, wo der griechische und der hebräische Text inhaltlich divergieren, wieder dem hebräischen Text annähert – das ist selbst bei Paulus zuweilen der Fall –, besagt nichts gegen die *Prädominanz der Septuaginta im Neuen Testament.* Denn wir müssen damit rechnen, daß kontinuierlich Septuaginta-Rezensionen in Richtung auf inhaltliche Koinzidenz von griechischer Übersetzung und hebräischem Original vorgenommen wurden und sich dieser Prozeß auch in den Zitaten im Neuen Testament spiegelt[29]. Auch der komplizierte Sachverhalt bei Matthäus[30] kann an der Gesamttendenz innerhalb des Neuen Testaments zugunsten der Septuaginta kaum etwas ändern, zumal der Evangelist in den von ihm allein gebotenen Zitaten, soweit sie nicht durch die formula quotationis als sog. Reflexions- oder Erfüllungszitate eingeleitet sind, in der Regel der Septuaginta folgt. Diese Septuaginta-Prädominanz im Neuen Testament impliziert natürlich zugleich die *theologische* Prädominanz des griechischen vor dem hebräischen Text. Und es ist daher zu überlegen, welche *theologischen* Konsequenzen aus diesem Sachverhalt zu ziehen sind. Zunächst legt sich die Frage nahe, ob im Gesamtrahmen der Theologie die heute übliche Einteilung der biblischen Wissenschaften in die alttestamentliche Disziplin, deren Aufgabe die Auslegung des hebräischen Alten Testaments ist, und die neutestamentliche Disziplin, deren Aufgabe die Auslegung des griechischen Neuen Testaments ist, dem eben aufgezeigten Sachverhalt gerecht wird. Fehlt nicht da, wo es um die Grundstruktur biblisch-theologischen Denkens geht, das »missing link« zwischen Biblia Hebraica und Novum Testamentum Graece? Dieser weiße Fleck zwischen den beiden Größen ist sicherlich zunächst Indiz für eine Defizienz innerhalb der historischen Kontinuität. Er ist aber vor allem Ausdruck einer *wesentlichen theologischen Defizienz.*
Die Septuaginta war ja nicht einfach eine Bibelübersetzung neben anderen wie heute Bibelübersetzungen ins Deutsche oder Suaheli. Es war immerhin die autoritative Schrift des mediterranen Judentums, die autoritative Schrift des größeren Teils des damaligen Judentums[31]. Für die aramäisch sprechenden Juden Palästinas war die Biblia Hebraica nicht die Bibel

---

29 *Hanhart,* Bedeutung 400ff.
30 Zur ersten Übersicht ist am besten geeignet *W.G. Kümmel,* Einleitung in das Neue Testament, Heidelberg ²¹1983, 81–83.
31 In *diesem* Sinn hat *Hanhart,* Bedeutung 399, recht, wenn er sagt: »Hebräischer (palästinensischer) und griechischer (alexandrinischer) Kanon besitzen in dieser Zeit den gleichen Wert und den gleichen Grad der Kanonizität.«

in ihrer Muttersprache. Hingegen war die Septuaginta in der Sprache geschrieben, die die Mehrheit der Diasporajuden Tag für Tag sprach. Der
besondere Umstand, daß zur Zeit der Entstehung der neutestamentlichen Schriften Hebräisch nicht die gängige Muttersprache der palästinischen Juden war, läßt den theologischen Stellenwert der Septuaginta gegenüber dem der Biblia Hebraica nur noch größer werden.

Berücksichtigt man zudem, daß etwa zur Zeit der Niederschrift der paulinischen Briefe der Kanon, vor allem auch der Kanon der Septuaginta,
nicht dasjenige corpus fixum war, wozu die jüdische Bibel gegen Ende des
1. Jahrhunderts n.Chr. geworden ist, so wird erst recht die Primatstellung
der Biblia Hebraica im Rahmen einer theologisch zu verantworteten Disziplin des Alten Testaments fraglich, und zwar in Forschung und Lehre.
Es ist schon bedenklich, wenn die heilige Schrift in derjenigen Form, in
der sie für die neutestamentlichen Autoren weitestgehend maßgeblich
war, im theologischen Bewußtsein und im theologischen Lehrbetrieb ein
Mauerblümchendasein spielt! Ist es wirklich eine allzu revolutionäre Idee,
daß aus der Sicht der neutestamentlichen Wissenschaft der Septuaginta
eine zumindest gewisse Prädominanz vor der Biblia Hebraica eingeräumt
werden müßte – und zwar aus *historischen* und *theologischen* Gründen?
Man muß sich einmal klarmachen, was es bedeutet, den jüdischen Kanon
des Jahres 100 n.Chr. absolut zu setzen. Es ist die Schrift Israels in einer
ganz bestimmten verbalen Verfestigung, in einer Verfestigung zu einem
ganz bestimmten Zeitpunkt der jüdischen Geschichte, zu einem Zeitpunkt nämlich, der als solcher für die Geschichte des Urchristentums im
letzten irrelevant ist. Man muß sich des weiteren klarmachen, daß diese
Fixierung auf eine ganz bestimmte Form aus einer ganz bestimmten, nämlich pharisäisch-rabbinischen Intention erwachsen ist, einer Intention, die
nicht eine christliche Intention ist. Die *Perspektive,* aus der jene damalige
Fixierung intendiert wurde, war die Perspektive der Regeneration des Judentums, die nun als religiöse Regeneration begriffen wurde – in Absetzung von nichtpharisäischen jüdischen Religionsparteien und, was für unsere Fragestellung nicht unerheblich ist, in Absetzung vom werdenden
Christentum. Hartmut Gese ist zuzustimmen, wenn er meint, daß ein
christlicher Theologe den masoretischen Kanon niemals gutheißen könne, weil der Kontinuität zum Neuen Testament hier in bedeutendem Maße Abbruch getan werde[32].

Stellte sich für den Kanon von Jamnia als bedenklich heraus, daß mit seiner bedingungslosen Übernahme eine theologisch nicht unproblemati-
sche Perspektive einer bestimmten Situation jüdischer Geschichte und

---

32 *H. Gese,* Erwägungen zur Einheit der biblischen Theologie, in: *Ders.,* Vom Sinai zum
Zion. Alttestamentliche Beiträge zur biblischen Theologie (BEvTh 64), München 1974,
11–30, hier 16f. Daß ich mit dieser Zustimmung nicht meine Reserve gegenüber Geses
Auffassung vom Offenbarungsprozeß als einem ontologischen Prozeß im Sinne der *einen*
biblischen Traditionsbildung zurücknehme, sei zur Vermeidung von Mißverständnissen eigens gesagt. In unserem Zusammenhang ist aber entscheidend, daß er den hebräischen Kanon als eine für den Christen maßgebliche theologische Größe kritisiert.

Religionsgeschichte sanktioniert wird, so muß dieser Sachverhalt durch einen weiteren analogen Aspekt beleuchtet werden. Denn als Kanon des Alten Testaments ist ja fixiert, was in seinen wesentlichen Teilen Produkt der Endredaktion aus der Sicht Jerusalems ist, und zwar in erheblicher Kontinuität mit der Sicht des 587 v.Chr. untergegangenen Südstaates Juda. Ist aber im Rahmen christlicher Theologie und kirchlicher Verkündigung diese *Dominanz der exilisch-nachexilischen Südperspektive* akzeptierbar? Symptomatisch zeigt sich diese verzerrte und verzerrende Perspektive an der historisch nicht zutreffenden und so ungerechten Beurteilung Jerobeams I., der gegenüber von Geschichtsklitterung zu sprechen nicht unangemessen ist. Mit Ernst Würthwein ist wohl 1 Kön 12,19 als Beurteilung vom Jerusalemer Standpunkt aus zu verstehen, der der noch israelitischen Tendenz der Erzählung 1 Kön 12,1–18* widerspricht[33]. Aber gerade dieser unverkennbar nordisraelitische Standpunkt kommt der historischen Wahrheit sehr nahe: »In der Tat dürfte das israelitisch-judäische Großreich, menschlich gesehen, an dem Zusammenstoß zwischen despotischen Entwicklungen in Jerusalem und dem Freiheitswillen der Nordstämme gescheitert sein.«[34] Mit Würthwein dürfte Jerobeam I. eben nicht Usurpator der Macht gewesen sein, wie ihn der deuteronomistische Verfasser anklagt, sondern eher Exponent von Israels Freiheitswillen gegenüber der Ausbeutung durch die davidische Dynastie[35]. Und die Unterstellung, er habe Jungstiere zu Göttern gemacht, ist eine tendenziöse Verzeichnung durch den Deuteronomisten[36].

Es ist also sehr ernst zu fragen, was für das Problem der Kanonizität des Alten Testaments diese *weder historisch noch theologisch akzeptierbare Südperspektive* bedeutet. Die theologische Brisanz dieser Frage liegt auf der Hand, wenn man bedenkt, daß zur Südperspektive die Königsideologie Jerusalems mit ihrer Auffassung von der David-Dynastie als der irdischen Repräsentanz der Herrschaft Jahwes gehört. So spricht Hans-Joachim Kraus mit Recht im Blick auf Ps 2 von der »Weltherrschaft des Königs von Jerusalem«[37]. »Dem Gotte Israels ... *gehören* die Völker und die Enden der Erde (Ps 24,1–2; 47,3.9; 89,12; Jes 6,3), darum kann er sie seinem erwählten König *übergeben* (Ps 2,8).«[38] Für die deuteronomistische Theologie ist in diesem Sinne 2 Sam 7 relevant. In inhaltlicher Nähe dazu steht die Zion-Theologie im Jesaja-Buch, wobei m.E. mit Gerhard von Rad der Zusammenhang Jesajas mit der altjerusalemer Tradition offenkundig ist[39].

33 *E. Würthwein*, Das Erste Buch der Könige, Kapitel 1–16 (ATD 11/1), Göttingen 1977, 158.
34 *Würthwein*, Könige I 159f.
35 *Würthwein*, Könige I 163.
36 *Würthwein*, Könige I 164.
37 *H.-J. Kraus*, Psalmen I (BK.AT XV/1), Neukirchen ²1961, 14.
38 *Kraus*, Psalmen I 15; Hervorhebung durch Kraus.
39 *G. v. Rad*, Theologie des Alten Testaments II, München ⁸1984, 164; mich zu der neuen Sicht *O. Kaisers* (vor allem: Das Buch Jesaja. Kapitel 1–12 [ATD 17], Göttingen, 5. Aufl. [!] 1981) zu äußern, ist hier nicht der Ort. Es sei nur folgendes gesagt: Hätte Kaiser

Die theologische Brisanz dieses Sachverhalts ist vor allem dadurch gegeben, daß ausgerechnet die politisch-theologische Jerusalem- bzw. Davidideideologie essentiell zu den historischen Voraussetzungen der neutestamentlichen Christologie gehört. Natürlich wurde die politische Messiasvorstellung des Alten Testaments in der neutestamentlichen Christologie ihrem inneren Wesen nach völlig umgebildet, so daß keine eigentliche Identität zwischen alttestamentlicher Messianologie und neutestamentlicher Christologie besteht[40]. Aber *daß* ein Bezug der neutestamentlichen Autoren auf Stellen wie etwa 2Sam 7,14 (z.B. Hebr 1,5) vorliegt, mehr noch und grundsätzlicher noch, daß das neutestamentliche Urbekenntnis »Jesus, der Christus« ohne Bezug auf alttestamentliche Messiasvorstellungen und alttestamentliche Messiaserwartungen zur unverständlichen Formel depraviert, ist unbestreitbar und muß auch als Frage nach dem Verhältnis des neutestamentlichen Kanons zum alttestamentlichen theologisch reflektiert werden.

Wurde bisher mehrfach auf den historischen und theologischen Primatanspruch der Septuaginta vor der Biblia Hebraica im Neuen Testament verwiesen, so könnte dem nun entgegengehalten werden, daß doch auch diese griechische Übersetzung den Südaspekt wiedergibt. In der Tat ist das ein ernstzunehmender Einwand. Für eine argumentative Antwort auf ihn bedarf es – wiederum! – der Kategorie der *Perspektivität*.

Die sich durch das ganze Neue Testament hindurchziehende Grundüberzeugung ist, daß in Jesus von Nazareth als dem in der Schrift verheißenen Messias der rettende Gott Israels und der ganzen Menschheit offenbar geworden ist. Die in Wirklichkeit nur partiell die Zukunft ansagende Schrift wird von den neutestamentlichen Autoren, freilich im einzelnen recht unterschiedlich, als diesen zukünftigen Christus aussagend und ansagend verstanden. Für unsere jetzige Überlegung ist dabei unerheblich, ob dies mit Hilfe des Schemas »Verheißung – Erfüllung«, der Typologie, der Allegorese oder wie sonst auch immer geschieht. Wichtig ist in unserem Zusammenhang, daß eine neue Perspektive gegeben ist, die als *absolute Perspektive* dominant ist. Haben Gerhard von Rad und Anthony T. Hanson richtig herausgestellt, daß bereits im Alten Testament laufend neue Interpretationen alte ablösen, wobei das Moment der Diskontinuität keine geringe Rolle spielt[41], so wird man sicherlich sagen können, daß manche die-

---

mit seiner Spätdatierungshypothese recht, so würde dies die hier aufgewiesene Problematik nur noch weiter zuspitzen: Selbst wesentliche Vorstellungen, die man herkömmlicherweise als authentisches Jesaja-Gut ansah, wären dann Ausdruck einer nachexilischen Südperspektive!
40   *H. Hübner,* Der »Messias Israels« und der Christus des Neuen Testaments, KuD 27 (1981) 217–240.
41   *V. Rad,* Theologie II 329–424; *A.T. Hanson,* The New Testament Interpretation of Scripture, London 1980, 3: »The Scripture which they (sc. the NT writers) handled . . . was a corpus of writings which had gone through a period of continuous interpretation during the centuries between its composition and the first century A.D. . . .«; v. Rad und Hanson führen den Interpretationsprozeß auf je ihre Weise über den Zeitpunkt der Endfixierung des Alten Testaments hinaus.

ser Neuinterpretationen den Skopus der Endgültigkeit ihres Standpunktes deutlich vertreten. Die Absolutheit der neutestamentlichen Perspektive ist aber demgegenüber etwas anderes, schon allein deshalb, weil das ganze Neue Testament diese *eine* Perspektive aufweist[42]. Nur aus dieser Perspektive des Christusereignisses wird die Schrift gelesen und ausgelegt. Sicherlich spricht dabei *auch* die immer wieder praktizierte Methode einer atomistischen Heranziehung einzelner Schriftstellen eine Rolle. Aber Hansons Mahnung, den alttestamentlichen Kontext der Schriftzitate im Neuen Testament auf jeden Fall zu sichten, darf nicht überhört werden: »It frequently transpires that the NT writer has made a careful study of the context and is fully alive to its significance, strange though his idea of its significance might seem to us.«[43] Man wird noch etwas weitergehen müssen: Es ist m.E. nachweisbar, daß Paulus, der in Röm 9–11 in besonders dichter Weise Schriftzitate für die theologische Argumentation heranzieht, seine Israeltheologie aus der intensiven Lektüre vor allem des Jesaja-Buches geschöpft hat[44]. Wer sich einmal klargemacht hat, daß sich bestimmte Wortfelder sowohl im Jesaja-Buch als auch in Röm 9–11 finden, wer des weiteren sich einmal der Mühe unterzogen hat, Jes LXX mit den Augen des Paulus zu lesen, der wird schnell feststellen, wie gut sich dieses Buch aus der Perspektive der paulinischen Rechtfertigungslehre und der Israelkonzeption des Römerbriefs liest. Natürlich ist das nicht unsere Hermeneutik. Natürlich können wir diese Hermeneutik des Paulus theologisch nicht nachvollziehen. Aber wir können immerhin den intellektuellen Versuch machen, diese alttestamentlichen Texte mit den Augen des Paulus zu lesen. Dann ist das aber nicht mehr die Botschaft des historischen Jesaja, des Deuterojesaja und des Tritojesaja. Dann ist das nicht mehr das Vetus Testamentum Graece per se, erst recht nicht die Biblia Hebraica per se. Das Vetus Testamentum Graece ist mit der Rezeption durch den neutestamentlichen Autor eine *neue theologische Größe* geworden, nämlich das *Vetus Testamentum in Novo receptum*. Und dieses rezipierte Alte Testament konnte so, wie es rezipiert wurde, nur in seiner griechischen Übersetzung rezipiert werden. So, wie Paulus es als Buch auf Christus hin las, war es nun einmal die Septuaginta. Paulus war, mit Adolf Deissmann gesprochen, Septuaginta-Jude[45]. Nennen wir seine Theologie – jedenfalls trifft dies zu einem großen Teil zu – analog dazu *Septuaginta-Theologie*.

Ist aber aufgrund des Schriftgebrauchs der neutestamentlichen Autoren – Paulus wurde hier nur als besonders wichtiges Beispiel herangezogen –

---

42 Der Unterschied zwischen der apokalyptischen Naherwartung, wie sie z.B. 1Thess 4,13–18 begegnet, und der präsentischen Eschatologie im Johannesevangelium spielt, gemessen an dieser absoluten Perspektive, so gut wie keine Rolle.
43 *Hanson*, Interpretation, 7.
44 *H. Hübner*, Gottes Ich und Israel. Zum Schriftgebrauch des Paulus in Röm 9–11 (FRLANT 136), Göttingen 1984, 112–124.
45 *A. Deissmann*, Paulus. Eine kultur- und religionsgeschichtliche Skizze, Tübingen ²1925, 71.79.

die neutestamentliche Theologie in entscheidender Dimension Septuaginta-Theologie, so läßt sich angesichts der theologisch geforderten Differenz von Vetus Testamentum und Vetus Testamentum in Novo receptum über letztere Größe verantwortlich nur sprechen, wenn die Septuaginta hervorragender Gegenstand der neutestamentlichen Studien ist. Es ist daher zu erwägen, ob nicht während des Theologiestudiums wenigstens ein Viertel des Studiums des Alten Testaments für die intensive Beschäftigung mit der Septuaginta zu reservieren wäre. Für die Religionsphilologen, die nur zum geringen Teil hebräische Sprachkenntnisse besitzen, böte die Beschäftigung mit der Septuaginta die Voraussetzung dafür, daß deren Studium des Alten Testaments wenigstens partiell auf die Höhe eines wissenschaftlichen Studiums erhoben würde. Damit würde ihr Dilettantieren mit der alttestamentlichen Wissenschaft zumindest im Prinzip überwunden.

Wenn eben von der eigenen theologischen Größe des Vetus Testamentum in Novo receptum gegenüber der des Vetus Testamentum per se die Rede war, so ist damit selbstverständlich nicht gesagt, daß beide Größen beziehungslos nebeneinander stehen. Vielmehr stellt sich mit ihrer Anerkenntnis notwendig eine weitere theologische Interpretationsaufgabe, deren Konturen hier nur in aller Vorläufigkeit gezeichnet werden können. Es ist nämlich das *Verhältnis beider Größen zueinander* zu bestimmen: Wo differieren sie? Wo koinzidieren sie? Antonius H.J. Gunneweg hat mit Recht gesagt, daß der kanonische Zusammenhang von Altem und Neuem Testament selbst das eigentliche hermeneutische Problem sei[46]. Er hat des weiteren mit Recht erklärt, daß für die Frage nach der Geltung des Alten Testaments nur gemeint sein könne und dürfe, »was *im Bereich der christlichen Kirche* Anspruch auf Gültigkeit hat«, ferner, daß die Suche nach der Mitte des Alten Testaments vor allem deshalb aussichtslos sei, weil solche Suche, die beim Alten statt beim Neuen Testament ansetzt, theologisch verfehlt sei[47]. Wir müssen jedoch das von Gunneweg Gesagte, das nur im Koordinatensystem von Vetus Testamentum und Novum Testamentum gedacht ist, in unser um die Größe Vetus Testamentum in Novo receptum erweitertes Koordinatensystem einfügen. Dann lautet die entscheidende theologische Frage, ob nicht eine theologische Mitte gerade dieser Größe dadurch herausgearbeitet werden kann, daß man alle ihre Bausteine systematisch zusammenordnet. Eine Antwort ist hier im Rahmen dieses Aufsatzes nicht möglich, sie wird in meiner in Arbeit befindlichen »Biblischen Theologie des Neuen Testaments« gegeben werden. Sollte inneralttestamentlich, was freilich umstritten ist, eine »Mitte« verifizierbar sein[48], so wäre ein Vergleich mit der möglichen

---

46   *A.H.J. Gunneweg*, Vom Verstehen des Alten Testaments. Eine Hermeneutik (GAT 5), Göttingen ²1988, 183.
47   *Gunneweg*, Verstehen 185; Hervorhebung durch Gunneweg.
48   Aus Platzgründen sei nur auf die Literaturangaben verwiesen bei *H. Graf Reventlow*, Hauptprobleme der alttestamentlichen Theologie im 20. Jahrhundert (EdF 173), Darmstadt 1982, 138–147.

Mitte des Vetus Testamentum in Novo receptum eine interessante Aufgabe. In diesem, und nur in diesem Rahmen wäre dann auch die Frage nach dem Wirken Gottes an Israel zu thematisieren[49].

V. Ein Nachwort

Es mag vielleicht ein wenig verwundern, wenn ausgerechnet ein lutherischer Theologe so stark den theologischen Rang der Septuaginta mit ihren über die Biblia Hebraica hinausgehenden Büchern betont. Aber die theologische Ermächtigung dazu liegt offenkundig im theologischen Ansatz Martin Luthers[50]. Das heißt aber, daß gerade vom lutherischen Denken her ein Schritt auf das katholische Kanonverständnis möglich ist, also hier ein Stück theologische Ökumene praktiziert werden könnte. Daß mit der geforderten theologischen Aufwertung der Septuaginta und ihrer über die Biblia Hebraica hinausgehenden Bücher nicht eine Autorität im Sinne der Verbalinspiration gemeint ist, versteht sich wohl von selbst. Da aber in der römisch-katholischen Exegese nach dem letzten Weltkrieg die historisch-kritische Forschung erheblich größeres Heimatrecht erhielt und aufgrund dieser Tendenz auch im katholischen exegetischen Denken, wenn ich es recht sehe, das Prinzip der Verbalinspiration eine erhebliche Abschwächung erfuhr, dürfte in der Kanonfrage eine zumindest partielle ökumenische Verständigung tatsächlich möglich sein.

Vielleicht ist es nicht nur eine Marginalbemerkung, wenn man darauf aufmerksam macht, daß auf der Sessio III des Konzils von Trient über Schrift und Tradition die Frage auftauchte, ob man innerhalb des Kanons verschiedene Autoritätsgrade unterscheiden könne[51]. In der Auffassung des engen Kanons, also des Kanons im Sinne der Masoreten, folgte Kardinal Cajetan der Ansicht Luthers; der Augustinergeneral Seripando, der mit Erasmus und Cajetan sympathisierte, versuchte, ihre Ansichten mit dem Florentiner Dekret zu harmonisieren, indem er die protokanonischen Bücher des Alten Testaments als »kanonische und authentische Bücher« zum Canon fidei, die deuterokanonischen als »kanonische und kirchliche« zum Canon morum gehörig bezeichnete[52]. Diese Unterscheidung erklärten mehrere Konzilsväter in der Generalkongregation vom 12. Februar 1546 als nützlich, jedoch nicht notwendig. »Die Mehrheit schloß

---

49   Im Zusammenhang mit der Stellung R. Bultmanns zum Alten Testament habe ich vor einigen Jahren diese Frage angesprochen, um der Bestreitung des Rechts der existentialen Interpretation des Alten Testaments zu begegnen: *H. Hübner*, Rudolf Bultmann und das Alte Testament, KuD 30 (1984) 250–272, hier 270.
50   S. vor allem *H. Bornkamm*, Luther und das Alte Testament, Tübingen 1948, bes. 158–165 (Kanon und Kritik); *G. Ebeling*, Luther und die Bibel, in: *Ders.*, Lutherstudien I, Tübingen 1971, 286–301; weitere Lit. bei *H. Karpp*, Art. Bibel IV, TRE VI (1980) 48–93, hier 76f.
51   *H. Jedin*, Geschichte des Konzils von Trient. Bd. II: Die erste Trienter Tagungsperiode 1545/47, Freiburg i.Br. 1957, 44.
52   *Jedin*, Geschichte II 45.

sich der Ansicht des Servitengenerals an, man möge theologische Streitfragen, die schon zwischen Augustinus und Hieronymus diskutiert worden seien, nicht durch das Konzil entscheiden, sondern weiter offenlas-
sen. Das . . . Abstimmungsergebnis der Generalkongregation vom 15.
Februar legte das Konzil zwar auf den weiteren Kanon fest, beließ aber –
eben durch den Verzicht auf eine theologische Diskussion – die Frage
nach der Unterscheidung der Bücher innerhalb des Kanons in dem bisherigen Zustand.«[53] Die damals unterbliebene theologische Diskussion, die
zu dieser kirchengeschichtlichen Situation kontroverstheologische Implikationen gehabt hätte, könnte heute unter ökumenischem Vorzeichen geführt werden[54].

53 *Jedin*, Geschichte II 46; undiskutabel ist freilich für die lutherische Sicht die Entscheidung auf der Sessio IV vom 8. April 1546 über den modus interpretandi Sacram Scripturam (Denz. 786): ». . . decernit, ut nemo . . . sacram Scripturam . . . contra eum sensum,
quem tenuit et tenet sancta mater Ecclesia, cuius est iudicare de vero sensu et interpretatione Scripturarum sanctarum . . . interpretari audeat . . .«
54 Nicht eingelöst wurde in diesen Ausführungen die Beantwortung der eingangs erwähnten Frage, wie innerhalb des Neuen Testaments von den einzelnen Autoren die Autorität der Schrift in unterschiedlicher Weise im Autoritätengefüge von Schrift und Kerygma
bzw. von Schrift, Kerygma und Jesusverkündigung gesehen wird. In unserer Studie konnte
auf dem ihr zugemessenen Platz nur das *Formalprinzip* der Schriftrezeption im Neuen Testament thematisiert werden, die Behandlung des *Materialprinzips* bleibt späteren Publikationen vorbehalten. Darin wäre dann zu fragen, ob man neben der Größe des Vetus Testamentum in Novo receptum vielleicht nicht auch noch mit einem gewissen Recht im Plural von Vetera Testamenta in Novo Testamento recepta sprechen könnte.

Günter Stemberger

Jabne und der Kanon

I. Die »Synode von Jamnia« und der Abschluß des Kanons

H. Graetz scheint der erste gewesen zu sein, der die These aufstellte, daß
eine Synode von Rabbinen zu Jabne (= Jamnia) in den Jahren zwischen 90
und 100 den jüdischen Kanon des Alten Testaments (vorläufig) abschloß[1].
F. Buhl hat sie dann in der christlichen Einleitungswissenschaft populär
gemacht[2]. Seither findet man diese Theorie bei jüdischen wie christlichen
Autoren gleichsam als gesichertes Faktum immer wieder[3], obwohl schon
verschiedentlich der Nachweis geführt wurde, daß es eine »Synode« von
Jabne im eigentlichen Wortsinn nie gab[4]. Diese »Synode« ist vielmehr eine
Konstruktion, die verschiedene Entscheidungen, über die Gelehrte in der
Periode von Jabne (zwischen der Zerstörung des Tempels im Jahre 70 und
dem Bar Kochba-Aufstand in den Jahren 132–135) abgestimmt haben, zu
einem einzigen Ereignis zusammenfaßt, das mit der zeitweiligen Absetzung Gamaliels als Leiter der rabbinischen Schule zu datieren wäre[5].
Ebensowenig wie das Faktum einer »Synode« ist ein in der Zeit von Jabne
durch die Rabbinen erfolgter verbindlicher Abschluß des biblischen Kanons zu belegen, und auch die vielfach behauptete antichristliche Tendenz

---

1 *H. Graetz*, Kohelet oder der salomonische Prediger, Leipzig 1871, 147–173. Für
Graetz war der endgültige Abschluß des Kanons erst durch die Mischna gegeben, was spätere Autoren nicht übernahmen.
2 *F. Buhl*, Kanon und Text des Alten Testamentes, Leipzig 1891.
3 Z.B. *O. Eissfeldt*, Einleitung in das Alte Testament, Tübingen 1964, 769f.
4 S. u.a. *J.P. Lewis*, What do we mean by Jabneh?, JBR 32 (1964) 125–132 (Nachdruck
in: *S.Z. Leiman* [Ed.], The Canon and the Masorah of the Hebrew Bible, New York 1974,
254–261); *S.Z. Leiman*, The Talmudic and Midrashic Evidence for the Canonization of
Hebrew Scripture, Diss. Univ. of Pennsylvania 1970, 256–265 (die publizierte Fassung:
The Canonization of Hebrew Scripture. The Talmudic and Midrashic Evidence, Hamden
1976, war mir nicht zugänglich); *P. Schäfer*, Die sogenannte Synode von Jabne, Judaica 31
(1975) 54–64.116–124 (Nachdruck in: *Ders.*, Studien zur Geschichte und Theologie des
rabbinischen Judentums [AGJU 15], Leiden 1978, 45–64); *G. Stemberger*, Die sogenannte »Synode von Jabne« und das frühe Christentum, Kairos 19 (1977) 14–21.
5 Dazu s. *R. Goldenberg*, The Deposition of Rabban Gamaliel II. An Examination of the
Sources, JJS 23 (1972) 167–190.

eventueller Bemühungen um den Kanon in Jabne ist nicht nachweisbar[6].

II.   Eine frühe Kanonisierung der Bibel?

Zwei wichtige neuere Studien von S.Z. Leiman und R. Beckwith zur Geschichte des biblischen Kanons verlegen den Abschluß des Kanons neuerdings wieder in eine viel frühere Periode als die Zeit von Jabne und schließen damit in der Sache, wenn auch nicht in der Begründung, wieder beim
status quaestionis vor Graetz an[7]. Leiman meint, daß alte Gesetzescorpo-
ra wohl bald nach ihrer Formulierung promulgiert und kanonisiert worden sind, und erwägt die Möglichkeit, daß schon unter Joschija im Jahr
621 eine Kanonisierung stattfand, die nicht nur das Deuteronomium betraf. Vor allem aber ist Nehemia (Neh 8–10; vgl. 2Makk 2,13) kanonbil-
dende Tätigkeit zuzuschreiben. Was den Prophetenkanon betrifft, rechnet Leiman mit einem Abschluß zwischen 500 und 450; die Hagiographen schließlich seien durch Judas den Makkabäer kurz nach 164 kanonisiert worden; belegt werde das durch 2Makk 2,14, wonach Judas alle Bücher wieder gesammelt hat, die durch den Krieg zerstreut worden waren[8].
Beckwith schließt sich im wesentlichen der Position von Leiman an. Es ist
klar, daß eine solche Rekonstruktion wesentliche Schwierigkeiten mit der
üblichen Datierung der einzelnen Schriften der Bibel bekommt – man
denke z.B. nur an die Jesaja-Apokalypse. Wie sind spätere Bearbeitun-
gen eines biblischen Textes, die in diesen selbst eingegangen sind, aus einer solchen Sicht der Kanongeschichte zu bewerten? Auch ist die Textba-
sis für die präzise Datierung der Kanonisierung der einzelnen Teile des biblischen Kanons viel zu schmal.
Hier stellt sich ganz allgemein die Frage, was man unter Kanonisierung
verstehen soll. Die Promulgierung des Gesetzes (in welchem Umfang
auch immer) unter Joschija und der Tora unter Nehemia könnte am ehesten noch als Akt der Kanonisierung angesehen werden, vorausgesetzt,
man versteht diesen als autoritative Entscheidung der Führung des jüdischen Volkes, was als Basis des religiösen Lebens zu gelten habe. Bei Ne-

6   Dazu ausführlich J. Maier, Jüdische Auseinandersetzung mit dem Christentum in der
Antike (EdF 177), Darmstadt 1982. Jüngst hat wieder D. Barthélemy, L'État de la Bible
juive depuis le début de notre ère jusqu' à la deuxième révolte contre Rome (131–135), in:
J.-D. Kaestli – O. Wermelinger (Ed.), Le canon de l'Ancien Testament, Genf 1984, 9–45,
hier 33, die Abwehr der christlichen Schriften als eines der Motive für die endgültige Festlegung der Liste der heiligen Bücher in Jabne behauptet. Die griechische Übersetzung von
Kohelet im 2. Jahrhundert betrachtet er übrigens als Reaktion auf die Kanonisierung des
Buches in Jabne (29). Den Begriff einer »Synode« von Jabne lehnt allerdings auch er ab.
7   Leiman, Evidence; R. Beckwith, The Old Testament Canon of the New Testament
Church and its Background in Early Judaism, London 1985.
8   Leiman, Evidence 48: »It is a fair assumption that the present form of Daniel was canonized by the Maccabees ca. 164 B.C. In the light of that probability, and in the light of
2Macc. 2:14–15, we would suggest that the Hagiographa was canonized and closed under
the aegis of Judah Maccabee shortly after the death of Antiochus IV (164/163 B.C.)«.

hemia könnte man auch noch die Zustimmung der Volksversammlung selbst annehmen, falls man diese als konstitutiv für die Kanonisierung erachten sollte. Im Fall von Judas dem Makkabäer müßte man hingegen schon die bloße Sammlung der Bücher (vielleicht mit Aufnahme in die Tempelbibliothek[9]) als Kanonisierung betrachten. Ist hier nicht der Begriff der Kanonisierung zu punktuell als Einzelakt betrachtet, dessen Legitimierung noch dazu nicht eigens begründet wird? Im Zusammenhang mit der »kanonischen« Tätigkeit der Rabbinen müssen wir auf dieses Problem nochmals zurückkommen; doch einmal davon abgesehen, scheint ein früher zeitlicher Ansatz für eine kanonische Wertung und Verwendung der Heiligen Schriften durchaus plausibel. Flavius Josephus bezeugt mit seiner Feststellung, daß im Judentum eine geschlossene Schriftengruppe von 22 Texten höchste religiöse Autorität besitze (JosAp I 37–43), ebenso wie 4Esr 14,44 für das späte erste Jahrhundert einen offensichtlich schon länger feststehenden gemeinjüdischen Bekenntnisstand, den im großen und ganzen auch Qumran[10] und das Neue Testament vorauszusetzen scheinen. S.Z. Leiman gibt folgende Definition von Kanon: »A canonical book is a book accepted by Jews as authoritative for religious practice and/or doctrine, and whose authority is binding upon the Jewish people for all generations. Furthermore, such books are to be studied and expounded in private and in public«[11]. Richtig betont er, daß diese Definition für den observanten Juden von heute auch Mischna, Talmud und Codices einschließt; doch sei die Kanonizität der Bibel von jener der außerbiblischen Literatur der Rabbinen zu unterscheiden. Leiman unterscheidet zwischen inspirierter und nicht inspirierter kanonischer Literatur; alle biblischen Schriften sind inspiriert und *eo ipso* kanonisch. Nicht inspirierte kanonische Bücher sind das Buch Jesus Sirach[12] und die Fastenrolle[13], ebenso die Mischna

9 Doch wie stellt man sich im Fall einer Kanonisierung durch Aufnahme in die Tempelbibliothek die Verbreitung der kanonischen Schriften im jüdischen Volk vor? Wie kommen sie z.B. in den Synagogengottesdienst? Oder ist dergleichen für den Begriff der Kanonizität gar nicht konstitutiv? Und ist die Bindung der Kanonizität an den Tempel nicht zugleich ein Monopol der Priester über den Kanon? Dann aber müßte man, wie es tatsächlich oft geschieht, die weitere Entwicklung des Kanons im Rahmen der Rivalitäten zwischen den verschiedenen jüdischen Religionsparteien sehen bzw., wie z.B. *Beckwith*, Canon 406, mit der Tatsache, daß Meinungsverschiedenheiten der Religionsparteien in der Frage des Kanon nicht belegt seien, schon aus diesem Grund die Kanonisierung der Heiligen Schriften vor der Entstehung dieser Parteien annehmen.
10 Doch s.o. S. 132–143 in diesem Band den Beitrag von *J. Maier* zum weiteren Umfang des »Kanons« von Qumran, ebenso seine Feststellung, daß in Qumran von einem Hagiographencorpus im kanonischen Sinn jede Spur fehlt.
11 *Leiman*, Evidence 4f.
12 Fragwürdig ist die Begründung von *Leiman*, Evidence 214: »The mere fact that the rabbis had to deny its biblical canonicity, indicates that it was probably an uninspired canonical book. Only canonical books were likely to be mistaken for biblical books«. Fragwürdig ist auch seine Schlußfolgerung aus der Tatsache der Übersetzung von Ben Sira ins Griechische: »It seems to have been canonical from its inception« (272). Dies ist nur ein Beispiel für die verbreitete Unsicherheit, welche Kriterien anzeigen, daß man eine Schrift in der Antike für kanonisch gehalten hat (Zitierung, Kommentierung, Vereinheitlichung des Textes, Verwendung im Gottesdienst usw.).
13 Dazu *Leiman*, Evidence 238: Da die Rabbinen ihr nie Heiligkeit zuschreiben, gehört sie nicht zu den biblischen Schriften; zugleich ist sie keines der ספרים החיצונים, ebensowenig

usw. Bei der Fastenrolle gerät er allerdings sofort mit seiner eigenen Definition von Kanon in Konflikt, insofern die Geltung der Fastenrolle ja bald aufgehoben wurde! Gilt demnach der Kanon für eine Glaubensgemeinschaft nicht auf Dauer, sondern nur für eine bestimmte Periode? Auch wäre bei Sirach zu fragen, was für Auswirkungen diese nicht inspirierte Kanonizität haben sollte[14].

III.   *Die Diskussion biblischer Schriften in Jabne*

Da bekanntlich der Begriff »Kanon« im modernen Sinn erst im 4. Jahrhundert aufkommt und die rabbinische Literatur den Ausdruck überhaupt nicht kennt, ist hier von Texten auszugehen, deren Begrifflichkeit zumindest die Sache zu implizieren scheint. Dazu rechnet man solche Passagen, die besagen, daß bestimmte Schriften *»die Hände verunreinigen«*.

Die Mischna (Ed V,3) zitiert im Namen des R. Jischmael drei Dinge, bei denen die Schule Schammais erleichtert, die Schule Hillels erschwert, darunter auch: »Kohelet verunreinigt die Hände nicht, so die Worte der Schule Schammais. Und die Schule Hillels sagt: es verunreinigt die Hände«. Dazu ist mYad III,2–5 zu vergleichen: zuerst heißt es hier, daß alles, was die Priesterhebe untauglich macht, die Hände verunreinigt; so auch die heiligen Schriften (כתבי הקדש), ebenso die Tefillin, bei Torarollen sogar der unbeschriebene Rand oder auch eine Torarolle, von der noch mindestens 85 Buchstaben (entsprechend der Buchstabenzahl der kürzesten Parascha Num 10,35f) lesbar sind. Dann fährt der Text (III,5) fort:

»Alle heiligen Schriften verunreinigen die Hände; auch das Hohelied und Kohelet verunreinigen die Hände. R. Jehuda sagt: Das Hohelied verunreinigt die Hände; Kohelet hingegen ist umstritten. R. Jose sagt: Kohelet verunreinigt die Hände nicht; das Hohelied hingegen ist umstritten. R. Schim'on sagt: Kohelet ist eine der Erleichterungen der Schule Schammais und eine der Erschwerungen der Schule Hillels. Es sagte R. Schim'on ben Azzai: Überliefert ist mir aus dem Mund der 72 Ältesten an dem Tag, da sie R. Eleazar ben Azarja einsetzten, daß das Hohelied und Kohelet die Hände verunreinigen. Es sagte R. Akiba: Gott bewahre! Kein Mensch aus Israel hat je bestritten, daß das Hohelied die Hände verunreinigt; denn die ganze Welt wiegt den Tag nicht auf, an dem das Hohelied Israel gegeben wurde; denn alle Schriften (כתובים) sind heilig, das Hohelied hingegen ist hochheilig. Und wenn sie geteilter Meinung waren, so nur hinsichtlich Kohelet. Es sagte Jochanan ben Schammua, der Sohn des Schwiegervaters des R. Akiba: Wie die Worte Ben Azzais, so waren sie geteilter Meinung und so entschieden sie«.

ein Buch wie Homer, das für die beiläufige Lektüre erlaubt war; demnach müsse es eine eigene Kategorie bilden, ein nicht inspiriertes kanonisches Buch sein. Auch hier ist die Logik nicht schlüssig.
14   Ein weiteres Problem bei Leiman und in nahezu der gesamten Literatur zur Kanonfrage, die rabbinische Quellen verwertet, liegt in der viel zu geradlinigen Verwertung dieser Texte als Geschichtsquellen. Man müßte sich viel deutlicher bewußt sein, daß rabbinische Texte primär für ihre eigene Zeit sprechen und deren Auffassungen vertreten, für die Zeit vor 70 hingegen nur mit äußerster Vorsicht zu verwerten sind.

Der Text beginnt also mit einer allgemeinen, d.h. in den Augen der Mischna normativen Aussage, die allen »heiligen Schriften« einschließlich Hoheslied und Kohelet eine bestimmte sakrale Eigenschaft zuschreibt (sie »verunreinigen die Hände«). Wenn anschließend zwei Tannaiten aus der Zeit nach dem Bar Kochba-Aufstand, R. Jehuda und R. Schim'on, anderer Meinung sind, ist dies als ein der endgültigen Entscheidung der Mischna vorausgehendes Stadium zu betrachten. Daher kann auch R. Schim'on ben Azzai (ein Zeitgenosse Akibas) anschließend nicht eine definitive Entscheidung der 72 Ältesten zu Jabne, also der »Synode von Jabne«, zitieren. Für eine autoritative Entscheidung eines solchen Gremiums wäre übrigens die Formulierung eigenartig: »Überliefert ist *mir*«; müßten davon nicht alle Rabbinen wissen? Die Aussage, daß die 72 Ältesten zu Jabne in dieser Frage einig waren, ist also als Zeugnis eines einzelnen und somit nicht höher als die Aussagen der anderen Rabbinen zu bewerten. Eine eigentliche Entscheidung erfolgt erst mit der anonymen Aussage, offensichtlich in der Phase der Endredaktion der Mischna.

Hier ist natürlich zu fragen, was *» die Hände verunreinigen«* im Zusammenhang mit heiligen Schriften bedeuten soll. Ist der Ausdruck mit Kanonizität gleichbedeutend? Von Interesse ist hier die Parallelstelle der Tosefta Yad II,14 (Rengstorf 358):

> »R. Schim'on ben Menasja sagt: Das Hohelied verunreinigt die Hände, weil es im heiligen Geist gesagt ist. Kohelet verunreinigt die Hände nicht, weil es die Weisheit Salomos ist. Man entgegnete ihm: Hat er denn nur das geschrieben? Siehe es heißt: ›Und er sagte dreitausend[15] Sprichwörter und sein Lied war tausend und fünf‹ (1Kön 5,12). Auch heißt es: ›Füg seinen Worten nichts hinzu, sonst überführt er dich, und du stehst als Lügner da‹ (Spr 30,6)«.

»Die Hände verunreinigen« ist demnach eine aus der Inspiration erwachsende Qualität von Büchern; ob wir die Ansicht dieses späten Tannaiten auch für die Mischna voraussetzen dürfen, wissen wir allerdings nicht. Zu beachten ist auch der Einwand aus der Bibel, der offensichtlich mit der genau umgrenzten Textmenge des Werkes Salomos, der man nichts hinzufügen darf, für die Inspiriertheit auch von Kohelet argumentiert. Hier liegt in der Tat ein Topos vor, der in die Kanonthematik gehört.

Ob allerdings die Inspiriertheit einer Schrift tatsächlich der eigentliche Grund dafür ist, daß sie »die Hände verunreinigt«, ist zu bezweifeln. Es kommt ja dabei offensichtlich nicht auf den Inhalt der Schrift allein an, sondern vor allem auf die Art ihrer materiellen Beschaffenheit. Eine Schrift muß in der Originalsprache, in Quadratschrift, auf Leder und mit Tusche geschrieben sein (mYad IV,5); auch müssen noch mindestens 85 Buchstaben leserlich sein (mYad III,5). Es verunreinigen also die materiellen Exemplare, nicht die Schriften als ideelle Einheit. Deshalb geben sie auch die Verunreinigungsfähigkeit an Hüllen und Behälter dieser Schrif-

---

15 Die Wiener Tosefta-Handschrift liest שלמה אלפים, was wohl eine Verschreibung des Bibeltextes שלשת אלפים ist.

ten weiter. Geeignet, »die Hände zu verunreinigen«, sind nur reine Bibeltexte, mögen sie auch kurz sein, wie das Schema[c] und die Tefillin-Texte,
vorausgesetzt, sie sind vorschriftgemäß geschrieben, und sei es auch nur
als Übungstext für Kinder, obwohl dies eigentlich unerwünscht ist; Gebetstexte hingegen mögen auch Bibelabschnitte enthalten, dennoch »verunreinigen sie die Hände nicht« (tYad II,11f, Rengstorf 357). Die Un-
reinheit bewirkende Sakralität von Schriftrollen ist kaum noch mit Sicherheit zu erklären; M. Haran sieht in den rabbinischen Texten dazu einen
nachträglich rationalisierten irrationalen Volksglauben; andere wie J.
Maier versuchen die Vorstellung aus dem Kampf zwischen Sadduzäern
und Pharisäern um die Kontrolle der Bibeltexte zu erklären[16]; für uns wesentlich ist, daß diese Vorstellung die Kanonizität des Inhalts der Schriftrollen voraussetzen kann; ist dies aber auch umgekehrt der Fall?
Die Fortsetzung der Tosefta (Yad II,13, Rengstorf 358) ist im Wortlaut zu
zitieren:

»הגיליונים וספרי (ה)מינים« verunreinigen die Hände nicht. Die Bücher Ben Siras und alle Bücher, die von da an und später geschrieben wurden, verunreinigen die Hände nicht«.

Den Ausdruck גיליונים hat man oft als »Evangelien« verstanden, ספרי
(ה)מינים entsprechend als christliche bzw. näher neutestamentliche Schriften[17]. Von daher wurde dann als Tendenz der »kanonischen« Aktivitäten
der Gelehrten (bzw. der »Synode«) von Jabne eine Abgrenzung gegenüber den Christen erschlossen. Demgegenüber ist festzustellen, daß die
Aussage der Tosefta anonym und nicht ohne weiteres in die Periode von
Jabne zu datieren, sondern wohl ziemlich später ist; vor allem aber bedeutet גיליון einfach den unbeschriebenen Rand einer Torarolle bzw. das unbeschriebene Vorsatzblatt[18]. In der Nebeneinanderstellung mit ספרי מינים
ist mit J. Maier jedoch wohl spezieller an »Bibeltexte . . . nicht als Buch-
rollen, sondern in Form von Einzelfolien« zu denken[19]; denn unbeschriebene Ränder einer Torarolle verunreinigen wie der geschriebene Text dieser Rolle und sind ebenso wie dieser sogar am Sabbat aus dem Feuer zu
retten, was bei גיליונים nicht gilt (weshalb Kuhn an *abgeschnittene* Leer-
flächen dachte). Es geht hier also um nicht vorschriftmäßige Tora-Exem-
plare und solche, die von Minim geschrieben wurden oder in deren Besitz
sind, nicht aber um häretische nichtbiblische Literatur, die ja an sich nicht
»die Hände verunreinigt«. Minim sind hier, wie auch sonst in der rabbinischen Literatur, nicht einfach Judenchristen oder Christen schlechthin,
sondern alle Juden, die von der Hauptlinie jüdischen Lebens abweichen.
Der anschließende Satz der Tosefta über die Bücher (Mehrzahl [!], viel-

16   *M. Haran*, Problems of the Canonization of Scripture (hebr.), Tarb. 25 (1955f) 245–
271, hier 260 (Nachdruck in: *Leiman* [Ed.], Canon [s.o. Anm. 4] 227–253); *Maier*, Auseinandersetzung (s.o. Anm. 6) 34ff.
17   So auch noch *Leiman*, Evidence 156.232f Anm. 239.
18   *K.G. Kuhn*, Giljonim und sifre minim, ZNW 26 (1960) 24–61.
19   *Maier*, Auseinandersetzung 60.

leicht verschiedene Rezensionen) *Ben Siras* schließt diese wie alle seither geschriebenen Bücher von der Regel des Hände-Verunreinigens aus; das hier angegebene Kriterium ist zeitlich: Bücher, die »die Hände verunreinigen«, müssen demnach alle vor Ben Sira geschrieben worden sein. Wenn wir diesen Text mit dem folgenden Abschnitt der Tosefta als Einheit verstehen dürfen, wäre diese zeitliche Grenze wohl damit begründet, daß von diesem Zeitpunkt an verfaßte Bücher nicht im heiligen Geist gesagt, nicht inspiriert sind. Demnach hätte diese zeitliche Begrenzung mit der Vorstellung vom Aufhören der Prophetie zu tun, die schon in 1Makk 9,27 vorausgesetzt ist.

Die in der Mischna für die Rabbinen von Jabne bezeugte Diskussion, ob Hoheslied und Kohelet »die Hände verunreinigen«, wird im babylonischen Talmud auf Ruth und Esther ausgedehnt (Meg 7a). Zuerst ist davon die Rede, daß Esther den Gelehrten sandte, man möge sie für die kommenden Generationen festhalten; diese aber sind dagegen, denn dieses Gedenken eines Sieges über die Heiden würde bei Nichtjuden schlechten Eindruck machen; auch dürfe man nur dreimal des Siegs über Amalek gedenken (abgeleitet aus Spr 22); erst R. Schim'on von Modiin findet eine Erklärung, die dic Estherrolle hierin einschließt. Gelegentlich deutet man diese Erzählung so, daß erst der Druck des Volkes die Rabbinen das Buch Esther in die Bibel aufnehmen ließ. Bei allen Problemen, die das Buch Esther bieten konntc (und deretwegen es vielleicht in Qumran nicht anerkannt war)[20], ist seine Lesung zu Purim jedoch durch einen eigenen Traktat der Mischna sanktioniert und somit zu Beginn der rabbinischen Zeit wohl nichts Neues mehr. Problematisch scheint das Buch Esther, wenn überhaupt, vor allem in Babylonien gewesen zu sein. Hier interessiert vor allem die Fortsetzung des Talmudtextes.

»Es sagte Rab Jehuda, es sagte Samuel: Esther verunreinigt die Hände nicht. Soll das sagen, daß Samuel meinte, Esther sei nicht im heiligen Geist gesagt? Aber Samuel hat doch gesagt: Esther wurde im heiligen Geist gesagt! Es wurde zum Lesen und nicht zum Schreiben gesagt!«

Es folgt als Einwand das schon oben zitierte Stück aus mYad III,5, doch mit einer erstaunlichen Ergänzung:

»R. Schim'on sagt: Kohelet gehört zu den Erleichterungen der Schule Schammais und zu den Erschwerungen der Schule Hillels; *doch Ruth, das Hohelied und Esther verunreinigen die Hände*«.

Auffällig ist einmal die Kombination der beiden Aussagen Samuels über Esther: Es verunreinigt die Hände nicht, ist aber doch inspiriert. Auch wenn die Rabbinen den zweiten Satz als Einwand gegen die richtige

---

20 Welchen Anstoß ausgelassene Purim-Feiern geben konnten, geht aus Codex Theodosianus XVI,8,18 von 408 hervor, wonach die Statthalter den Juden verbieten sollen, zu ihrem Hamansfest eine Gestalt in Form eines Kreuzes zu verbrennen.

Überlieferung des ersten zitieren, scheint die dann folgende Harmonisierung, Esther sei nur für die Rezitation inspiriert, den Rabbinen zumindest eine Denkmöglichkeit zu sein[21]. Auch wird allein hier das Verunreinigen der Hände für Ruth ausdrücklich betont, was wohl einschließt, daß es dazu Gegenmeinungen gab. Dem schließt sich eine ausführliche Reihe von »Beweisen« an, daß Esther tatsächlich inspiriert ist, weil es Dinge enthält, die der Verfasser rein menschlich nicht hätte wissen können.

IV. Das »Verbergen« von Büchern

Für die rabbinische Diskussion um Hoheslied und Kohelet ist auch ein Text aus Avot deRabbi Natan von Interesse. Der Satz von Avot »seid zurückhaltend im Gericht« wird hier auf Spr 25,1 angewandt:

»›Auch das sind Sprichwörter Salomos, die die Männer Hiskijas, des Königs von Juda kopierten‹ (העתיקו). Nicht daß sie kopiert hätten, vielmehr haben sie sich Zeit gelassen. Abba Schaul sagt: nicht daß sie sich Zeit gelassen hätten, vielmehr haben sie ausgelegt[22]. Anfangs pflegten sie zu sagen: Sprichwörter, Hoheslied und Kohelet waren verborgen; denn man sagte, (nur) Gleichnisse sind es und nicht aus den Schriften. Und sie standen auf und verbargen sie, bis die Männer der Großen Synode kamen und sie auslegten« (ARN A1, Schechter 2b; mehrere Varianten in B1, Schechter 2b–3a. Es folgen einige Zitate aus diesen Schriften, die man offenbar für anstößig gehalten hatte).

Die Überlieferung des Textes ist problematisch und seine Auslegung entsprechend schwierig[23]. Es heißt, daß die Schriften Salomos anfangs »verborgen«, d.h. aus dem Verkehr gezogen waren und erst durch die Auslegung der Männer Hiskijas, die offensichtlich mit den Männern der Großen Synode gleichgesetzt werden, in die heiligen Schriften gelangten. Nach heutigem Sprachgebrauch würde man hier wohl von Kanonisierung sprechen. In den rabbinischen Texten ist allerdings sonst nie davon die Rede, daß etwas, was einmal »verborgen« war, wieder in Gebrauch kommen könnte. Deshalb hat auch schon der Gaon von Wilna hier eine Textkonjektur vorgeschlagen, daß die Schriften nicht schon verborgen waren, sondern verborgen hätten werden *sollen*, was aber durch eine entsprechende Auslegung verhindert wurde.

»Verbergen« (גנז) wird in der rabbinischen Literatur von geheiligten Ge-

---

21   *Leiman,* Evidence 242: Für Samuel war Ester »a semi-inspired canonical book; its text was not authored under divine inspiration to the extent that it could be considered sacred Scripture«. Doch geht es dem Text wirklich primär um die Inspiriertheit?
22   Die Alternativen »sich Zeit lassen« (bzw. alt werden lassen) und »auslegen« sind mögliche Interpretationen von העתיקו.
23   S. dazu vor allem *Haran,* Problems 268; *S. Liebermann,* Notes on Chapter I of Midrash Koheleth Rabbah, in: E.E. Urbach – R.J.Z. Werblowsky – Ch. Wirszubski (Ed.), Studies in Mysticism and Religion (FS G. Scholem), Jerusalem 1967, hebr. Teil 163–179, bes. 167–169; *A.J. Saldarini,* The Fathers According to Rabbi Nathan (Abot de Rabbi Natan) Version B, Leiden 1975, 27f; *D.J. Halperin,* The Book of Remedies, the Canonization of the Solomonic Writings, and the Riddle of Pseudo-Eusebius, JQR 72 (1982) 269–292, bes. 279f.

genständen ausgesagt, die aus irgend einem Grund nicht mehr verwendet werden können. Dazu gehören laut Mischna die Steine des durch die Seleukiden verunreinigten Altars und die unbrauchbar gewordenen Opfermesser (Mid I,6; IV,7), die Bundeslade (Sheq VI,1f), die für das Eifersuchtsordal vorbereitete, aber nicht verwendete Schriftrolle (Sot III,3), die heiligen Schriften einer gebannten Stadt (San X,6) sowie (nicht mehr brauchbare) heilige Schriften, auch wenn sie eine Übersetzung und nicht der Originaltext sind (Shab XVI,1). Schließlich lobt Pes IV,9 Hiskija, weil er ein »Arzneibuch« (ספר רפאות) verbarg[24]. Nach dem sonstigen Sprachgebrauch der Mischna kann damit nicht gemeint sein, daß er diese uns unbekannte Schrift für apokryph erklärte, sondern daß er ein als heilig betrachtetes Buch aus dem Verkehr zog. Es ist wohl kein Zufall, wenn der zuvor zitierte Text von Avot deRabbi Natan die Männer desselben Hiskija nennt, die das »Verbergen« der salomonischen Bücher verhindern. Daß Schriften als solche (und nicht einfach unbrauchbare Exemplare dieser Schriften) aus dem Verkehr gezogen werden, ist somit Sache der biblischen Vergangenheit.

Eine breitere Anwendung auf heilige Schriften erhält der Begriff גנז erst im babylonischen Talmud, was auf spezifische Interessen der babylonischen Rabbinen hinweisen könnte. Nur hier ist davon die Rede, daß dem Buch Ezechiel drohte, aus dem Verkehr gezogen zu werden, weil es der Tora widerspricht. R. Jehuda schreibt im Namen Rabs Chananja ben Hiskija das Verdienst zu, durch Auslegung diese Gefahr abgewandt zu haben (bShab 13b); auch die Gefahren, die aus dem mystischen Studium von Ez 1 kommen könnten, sind ihm kein Grund, Ezechiel aus dem Verkehr zu ziehen (bHag 13a)[25]. Gewöhnlich datiert man diesen Chananja ins 1. Jahrhundert, doch weiß man praktisch nichts über ihn. Jedenfalls sind es für die babylonischen Rabbinen Ereignisse der vorrabbinischen Zeit.

Daß die Rabbinen selbst ein Buch »verbargen«, heißt es allein von Ben Sira, und zwar nur in einer handschriftlich schwach belegten Fassung von bSan 100b, die *S.Z. Leiman* für authentisch erachtet: »Es sagte Rab Josef: Obwohl die Rabbinen das Buch Ben Sira verbargen, legen wir alle vorzüglichen Worte, die darin sind, aus«. Auch insofern wäre der Text ein Einzelfall, als hier ein tatsächlich »verborgenes« Buch wieder verwendet

---

24   bPes 62b spricht auch vom »Verbergen« eines Buchs der Genealogien (ספר יוחסין), dem also auch eine bestimmte Heiligkeit zugeschrieben wurde.
25   Verschiedentlich hat man eine Abstimmung im Haus des Chananja ben Hiskija (mShab I,4), deren Inhalt jedoch erst die Gemara zu rekonstruieren versucht, als wichtigen Schritt in der Festlegung des Kanons gesehen. So z.B. *S. Zeitlin:* ». . . the canonization of the third group, Hagiographa, did not take place before the year sixty-five, and only in that gathering Kethubim was added to the Bible« (An Historical Study of the Canonization of the Hebrew Scriptures, PAAJR 3 [1931f] 121–158, hier 132; Nachdruck in: *Leiman* [Ed.], Canon [s.o. Anm. 4] 164–199, hier 175); später bezeichnet er diese Versammlung als »Große Synode« und kombiniert sie mit talmudischen Aussagen über »kanonische« Aktivitäten der »Männer der Großen Synode« (156). S. auch *ders.*, Les »dix-huit mesures«, REJ 68 (1914) 22–36 (Nachdruck in: *Ders.*, Studies in the Early History of Judaism IV, New York 1978, 412–426). Datum wie auch Inhalt dieses Treffens sind unbegründete Theorie und sollten in einer Kanongeschichte keine Berücksichtigung finden.

würde, weshalb die Worte »obwohl die Rabbinen das Buch Ben Sira verbargen« kaum Anspruch auf Ursprünglichkeit erheben können[26]. Diese Lesart ist wohl ein Mißverständnis des Leseverbots von mSan X,1, das wir anschließend noch im Zusammenhang mit den »äußeren Büchern« besprechen müssen.

Für unseren Zusammenhang ist hervorzuheben, daß Ben Sira in der Mischna gar keine Rolle spielt, sondern erst später, beginnend mit der Tosefta, Gegenstand der Diskussion wird und dies durch Jahrhunderte bleibt. Doch läßt sich hier schon sagen, daß bisher kein einziger Text den Rabbinen kanonische Tätigkeit zuschrieb.

V. *» Bücher der Äußeren«*

mSan X,1 zählt auf, wer keinen Anteil an der kommenden Welt hat, und zitiert R. Akiba:

»auch wer in Büchern der Äußeren liest und wer über der Wunde flüstert: ›jegliche Krankheit, die ich den Ägyptern geschickt habe, werde ich dir nicht schicken; denn ich bin der Herr, dein Arzt‹ (Ex 15,26). Abba Schaul sagt: auch wer den Gottesnamen mit seinen Buchstaben ausspricht«.

Verschiedentlich hat man diese Aussagen als Reaktion auf das frühe Christentum betrachtet, das hier neben seinen Heilungspraktiken und wegen seines respektlosen Umgangs mit dem Gottesnamen auch wegen seiner Schriften angegriffen sei. Doch sind diese wirklich mit den ספרים החיצונים gemeint? Der palästinische Talmud (ySan X,1,28a) erläutert den Begriff, indem er als Beispiel dafür »die Bücher des Ben Sira und die Bücher des Ben La'ana« nennt. Das Lesen anderer Bücher wie Homer sei hingegen vom religiösen Standpunkt aus irrelevant. Der babylonische Kommentar hingegen nennt als Beispiel »Bücher der Minim«, also Bücher von religiös nicht einwandfreien jüdischen Kreisen[27]. Eine spezifisch antichristliche Spitze ist jedenfalls nicht festzustellen; auch ist der Begriff nicht mit »au-

---

26   *Leiman*, Evidence 167f, rechnet mit der Möglichkeit, daß in diesem Abschnitt גנז tatsächlich »aus dem biblischen Kanon ausschließen« oder »für apokryph erklären« bedeuten kann, zumal manche Rabbinen Ben Sira als biblisches Buch, viele andere als nicht inspiriertes kanonisches Buch ansahen. Dieses Verständnis von גנז erübrigt sich jedoch, wenn wir diese Worte im Text als unecht anerkennen. Zur ambivalenten Stellung von Ben Sira s. auch die ausgewogene Darstellung von *Haran*, Problems 245–259.270; *H.P. Rüger*, Le Siracide. Un Livre à La Frontière du Canon, in: Kaestli-Wermelinger (Ed.), Canon (s.o. Anm. 6) 47–69.

27   Statt »Minim« gibt es auch die Textvariante »Sadduzäer«. *Maier*, Auseinandersetzung 107, hält dies für eine echte Möglichkeit; doch kann natürlich »Sadduzäer« auch einfach Ersatz für Min sein. So versteht es *H. Freedman* in seiner Übersetzung des Abschnitts im Soncino-Talmud, der schon ספרים החיצונים mit »uncanonical books« übersetzt und zu »Sadduzäer« anmerkt: »This probably refers to the works of the Judeo-Christians, i.e., the New Testament«.

ßerkanonischen Schriften«[28] gleichzusetzen, da ja Bücher wie Homer ohne weiteres erlaubt sind[29]. Es ist ohne weiteres denkbar, daß noch die Mischna unter ספרים auch hier Torarollen gemeint hat, die aber eben von gegenüber dem Rabbinat außenstehenden Kreisen hergestellt wurden[30]; jedenfalls aber geht es um religiöse Schriften, wie der Verweis des babylonischen Talmud auf Ben Sira deutlich macht; daß aber gerade mit diesem Beispiel wohl nicht das Richtige getroffen ist, geht aus der anschließenden Erklärung des Rab Josef hervor, daß man das Wertvolle dieses Buches dennoch auslegt.

Zusammenfassung

Abschließend können wir feststellen:
1.   Es gibt keinen eindeutigen *Kanonbegriff* für das rabbinische Judentum. Die Sache »Kanon« läßt sich von Aussagen wie jenen, daß ein Buch »die Hände verunreinigt«, »im heiligen Geist gesagt ist« oder »verborgen« werden muß, nur sehr annähernd eingrenzen.
2.   Für den Zeitraum, den man gewöhnlich der »Synode von Jabne« zumißt, gibt es nur einen einzigen Text, nämlich einen kleinen Abschnitt in mYad III,5 hinsichtlich der Verunreinigung der Hände durch Hoheslied und Kohelet. Damit ist eine besondere Sakralität gemeint, die nicht unbedingt auch die Kanonizität einschließt. Von einer endgültigen Entscheidung kann hier keine Rede sein. Die Diskussion geht noch lange weiter und wird später auch auf andere Bücher ausgedehnt.
3.   Für die Periode von Jabne im weiteren Sinn läßt sich noch mSan X,1 zitieren, wo nach R. Akiba das Lesen der »Bücher der Äußeren« mit dem Verlust der Teilhabe an der kommenden Welt bedroht wird. Dies hat nichts mit der Kanonfrage zu tun, sondern ist eher dem »Index der verbotenen Bücher« vergleichbar.
4.   Gezielte antichristliche Maßnahmen im Zusammenhang mit der Frage heiliger Bücher lassen sich nie feststellen.
Abschließend ist die Frage zu stellen, mit welcher Autorität die Rabbinen Entscheidungen hätten durchsetzen können, die den Kanon der heiligen Schriften betrafen. Prinzipiell ist festzustellen, daß in der frühen rabbinischen Zeit der Einfluß der Rabbinen auf die gewöhnliche jüdische Bevölkerung wohl gering war; insbesondere auf Synagoge und Synagogenpredigt haben die Rabbinen in der Frühzeit kaum eingewirkt und erst ab dem

---

28   Die vielfach vorgeschlagene Übersetzung »äußere Bücher« beruht darauf, daß man sonst ספרי החיצונים erwarten würde; dann aber sollte es הספרים החיצונים heißen, womit rein sprachlich die Frage nicht zu entscheiden ist.
29   Damit ist auch die Schlußfolgerung von *Leiman,* Evidence 193, nicht haltbar, wonach aus diesem Text »a *terminus ad quem* for the closing of the biblical canon – circa 120 C.E. – is established. Extra-biblical books imply the existence of a closed biblical canon«. Doch gibt er selbst zu, daß der Text keine sichere Basis gibt.
30   S. *Maier,* Auseinandersetzung 107.

3. Jahrhundert sich zunehmend bemüht, hier ihren Einfluß geltend zu machen, jedoch noch lange ohne zu großen Erfolg. Was in der Synagoge gelesen wird, wird nicht von den Rabbinen bestimmt, sondern kann von ihnen nur zur Kenntnis genommen werden. Doch scheint es gerade in diesem Punkt keinen Konfliktstoff gegeben und es schon als selbstverständlich gegolten haben, welche Bücher gelesen werden dürfen, welche nicht. Es gibt keinerlei Hinweise, daß ein »Kanon« biblischer Bücher in rabbinischer Zeit von oben her festgelegt worden ist; aber auch für frühere Zeiten ist nicht unbedingt an konkrete Einzelakte bestimmter Autoritäten zu denken. Selbstverständlich muß jemand einmal verfügt haben, welche Texte z.B. in die Tempelbibliothek als heilige Texte aufgenommen werden; damit ist auch eine gewisse Vorgabe von oben gegeben. Gleichzeitig ist aber wohl mit einem Wachsen des »Kanons« von unten her zu rechnen, die Akzeptanz bestimmter Bücher durch das gläubige Volk als ein entscheidender Faktor zu betrachten. Nicht einmalige Entscheidungen, sondern ein langer Prozeß haben bewirkt, daß schließlich ein Corpus heiliger Schriften abgegrenzt war, ein Kanon vorlag[31].

31   *Haran*, Problems 258: »Keine einmalige Entscheidung in der Versammlung der Weisen konnte irgendeinem Buch das Siegel der Heiligkeit aufdrücken, wenn nicht diese Einschätzung schon in der allgemeinen Tendenz des Volkes vorgegeben war. Hinsichtlich der Mehrheit der Hagiographen war dies ohne Zweifel ein Prozeß der Heiligung und Kanonisierung, dessen wesentliche Träger i.a. die breiten Volksschichten waren und dessen wesentliche Dimension die Zeit war«.

Hans Peter Rüger

Das Werden des christlichen Alten Testaments*

Schlägt man eine beliebige Ausgabe der hebräischen Bibel auf, so findet man auf dem Titelblatt die Bezeichnung תורה נביאים וכתובים »Gesetz, Propheten und Schriften«. Sucht man im Neuen Testament nach Entsprechungen zu dieser Bezeichnung, so begegnet man einerseits ὁ νόμος καὶ οἱ προφῆται »das Gesetz und die Propheten« (Mt 7,12; 22,40 u.ö.), andererseits ὁ νόμος Μωϋσέως καὶ οἱ προφῆται καὶ ψαλμοί »das Gesetz des Mose und die Propheten und Psalmen« (Lk 24,44). Das heißt: Von den drei Teilen der hebräischen Bibel, dem Gesetz, den Propheten und den Schriften, kennt das Neue Testament nur die ersten zwei, das Gesetz und die Propheten, als feste Größen. Und lediglich einmal, eben in Lk 24,44, erscheinen in Verbindung mit der formelhaften Wendung »das Gesetz des Mose und die Propheten« auch »(die) Psalmen«, welche ursprünglich den dritten Teil des hebräischen Kanons, die Schriften, eröffneten. Zwar stehen in den uns überlieferten Verzeichnissen der כתובים aus Palästina und Babylonien die Psalmen vor Hiob und Proverbien an zweiter Stelle:[1]

Josef ha-Qostandînî (um 1060 n.Chr.[1])	*bBB 14b*
Chronik	Ruth
Psalmen	Psalmen
Hiob	Hiob
Sprüche	Sprüche
Ruth	Kohelet
Hoheslied	Hoheslied
Kohelet	Klagelieder
Klagelieder	Daniel
Esther	Esther
Daniel	Esra
Esra	Chronik,

aber es ist ganz unverkennbar, daß man in dem *palästinischen* Verzeichnis die mit den Namen »Adam, Set, Enosch« beginnende Chronik an die Spitze

---

* Die nachstehenden Zeilen sind der nur geringfügig veränderte Text eines Referats, das in einem Seminar während der Göttinger SNTS-Tagung gehalten wurde.
1 Vgl. *H.P. Rüger*, Ein Fragment der bisher ältesten datierten hebräischen Bibelhandschrift mit babylonischer Punktation, VT 16 (1966) 65–73, hier 69.

der Schriften gestellt hat, um den dritten Teil der hebräischen Bibel ebenso
wie den ersten mit der Schöpfung beginnen zu lassen, und in dem *babylonischen* Verzeichnis geht den nach der Tradition von David geschriebenen
Psalmen das Buch Ruth voraus, weil es nach einer durchaus zutreffenden
Bemerkung Goethes den »hohen Zweck (hat), einem König von Israel«,
eben David, »anständige interessante Voreltern zu verschaffen«[2].

Die bei diesem Vergleich zutage tretende Divergenz zwischen der hebräischen Bibel und dem, was das Neue Testament als »Bibel« bezeichnet, beruht nun aber keineswegs auf einem Zufall, sondern spiegelt genau den
Stand wider, den die Herausbildung eines Kanons heiliger Schriften im Judentum des neutestamentlichen Zeitalters erreicht hatte. Diese Herausbildung eines Kanons heiliger Schriften vollzog sich, grob gesagt, in drei Etappen:

1.   Um 398 v.Chr. erfolgt unter Artaxerxes II. Mnemon die Verlesung des
»Buches des Gesetze des Mose« durch Esra und die Verpflichtung des Volkes zur Beobachtung dieses Gesetzes (Esr 7,8; Neh 8–10).

Zwischen 336 und 330 heiratet Manasse, der Bruder des Jerusalemer Hohenpriesters Jaddua, Nikaso, die Tochter des samaritanischen Satrapen
Sanballat. Dieser verspricht, seinen Schwiegersohn zum Hohenpriester des
von ihm verwalteten Territoriums zu machen und mit Zustimmung Darius'
III. Kodomannos auf dem Garizim einen Tempel zu bauen (JosAnt
11,303.309). Die Gründung dieses samaritanischen Gegenkults zu Jerusalem ist ohne die Tora als Kultgesetz undenkbar.

2.   Um 190 v.Chr. läßt das »Lob der Väter« (Sir 44–49) erkennen, daß
nicht nur die Vorderen Propheten, also die Bücher Josua, Richter, Samuel
und Könige, sondern auch die Hinteren Propheten, d.h. Jesaja (Sir 48,25),
Jeremia (Sir 49,8), Ezechiel (Sir 49,10) und »die zwölf Propheten« (Sir
49,12) abgeschlossen sind.

Um 165 wird dies bestätigt durch Dan 9,2, wonach Daniel »in den Büchern«
auf die Zahl der Jahre achtet, von denen der Herr zu dem Propheten Jeremia
geredet hat.

3.   Um 132 v.Chr. zeigt der Prolog des Sirach-Enkels zum Werk seines
Großvaters, daß die Schriften als feste Größe erst im Entstehen begriffen
sind. In § 1 heißt es διὰ τοῦ νόμου καὶ τῶν προφητῶν καὶ τῶν ἄλλων τῶν
κατ᾽ αὐτοὺς ἠκολουθηκότων »durch das Gesetz und die Propheten und die
anderen sich daran anschließenden (Bücher)«, in § 3 τοῦ νόμου καὶ τῶν
προφητῶν καὶ τῶν ἄλλων πατρίων βιβλίων »des Gesetzes und der Propheten und der anderen Bücher der Väter« und in § 7 ὁ νόμος καὶ αἱ προφη-
τεῖαι καὶ τὰ λοιπὰ τῶν βιβλίων »das Gesetz und die Prophezeiungen und
der Rest der Bücher«. Während also Gesetz und Propheten durchgängig mit
den gleichen Begriffen bezeichnet werden, verwendet der Sirach-Enkel zur
Charakterisierung der Schriften jeweils eine andere Terminologie.

Auch um 39/40 *n.Chr.* hat sich an dieser Situation noch nichts geändert.

2   *J.W. v. Goethe*, Noten und Abhandlungen zum besseren Verständnis des west-östli-
chen Diwans. Hebräer.

Denn in diesem Jahre nennt Philo in De vita contemplativa (bei Euseb, Praeparatio evangelica VIII,7,12f) als Bestandteil der Bibliothek der Therapeuten νόμους καὶ λόγια θεσπισθσντα καὶ ὕμνους καὶ τὰ ἄλλα οἷς ἐπιστήμη καὶ εὐσέβεια συναύξονται καὶ τελειοῦνται »Gesetze und durch Propheten verkündete Worte und Hymnen und die anderen (Bücher), durch die Verstehen und Frömmigkeit gemehrt und vervollkommnet werden«.

Stellt man diese Aufzählung Philos neben Lk 24,44, so erkennt man, daß seine »Gesetze« dem lukanischen »Gesetz des Mose«, seine »durch Propheten verkündeten Worte« den lukanischen »Propheten« und seine »Hymnen« den lukanischen »Psalmen« entsprechen. Über Lukas hinausgehend erwähnt Philo auch »andere (Bücher), durch die Verstehen und Frömmigkeit gemehrt und vervollkommnet werden«. Dabei handelt es sich offenbar um Werke, die in den Gottesdiensten der Therapeuten verwendet wurden, ohne daß bereits auf diese oder jene Weise über deren »Kanonizität« entschieden worden wäre.

Zeigt der Vergleich der hebräischen Bibel mit dem, was das Neue Testament als »Bibel« bezeichnet, daß der dritte Teil eines Kanons heiliger Schriften im Judentum des neutestamentlichen Zeitalters – und damit natürlich auch in der juden- und heidenchristlichen Kirche – nach unten hin noch offen war, so läßt eine gründliche Lektüre des Neuen Testaments *auch* erkennen, daß man als »Bibel« ebenso solche Schriften verstanden hat, die später keinen Eingang in den dritten Teil der hebräischen Bibel gefunden haben, oder anders gesagt, daß zu den »(Büchern), durch die Verstehen und Frömmigkeit gemehrt und vervollkommnet werden«, offenbar auch solche Texte gehörten, die wir heute als Apokryphen und Pseudepigraphen bezeichnen. Ich möchte das an vier Beispielen verdeutlichen:

1. Im Brief des Judas heißt es in den Versen 14 und 15: »Es hat aber auch von diesen geweissagt Henoch, der siebente von Adam an, und gesprochen: Siehe, der Herr kommt mit seinen vielen tausend Heiligen, Gericht zu halten über alle und zu strafen alle Menschen für alle Werke ihres gottlosen Wandels, mit denen sie gottlos gewesen sind, und für all das Freche, das die gottlosen Sünder gegen ihn geredet haben«. Der mit »Siehe, der Herr kommt« beginnende Satz ist Zitat aus äthHen 1,9, wo gesagt wird: »Fürwahr! Er kommt mit Tausenden von Heiligen, um über alle das Gericht zu halten und alle Übeltäter zu vernichten und alles Fleisch zurechtzuweisen der schlimmen Taten wegen, die sie so frevlerisch begingen, sowie der kühnen Worte halber, die gegen ihn die Sünder frevelhaft gesprochen.«[3]

2. In 1Kor 2,9 (sowie mit geringfügigen Abweichungen in 1Klem 34,8; 2Klem 11,7 und MartPolyk 2,3) heißt es: »Sondern es ist gekommen, wie geschrieben steht: Was kein Auge gesehen hat und kein Ohr gehört hat

---

3 Nach *P. Rießler*, Altjüdisches Schrifttum außerhalb der Bibel, Augsburg 1928, 356.

und in keines Menschen Herz gekommen ist, was Gott bereitet hat denen, die ihn lieben«. Der mit »Was kein Auge gesehen hat« beginnende Satz stammt aus AscJes 11,34: »Quod nec oculus vidit, nec auris audiuit, nec in cor hominis ascendit, quanta praeparavit deus omnibus diligentibus se« (Was kein Auge gesehen hat und kein Ohr gehört hat und in keines Menschen Herz gekommen ist, was Gott bereitet hat denen, die ihn lieben). Bereits Hieronymus (In Esaiam XVII zu 64,4) hat auf den Zusammenhang zwischen dem 1. Korintherbrief und der Himmelfahrt des Jesaja aufmerksam gemacht. Daß der genannte Satz sich auch in der Elia-Apokalypse findet, wie Hieronymus und vor ihm schon Origenes (Matthaeum V 29 zu 27,9) angeben, hat sich bislang nicht verifizieren lassen[4].

3. In Jak 1,19 heißt es: »Ihr sollt wissen, meine lieben Brüder: Ein jeder Mensch sei schnell zum Hören, langsam zum Reden, langsam zum Zorn«. Hier entspricht der Satz »Ein jeder Mensch sei schnell zum Hören« (ἔστω δὲ πᾶς ἄνθρωπος ταχὺς εἰς τὸ ἀκοῦσαι) dem von der hebräischen Handschrift A überlieferten Text von Sir 5,11 (היה ממהר להאזין), während die Septuaginta (γίνου ταχὺς ἐν ἀκροάσει σου) im wesentlichen mit dem von der hebräischen Handschrift C überlieferten Text dieses Verses übereinstimmt (היה נכון בשמועה טובה).

4. Nach Mk 10,19 sagt Jesus zu dem reichen Jüngling: »Du kennst die Gebote: Du sollst nicht töten; du sollst nicht ehebrechen; du sollst nicht stehlen; du sollst nicht falsch Zeugnis reden; du sollst niemanden berauben; ehre Vater und Mutter«. Hier entspricht der mitten unter den Zitaten aus dem Dekalog von Ex 20 oder Dtn 5 stehende Satz »Du sollst niemanden berauben« (μὴ ἀποστερήσῃς) dem Septuagintatext von Sir 4,1 »Mein Sohn, das Leben des Armen sollst du nicht berauben« (τέκνον, τὴν ζωὴν τοῦ πτωχοῦ μὴ ἀποστερήσῃς).

Von den genannten Beispielen sind die letzten beiden auch insofern interessant, als der Sirachtext in Jak 1,19 nach einer der hebräischen Handschriften, in Mark 10,19 aber nach der Septuaginta zitiert wird. Im Um-

---

4 Hieronymus als Verfechter der »hebraica veritas« ist im übrigen der festen Überzeugung, daß Paulus in 1Kor 2,9 weder die Himmelfahrt des Jesaja noch die Elia-Apokalypse anführe, sondern ein, wenn auch sehr freies, Zitat aus Jes 64,4 (!) bringe. Wörtlich schreibt er: »Paraphrasim huius testimonii, quasi Hebraeus ex Hebraeis, assumit apostolus Paulus de authenticis libris in epistola quam scribit ad Corinthios, non uerbum ex uerbo reddens, quod facere omnino contemnit, sed sensuum exprimens ueritatem, quibus utitur ad id quod uoluerit roborandum. Vnde apocryphorum deliramenta conticeant, quae ex occasione huius testimonii ingeruntur ecclesiis Christi«. Hieronymus könnte insofern recht haben, als AscJes 11,34 und damit 1Kor 2,9 vielleicht tatsächlich auf eine Exegese von Jes 64,3 zurückgehen, die sich auch im Midrasch zu Spr 13,25 niedergeschlagen hat. Dort heißt es: »R. Levi (pal. A., um 300) hat gesagt: Komm und sieh, wie groß die Güte ist, die der Heilige, er sei gepriesen, den Gerechten für die Zukunft verwahrt hat, wie gesagt ist: › Wie groß ist deine Güte, die du verwahrt hast denen, die dich fürchten, erwiesen hast vor den Leuten denen, die auf dich trauen‹ (Ps 31,20). (Die Schrift) sagt hier nicht ›unter vier Augen‹, sondern ›vor den Leuten‹, vor aller Welt. R. Johanan (pal. A., gest. 279) sagt: Nicht so! Sondern man mag das Auge sehen lassen, was es zu sehen vermag, und das Ohr hören lassen, was es zu hören vermag, aber was Er den Gerechten für die Zukunft bereitet hat (התקין), vermochte kein Auge zu sehen und kein Ohr zu hören, wie gesagt ist: ›Kein Auge hat gesehen, o Gott, außer dir, was Er tut dem, der auf ihn harrt‹ (Jes 64,3)«.

gang mit Büchern, die wir heute als Apokryphen bezeichnen, verfahren die Autoren des Neuen Testaments also in derselben Weise wie mit den Schriften, die einem Teil der hebräischen Bibel angehören, die sie bekanntlich auch teils nach dem hebräischen oder aramäischen Urtext, teils nach einer der griechischen Übersetzungen anführen.

Das Bild, das wir bei diesem zweimaligen Durchgang durch das Neue Testament gewonnen haben, wird in seinen Grundzügen durch eine Untersuchung der Handschriften vom Toten Meer bestätigt: Schon 1957 hat J.T. Milik in seinem Buch »Dix ans de découvertes dans le désert de Juda«[5] festgestellt: »Ein Viertel der Handschriften (der Bibliothek von Qumran) ist biblisch bzw. umfaßt, genauer gesagt, die Bücher, welche vom Ende des 1. Jahrhunderts unserer Zeitrechnung an von den palästinischen Juden als kanonisch angesehen wurden. *Nur das Buch Esther ist nicht vertreten.*« Das heißt: Auch in Qumran ist der dritte Teil eines Kanons jüdischer heiliger Schriften nach unten hin noch offen. Ferner sind unter den in der Wüste Juda gefundenen Handschriften auch Fragmente solcher Bücher, die später nicht in den dritten Teil der hebräischen Bibel aufgenommen wurden. Ich nenne als Beispiele nur die hebräischen Sirach-Texte aus Qumran (2Q 18 und 11QPs[a]) und Massada sowie die von J.T. Milik 1976 in »The Books of Enoch. Aramaic Fragments of Qumrân Cave 4« veröffentlichten aramäischen Handschriften des sog. äthiopischen Henoch.

Der Abschluß des dritten Teils der hebräischen Bibel, der zugleich den Ausschluß der Apokryphen und Pseudepigraphen bedeutete, erfolgte in einer mehr oder weniger lange dauernden Diskussion in der Zeit zwischen dem ersten und zweiten jüdischen Krieg. Träger dieser Diskussion waren bedeutende Vertreter des sich jetzt allmählich herauskristallisierenden Frühjudentums, und ihr Thema war die Frage: Welche Schriften können als heilige Schriften gelten und verunreinigen deshalb die Hände bzw. welche Schriften verunreinigen die Hände und können deshalb als heilige Schriften gelten?

Der Begriff »Verunreinigung der Hände« ist uns heute fremd. Die nächste mir bekannte Analogie ist die während der Messe erfolgende Waschung der Hände des Priesters *vor* der Berührung der Elemente des allerheiligsten Altarsakraments, der bis zur Liturgiereform im Zusammenhang mit dem Vaticanum II eine zweite Waschung *nach* der Eucharistiefeier entsprach. Demgemäß macht die Berührung heiliger Schriften einen rituell zu vollziehenden Übergang vom Profanen zum Heiligen und wieder zurück zum Profanen erforderlich, der durch eine kultische Waschung vollzogen wird.

Ich kann in diesem Zusammenhang nicht den Verlauf der ganzen Diskussion über die genannte Frage darstellen und beschränke mich daher auf Ausschnitte aus den Erörterungen über Hoheslied und Kohelet, Esther und Jesus Sirach.

---

5 *J.T. Milik,* Dix ans de découvertes dans le désert de Juda, Paris 1957, 23.

1. In mYad III,5 heißt es:»R. Simeon b. Azzai (T., um 110) sagte: Ich habe die Überlieferung aus dem Mund der 72 Ältesten an dem Tag, da sie R. Eleasar b. Asarja (T., um 100) im Lehrhaus einsetzten, daß Hoheslied und Kohelet die Hände verunreinigen.

R. Akiba (T., gest. 135) sagte: Gott behüte! Kein Mensch aus Israel war geteilter Meinung über das Hohelied, daß es die Hände nicht verunreinige. Denn die ganze Welt ist nicht soviel wert wie der Tag, da Israel das Hohelied gegeben wurde. Denn alle Schriften sind heilig, das Hohelied aber ist hochheilig. Und wenn sie geteilter Meinung waren, waren sie nur über Kohelet geteilter Meinung.

R. Johanan b. Josua, der Sohn des Schwagers von R. Akiba (T., 2. Jahrhundert), sagte: Entsprechend den Worten des b. Azzai waren sie geteilter Meinung und so entschieden sie.«

Nach mYad III,5 hat man sich also um 100 n.Chr. nach mehr oder weniger langwierigen Erörterungen »im Lehrhaus« darauf geeinigt, daß das Hohelied und Kohelet die Hände verunreinigen und deshalb als heilige Schriften zu gelten haben. Dem entspricht es, daß in dem um 100 n.Chr. verfaßten 4. Esrabuch das Hohelied erstmals allegorisch auf das Verhältnis Gottes zu Israel gedeutet wird. Denn 4. Esra 5,24 »ex omnibus floribus elegisti tibi lilium unum« beruht auf Hld 2,1 »ego flos campi et lilium convallium«, 4Esr 5,26 »et ex omnibus creatis volatilibus nominasti tibi columbam unam« greift zurück auf Hld 6,8 »una est columba mea perfecta mea« usw.[6] Ganz analog wird erst jetzt auch Kohelet ins Griechische übersetzt, und zwar in einer Sprache, die nach einer Bemerkung von A. Rahlfs[7] »Aquilae simillima« ist. Zweck dieser Übersetzung ist es, auch in der griechisch sprechenden Diaspora die Verlesung des Buches Kohelet als Festrolle für das Laubhüttenfest zu ermöglichen. Denn bis zum Ausschluß der Apokryphen und Pseudepigraphen war dort nach Bar 1,14 die Baruch-Schrift »am Tage des Festes«, also am Laubhüttenfest, verlesen worden.

2. In bMeg 7a heißt es: »Rab Juda (bab. A., gest. 299) sagte, Samuel (bab. A., gest. 254) habe gesagt: Esther verunreinigt die Hände nicht. Das ist, als wollte er sagen, Samuel habe gemeint, Esther sei nicht im heiligen Geist gesagt worden. Und siehe, Samuel hat gesagt, Esther sei im heiligen Geist gesagt worden. Es ist gesagt worden, um gelesen, aber nicht gesagt worden, um niedergeschrieben zu werden.

R. Elieser (T., um 90) sagt: Esther ist im heiligen Geist gesagt worden; denn es ist gesagt: ›Haman aber dachte in seinem Herzen‹ (Est 6,6).

Rabbi Akiba (T., gest. 135) sagt: Esther ist im heiligen Geist gesagt worden; denn es ist gesagt: ›Und Esther fand Gunst bei allen, die sie sahen‹ (Est 2,15).

R. Meir (T., um 150) sagt: Esther ist im heiligen Geist gesagt worden; denn es ist gesagt: ›Als das Mordechai zu wissen bekam‹ (Est 2,22).

---

6 Vgl. *W. Riedel*, Die Auslegung des Hohenliedes, Leipzig 1898, 4.
7 *A. Rahlfs* (Ed.), Septuaginta id est Vetus Testamentum Graece iuxta LXX interpretes, Vol. II: Libri poetici et prophetici, [5]Stuttgart 1952, 238.

R. Jose, der Sohn der Damaszenerin (T., um 130), sagte: Esther ist im heiligen Geist gesagt worden; denn es ist gesagt: ›Aber an die Güter legten sie ihre Hände nicht‹ (Est 9,10).«

In bMeg 7a wird der Nachweis, daß Esther die Hände verunreinigt und deshalb als heilige Schrift zu gelten hat, dadurch geführt, daß man einige der im Estherbuch gemachten Aussagen mit göttlicher Inspiration in Verbindung bringt. Denn was »Haman in seinem Herzen dachte«, wie es Esther im Harem des Ahasveros erging usw., konnte man nur aufgrund unmittelbarer Einwirkung des heiligen Geistes sagen.

3. In tYad 2,13 schließlich heißt es: »Die Evangelien (הגליונים) und die Bücher der מינים verunreinigen die Hände nicht. Die Bücher des Ben Sira und alle Bücher, die von da an und weiterhin geschrieben worden sind, verunreinigen die Hände nicht.«

Hier wird nun ganz deutlich, daß der Abschluß des dritten Teils der hebräischen Bibel und der damit verbundene Ausschluß der Apokryphen und Pseudepigraphen zumindest *auch* veranlaßt ist durch die Auseinandersetzung des Frühjudentums mit den מינים, d.h. mit heterodoxen und heteropraxen jüdischen Gruppen, und in diesem Falle ganz konkret durch die Auseinandersetzung mit dem Anspruch der Christen, auch ihre »Evangelien« hätten als heilige Schriften zu gelten.

Diese Frontstellung des Frühjudentums gegen die מינים und damit *auch* gegen die Christen läßt sich ebenso an einigen weiteren Talmudtexten beobachten:

1. In bBer 28b heißt es: »Den Segensspruch gegen die מינים hat man in Jabne verfaßt.

Rabban Gamaliel (II., T., um 90) sagte zu den Weisen: Gibt es einen Menschen, der den Segensspruch gegen die מינים abzufassen weiß? Samuel der Kleine (T., um 100) stand auf und verfaßte ihn.«

Die ברכת המינים im Achtzehngebet lautet nach dem askenasischen Ritus heute: »Den Verleumdern sei keine Hoffnung, und alle, die gottlos handeln, mögen in einem Augenblick untergehen, und sie alle mögen schnell ausgerottet werden, und die Frevler wollest du schnell entwurzeln und zerschmettern und niederwerfen und (sie) schnell demütigen in unsern Tagen. Gepriesen seist du, Herr, der die Frevler demütigt«[8].

Noch im Jahre 1509 hieß sie aber: »Den Getauften (משמדים, vgl. syr. שעמד ›taufen‹) sei keine Hoffnung, und alle מינים mögen in einem Augenblick untergehen, und alle Feinde deines Volkes, des Hauses Israel, mögen ausgerottet werden, und das frevlerische Königreich wollest du schnell entwurzeln und zerschmettern und niederwerfen und alle unsre Feinde schnell demütigen in unsern Tagen. Gepriesen seist du, Herr, der die Frevler demütigt«[9].

Und die älteste erreichbare Form der sog. Ketzerbitte war vollends so formuliert, daß kein (Juden-)Christ sie mitzubeten vermochte: »Den Ge-

8 Sidur Safa Berura, Basel 1956–1964, 43.
9 *Johannes Pfefferkorn*, Hostis Judeorum, Köln 1509, A iii verso.

tauften sei keine Hoffnung, und das frevlerische Königreich wollest du schnell entwurzeln in unsern Tagen, und die Nazoräer und die מינים mögen in einem Augenblick untergehen, sie mögen ausgelöscht werden aus dem Buch des Lebens und mit den Gerechten nicht eingetragen werden. Gepriesen seist du, Herr, der die Frevler demütigt«[10].

Von daher nimmt es nicht wunder, daß die zu Anfang des 2. Jahrhunderts in Syrien entstandene Didache ihre Leser von der Verpflichtung befreit, dreimal am Tage das Achtzehngebet zu sprechen, und sie statt dessen in 8,2f, unter Aufnahme von Mt 6,5ff, auffordert: »Betet auch nicht wie die Heuchler, sondern wie es der Herr in seinem Evangelium geboten hat, so betet: Unser Vater im Himmel . . . Dreimal am Tage betet so!«

2.   In bBer 12a heißt es in einer Beschreibung des Synagogen-Gottesdienstes: »Man liest den Dekalog, ›Höre‹ (Dtn 6,4) – ›Werdet ihr nun hören‹ (Dtn 11,13) – ›Und es sprach‹ (Num 15,37) (d.h. die drei Abschnitte der Tora, aus denen das שמע ישראל besteht) und ›Wahr und feststehend‹ (d.h. die erste Benediktion nach dem שמע) und עבודה (d.h. die 16. Benediktion des Achtzehngebetes).

Rab Juda (bab. A., gest. 299) sagte, Samuel (bab. A., gest. 254) hat gesagt: Auch in den Grenzgebieten wollte man so lesen, allein man hatte es wegen der Einrede der מינים schon abgeschafft.

Baraita, R. Nathan (T., um 160) sagte: In den Grenzgebieten wollte man so lesen, allein man hatte es wegen der Einrede der מינים schon abgeschafft«.

In seinem Talmudkommentar zur Stelle erklärt Raschi (1040–1105) die Wendung »Einrede der מינים« mit den Worten: »Damit sie nicht zu den Ungebildeten sagen: Der Rest der Tora ist nicht wahr«.

Die Auswirkung der Abschaffung des Dekalogs als eines Bestandteils des Synagogen-Gottesdienstes kann man gewissermaßen archäologisch feststellen. Denn von den zehn Phylakterien, die man in Qumran gefunden hat, sind acht mit, zwei ohne Dekalog. Alle übrigen Phylakterien aus der Wüste Juda, die bekanntlich aus der Zeit des zweiten jüdischen Krieges stammen, enthalten den Dekalog nicht mehr.

3.   In bTaan 27b heißt es: »Warum fastet man nicht am Sonntag? Rab Johanan (bab. A., gest. 279) sagte: Wegen der Nazoräer«.

Nach Lk 18,12 sagt der Pharisäer im Gleichnis: »Ich faste zweimal in der Woche«, und seit der Wende vom 1. zum 2. Jahrhundert hatte man das private Wochenfasten auf den Montag und Donnerstag gelegt. Im Gegenzug dazu verlangt Didache 8,1: »Eure Fasttage sollen nicht mit den Heuchlern gemeinsam sein! Sie fasten nämlich am Montag und Donnerstag; ihr aber sollt am Mittwoch und Freitag fasten!«

Noch einmal: Ich bin nicht der Auffassung, daß der Abschluß des dritten Teils der hebräischen Bibel und der damit verbundene Ausschluß der Apokryphen und Pseudepigraphen in jüdisch-christlichen Auseinander-

10   *I. Elbogen*, Der jüdische Gottesdienst, Frankfurt a.M. [3]1931 (Nachdr. Hildesheim 1967), 518.

setzungen begründet sind. Aber die Diskussion um den Charakter des Sirachbuches und der weitere Kontext, in dem diese Diskussion stattfindet, lassen mit hinreichender Sicherheit erkennen, daß der hier in Frage stehende Vorgang, den man gemeinhin abkürzend als »Synode von Jamnia« bezeichnet, nur zu verstehen ist, wenn man ihn im Zusammenhang mit der Abgrenzung des Frühjudentums gegenüber den מינים und damit eben *auch* gegenüber den Juden- (und vielleicht auch Heiden-)Christen und deren heiligen Schriften, den »Evangelien«, betrachtet.

Wie dem auch immer sei, in den letzten Jahren des 1. Jahrhunderts n. Chr. steht der Umfang des dritten Teils der hebräischen Bibel im wesentlichen fest, und Josephus kann in Ap I 38–41 schreiben: »Nicht Zehntausende von Büchern gibt es bei uns, die untereinander nicht übereinstimmen und einander widerstreiten, sondern nur 22 Bücher, die die Aufzeichnung des ganzen Zeitraums enthalten und mit Recht für glaubwürdig gehalten werden. Von diesen sind fünf Schriften des Mose, die sowohl die Gesetze als auch die Überlieferung seit der Entstehung des Menschengeschlechts bis zum Tod des Mose umfassen. Dieser Zeitraum beträgt etwas weniger als dreitausend Jahre. Seit dem Tod des Mose bis zur Regierung des Artaxerxes, der nach Xerxes König der Perser war, haben die nachmosaischen Propheten die Ereignisse ihrer Zeit in dreizehn Büchern aufgezeichnet. Die übrigen vier enthalten Loblieder auf Gott und Lebensregeln für die Menschen. Seit Artaxerxes bis auf unsere Zeit ist zwar das einzelne aufgezeichnet worden, aber es wird nicht der gleichen Glaubwürdigkeit für wertgeachtet wie das Frühere, weil es an der genauen Aufeinanderfolge der Propheten fehlte«.

Wenige Jahre später, um 100 n. Chr., kann man dann in 4Esr 14,18–47 lesen: »Ich (Esra) antwortete und sprach: Laß mich, Herr, vor dir sprechen! Ich scheide jetzt, wie du mir befohlen hast, und will das Volk, das jetzt lebt, (noch einmal) unterweisen. Aber die später Geborenen, wer wird die belehren? . . . Denn dein Gesetz ist verbrannt; so kennt niemand deine Taten, die du getan hast und die du noch tun willst. Wenn ich also Gnade vor dir gefunden habe, so verleihe mir den heiligen Geist, daß ich alles, was seit Anfang der Welt geschehen ist, niederschreibe, wie es in deinem Gesetz geschrieben stand, damit die Menschen deinen Pfad finden und damit die, die das ewige Leben begehren, es gewinnen können. Er antwortete mir und sprach: Wohlan, so versammle das Volk und sage zu ihnen, sie sollten dich vierzig Tage nicht suchen. Du aber mache dir viele Schreibtafeln fertig, nimm zu dir Saraja, Dabria, Semeia, Ethan und Asiel, diese fünf Männer; denn sie verstehen, schnell zu schreiben, und dann komm hierher. So will ich in deinem Herzen die Leuchte der Wahrheit entzünden, die nicht erlöschen wird, bis zu Ende ist, was du schreiben sollst. Wenn du aber damit fertig bist, so sollst du das eine veröffentlichen, das andere aber den Weisen im geheimen übergeben. Morgen um diese Zeit sollst du mit dem Schreiben beginnen«. Nachdem dann erzählt ist, wie Esra die angeordneten Vorbereitungen trifft und mit dem heiligen Geist erfüllt wird, heißt es weiter: »Da tat sich mir der Mund auf und schloß sich nicht wieder zu. Der Höchste aber gab den fünf Männern Einsicht; so schrieben sie der Reihe nach das Diktierte in Zeichen auf, die sie nicht verstanden. So saßen sie vierzig Tage; sie schrieben am Tage und aßen des Nachts ihr Brot; ich aber redete am Tage und verstummte nicht des Nachts. So wurden in den vierzig Tagen niedergeschrieben 94 Bücher. Als aber die vierzig Tage voll waren, sprach der Höchste zu mir also: Die 24 Bücher, die du zuerst geschrieben, sollst du veröffentlichen, den Würdigen und Unwürdigen zum Lesen; die letzten siebzig aber sollst du zurückhalten und nur den Weisen deines Volkes übergeben. Denn in ihnen fließt der Born der Einsicht, der Quell der Weisheit, der Strom der Wissenschaft«.

Mit den Angaben des Josephus und des 4. Esrabuches stimmt inhaltlich das überein, was in bBB 14b/15a in einer Baraita so formuliert ist: »Die Reihenfolge der Propheten ist Josua, Richter, Samuel, Könige, Jeremia, Ezechiel, Jesaja und die zwölf (kleinen Propheten) . . . Die Reihenfolge der Schriften ist Ruth, das Buch der Psalmen, Hiob, Sprüche, Kohelet, Hoheslied, Klagelieder, Daniel, die Estherrolle, Esra und Chronik . . . Und wer hat sie (die 24 Bücher der hebräischen Bibel) geschrieben? Mose schrieb sein Buch, den Abschnitt Bileam (Num 22ff) und Hiob. Josua schrieb sein Buch und acht Verse in der Tora (Dtn 34,5–12). Samuel schrieb sein Buch, Richter und Ruth. David schrieb das Buch der Psalmen . . . Jeremia schrieb sein Buch, das Buch der Könige und Klagelieder. Hiskia und seine Gesellschaft schrieben Jesaja, Sprüche, Hoheslied und Kohelet. Die Männer der großen Versammlung schrieben Ezechiel, die zwölf (kleinen Propheten), Daniel und die Estherrolle. Esra schrieb sein Buch und die Genealogie der Chronik (2Chr 36,22f = Esr 1,1–3)«. Nimmt man diese Baraita zusammen mit tSot 13,2, wo es heißt: »Als Haggai, Sacharja und Maleachi, die letzten Propheten, gestorben waren, schwand der heilige Geist aus Israel«, so sieht man, daß nach allen drei Zeugen der Abschluß des dritten Teils der hebräischen Bibel parallel läuft mit der Entwicklung einer Kanontheorie, derzufolge nur solche Schriften als kanonisch gelten können, die in der Zeit zwischen Mose und Artaxerxes bzw. Esra verfaßt worden sind. Alle nach dem genannten Zeitpunkt geschriebenen Bücher können schon deshalb nicht kanonisch sein, weil es seit Artaxerxes »an der genauen Aufeinanderfolge der Propheten fehlt« bzw. weil mit dem Tode von Haggai, Sacharja und Maleachi, welch letzterer vom rabbinischen Judentum mit »Esra, dem Schreiber«, gleichgesetzt wird (TargMal 1,1), »der heilige Geist aus Israel geschwunden ist«.

Es versteht sich von selbst, daß die frühe Christenheit sich diese Kanontheorie nicht zu eigen machen konnte, wollte sie nicht darauf verzichten, die von ihr selbst verfaßten Literaturwerke auch weiterhin als heilige Schriften ansehen zu können. Aber auch der zwischen dem 1. und 2. Jüdischen Krieg erfolgte Abschluß des dritten Teils der hebräischen Bibel und der damit verbundene Ausschluß der Apokryphen und Pseudepigraphen wurde von ihr nicht rezipiert.

Das zeigt sich z.B. bei dem um 190 verstorbenen Melito von Sardes, der in einem bei Euseb, HistEccl 4,26,14 überlieferten Fragment schreibt: »Da ich in den Orient gereist und an den Schauplatz der Predigten und Taten gekommen bin und über die Bücher des Alten Testaments genaue Erkundigungen eingezogen habe, so teile ich dir die Bücher im folgenden mit. Die Namen derselben sind: die fünf Bücher Moses, nämlich Genesis, Exodus, Numeri, Leviticus (!) und Deuteronomium, (ferner) Jesus, Sohn des Nave, die Richter, Ruth, vier Bücher der Könige, zwei Paralipomena, die Psalmen Davids, Salomons Sprüche oder Weisheit, Ekklesiastes, das Hohe Lied, Job, die Propheten Isaias und Jeremias, das Zwölfpropheten-Buch, Daniel, Ezechiel, Esdras«. Dieses Verzeichnis stimmt weitestgehend mit der frühjüdischen Kanonliste in bBB 14b/15a überein. Denn die Klagelieder sind natürlich zu Jeremia, und Nehemia ist zu Esra zu zählen. Esther aber fehlt vollkommen, und das ist schwerlich ein Zufall, fehlt es doch auch später noch bei Athanasius (ca. 295–373), Gregor von Nazianz (329/330 bis 390/391) und Leontius von Byzanz (Ende des 5. Jahrhunderts bis vor 543).

Und was die Apokryphen und Pseudepigraphen angeht, so machen die Apostolischen Väter und die frühe patristische Literatur zwischen ihnen und den »kanonischen« Büchern des Alten Testaments keinen grundlegenden Unterschied. Um nur ein Beispiel zu nennen: Der zwischen 130 und 132 geschriebene Barnabasbrief zitiert in 19,2 und 9 Sir 7,30 bzw. 4,31 und leitet in 16,6 eine Anführung aus äthHen 91,13 ein mit der Formel γέγραπται γάρ »es steht nämlich geschrieben«, mit derselben Formel also, die in 5,2 zur Einleitung eines Zitats aus Jes 53,5 und 7 verwendet wird.

Eine bewußte Gegenüberstellung der »kanonischen« Bücher des Alten Testaments auf der einen und der Apokryphen auf der anderen Seite begegnet erstmals in dem bei Euseb, HistEccl 6,25,1–2 überlieferten »Verzeichnis der heiligen Bücher des Alten Testaments« des Origenes (185–254), wo es nach der Aufzählung der 22 Bücher des hebräischen Kanons heißt: »Außer diesen aber (ἔξω δὲ τούτων) gibt es die Geschichte der Makkabäer, die den Titel trägt Σαρβηθσαβαναιελ«. Und ganz entsprechend teilt Athanasius in seinem 39. Osterfestbrief vom Jahre 367 zunächst die Namen der Schriften des Alten und Neuen Testaments mit und fährt dann fort: »Es gibt auch andere Bücher außerhalb von diesen (τούτων ἔξωθεν), die zwar nicht kanonisiert, aber von den Vätern dazu bestimmt sind, denen vorgelesen zu werden, die neu hinzukommen und im Wort der Frömmigkeit unterrichtet zu werden wünschen: die Weisheit Salomos, die Weisheit Sirachs, Esther (!), Judith, Tobias, die sog. Apostellehre und der Hirte«. In beiden Fällen zeigt aber der Begriff ἔξω ... τούτων bzw. τούτων ἔξωθεν, daß die Feststellungen des Origenes und des Athanasius unter direktem oder doch zumindest indirektem jüdi-

schem Einfluß getroffen worden sind. Denn dieser Begriff ist nichts anderes als die Lehnübersetzung der jüdischen Bezeichnung für die nicht in
den hebräischen Kanon aufgenommenen Schriften הספרים החיצונים »die
draußenstehenden Bücher« (mSan X,1 u.ö.).
Wo solcher jüdischer Einfluß nicht vorliegt, macht man in der christlichen
Kirche grundsätzlich keinen Unterschied zwischen »kanonischen« und
apokryphen Schriften des Alten Testaments und kann deshalb wie auf
dem 3. Konzil von Karthago im Jahre 397 beschließen »ut praeter scripturas canonicas nihil in ecclesia legatur sub nomine divinarum scripturarum. Sunt autem canonicae scripturae: Genesis, Exodus, Leviticus,
Numeri, Deuteronomium, Jesu(s) Nave, Iudicum, Ruth, Regnorum libri
quattuor, Paralipomenon libri duo, Iob, Psalterium Davidicum, Salomonis libri quinque (= Spr, Koh, Hld, Weish, Sir), duodecim libri Propheta-
rum, Esaias, Ieremias (= Jer, Klgl, Bar, EpJer), Daniel (= Dan, ZusDan),
Ezechiel, Tobias, Judith, Hester (= Est ZusEst), Machabaeorum libri
duo«, und dieser Beschluß wird neben anderen auf dem 2. Trullanum im
Jahre 692 auch von der Ostkirche rezipiert.
Sucht man eine Antwort auf die Frage, wieso das christliche Alte Testament trotz der seit Melito von Sardes und Origenes umlaufenden »Listen
der 22« in den Kirchen des Ostens wie des Westens nicht auf den Umfang
der hebräischen Bibel reduziert wurde, so muß man sich einen Augenblick lang mit den alttestamentlichen Apokryphen beschäftigen. Dabei ist
zu unterscheiden zwischen Esdras α' = 3. Esra, Stücke zu Esther, Baruch
samt Brief des Jeremia und Stücke zu Daniel *einerseits* und Judith, Tobit,
1.–3.(4.) Makkabäer, Weisheit Salomos und Sirach *andererseits*.
Esdras α' = 3. Esra ist bekanntlich die ursprüngliche griechische Übersetzung des hebräischen Esra-Nehemia-Buches. Daß dieser Text auch nach
der Neuübersetzung von Esra-Nehemia in Gestalt von Esdras β' weiter-
tradiert wurde, ist ganz normal. Denn auch der jahwistische Schöpfungs-
bericht in Gen 2 ist ja durch den der Priesterschrift in Gen 1 nicht ver-
drängt worden. Außerdem dürften hier gerade die »Listen der 22« mit zur
»Kanonisierung« beigetragen haben. Wenn es nämlich in ihnen seit Origenes ganz stereotyp heißt: »1. und 2. Esra in einem einzigen Buche«, so
konnte man das mindestens ebenso gut auf die Bücher Esdras α' und Esdras β' der Septuaginta beziehen wie auf die in der hebräischen Bibel eine
Einheit bildenden Bücher Esra und Nehemia.
Die Stücke zu Esther, Baruch samt Brief des Jeremia und Stücke zu Daniel wurden so sehr als Bestandteil der kanonischen Bücher Esther, Jeremia samt Klagelieder und Daniel empfunden, daß sie mit deren Rezeption automatisch ebenfalls rezipiert wurden. Man kann sich das sehr
schön an den »Listen der 22« bei Origenes und Kyrill von Jerusalem (gest.
386) klarmachen. Bei Origenes heißt es: »Jeremia mit den Klageliedern
und dem Briefe in einem einzigen Buch«, und Kyrill sagt: »Jeremia mit
Baruch und den Klageliedern und dem Brief«.
Was Judith, Tobit, Weisheit Salomos und Sirach angeht, empfiehlt es sich,

auf das Zeugnis der griechischen Väter zu hören. Origenes schreibt in der Homilie über Num 27,1: »Wenn man den Anfängern einen Abschnitt der göttlichen Schriften sagt, in denen es nichts Dunkles zu geben scheint, nehmen sie ihn mit Freuden an. So ist es z.B. bei dem Buch Esther, bei Judith oder sogar bei Tobit und den Vorschriften der Weisheit. Wenn einem aber Leviticus vorgelesen wird, ist er einfach überfordert und wendet sich von dieser Art Nahrung ab, weil sie nicht seiner Diät entspricht«[11]. Und in den Ende des 4. Jahrhunderts entstandenen Apostolischen Kanones 85 heißt es: »Tragt Sorge dafür, daß eure Jungen die Bücher der Weisheit des weisen Sirach auswendig lernen«. Versucht man diese Aussagen der griechischen Väter, die sich unschwer vermehren ließen, auf einen Nenner zu bringen, so kann man sagen: Die Bücher Judith, Tobit, Weisheit und Sirach sind Lernstoff für die Unmündigen, die Katechumenen. Anders liegen die Dinge bei 1.–3.(4.) Makkabäer. Hier scheint es die Verehrung der Märtyrer gewesen zu sein, die dazu geführt hat, daß man diese Bücher im jüdischen wie im christlichen Gottesdienst verwendete. Haben die Makkabäerbücher ganz allgemein das kämpferische Eintreten der Hasmonäer für den Glauben der Väter zum Gegenstand, so scheint das 4. Makkabäerbuch im besonderen auf eine beim Grab der sieben Makkabäerbrüder und ihrer Mutter (2Makk 7) in Antiochien gehaltene hellenistisch-jüdische Lehrrede zurückzugehen. Im Synagogalgottesdienst des askenasischen, jemenischen und sephardischen Ritus preist man bis auf den heutigen Tag an Chanukka Gott »für die Wunder, die Befreiung, die Ruhmestaten, die Siege und die Kämpfe, die du für unsere Väter vollbracht in jenen Tagen zu dieser Zeit, in den Tagen des Matitjahu, des Hohenpriesters, des Chaschmonai und seiner Söhne, als das frevelhafte griechische Reich gegen dein Volk aufstand, sie deine Lehre vergessen und die Satzungen deines Willens übertreten zu machen. Du aber in deinem großen Erbarmen standest ihnen bei in der Zeit ihrer Not, strittest ihren Streit, führtest ihre Rechtssache, vollzogst für sie Vergeltung, gabst Starke in die Hand von Schwachen, Viele in die Hand Weniger, Unreine in die Hand Reiner, Frevler in die Hand Gerechter, Trotzige in die Hand derer, die sich mit deiner Lehre beschäftigten. Und dir schufst du einen großen und heiligen Namen in deiner Welt, und deinem Volke Israel verliehest du einen großen Sieg und Befreiung wie am heutigen Tage. Hierauf kamen deine Söhne in das Innere deines Hauses, schafften (den Götzendienst) fort aus deinem Palaste, reinigten dein Heiligtum, zündeten Lichter an in den Höfen deines Heiligtums und setzten diese acht Tage des Weihefestes ein, deinem großen Namen zu danken und Lob zu spenden«[12]. Und im römisch-katholischen Gottesdienst ist auch nach der im Zusammenhang

---

11 Hier dürfte ein Stück antijüdischer Polemik vorliegen. Denn nach PesK 61a par (»Weshalb beginnen die Kinder die Lektüre mit Leviticus? Sie sollten mit Genesis beginnen! Aber der Heilige, er sei gepriesen, hat gesagt: Die Opfer sind rein, und die Kinder sind rein. Die Reinen sollen kommen und sich mit dem Reinen befassen!«) machte und macht man im Judentum die ersten Leseübungen am Buch Leviticus.
12 Sidur Safa Berura, Basel 1956–1964, 47.

mit dem 2. Vatikanischen Konzil erfolgten Liturgiereform die erste Lesung an Allerseelen 2Makk 12,43–45. Ferner ist es interessant zu sehen,
daß Nissim b. Jakob von Kairuan (ca. 990–1062) in seinem חבור יפה
מהישועה (ed. Hirschberg, 15–17) im Anschluß an 2Makk 7 oder 4Makk
8–17 die »Geschichte von der Mutter und ihren sieben Söhnen« erzählt
und abschließend feststellt: »Danach befahl (der König), sie in *einem*
Grab zu begraben, und baute über ihnen die Synagoge שמינית, und das ist
die erste Synagoge, die nach dem zweiten Tempel erbaut wurde«. Das
Grab der sieben Makkabäerbrüder und ihrer Mutter, also von acht Personen – und שמינית heißt »achte« – lag nach christlichen Zeugnissen im Ke-
rataion genannten Judenviertel von Antiochien. Spätestens seit dem 4.
Jahrhundert wurde es außer von Juden auch von Christen verehrt. Im 6.
Jahrhundert sollen Reliquien über Byzanz nach Rom transferiert worden
sein. Schließlich hat man im Jahre 1134 die ehemalige Friedhofskapelle
auf dem Geersberg bei Köln den makkabäischen Märtyrern geweiht. Und
in den zwanziger Jahren des 16. Jahrhunderts erscheint in Köln ein von
Erasmus von Rotterdam herausgegebenes Werk über das Martyrium der
Makkabäerbrüder, das unter anderem das 4. Makkabäerbuch enthält und
dem »honoratissimus Macabeorum collegii moderator« gewidmet ist.
Das alles scheint darauf hinzuweisen, daß die Kirche von der Synagoge
nicht nur den *Kult* beim Makkabäergrab in Antiochien, sondern damit
auch die in den Makkabäerbüchern niedergelegte Kult*legende* geerbt hat.
War es bei Judith, Tobit, Weisheit Salomos und Sirach die *lex docendi*, die
zur Rezeption durch die Kirche führte, so wäre es bei 1.–3.(4.) Makkabäer
die *lex orandi*.
Daß im Osten wie im Westen nicht eine dogmatische Entscheidung, sondern der kirchliche *usus* die »Kanonisierung« herbeiführte, das mag abschließend je ein Zitat aus Origenes und Augustin (354–430) verdeutlichen. Origenes schreibt in einem Brief an Julius Africanus: »Die Kirchen
lesen Tobit«. Und Augustin führt in De doctrina christiana II,8,12 aus:
»Bei den kanonischen Schriften (und das schließt bei ihm selbstverständlich die sog. Apokryphen ein) wird man also nachstehender Regel folgen:
Diejenigen, welche von allen katholischen Kirchen akzeptiert werden,
stellt man denjenigen voran, welche einige (Kirchen) nicht akzeptieren.
Aber bei denjenigen, die nicht von allen (Kirchen) akzeptiert werden,
stelle man diejenigen, welche die größeren und bedeutenderen Kirchen
akzeptieren, denjenigen voran, welche nur die kleineren und weniger bedeutenden Kirchen annehmen. Wenn man aber feststellt, daß die einen
von größeren, die anderen von bedeutenderen Kirchen angenommen
sind, obwohl man das nicht so leicht wird feststellen können, dann bin ich
jedoch der Meinung, daß ihnen gleiche Bedeutung zugemessen werden
muß«.
Im übrigen wird man annehmen müssen, daß griechischen und lateinischen Theologen bei der Lektüre von Josephus, Ap I 38f oder von Euseb,
HistEccl 3,10,1ff, wo JosAp I 38f ausgeschrieben ist, hin und wieder

Zweifel darüber gekommen sind, ob die Kanon*theorie* des palästinischen Judentums notwendigerweise zu einer Kanon*praxis* habe führen müssen, wie sie sich schließlich und endlich in den »Listen der 22« niedergeschlagen hat. Der Grieche wie der Lateiner wird sich gewundert haben, wieso Judith und Tobit nicht in diesen Listen erscheinen, obwohl Judith in der Zeit Arphaxads, des Königs der Meder, und Nebukadnezars, des Königs von Assyrien (Jdt 1,1.6), spielt, und Tobit durch Tob 1,2 und 14,13 eindeutig in die Zeit zwischen Salmanassar, König von Assyrien, und den Untergang von Ninive datiert ist, beide also längst vor dem Aufhören der *successio prophetica* unter Artaxerxes bzw. Esra verfaßt zu sein beanspruchen. Und der Lateiner, dem Josephus' Contra Apionem und Eusebs Kirchengeschichte in Übersetzungen vorlagen[13], wird sich gefragt haben, warum von den »quinque libri Salomonis«, die z.B. das 3. Konzil von Karthago erwähnt, drei, Sprüche, Kohelet und Hoheslied, der Aufnahme in die »Listen der 22« gewürdigt wurden, die beiden anderen, Weisheit Salomos und Sirach, aber nicht. Ihnen mußte daher der über die Apostolischen Väter bis ins Neue Testament zurückzuverfolgende *usus* der Kirche als ein Akt ausgleichender Gerechtigkeit erscheinen.

---

13   Josephus wurde im ersten Drittel des 6. Jahrhunderts im Auftrag Cassiodors übertragen, Eusebs Kirchengeschichte im Jahre 402 durch Rufin.

Rainer Berndt

Gehören die Kirchenväter zur Heiligen Schrift?

Zur Kanontheorie des Hugo von St. Viktor

Hugo von St. Viktor (gest. 1141)[1], der wichtigste Vertreter der einflußreichen[2] Pariser Abtei Sankt-Viktor[3], hat eine Kanonlehre entwickelt, die eine Reihe von Kirchenvätern ins Neue Testament integriert. Diese auch im Vergleich zu anderen mittelalterlichen Autoren einmalige Auffassung bezüglich des Schriftkanons ist zwar schon verschiedentlich erwähnt[4], jedoch noch nicht detailliert untersucht und interpretiert worden.

Viele der Arbeiten Hugos zählen zur literarischen Gattung der Kommentare. Dabei handelt es sich um Auslegungen ganzer Bücher oder einzelner Texte des Alten und Neuen Testaments, zu nennen ist hier aber ebenso die *Expositio in Hierarchiam celestem S. Dionysii* (PL 175, 923–1154). Trotz des beträchtlichen Umfangs seines Werkes kennen wir bis heute Methoden und Inhalte seiner Exegese nur unzureichend[5].

---

1   Vgl. *J. Châtillon*, Art. Hugo von St. Viktor, TRE XV (1986) 629–635, der den neuesten Forschungsstand zusammenfaßt und auf weiterführende Literatur verweist.

2   Zu mehreren Persönlichkeiten der Abtei St. Viktor liegen heute biographische Studien und Werkanalysen vor. Vgl. *J. Châtillon*, Théologie, spiritualité et métaphysique dans l'oeuvre oratoire d'Achard de Saint-Victor, Paris 1969; *ders.*, Art. Richard de Saint-Victor, DSp XIII (1987) 593–654; *M. Fassler, Who was Adam of St. Victor? The Evidence of the Sequence Manuscripts, JAMS 37 (1984) 233–269. Zu Gottfried von St. Viktor siehe *F. Gasparri*, Textes autographes d'auteurs Victorins du XIIᵉ siècle, Scriptorium 35 (1981) 277–284; und *dies.*, Observations paléographiques sur deux manuscrits partiellement autographes de Godefroy de Saint-Victor, Scriptorium 36 (1982) 43–50. In Kürze gedenke ich, meine Dissertation mit dem Titel »André de Saint-Victor (mort 1175). Exégète et théologien« einzureichen (Université Paris IV-Sorbonne/Institut Catholique).

3   Vgl. als letzte übergreifende Darstellungen *J. Châtillon*, Les écoles de Chartres et de Saint-Victor, in: La scuola nell'Occidente latino dell'alto medioevo (SSAM 19), Spoleto 1972, 795–839; *ders.*, Art. Canonici regolari di San Vittore, Dizionario degli Istituti di Perfezione II (1975) 124–134; *J. Ehlers*, Hugo von St. Viktor und die Viktoriner, in: *M. Greschat* (Hg.), Mittelalter I (Gestalten der Kirchengeschichte 3), Stuttgart 1983, 192–204.

4   Vgl. *G. Paré – A. Brunet – P. Tremblay*, La renaissance du XIIᵉ siècle. Les écoles et l'enseignement, Paris-Ottawa 1933, 220; *J. de Ghellinck*, Le mouvement théologique du XIIᵉ siècle, Brugge ²1948, 477; *M.-D. Chenu*, La théologie au douzième siècle, Paris ³1976, 356; *R. Baron*, Science et sagesse, Paris 1957, 102–105; *J. Châtillon*, La Bible dans les écoles du XIIᵉ siècle, in: *P. Riché – G. Lobrichon* (Ed.), Le Moyen Age et la Bible (Bible de tous les temps 4), Paris 1984, 179–180.

5   Seit *B. Smalley*, The Study of the Bible in the Middle Ages, zuletzt Oxford ³1984, 83–106, hat Hugos exegetische Praxis bisher lediglich *H.J. Pollit*, The Authorship of the Com-

Dem Kanonproblem scheint Hugo eine gewisse Bedeutung beigemessen zu haben; denn immerhin hat er[6] sich mit ihm ausführlich im Didascalicon IV,2[7]; den Sententie de diuinitate II[8]; in De scripturis et scriptoribus VI[9]; im Chronicon[10] und in seinem Hauptwerk De sacramentis christiane fidei I, Prol. 7[11] befaßt. Im folgenden wird die Analyse der Texte zeigen, daß er nicht nur seine Meinung in mehreren Punkten im Laufe seiner schriftstellerischen Tätigkeit variiert, sondern auch gedanklich wie sprachlich um einen adäquaten Ausdruck seiner Theologie gerungen hat.

I

Der Viktoriner bestimmt die ganze Heilige Schrift, die sich in Altes und Neues Testament teilt und sich jeweils in drei *ordines* gliedert[12], auf insgesamt 30 Bücher: 22 im Alten und acht im Neuen Testament. Die Zahl 22 erklärt er damit, daß das Alte Testament aus so vielen Büchern bestehe, wie das hebräische Alphabet Buchstaben habe[13]. Die Gesamtzahl als solche spielt keine Rolle im *Didascalicon* und in den *Sententie,* wo Hugo sich

mentaries on Joel and Obadiah attributed to Hugh of St. Viktor, RThAM 32 (1965) 296–306; *ders.,* Some considerations on the structure and sources of Hugh of St. Victor's Notes on the Octateuch, RThAM 33 (1966) 5–38, zu Forschungen angeregt.

6   Wir folgen der relativen Chronologie, die *D. van den Eynde,* Essai sur la succession et la date des écrits de Hugues de Saint-Victor, Rom 1960, ausgearbeitet hat. Weil die Vorbereitungen zur kritischen Edition aller authentischen Werke Hugos von St. Viktor (Hochschule Sankt Georgen, Frankfurt) erst angelaufen sind, zitieren wir noch nach den allgemein zugänglichen Ausgaben.

7   Ed. *Ch. Buttimer,* Washington 1939, 71–72 (= PL 176, 778D–779D).

8   Ed. *A.M. Piazzoni,* Ugo di San Vittore, »auctor« delle »Sententie de divinitate«, StMed 23 (1982) 915–918.

9   PL 175, 15A–16C; korrigiert nach der Hs. Paris, *Bibliothèque nationale,* lat. 2092 (ca. 1140), ff. 67v–77r.

10   Wir zitieren nach der Hs. Darmstadt, *Hessische Landes- und Hochschulbibliothek,* 2553 (2. Hälfte 12. Jahrhundert), ff. 14v und 15v.

11   PL 176, 185D–186D; korrigiert nach der Hs. Bonn, *Universitätsbibliothek,* 292 (datiert 1156), p. 5a–b.

12   Didascalicon IV,2 (ed. *Buttimer,* 71 = PL 176, 778D) und De scripturis VI (PL 175, 15AB) haben einen identischen Wortlaut: »Omnis diuina scriptura in duobus testamentis continetur, in ueteri uidelicet et nouo. Vtrumque testamentum tribus ordinibus distinguitur. Vetus testamentum continet legem, prophetas, hagiographos, Nouum autem euangelium, apostolos, patres«. Sent. diu. II,32–33.87–89 (ed. *Piazzoni,* Ugo 914–915): »Et hec duo in omni diuina scriptura docetur, tum in ueteri quam in nouo testamento . . . Notandum est autem quod utrumque testamentum per tres ordines diuisum est. Vetus enim testamentum diuisum est in legem, in prophetas et hagiographos. Nouum, in euangelia, in apostolos et patres«. Chronicon (Hs. Darmstadt f. 14v): »Tres ordines habet uetus testamentum et tres nouum: uetus legem, prophetas, hagiographos; nouum euangelia, apostolos, patres«. De sacramentis I, Prol. 7 (PL 176, 185D–186A.186D): »Duo sunt testamenta que omne diuinarum scripturarum corpus concludunt: uetus scilicet et nouum. Vtrumque tribus ordinibus distinguitur. Vetus testamentum continet legem et prophetas, hagiographos . . . Nouum testamentum continet euangelia, apostolos, patres«.

13   De scripturis VIII (PL 175, 17A): »Totumque Vetus Testamentum in uiginti duos libros constituit, ut tot libri essent in lege quot habebantur et littere«. De sacramentis I, Prol. 7 (PL 176, 186C): »Similiter faciunt uiginti duos quot litteras etiam alphabetum continet hebraicum, ut totidem libris erudiatur uita iustorum ad salutem, quot litteris lingua discentium ad eloquentiam instruitur«.

auf die Aufzählung der Bücher in den einzelnen *ordines* beschränkt, die de facto 30 ergibt. Demgegenüber unterstreicht er im *Chronicon*[14] diese Zahl und begründet sie in *De scripturis*[15] und *De sacramentis*[16] damit, daß sie den Bibeltext *(totum corpus textus)* vollständig repräsentiere *(continetur, consumatur)*.

Zu den alttestamentlichen Apokryphen – sie werden seit Sixtus von Siena *Deuterocanonica* genannt – zählt Hugo durchgehend die Bücher *Sapientia Salomonis, Iesus Sirach, Iudith, Tobias* und die *Libri Maccabeorum*[17]. Zunächst erklärt er seine Zurückweisung dieser Texte damit, daß sie in der Kirche zwar gelesen, aber nicht zum Kanon gerechnet werden: »Leguntur quidem sed non scribuntur in canone«[18]. Später beruft Hugo sich auf die *ordines* als Kriterium[19] und wendet explizit den Begriff *apocryphi* auf die Deuterocanonica an[20], um schließlich zu einer erweiterten Ausgangsformulierung zurückzukehren: »Leguntur quidem sed in corpore textus uel in canone auctoritatis non scribuntur«[21].

Hugo verwendet das Wort *apocryphus* selbst im *Didascalicon* nur aus zweiter Hand, indem er Isidors *Etymologiae,* Augustins *De ciuitate Dei* oder das *Decretum Gelasianum* zitiert[22]. Erst später übersetzt er es als *dubius*[23] und *absconditus*[24]. Hugo definiert den Begriff doppelt: Ein Text ist apokryph zu nennen, wenn sein Autor nicht mit Sicherheit identifiziert werden kann (z.B. *Iob*), oder wenn er, unabhängig von der Frage nach dem Autor (z.B. *Liber de infantia Saluatoris*[25], *Itinerarium Petri*[26]), nicht von den Kirchenvätern approbiert wurde[27]. Obwohl also das Buch *Iob* in

---

14 Chronicon (Hs. Darmstadt f. 14v): »Hec sunt nomina xxx uoluminum diuine pagine, xxii ueteris testamenti et octo noui . . . In summa xxx«.
15 De scripturis VI (PL 175, 16A): »Textus igitur diuinarum scripturarum quasi totum corpus principaliter triginta libris continetur. Horum uiginti duo in Veteri, octo uero in Nouo testamento comprehenduntur«.
16 De sacramentis I, Prol. 7 (PL 176, 186D) »Euangelia sunt quatuor . . .; apostolica uolumina similiter quatuor . . .; qui iuncti cum superioribus uiginti duobus Veteris testamenti, triginta complent, in quibus corpus diuine pagine consumatur«.
17 Vgl. Didascalicon IV,2 (ed. *Buttimer,* 72 = PL 176, 779B); De scripturis VI (PL 175, 15C); De sacramentis I, Prol. 7 (PL 176, 186D). In den Sent. diu., II,158–159 (ed. *Piazzoni,* Ugo 918), lautet die entsprechende Formulierung: ». . ., ut liber Maccabeorum, liber Iudith, liber Tobie et alii huiusmodi«.
18 Didascalicon IV,2 (ed. *Buttimer,* 71 = PL 176, 778D) und De scripturis VI (PL 175, 15C).
19 Sent. diu. II,158–160 (ed. *Piazzoni,* Ugo 918): »Sunt etiam alii libri qui non numerantur in his sex ordinibus nec scribuntur in canone«.
20 De scripturis XII (PL 175, 20B): »Item Ecclesiasticus, liber Sapientie Salomonis, et duo libri Maccabeorum, Tobias, Iudith, et liber Iesu filii Sirach apocryphi sunt«.
21 De sacramentis I, Prol. 7 (PL 176, 186CD).
22 Vgl. beispielsweise Didascalicon IV,7 (ed. *Buttimer,* 77–78 = PL 176, 781D–782A); IV,15 (ed. *Buttimer,* 90–93 = PL 176, 787B–788C).
23 Sent. diu. II,149–151 (ed. *Piazzoni,* Ugo 917).
24 De scripturis XII (PL 175, 20A).
25 Vgl. Didascalicon IV,15 (ed. *Buttimer,* 90 = PL 176, 787C); F. Stegmüller, Repertorium biblicum medii aevi, Bd. 1, Madrid 1950, 125, Nr. 153.
26 Vgl. Didascalicon IV,15 (ed. *Buttimer,* 90 = PL 176, 787B); *Stegmüller,* Repertorium 180, Nr. 208,3.
27 Sent. diu. II,151–157 (ed. *Piazzoni,* Ugo 917): »Duobus autem modis dicuntur apocryphi, uel secundum primam auctoritatem qua dictati sunt, uel secundum secundam qua

diesem Sinn seines unbekannten Autors wegen apokryph ist, gehört es zum Kanon kraft der Autorität der Synagoge. Umgekehrt gilt für die Deuterocanonica, daß sie zwar gelesen werden und zum Alten Testament zählen, doch nicht kanonisches Ansehen erlangt haben[28].

Die Lehre von den je drei *ordines* des Alten und Neuen Testaments samt den dazugehörenden biblischen Büchern hat Hugo stets unverändert beibehalten. Er ordnet das Alte Testament in *lex* (Genesis – Deuteronomium), *prophete* (Iosue, Iudices, Samuel, Reges, Isaias, Ieremias, Ezechiel, XII) und *hagiographi* (Iob, Dauid, Parabolae, Ecclesiastes, Canticum Canticorum, Daniel, Paralipomenon, Esdras, Esther)[29]. Die *ordines* des Neuen Testaments umfassen *euangelia* (Mattheus, Lucas, Marcus, Iohannes), *apostoli* (Actus, Paulus, Epistole canonice, Apocalypsis) und *patres* (Decretalia, Hieronymus, Augustinus, Gregorius, Ambrosius, Isidorus, Origenes, Beda, multi alii)[30].

Es genügt dem Viktoriner nicht, diese dreigliedrigen Ordnungen der beiden Teile der Bibel nur auszuarbeiten; vielmehr setzt er sie anschließend auch zueinander in Beziehung: Im *Didascalicon* verbreitet er sich über die innere Kohärenz der sechs auf göttlicher Einteilung beruhenden *ordines*, die je für sich die volle und vollkommene Wahrheit erfassen und von denen dennoch keiner überflüssig ist[31]. Etwas später, in den *Sententie de diuinitate*, charakterisiert Hugo die neutestamentliche Ordnung als Antwort auf die alttestamentliche[32].

Hugo von St. Viktor muß sich seiner kanongeschichtlichen Innovation bewußt gewesen sein. Denn das Problem, wie der dritte *ordo* des Neuen Te-

---

approbati sunt. Sicut Iob secundum primam auctoritatem apocryphus est quia ignoratur quis fecerit: dicunt enim quidam quod Iob, alii quod Samuel, alii quod Moyses. Alii autem sunt apocryphi quia non approbati sunt a patribus ecclesie, siue ignoretur quis fecerit, siue non, ut liber de infantia saluatoris et itinerarium Petri et alii huiusmodi«. – De scripturis XII (PL 175, 20B): »Apocryphus, id est dubius et absconditus liber duobus modis dicitur: uel quia auctor eius incertus, uel quia communi assensu fidelis synagoge uel ecclesie non est receptus et confirmatus, etsi etiam nihil in eo reperiatur«.
28   De scripturis XII (PL 175, 20B): »Vnde et liber Iob apocryphus est, quia dubii auctoris; in canone tamen confirmatus est auctoritate fidelis synagoge. Item Ecclesiasticus, liber Sapientie Salomonis et duo libri Maccabeorum, Tobias, Iudith, et liber Iesus filii Sirach apocryphi sunt; leguntur tamen et ad Vetus Testamentum pertinent, sed non sunt confirmati in canone«.
29   Vgl. Didascalicon IV,2 (ed. *Buttimer,* 71–72 = PL 176, 778D–779B); Sent. diu. II,90–102 (ed. *Piazzoni,* Ugo 916); De scripturis VI (PL 175, 15BC); De sacramentis I, Prol. 7 (PL 176, 186AC).
30   Vgl. Didascalicon IV,2 (ed. *Buttimer,* 72 = 779BC); Sent. diu. II,137–148 (ed. *Piazzoni,* Ugo 917); De scripturis VI (PL 175, 15D–16A); De sacramentis I, Prol. 7 (PL 176, 186D).
31   Didascalicon IV,2 (ed. *Buttimer,* 72 = 779D): »In his autem ordinibus maxime utriusque testamenti apparet conuenientia, quod sicut post legem, prophetae, et post prophetas, hagiographi, ita post Euangelium, apostoli, et post apostolos, doctores ordine successerunt. Et mira quadam diuinae dispensationis ratione actum est, ut cum in singulis plena et perfecta ueritas consistat, nulla tamen superflua sit«. Die Formulierung in De scripturis VI (PL 175, 16A) ist identisch.
32   Sent. diu. II,145–148 (ed. *Piazzoni,* Ugo 917): »Et nota quod hi tres ordines noui testamenti respondent illis tribus ordinibus testamenti ueteris: euangelium legi respondet, apostoli prophetis, patres hagiographis«.

staments in den Schriftkanon einzubeziehen sei, hat ihn nicht losgelassen, sondern ihn immer wieder zu neuen Nuancierungen herausgefordert. Zu Beginn formuliert Hugo seine *ordines*-Lehre ohne nähere Differenzierungen[33], obgleich er schon die Werke kirchlicher Autoren *(uiri religiosi et sapientes)* erwähnt, die, weil sie mit dem Glauben übereinstimmen und Nützliches lehren, zu den Heiligen Schriften gezählt werden[34]. Schon im *Chronicon* rechnet er den dritten *ordo* nicht zu den 30 Büchern, aufgrund der großen Zahl der in ihm enthaltenen Bände[35]. In den *Sententie* scheidet er die *patres* ausdrücklich aus den kanonischen Schriften aus, weil sie nichts Neues hinzufügen, sondern nur Dunkles erklären[36]. Mit aller Deutlichkeit werden die *scripta patrum* schließlich aus der Bibel ausgeschlossen[37] und außerdem mit den alttestamentlichen Apokryphen verglichen[38], so daß als Unterscheidungsmerkmal zwischen Apokryphen und *patres* lediglich die *ordo*-Funktion der *patres* übrig bleibt.

II

Hugo von St. Viktor stellt sich mit der von ihm vertretenen Kanonlehre (Zahl der kanonischen Bücher, die Apokryphen, die *ordines*) weitgehend in die von Hieronymus, besonders seinem *Prologus galeatus*[39], eingeleitete abendländische Tradition[40].

Ausgehend von diesem hieronymianischen Werk findet man zwei Meinungen hinsichtlich der Zahl der alttestamentlichen Bücher: Die eine zählt 22 und gründet sich auf den schon erwähnten Vergleich mit dem hebräi-

---

33   Didascalicon IV,2 (ed. *Buttimer*, 71 = PL 176, 778D).

34   Didascalicon IV,1 (ed. *Buttimer*, 70–71 = PL 176, 778C):»Sunt preterea alia quam plurima opuscula, a religiosis uiris et sapientibus diuersis temporibus conscripta, que licet auctoritate uniuersalis ecclesie probata non sint, tamen quia a fide catholica non discrepant et nonnulla etiam utilia docent, inter diuina computantur eloquia«.

35   Chronicon (Hs. Darmstadt f. 14v):»Nam patrum scripta numerus non signat neque in textu diuine pagine computantur«. – (f. 15v):»Tercia pars noui testamenti que patrum scripta continet, numero non signatur propter copiosam uoluminum multitudinem«.

36   Sent. diu. II,143–144 (ed. *Piazzoni*, Ugo 917):»Libri autem patrum sub numero non cadunt. Sunt autem patres qui non prioribus scripturis noua addunt, sed qui obscura exponunt«. – Ein vergleichbares Argument findet sich in De sacramentis I, Prol. 7 (PL 176, 186D):»... quia non aliud adiciunt sed idipsum quod in supradictis continetur explanando et latius manifestiusque tractando extendunt«.

37   De scripturis VI (PL 175, 16A):»Hec tamen scripta patrum in textu diuinarum scripturarum non computantur«. – De sacramentis I, Prol. 7 (PL 176, 186D):»Scripta patrum in corpore textus non computantur«.

38   Ebd.:»... quemadmodum in Veteri Testamento, ut diximus, quidam libri sunt qui non scribuntur in canone et tamen leguntur, ut Sapientia Salomonis etc«. – Ein vergleichbarer Gedanke findet sich auch im Chronicon (Hs. Darmstadt f. 15v):»Habet etiam uetus testamentum quedam uolumina preter canonem que tamen ecclesia suscipit, ut est liber Iudith, Tobie, Maccabeorum, Sapientia Salomonis, ecclesiasticum«.

39   *Hieronymus*, Prologus in libro Regum, in: Biblia Sacra iuxta latinam uulgatam uersionem, cura et studio Monachorum OSB S. Hieronymi, Bd. 5, Rom 1944, 1–11. – Die *Epistola anonymi*, Ad Hugonem amicum suum (PL 213, 714A), erwähnt beide Auffassungen, ohne jedoch Stellung zu beziehen.

40   Vgl. dazu *P. Antin*, Jérôme antique et chrétien, REA 16 (1970) 35–46.

schen Alphabet[41], die andere, unter Hinzunahme des Buches *Ruth* und der *Lamentationes Ieremie,* kommt auf 24 und bezieht diese Ziffer auf die 24 Ältesten der Geheimen Offenbarung (4,4–10)[42]. Keinen Schwankungen unterlag demgegenüber der Umfang des Neuen Testaments, der mit acht Schriften angegeben wird[43]. Hugo führt aber einen neuen Gedanken ein, wenn er in der Gesamtzahl von 30 Büchern die Einheit der Bibel ausgedrückt sehen möchte.

Der Einfluß des Bethlehemer Kirchenvaters tritt ebenso hervor, wenn Hugo, zusammen mit anderen Lateinern[44], dessen inhaltliche und begriffliche Bestimmung der vom Kanon auszuschließenden Texte aufgreift. Zum einen nennt der *Prologus galeatus* die Deuterocanonica ausdrücklich apokryph[45], zum anderen formuliert Hieronymus das dafür entscheidende Merkmal des *legitur sed non recipitur in Ecclesia* im *Prologus in libros Salomonis*[46].

Obwohl im Altertum *apocryphus* im allgemeinen mit ›secretum‹[47] übersetzt worden ist, finden sich dennoch einige wenige Zeugnisse für Hugos Vorschläge ›dubius‹[48] und ›absconditus‹[49]. Deshalb verdient die von dem Viktoriner in den *Sententie* vorgelegte theologische Bestimmung des Begriffs *apocryphus* um so mehr Aufmerksamkeit, da sie als solche bislang bei keinem seiner Vorgänger nachgewiesen werden konnte. Inhaltlich nennt er dort zwar kein neues Argument für bzw. gegen Kanonizität. Formal jedoch ragt Hugos Definition dadurch hervor, daß sie bei der Frage, ob einem Werk die *auctoritas canonica* zuzuerkennen sei oder nicht[50], die *auctoritas approbationis* als gleichgewichtiges Kriterium neben die *auctoritas auctoris* stellt.

Auch die in der lateinischen Kirche gemeinhin vertretene Lehre von den

---

41 *Hieronymus,* Prologus 5. – Ebenso z.B. *Ps.-Alkuin,* Disputatio puerorum VII (PL 101, 1124C); *Petrus Venerabilis,* Contra Petrobrusianos (ed. *J. Fearns,* [CChr.CM 10], Turnhout 1968, 41); *Iohannes Beleth,* Summa de ecclesiasticis officiis 60 (ed. *H. Douteil,* [CChr.CM 41A], Turnhout 1976, 109); *Iohannes von Salisbury,* Epistola 143 (PL 199, 125C).

42 *Hieronymus,* Prologus 8. – Ebenso z.B. *Rupert von Deutz,* Commentarius in Apocalypsin III.IV (PL 169, 907D); *Petrus Cellensis,* Liber de panibus II (PL 202, 936A).

43 Außer Hugo ebenso *Ps.-Alkuin,* Disputatio VIII (PL 101, 1128B); *Iohannes Beleth,* Summa 60 (ed. *Douteil,* 109).

44 Vgl. *Isidor,* Etymologiae VI,1,9 (ed. *W. Lindsay,* Oxford 1911); *Ps.-Alkuin,* Disputatio VII (PL 101, 1120); *Iohannes Beleth,* Summa 60 (ed. *Douteil,* 109), kennt nur vier Apokryphen, denn Iudith gilt ihm als kanonisch; *Epistola anonymi* (PL 213, 714C); *Petrus Comestor,* Historia scholastica (PL 198, 1431.1475).

45 *Hieronymus,* Prologus 8–9.

46 Vgl. Biblia sacra iuxta latinam uulgatam uersionem, cura et studio Monachorum OSB S. Hieronymi, Bd. 11, Rom 1957, 3–5: »Sicut ergo Iudith et Tobias et Maccabaeorum libros legit quidem Ecclesia sed inter canonicas scripturas non recipit, sic et hec duo uolumina (Ecclesiasticus et Sapientia scilicet!) legat ad aedificationem plebis non ad auctoritatem ecclesiasticorum dogmatum confirmandam«. – Vgl. *Hieronymus,* Epistola 107,12 (ed. *I. Hilberg,* CSEL 55, Wien 1912, 303).

47 Vgl. z.B. *Augustinus,* Contra Faustum XIII,13 (ed. *I. Zycha,* CSEL 25, Wien 1891, 393).

48 *Ps.-Alkuin,* Aduersus Elipandum I,18 (PL 101, 254A).

49 *Hieronymus,* Epistola 96,20 (ed. *Hilberg,* 180).

50 Bei *Petrus Comestor,* Historia (PL 198, 1260) findet sich dieselbe Unterscheidung.

drei *ordines* des Alten Testaments läßt sich schließlich bis zu Hieronymus zurückverfolgen, der sie seinerseits aus der Beschäftigung mit der hebräischen Bibel kannte[51] und sein Übersetzungswerk selbst als *canon hebraice ueritatis* bezeichnete[52]. Folglich haben die Theologen die acht neutestamentlichen Bücher in *euangelia* und *apostoli* zusammengefaßt. Keinerlei Parallele findet sich allerdings zu dem von Hugo eingeführten dritten *ordo*, den *patres*. Aus dem 10.–12. Jahrhundert kennen wir wohl die Ausweitung des Inspirationsbegriffes auf kirchliche Autoren, insbesondere auf die Väter. Sie hat aber nicht zu einem entsprechend erweiterten Kanonverständnis geführt[53].

Darüber hinaus ist zu bedenken, daß die Reihenfolge *lex – prophete – hagiographi* in der hebräischen Bibel der realen Anordnung der Bücher entsprochen, jedoch keinen Niederschlag in den sich eher an der Septuaginta-Reihenfolge orientierenden lateinischen Bibelhandschriften gefunden hat[54]. Vor allem nach Cassiodor ordnete man in Vulgatahandschriften die alttestamentlichen Bücher bewußt nach inhaltlichen Gesichtspunkten in *libri historici – sapientiales – prophetici*[55], die des Neuen Testaments in *libri historici* (Evangelien, Apostelgeschichte) – *epistole* (Paulus, Katholische Briefe) – *liber propheticus* (Apokalypse)[56]. Hugo dürfte in Paris nur Bibeln kennengelernt haben, die die zuletzt genannten Ordnungen aufwiesen[57]. Offensichtlich will also seine *ordines*-Lehre nicht nur in ihrem historischen Gehalt, sondern vor allem von ihrer theologischen Gesamtperspektive her verstanden werden.

III

Hugo von St. Viktor hält bis zum Ende seiner Entwicklung an seiner *ordines*-Lehre fest und findet, wie wir gesehen haben, gleichzeitig zu einer die Kanonizität der *scripta patrum* eher verneinenden Position, welche das Prinzip *leguntur sed non scribuntur* paradoxerweise verstärkt. Somit gelangt er exegetisch gesehen zu einer in sich widersprüchlichen Auffassung. Wenn wir diese verstehen wollen, müssen wir zunächst – als Konse-

---

51 *Hieronymus,* Prologus 5.
52 *Hieronymus,* Epistola 71,5 (ed. *Hilberg,* 6).
53 Vgl. u.a. *Odo von Cluny,* Epitome moralium in Iob VII, VI,4 (PL 133, 167A); *Lanfranc,* Liber de corpore et sanguine domini XVII (PL 150, 429A) und XIX (PL 150, 435CD); *Ps.-Anselm von Laon,* Enarrationes in Mattheum IV (PL 162, 1279B); *Honorius Augustodunensis,* De libero arbitrio III (PL 172, 1224B); *Abaelard,* Sic et non, Prol. (PL 178, 1341D). – Vgl. *C. Spicq,* Esquisse d'une histoire de l'exégèse latine au moyen âge, Paris 1944, 107–108; *de Ghellinck,* Mouvement (s.o. Anm. 4) 475–477; *Châtillon,* Bible (s.o. Anm. 4) 180.
54 Vgl. *F. Prat,* Art. Ordre des Livres de la Bible, DB(V) 4 (1908) 315–316.
55 *Cassiodor,* Institutiones I,12–14 (ed. *R.A.B. Mynors,* Oxford 1937, 36–41).
56 Vgl. *S. Berger,* Histoire de la Vulgate pendant les premiers siècles du Moyen Age, Paris 1893, 339–341.
57 Unter den 212 von *Berger,* Histoire 331–338, beschriebenen Gliederungen des Alten Testaments befindet sich kein Beispiel aus einer Viktorinerhandschrift.

quenz aus dem weiteren Inspirationsverständnis – auch einen offeneren
Schriftbegriff Hugos voraussetzen. Er drückt sich in Bezeichnungen wie
diuina eloquia, corpus omnium diuinarum scripturarum oder *omnis diuina scriptura* aus, die mehr als nur die im strikten Sinn biblischen Bücher
meinen. Auch die mittelalterliche Zahlensymbolik und ein generelles
Harmoniebedürfnis[58] dürften dazu beigetragen haben, daß Hugo die beiden neutestamentlichen *ordines* zur Dreigliedrigkeit ergänzt und sie mit
denen des Alten Testaments parallelisiert hat. Dafür nahm er das Dilemma in Kauf, entweder den kanonischen Rang des eingeführten dritten *ordo* nur unter Aufgabe der gesamten *ordines*-Lehre näher bestimmen oder
diese umgekehrt nur unter massiver Veränderung der traditionellen Kanonlehre widerspruchsfrei begründen zu können. Doch er hat diese
Schwierigkeit überwunden und ist zu einer umfassenden heilsgeschichtlichen Schau gelangt. Mit seiner das Alte Testament betreffenden Auffassung vom Kanon (Zahl der Bücher, Apokryphen, *ordines*) greift Hugo
nämlich die alte hieronymianische Linie der Schriftinterpretation auf, die
die *hebraica ueritas* respektieren will und deshalb das Anliegen der Literalexegese betont[59]. Diese verschmilzt er mit seiner heilsgeschichtlich
orientierten, das Verhältnis von *opus conditionis* und *opus restaurationis*
bedenkenden Theologie.

Als Gegenstand der einen Heiligen Schrift *(omne corpus diuinarum
scripturarum)* bestimmt Hugo das *opus restaurationis*[60]. Doch beginne
das Alte Testament mit der Darlegung des *opus conditionis*[61], damit das
sacramentum incarnationis besser verstanden werde. Den entscheidenden Schlüssel für den Zugang zur Heiligen Schrift stellt demnach das
Christusereignis dar. Es bedingt hermeneutisch den Übergang von der historischen zur spirituellen, d.h. christologischen Auslegung der Schrift;
theologisch ermöglicht es die Erkenntnis Gottes nicht nur als *deus creator,*
sondern auch als *deus redemptor*[62].

Durch die gegenseitige Zuordnung der beiden dreigliedrigen *ordines (lex
– euangelia, prophete – apostoli, hagiographi – patres)* nimmt Hugo eine
christologische Auslegung des Alten Testaments auf der Basis des Literal-

---

58   Vgl. *Smalley,* Study (s.o. Anm. 5) 86, zur viktorinischen Vorliebe für Trilogien.
59   Vgl. besonders *H. de Lubac,* Exégèse médiévale. Les quatre sens de l'Ecriture II/1,
Paris 1961, 238–285.
60   De scripturis XVII (PL 175, 24AB): »Materia diuine scripture est Verbum incarnatum cum omnibus sacramentis suis, tam precendentibus a principio mundi quam futuris usque ad finem seculi«. Vgl. ebenso De scripturis II (PL 175, 11C). – De sacramentis I, Prol. 2
(PL 176, 183A): »Materia diuinarum scripturarum omnium sunt opera restaurationis humane«.
61   De sacramentis I, Prol. 3 (PL 176, 184AB): »Quamuis autem principalis materia diuine scripture sint opera restaurationis, tamen, ut competentius ad ea tractanda accedat primum in ipso capite narrationis sue breuiter secundum fidem rerum gestarum exordium et
constitutionem narrat operum conditionis«.
62   De sacramentis I, Prol. 2 (PL 176, 183C–184A): »Nam opera restaurationis ualde
digniora sunt operibus conditionis; quia illa ad seruitutem facta sunt, ut stanti homini subessent, ista ad salutem, ut lapsum erigerent. Propterea illa quasi modicum aliquid sex diebus perfecta sunt, ista uero non nisi etatibus sex compleri possunt. Tamen sex contra sex e
diuerso ponuntur, ut idem reparator qui creator demonstretur«.

sinns vor, da er die Autorität der Juden *(hebraica ueritas)* über ihre eigenen Schriften anerkennt, aber zugleich ihr Verständnis vom christlichen
Glauben aus ins rechte Licht rückt. Somit zeigen sich schließlich die geschichtstheologischen Funktionen, die Hugo dem dritten *ordo* des Neuen
Testaments zuweist: einerseits wird der Übergang von der Synagoge *(hagiographi)* zur Kirche *(patres)* christologisch als Heilsgeschichte gedeutet;
andererseits erkennt die Kirche sich selbst als unter der Autorität des in
der Heiligen Schrift überlieferten Wortes Gottes stehend, indem sie sich
angesichts der *scripta patrum* der Kanonbildung unterzieht[63].
Insofern bleibt die eingangs gestellte Frage ohne Antwort. Die Kirchenväter zählen für Hugo zwar weder zur Heiligen Schrift noch kommt ihnen
kanonische Autorität zu. Dennoch stehen sie und ihre Werke in derart hohem Ansehen[64], daß er sie um seiner theologischen Perspektive willen ins
Neue Testament einbeziehen kann.
Nur als Frage mag formuliert werden, ob auf ihn auch die hohe Autorität
des Talmud, in Erweiterung der die mündliche Tora enthaltenden Mischn-
na, wie bei seinen jüdischen Gewährsleuten einen Einfluß gehabt haben
könnte.

IV

Die mit Hugo von St. Viktor in eine heilsgeschichtliche Theologie mün-
dende hieronymianische Linie des Verständnisses und der Auslegung der
Heiligen Schrift fand im 13. Jahrhundert kaum mehr Nachfolger[65]. Vor
allem die bedeutenden Pariser Universitätstheologen, um nur Albert den
Großen[66], Thomas von Aquin[67] und Bonaventura[68] zu nennen, unter-
stützten die augustinische Konzeption und verhalfen ihr zum Durchbruch.

---

63   Didascalicon IV,1 (ed. *Buttimer,* 70 = PL 176, 778C): »Scripturae diuinae sunt quas,
a catholicae fidei cultoribus editas auctoritas uniuersalis ecclesiae ad eiusdem fidei corrobo-
rationem in numero diuinorum librorum computandas recepit et legendas retinuit«.
64   De sacramentis I, Prol. 7 (PL 176, 186CD): »... sed in corpore textus uel in canone
auctoritatis non scribuntur«.
65   Vgl. *C. Spicq,* Le canon des Livres saints an XIIIe siècle, RSPhTh (1942) 424–431.
66   Vgl. *A. Fries,* Eine Vorlesung Alberts des Großen über den biblischen Kanon, DT 28
(1950) 195–213; *ders.,* Der Schriftkanon bei Albert dem Großen, DT 29 (1951) 345–
368.402–428.
67   Vgl. *P. Synave,* Le canon scripturaire de Saint Thomas, RB 33 (1924) 522–533.
68   Vgl. *P. Dempsey,* De principiis exegeticis S. Bonaventurae, Rom 1945.

Hermann Josef Sieben

Die Kontroverse zwischen Bossuet und Leibniz über den alttestamentlichen Kanon des Konzils von Trient

Die Frage, ob die sogenannten deuterokanonischen Bücher[1] zum alttestamentlichen Kanon der Heiligen Schrift gehören[2], spielt, wenn wir recht sehen, im derzeitigen ökumenischen Gespräch keine oder kaum eine Rolle[3]. Das war in der Vergangenheit nicht immer so. Die Frage des genaueren Umfangs des alttestamentlichen Kanons ist nämlich seit dem Beginn der Reformation zwischen der katholischen Kirche und den Reformatoren umstritten und konnte deswegen bei den verschiedenen seitherigen Reunionsgesprächen nicht ausgespart bleiben. Ziel der folgenden Ausführungen ist es, auf eine von der bisherigen Forschung, wenn wir uns nicht täuschen, übersehene Episode der Auseinandersetzungen über den alttestamentlichen Kanon aufmerksam zu machen. In der Tat spielte in den Reunionsverhandlungen, die am Ende des 17. Jahrhunderts zwischen dem deutschen Philosophen Leibniz und dem französischen Theologen Bossuet im Auftrag ihrer jeweiligen Landesherren, des französischen Königs Ludwig XIV. und des Herzogs Anton Ullrich von Wolfenbüttel, stattfanden, die Frage des alttestamentlichen Kanons eine nicht unwichtige Rolle. Diese Einigungsgespräche[4], die sich über einen Zeitraum von insgesamt 20 Jahren erstreckten (1683–1702), sind schließlich

---

1 Als deuterokanonisch bezeichnet man seit Sixtus von Siena (gest. 1569) folgende Bücher des Alten Testaments: Tob, Jdt, 1. und 2. Makk, Weish, Sir, Bar und die griechischen Teile von Est und Dan.

2 Vgl. neuerdings *J.-D. Kaestli – O. Wermelinger* (Ed.), Le canon de l'Ancien Testament. Sa formation et son histoire, Genf 1984, mit den z.T. weiter unten zitierten Beiträgen von S. Amsler, D. Barthélemy, G. Bavaud, G. Bedouelle, P. Fraenkel, E. Junod, J.-D. Kaestli, F. Nuvolone, H.-P. Rüger, J.A. Sanders und O. Wermelinger; ein umfassendes Verzeichnis neuerer und älterer Literatur zur Geschichte des alttestamentlichen Kanons findet sich bei *Kaestli-Wermelinger* (Ed.), Canon 363–387.

3 Vgl. *H. Krüger – W. Löser – W. Müller-Römheld* (Hg.), Ökumene-Lexikon. Kirchen – Religionen – Bewegungen, Frankfurt a.M. 1983.

4 Vgl. hierzu *H. Raab*, Art. Kirchliche Reunionsversuche, in: HKG(J) 5 (1970) 554–570 (mit weiterer Literatur); *ders.*, De negotio Hanoveriano religionis. Die Reunionsbemühungen des Bischofs Christoph de Rojas y Spinola im Urteil des Landgrafen Ernst von Hessen/Rheinfeld, in: *R. Bäumer – H. Dolch* (Hg.), Volk Gottes (FS J. Höfer), Freiburg i.Br. 1967, 395–317; weitere Literatur bei *H.J. Sieben*, Die katholische Konzilsidee von der Reformation bis zur Aufklärung, Paderborn 1987, 354.

gescheitert, ob mehr aus politischen oder mehr aus theologischen Gründen, darf hier offen bleiben[5]. Es standen zunächst andere Themen im Vordergrund, vor allem die Frage nach der Rolle und Bedeutung der Konzilien in der Kirche[6]. Tatsache ist, daß man sich in der Schlußphase an der Kanonfrage festbiß. Sie stellt, wenn auch nicht den eigentlichen und letzten Grund des Scheiterns dieser Gespräche, so doch das von beiden Kontrahenten mit zunehmender Schärfe und Verbitterung behandelte Thema dar. Darüber kommt es dann auch zum Abbruch der Gespräche. Bevor wir näher auf die Argumente beider Seiten, Bossuets und Leibniz', eingehen, ist zunächst ein kurzer Überblick über die Vorgeschichte des Problems und den näheren Stand des Gesprächs zwischen Bossuet und Leibniz im Augenblick der Einführung des Themas zu geben.

I. Vorgeschichte und Rahmen der Kontroverse

Die Leugnung der Kanonizität der sogenannten deuterokanonischen Schriften stellt keine späte Frucht der reformatorischen Theologie dar, sondern eine ihrer frühesten Positionen. In der Tat, schon in der Leipziger Disputation von Juni/Juli 1519 mit Johannes Eck bestritt Martin Luther die Zugehörigkeit des 2. Makkabäerbuches zum Kanon des Alten Testaments. Eck hatte 2Makk 12,46 (Vulgata: *Sancta ergo et salubris est cogitatio pro defunctis exorare*) als Schriftbeleg für die Existenz des Fegefeuers angeführt. Auf diese Weise in die Enge getrieben, blieb, so scheint es, Luther kein anderer Ausweg, als die Kanonizität des betreffenden Buches der Heiligen Schrift zu leugnen[7]. Er vermochte es um so leichter, als er sich auf gewichtige Gewährsleute berufen konnte. Auch Hieronymus, wie wir weiter unten sehen werden, bestreitet den Deuterokanonen den Status der Kanonizität. Berühmte Zeitgenossen, so Erasmus, dachten nicht anders. Selbst Cajetan, Luthers ›Gesprächspartner‹ auf dem Reichstag von Augsburg (1518) erkannte noch 1530 nur die *Hebraica veritas,* die Bücher des hebräischen Kanons, als kanonische Schriften an.
Luthers frühe Stellungnahme gegen die deuterokanonischen Schriften blieb jedenfalls grundlegend für die reformatorischen Kirchen[8]. Fortan stand die Kanonfrage auf dem kontroverstheologischen Themenkatalog.

5   Vgl. vor allem *F.X. Kiefl,* Der Friedensplan des Leibniz zur Wiederherstellung der getrennten christlichen Kirchen aus seinen Verhandlungen mit dem Hofe Ludwigs XIV., Leopolds I. und Peters des Großen, Paderborn 1903; *P. Eisenkopf,* Leibniz und die Einigung der Christenheit, Paderborn 1975.
6   Vgl. hierzu *Sieben,* Konzilsidee, 357–407.
7   WA 2, 324; vgl. *H. Volz,* Luthers Stellung zu den Apokryphen des Alten Testamentes, in: LuJ 26, Leipzig 1959, 93–108; *A.C. Sundberg,* A symposion on the canon of Scripture. 2. The Protestant Old Testament Canon. Should it be Reexamined? CBQ 28 (1966) 194–203.
8   *H.H. Howorth,* The Origins of the Authority of the Bible Canon According to the Continental Reformers, JThS 8 (1907) 321–365; 9 (1908) 188–230; 10 (1909) 183–232; vgl. auch *W. Neuser,* Calvins Stellung zu den Apokryphen des Alten Testamentes, in: *N. Brecht* (Hg.), Text – Wort – Glaube (FS K. Aland), Berlin 1980, 298–323.

Gleich in seiner vierten Sitzung vom 8. April 1546 befaßte sich das Konzil von Trient mit der Frage[9] und belegte die Leugnung der Kanonizität der deuterokanonischen Bücher mit dem Kirchenbann. Unter den kritischen Stellungnahmen zur Trienter Entscheidung von protestantischer Seite verdienen vor allem Beachtung die Ausführungen des lutherischen Dogmatikers Martin Chemnitz (1522–1582) in seinem berühmten *Examen concilii Tridentini*[10]. Die Trienter Definition, so der Lutheraner, steht im Widerspruch zum einhelligen, deutlichen Zeugnis der Alten Kirche[11]. Die Grundlinien seiner Argumentation werden, wie wir sehen werden, von Leibniz wieder aufgenommen.

Die katholische Seite verteidigt mit mehr oder weniger glücklichen Argumenten die Trienter Entscheidung sowohl in Monographien[12] als auch im Zusammenhang anderer Fragen[13]. Von geschichtlicher Nachwirkung war neben Cano vor allem Robert Bellarmins Verteidigung der Zugehörigkeit der deuterokanonischen Schriften zum alttestamentlichen Kanon[14]. Der Jesuit setzt sich mit der Argumentation des Martin Chemnitz, aber auch mit derjenigen der Magdeburger Zenturiatoren, des Württemberger Reformators Brenz, Calvins, Zwinglis und des Religionsgesprächs von Poissy (1561) auseinander. Beweisziel ist dabei, daß die deuterokanonischen Bücher nicht nur eine nützliche Lektüre darstellen, was die protestantische

---

9   COD (1973) 663f. – Der General der Franziskanerobservanten Johannes Calvus hatte dazu einen Traktat verfaßt (Apologia pro libris canonicis, CT 12 [1912] 473–483), desgleichen Girolamo Seripando (De libris sacrae scripturae, CT 12 [1912] 483–496). Auf dem Konzil selber waren die Meinungen gespalten. Die einen argumentierten formal und lehnten eine Diskussion unter Hinweis auf das Florentinum ab, das die Frage schon entschieden habe. Andere forderten angesichts der nicht eindeutigen Zeugnisse der Tradition eine Sacherörterung. Die Abstimmung ergab eine Mehrheit von 24 Stimmen gegen 16 für diskussionslose Übernahme der Florentiner Entscheidung. Vgl. Einzelheiten bei *A. Loisy*, Histoire du canon de l'Ancien Testament, Paris 1890, 189–215; *A. Maichle*, Der Kanon der biblischen Bücher und das Konzil von Trient, Freiburg 1929; *P.G. Duncker*, The Canon of the Old Testament at the Council of Trent, CBQ 15 (1953) 277–299; *H. Jedin*, Geschichte des Konzils von Trient II, Freiburg 1957, 44–46; *G. Bedouelle*, Le canon de l'Ancien Testament dans la perspective du Concile de Trente, in: *Kaestli-Wermelinger* (Ed.), Canon 253–282.
10   *M. Chemnitz*, Examen concilii Tridentini, Frankfurt a.M. 1563/1573 (= Ausg. *E. Preuser*, Leipzig 1915, 51–61). – Vgl. *R. Mumm*, Die Polemik des Martin Chemnitz gegen das Konzil von Trient, Leipzig 1905; zu Chemnitz vgl. *Th. Mahlmann*, Art. Martin Chemnitz, TRE 7 (1981) 714–721.
11   Vgl. *P. Fraenkel*, Le débat entre Martin Chemnitz et Robert Bellarmin sur les livres deutérocanoniques et la place du Siracide, in: *Kaestli-Wermelinger* (Ed.), Canon 283–312, hier 292–296.
12   Vgl. u.a. *Antonius Peltanus SJ*, De librorum canonicorum numero, auctoritate et legitima interpretatione, Ingolstadt 1572; *Justus Rugerius*, De libris canonicis et de sensibus s. scripturae, Venedig 1581; *Gulielmus Bonjour*, Triduana de canone librorum sanctorum concertatio, Montefiascone 1704; *Joh. Chrysostomus a sancto Joseph*, De canone librorum sanctorum constituto a ss. patribus in magno Nicaeno concilio, Rom 1742.
13   Vgl. u.a. *Melchior Cano*, De locis theologicis (1563) II,5–11, Ausg. Rom 1900, I, 31–90; *Johannes Driedo*, De ecclesiasticis scripturis et dogmatibus libri quatuor, Löwen 1572, 11b–13v.
14   Prima controversia generalis de verbo dei, liber primus, caput VIII–XV, Ausg. Paris 1870, I, 87a–103b. – Vgl. *Fraenkel*, Débat 297–304.

Seite natürlich konzedierte, sondern einen Teil der *infallibilis veritas* der Heiligen Schrift[15].

Während Leibniz sich ausdrücklich auf die vorausgegangene Diskussion der Kanonfrage bezieht und als seine eigenen Gewährsmänner vor allem Chemnitz, Johann Gerhard (1582–1637) und Georg Calixt (1586–1656), alle drei lutherische Theologen, nennt[16], bedürfte es bei Bossuet noch einer genaueren Untersuchung, aus welchen Quellen er schöpft[17]. Immerhin wissen wir, daß auch Bossuet die Kanonfrage nicht gleichsam aus dem Stand behandelt. Schon 1692 hatte er sich sehr prononciert dazu geäußert und Louis-Ellies Dupins diesbezügliche Ausführungen[18] als calvinistisch und mit Trient unvereinbar kritisiert[19].

Der unmittelbare Zusammenhang, in dem die beiden Briefpartner auf die Kanonfrage zu sprechen kommen, ist folgender: Leibniz hielt eine Einigung mit der katholischen Seite auf der Basis wechselseitiger Konzessionen für möglich. In der schwierigen Frage der Konzilien sollten die Protestanten den Katholiken dadurch entgegenkommen, daß sie das Prinzip unfehlbarer Konzilien anerkennen. Im Gegenzug sollten die Katholiken auf Trient als ökumenisches Konzil verzichten. Bossuet erklärte die katholische Seite dazu außerstande. Leibniz wies auf einen bedeutenden Präzedenzfall hin, in dem man um der Einheit willen ein zunächst als ökumenisch anerkanntes Konzil suspendiert habe: Um die Einigungsgespräche mit den Böhmen zu ermöglichen, habe man in Basel Teile des Konzils von Konstanz außer Kraft gesetzt. Bossuet bestritt jedoch die von Leibniz behauptete Gleichheit der beiden Fälle[20].

In diese Gesprächssituation brachte nun Leibniz das Thema des Trienter alttestamentlichen Kanons ein. Mit welcher Absicht? Glaubte er wirklich, Trient eines fundamentalen Irrtums in einer Glaubensfrage überführen und damit Bossuet zur Aufgabe des Konzils zwingen zu können? Soviel Naivität wird man dem deutschen Philosophen nun doch nicht zutrauen dürfen. Er sah wohl eher in der Debatte über den Kanon die Möglichkeit, sich bei den ohnehin gescheiterten Religionsgesprächen einen guten Abgang zu verschaffen. Denn er war offensichtlich sicher, in der Kanonfrage über die besseren Karten zu verfügen. Leibniz führt das Konzilsthema zunächst in Form der scheinbar beiläufig hingeworfenen Bemerkung ein, der Umfang des Kanons sei in der katholischen Kirche seit Trient *de fide*, obwohl maßgebende Theologen der Alten Kirche entgegengesetzter

---

15   Zur katholischen Rezeption der Trienter Kanonentscheidung im 16., 17. und 18. Jahrhundert vgl. *Loisy*, Histoire 216–232.

16   Brief 119,21, Oeuvres de Leibniz, Ausg. *A. Foucher de Cardeil* II, Paris 1860, 322.

17   Der im Brief 114,14, a.a.O. 287, genannte »savant évêque d'Avrange« ist wohl der universalgelehrte Herausgeber des Origenes, Pierre-Daniel Huet (1630–1721), der von 1689 bis 1699 Bischof von Avrange war.

18   *L.-E. Dupin*, Bibliothèque des auteurs ecclésiastiques I, Paris 1686, 127–128.130.

19   Mémoire sur la Bibliothèque ecclésiastique de M. Dupin, zitiert bei *Loisy*, Histoire 227.

20   Einzelheiten bei *Sieben*, Konzilsidee, 408ff.

Auffassung sind[21]. Dies sei nur möglich unter Annahme neuer Offenbarungen auch nach Abschluß der apostolischen Zeit und natürlich unvereinbar mit dem sonst von Bossuet verteidigten Perpetuitätsprinzip, d.h. dem Grundsatz, daß eine Glaubenslehre von Anfang der Kirche an bezeugt sein muß. Leibniz hatte sich mit seinem Köder nicht getäuscht. Bossuet nahm sofort die Herausforderung an, bekräftigte die Geltung des Perpetuitätsprinzips in der katholischen Kirche, leugnete entschieden die Möglichkeit neuer Offenbarungen und bot sich an, für die Geltung dieser Prinzipien hinsichtlich der Kanonfrage den Tatsachenbeweis anzutreten[22].

Er legt diesen Beweis noch im gleichen Brief vom 9. Januar 1700, gegliedert in 24 Paragraphen, vor[23]. Man kann dabei deutlich zwischen einem Hauptbeweisgang (§ 1–14) und Ergänzungen dazu (§ 15–24) unterscheiden. Leibniz antwortet in zwei Missiven, die erste vom 14. Mai[24], die zweite vom 24. Mai 1700[25], gegliedert in insgesamt 122 Paragraphen. Der erste Brief sucht Bossuets Beweisgang zu widerlegen, der zweite baut seinen eigenen Beweis gegen die Trienter Definition auf. Beiden Episteln läßt er mit Datum vom 30. April einen Brief vorausgehen, der die Grundgedanken der Erwiderung enthält: Des Hieronymus Ausschluß der deuterokanonischen Schriften ist repräsentativ für die gesamte Alte Kirche. Wenn auch nicht im Wortlaut, so doch in der Sache sind auch die Päpste Innocenz I. und Gelasius sowie vor allem Augustinus einer Meinung mit Hieronymus[26].

Bossuet läßt sich mit der Antwort Zeit. Erst am 17. August 1701 repliziert er auf die beiden langen Episteln des deutschen Philosophen. Entscheidend neue Gesichtspunkte werden nicht mehr eingebracht[27]. Dasselbe ist zu sagen von Leibniz' Erwiderung auf Bossuets Brief, datiert Braunschweig, den 5. Februar 1702[28]. Wir beschränken uns im folgenden im wesentlichen auf die Wiedergabe des Grundgedankens der beiden jeweils

21 Brief 113 vom 11. 12. 1699, Ausg. *Foucher de Cardeil* II, 275f. – In einem nicht genauer datierten Briefentwurf hatte Leibniz die Kanonfrage als Beispiel für Fragen genannt, in denen eine Einigung bisher nicht erfolgt sei, und hinzugefügt, glücklicherweise handele es sich nicht um eine wichtige Frage, denn kein Dogma hänge davon ab, vgl. Brief 110, vor dem 8. 5. 1699, a.a.O. 262.
22 Brief 114 vom 9. 1. 1700, a.a.O. 281.
23 A.a.O. 281–293.
24 A.a.O. 314–340.
25 A.a.O. 340–369.
26 Brief 116, a.a.O. 306f: »Je suis fasché cependant de ne pouvoir pas vous donner cause gagnée, Monseigneur, sans blesser ma conscience; car, après avoir examiné la matière avec attention, il me paroist incontestable que le sentiment de sainct Jérosme a esté celuy de toute l'Eglise jusqu'aux innovations modernes qui se sont faictes dans vostre party, principalement à Trente; et que les Papes Innocent et Gélase, le concile de Carthage et sainct Augustin ont pris le terme d'Escriture canonique et divine largement, pour ce que l'Eglise a authorisé comme conforme aux Ecritures inspirées ou immédiatement divines; et qu'on ne sçauroit les expliquer autrement, sans les faire aller contre le torrent de toute l'antiquité chrestienne; outre que sainct Augustin favorise luy-mesme avec d'autres cette interprétation.«
27 A.a.O. 396–426.
28 A.a.O. 428–450.

ersten Stellungnahmen, also Bossuets Brief vom 9. Januar 1700 und die beiden Leibnizbriefe vom 14. bzw. 24. Mai 1700.

II.   Bossuets Traditionsbeweis zugunsten des Trienter Kanons des AT

Leibniz hatte in seinem Brief vom 11. Dezember 1699 behauptet, der Trienter Kanon stehe im Widerspruch zu der Auffassung maßgebender Theologen der Alten Kirche[29]. Gemeint war damit natürlich in erster Linie Hieronymus. Der Traditionsbeweis zugunsten von Trient mußte also vor allem zum Ziel haben, einen gesamtkirchlichen Konsens aufzuzeigen, im Vergleich zu dem die Position des Hieronymus als Abweichung erscheint. Bossuets Beweis gliedert sich nun in etwa folgende Schritte: Trient hat nicht irgendwelche neuen Schriften aufgrund irgendwelcher neuer Offenbarungen ›kanonisiert‹, sondern Texte, die als Heilige Schriften von Anfang an in der Kirche in Gebrauch waren, als solche bestätigt. In der Tat, die frühe Kirche übernahm den Gebrauch der deuterokanonischen Bücher als Heilige Schriften von den Juden der Zeit Jesu und der Apostel. Ausdrückliche Zeugnisse dafür, daß die genannten Schriften als zum Kanon gehörig betrachtet wurden, gibt es seit dem 4. Jahrhundert, dem »zweifelsohne gelehrtesten Jahrhundert der ganzen Kirche«[30]. Im einzelnen nennt Bossuet als Zeugen für den Trienter Kanon, d.h. einen Kanon mit Einschluß der deuterokanonischen Schriften, Kanon 47 des »dritten Konzils« von Karthago[31], das Reskript Innozenz' I. aus dem Jahre 405 an Exsuperius von Toulouse[32] und das Dekret des Papstes Gelasius[33]. Einen hervorragenden Platz in der Beweiskette nimmt Augustinus mit De doctrina christiana II,8,12–14 ein[34], einer ausführlichen und nuancierten Stellungnahme zur Kanonfrage. Die Bedeutung dieser Zeugnisse erhellt näherhin vor dem Hintergrund der Tatsache, daß die afrikanische und römische Kirche damals als doctiores et diligentiores ecclesiae galten. Wichtig ist nun die weitere Feststellung: Die genannten Konzilien bzw. Autoren haben nicht selber das Kanonverzeichnis zusammengestellt, sondern es lediglich überliefert. Sie haben es selber von ihren Vorgängern empfangen. Bossuet zitiert diesbezügliche Belege, unter anderen die

---

29 A.a.O. 276: »contre ce qui était cru par des personne d'authorité dans l'ancienne église«.
30 A.a.O. 282.
31 Die im folgenden genannten Belegstellen sind zum größten Teil abgedruckt bei Th. Zahn, Geschichte des neutestamentlichen Kanons II, Erlangen/Leipzig 1890, bzw. E. Preuschen, Analecta, Kürzere Texte zur Geschichte der Alten Kirche und des Kanons, SQS 1/8, Tübingen 1910. – Der Bibelkanon der Synode von Karthago (397) ist abgedruckt bei Preuschen, Analecta 72–73; vgl. hierzu C. Munier, La tradition manuscrite de l'Abrégé d'Hippone et le Canon des écritures des Eglises Africaines, SE 21 (1972/3) 43–55, ferner O. Wermelinger, Le canon des Latins au temps de Jérôme et d'Augustin, in: Kaestli-Wermelinger (Ed.), Canon 152–210, hier 170–174.
32 Zahn, Geschichte 244–246.
33 Preuschen, Analecta 52–54; vgl. Wermelinger, Canon 166–170.
34 Zahn, Geschichte 253–259; vgl. Wermelinger, Canon 174–177.

wichtige Stelle aus Augustinus, De praedestinatione sanctorum 14,27[35]. Weiter: die deuterokanonischen Schriften werden auch außerhalb der römischen und afrikanischen Kirche als Heilige Schriften verwendet. Belege sind zu finden, um nur einige Autoren zu nennen, sowohl bei Klemens von Alexandrien als auch vor allem bei Origenes. Von besonderer Bedeutung ist hier der Brief, der »vor kurzem im griechischen Original erschienen ist«[36], in dem Origenes gegen Julius Africanus die Deuterokanonen als Heilige Schrift verteidigt[37].

Schließlich gibt Bossuet unumwunden zu, daß es sowohl ganze Kirchen gab, die die Deuterokanonen nicht als zum Kanon gehörig betrachteten als auch »mehrere Gelehrte wie der Heilige Hieronymus und einige andere große Kritiker«[38]. Aber die Kirche »folgte nicht ihrer Sondermeinung (advis particulier) und die sublimsten und solidesten Theologen ließen sich nicht davon abhalten, die genannten Bücher selbst gegen die Häretiker zu zitieren, wie das Beispiel des hl. Augustinus zeigt . . .«[39]. Soweit der Hauptbeweisgang des Bischofs von Meaux zugunsten des Trienter Kanons der Schriften des Alten Testaments. In seinem zweiten Teil bringt er noch einige zusätzliche Argumente bzw. sucht er mögliche Einwände zu widerlegen. Einwenden z.B. kann man gegen den vorgelegten Traditionsbeweis: Wenn ganze Kirchen und wichtige Lehrer vom aufgezeigten Konsens abweichen, ist es zumindest geschehen um die vorgebliche Universalität dieser Tradition. Bossuet widerlegt diesen Einwand durch ein argumentum a pari: Auch mehrere Schriften des Neuen Testamentes sind nicht allgemein in der Kirche angenommen. Fehlende Universalität ist also nicht nur ein Problem der Katholiken, sondern auch der Protestanten, die doch an der Kanonizität z.B. des Hebräerbriefs festhalten! Die Objektion gibt Bossuet übrigens die Gelegenheit, die Bedingungen für die »katholischen Wahrheiten« näher zu bestimmen[40].

Ergänzungen und Präzisierungen: Von Anfang an machte die Kirche keinerlei Unterschiede in der Benutzung der proto- und deuterokanonischen Schriften. Der Begriff ›kanonisch‹ ist andererseits mehrdeutig. Wo die deuterokanonischen Bücher als nicht-kanonisch bezeichnet werden,

---

35 *Zahn,* Geschichte 257 Anm. 1.
36 Ausg. *Foucher de Cardeil* II 286
37 Ep. ad Africanum, SC 302, 523–573, hier 523–536. Vgl. auch *E. Junod,* La formation et la composition de l'Ancien Testament dans l'Eglise grecque des qua tre premiers siècles, in: Kaestle-Wermelinger (Ed.), Canon 105–151, hier 116–117.
38 Ausg. *Foucher de Cardeil* II 286.
39 Ebd.
40 A.a.O. 288: »Pour estre constante et perpétuelle, la vérité catholique ne laisse pas d'avoir ses progrès: elle est connue en un lieu plus qu'en un autre, plus clairement, plus distinctement, plus universellement. Il suffit, pour establir la succession et la perpétuité de la foy d'un livre sainct, comme de toute autre vérité, qu'elle soit toujours reconnue; qu'elle le soit dans le plus grand nombre sans comparaison; qu'elle le soit dans les Eglises les plus éminentes, les plus authorisées et les plus révérées: qu'elle s'y soustienne, qu'elle gagne ou qu'elle se répande d'elle-mesme, jusqu'à tant que le Sainct-Esprit, la force de la tradition, et le goust, non celuy des particuliers, mais l'universel de l'Eglise, la fasse enfin prévaloir, comme elle a faict au concile de Trente«.

bedeutet dies nicht unbedingt die Nichtzugehörigkeit zum Kanon der Kirche, es kann damit lediglich die Nichtzugehörigkeit zum hebräischen Kanon gemeint sein. Von hierher ergibt sich die Möglichkeit, vom Konsens anscheinend abweichende Aussagen zu interpretieren und so richtig zu verstehen. Weiter: Daß das Buch Judith vom Konzil von »Nicaea unter die Heiligen Schriften gezählt wurde«, wagt selbst Hieronymus nicht zu verschweigen[41].

Zum Schluß seines Plädoyers zugunsten des Trienter Kanons der Schriften des Alten Testaments nennt Bossuet den Grund, warum die Kirche die über Jahrhunderte bestehende Freiheit, sich an diesen oder jenen Kanon zu halten, beseitigt hat. Es ist die offene Negation der Protestanten, die Attacke der Reformatoren auf die deuterokanonischen Schriften. Die Kirche konnte es nicht zulassen, daß der seit den Anfängen des Christentums von ihr gebrauchte Kanon in Frage gestellt bzw. um einen Teil seines Bestandes verkürzt wurde. Indem das Konzil von Trient die Deuterocanonica als zum Kanon gehörig bezeichnet, tut es nichts anderes als was es hinsichtlich der anderen Glaubenswahrheiten tut: Es bekräftigt ausdrücklich, was schon immer Glaube der Kirche war. Zum Schluß seines Briefes macht Bossuet noch eine Konzession: Natürlich eignen sich die protokanonischen Bücher, eben weil sie nie umstritten waren, besser zur Widerlegung der Häretiker; aber das liegt nicht an ihrer Natur, sondern an den Umständen.

III.   *Leibniz' Gegenbeweis*

Leibniz verteilt seine Antwort auf zwei Briefe. Im ersten sucht er Bossuets Argumentation zu widerlegen, im zweiten seine eigene These zu begründen, nämlich daß Trient in der Tat mit dem Bann belegt, wer am Kanon der Alten Kirche festhält. Der deutsche Philosoph räumt zunächst ein, daß Bossuets Plädoyer nicht ohne Wirkung auf ihn gewesen sei, dann aber sei ihm angesichts des Quellenbefundes sonnenklar geworden, daß die Protestanten mit ihrer Position recht hätten[42]. Bevor er nun eine Reihe von Einzelausstellungen an Bossuets Argumentation vorlegt, nennt er im Brief vom 14. Mai 1700 seinen Haupteinwand: die Begriffe ›kanonisch‹ und ›göttliche Schriften‹ haben an den von Bossuet angezogenen Stellen, also im Konzil von Karthago, bei Augustinus, Innocenz I. und Gelasius ei-

---

41   Hieronymus, praef. in librum Judith, in: Biblia sacra iuxta vulgatam editionem, Ausg. R. Weber I Stuttgart 1969, 691: »Apud Hebraeos liber Judith inter hagiographa (apocrypha) legitur . . . Sed quia hunc librum Synodus Nicaena in numero sanctarum scripturarum legitur computasse, acquievi postulationi vestrae . . . Vgl. hierzu Zahn, Geschichte 278.
42   Brief 119, Ausg. *Foucher de Cardeil* II 321: ». . . j'estois comme enchanté pendant la lecture; et vos expressions et manières belles, fortes et plausibles, s'emparoient de mon esprit. Mais quand le charme de la lecture estoit passé, et quand je comparois de sang-frois les raisons et authorités de part et d'autre, il me semble que je voyois clair le jour, non seulement que la canonicité des livres en question n'a jamais passé pour article de foy; mais plustost que l'opinion commune, et celle encore des plus habiles, a tousjours esté à l'encontre«.

nen anderen Sinn als in der Trienter Definition. Dort werden die Begriffe im strengen, engen Sinn des Wortes verwendet, in der Alten Kirche können sie diesen Sinn freilich auch haben, an den angezogenen Stellen aber bedeuten sie nicht mehr als »kirchlich«, d.h. der kirchlichen Norm entsprechend, konform mit der Heiligen Schrift und ihren Lehren[43].

Nennen wir, bevor wir auf Leibniz' eigentlichen Gegenbeweis zu sprechen kommen (Brief vom 24. Mai 1700), noch einige, wichtigere Einzelausstellungen aus seinem Brief vom 14. Mai. Entschieden bestreitet der deutsche Philosoph Bossuets Behauptung, die afrikanische und die römische Kirche seien zur Zeit der Alten Kirche *doctiores et diligentiores* gewesen. Das war damals genau so wenig der Fall wie heute[44]! Weiter: Daß Hieronymus mit seinem hebräischen Kanon einen ›advis particulier‹ gegenüber dem sonstigen Konsens der Kirche vertreten habe, stellt, so Leibniz, die Dinge auf den Kopf. Übrigens, dato non concesso, Hieronymus' Position wäre im Vergleich zu der der Kirche eine »Sondermeinung«, so wäre es um das ›überall‹ und das ›einstimmig‹ der Tradition geschehen und damit die nötige Voraussetzung für die Trienter Definition verloren. Die Behauptung schließlich, Trient habe den sicheren, über 1200 Jahre bezeugten ›Besitz‹ des Kanons gegen die Bestreitung durch die Protestanten schützen müssen, stellt die Dinge wiederum auf den Kopf. Von einem ruhigen sicheren Besitz kann absolut nicht die Rede sein. Der Kanon, den die Kirche all die Jahrhunderte über ›besitzt‹, ist der hebräische. Den positiven Beweis für diese Behauptung verspricht Leibniz im folgenden Brief zu erbringen.

Der deutsche Philosoph bezeichnet, was er in seinem Brief vom 24. Mai 1700 darlegt, als »einen Abriß der Perpetuität der katholischen Lehre über den Kanon der Schriften des Alten Testamentes, (seinerseits) in völliger Übereinstimmung mit dem Kanon der Hebräer«[45]. Bevor er die eindrucksvolle Reihe der Zeugen dafür anführt, daß in der Kirche bis auf Trient der Kanon der Hebräer und nichts als der Kanon der Hebräer galt, nennt er den Kronzeugen für eben diesen Kanon in der »jüdischen Kirche«, Flavius Josephus mit seiner Aufzählung von 22 Büchern[46]. Es gibt nicht die geringste Spur eines Beweises, fährt er fort, daß Christus einen anderen als diesen zu seiner Zeit gültigen Kanon der Hebräer seinen Jüngern und seiner Kirche vermacht hat.

---

43 Brief 119, a.a.O. 323: ». . . je feray voir clairement cy-dessous que, dans le concile iii de Carthage, sainct Augustin qui y a esté présent, à ce qu'on croit, et quelques autres qui ont parlé quelquefois comme eux, et aprés eux, se sont servis des mots *canonique et divin* d'une manière plus générale, et dans une signification fort inférieure; prenant *canonique* pour ce que les canons de l'Eglise authorisent, et qui est opposé à l' l'*apocryphe* ou caché, pris dans un mauvais sens; et *divin*, pour ce qui contient des instructions excellentes sur les choses divines, et qui est reconnu conorme aux livres immédiat tement divins«.

44 A.a.O. 326: »Encore présentement, s'il s'agissait de marquer dans vostre communion *Ecclesias doctiores et diligentiores*, il audrait nommer sans doute celles de France et des Pays-Bas, et non pas celles d'Italie«.

45 Brief 120, a.a.O. 341.

46 Contra Apionem 1,8: vgl. hierzu W. *Fell*, Der Bibelkanon des Flavius Josephus, BZ 7 (1909) 1–16.113–122.235–244.

Als Zeugen für die Geltung dieses jüdischen Kanons von 22 bzw. 24
Schriften, in dem also die deuterokanonischen fehlen, benennt er unter
anderem: Meliton von Sardes[47]; Origenes, Vorwort zum Psalterkom-
mentar[48]; Kanon 39 des Konzils von Laodicea (360)[49]; Athanasius von
Alexandrien, 39. Festbrief[50]; Cyrill von Jerusalem, Katechese IV,33–
36[51]; Gregor von Nazianz, Metrisches Verzeichnis[52]; Amphilochius von
Iconium, Metrisches Verzeichnis[53]; Epiphanius von Salamis, De mensu-
ris 4[54], und Panarion, Haer. 76[55]. Es handelt sich bei den beigebrachten
Belegen, die bis zur Schwelle des 5. Jahrhunderts reichen, um ausdrückliche Stellungnahmen zur Frage nach dem Umfang des alttestamentlichen
Kanons, also um Äußerungen, denen großes Gewicht zukommt, nicht um
gelegentliche Ausführungen *in sensu latiore*. Erst vom Ende des vierten
und Anfang des fünften Jahrhunderts an gibt es Kanonverzeichnisse, die
die Deuterokanonica mit aufführen, nämlich die von Bossuet zitierten aus
der Feder der Päpste Innocenz I. und Gelasius, des dritten Konzils von
Karthago. Sie weichen aber nur scheinbar vom vorausgehenden Konsens
der Kirche ab. In der Sache meinen sie das gleiche, denn sie verwenden
den Begriff ›kanonisch‹ in dem weiter oben angedeuteten Sinn von
›kirchlich‹, d.h. in Übereinstimmung mit der kirchlichen Norm und der
Lehre der Schrift. Stimmt man dieser Interpretation nicht zu, dann bleibt
nur die Annahme, daß sich die genannten Päpste und das Konzil von
Karthago von der allgemeinen Lehre der Kirche entfernt haben.
Bevor Leibniz die Kette seines Traditionszeugnisses vom 5. Jahrhundert
bis zur Schwelle des Konzils von Trient fortsetzt, geht er auf die beiden
Theologen ein, an deren entgegengesetztem Zeugnis sich letztendlich die
Geister scheiden: Hieronymus[56] und Augustinus[57]. Wer sich Hieronymus
anschließt, muß Augustinus ›interpretieren‹, wer Augustinus vorzieht,
muß Hieronymus ›auslegen‹, es sei denn, man verzichtet überhaupt auf

---

47 Zitiert bei Eusebius, Kirchengeschichte 4,26,13–14; GCS 9,386–388; vgl. *Junod,
Formation* 110–111.
48 *Preuschen*, Analecta 73–75.
49 *Preuschen*, Analecta 70–71.
50 *Preuschen*, Analecta 42–45; vgl. *Junod*, Formation 124–128, außerdem *W. Ruwet*,
Le canon alexandrin des Ecritures: Saint Athanase, Bib. 33 (1952) 1–29. – Leibniz
nennt außerdem die dem Athanasius zugeschriebene, ihm heute aberkannte, auch Leibniz
schon zweifelhaft erscheinende *Synopsis*, vgl. *Zahn*, Geschichte 315–317.
51 *Preuschen*, Analecta 79–82; vgl. *Junod*, Formation 129–130.
52 *Zahn*, Geschichte 216–217.
53 *Zahn*, Geschichte 217–219.
54 Ausg. *A. Jepsen*, in: ZAW 71 (1959) 134.
55 *Zahn*, Geschichte 226.
56 Vgl. *H.H. Howorth*, The Influence of Saint Jerome on the Canon of the Western
Church, JThS 10 (1909) 481–496; 11 (1910) 321–337; 13 (1912) 1–18; *I. Cechetti*, S.
Girolamo e il suo ›Prologus Galeatus‹, in: Misc. A. Piolanti II, Lat. 30 (1964) 81–90; *J.F.
Hernandez Martin*, San Jeronimo y los deut eroc anonicos del Antiguo Testamento, CDios
182 (1969) 373–384.
57 Vgl. u.a. *C.J. Costello*, St. Augustine's Canon of Scripture and his Criterion of Canonicity, RUO 2 (1932) 125–135; *S.J. Schultz*, Augustine and the Old Testament Canon, BS
112 (1955) 225–234; *A.M. La Bonnardière*, Biblia Augustiniana, AT: Le livre de la Sagesse (EAug), Paris 1970, 35–57.

ein einhelliges Zeugnis der Alten Kirche in der Frage des alttestamentlichen Kanons. Der deutsche Philosoph trägt zunächst die verschiedenen entschiedenen Stellungnahmen des Hieronymus für die ausschließliche Geltung des hebräischen Kanons zusammen[58], dann zitiert er zur Bestätigung das Kanonverzeichnis seines »großen Gegners« Rufinus[59]. Es folgt die ›Interpretation‹ der entgegenstehenden Zeugnisse des Augustinus: In *De doctrina christiana* II,8,12–14 werden die deuterokanonischen Bücher zwar eindeutig als zum *canon scripturarum* gehörig aufgezählt, aber ebenso eindeutig auch einer niedrigeren Stufe der Autorität zugeordnet als die protokanonischen Schriften. *De praedestinatione sanctorum* 14,26–29[60], wo der Bischof von Hippo »in der Hitze der Verteidigung seiner Zitation noch weiter gegangen ist« und das Buch Weisheit in aller Ausdrücklichkeit als Heilige Schrift im strengen Sinn des Wortes verteidigt, ist im Lichte anderer Stellen des großen Bischofs von Hippo zu interpretieren, an denen er nicht so weit geht wie hier. Mit anderen Worten: Die genannte Stelle ist nicht wörtlich zu nehmen. *Auctoritas divina* meint hier nicht mehr als ›in Übereinstimmung stehend mit dem Zeugnis der Heiligen Schrift‹. Ähnlich wie Augustinus selber sind die Autoren zu interpretieren, die unmittelbar von ihm abhängen.

Nach der Behandlung der beiden Kronzeugen in der Kanonfrage ist der Weg frei für die Fortsetzung des Traditionsbeweises. Leibniz nennt als Befürworter des Ausschlusses der Deuterokanonen: Cassiodor, Junilius Africanus, Gregor d. Gr., Leontios von Byzanz, Johannes von Damaskus, Strabo, Radulphus Flaviacensis, Rupert von Deutz, Petrus Venerabilis, Hugo von St. Victor, Petrus Comestor, Hugo von St.-Cher, Nikolaus von Lyra, Johannes Teutonicus, Antoninus von Florenz, Alphons Tostatus, Ximenes de Cisneros und schließlich unmittelbar an der Schwelle des Konzils von Trient, den großen Kardinal Cajetan. Nach dem Zeugnis dieser Männer ist kein Zweifel mehr möglich, »daß die Kirche immer einen großen Unterschied gemacht hat zwischen den kanonischen oder unmittelbar göttlichen Schriften und anderen, die auch zur Bibel gehören, aber nur kirchlich sind. Folglich ist die Verurteilung dieses Dogmas, die das Konzil von Trient veröffentlicht hat, eine der offensichtlichsten und merkwürdigsten Neuerungen, die jemals in die Kirche eingeführt wurden«[61]. Die Kontroverse geht noch weiter, aber wir können uns auf einige abschließende Beobachtungen beschränken; denn es werden doch keine entscheidend neuen Gesichtspunkte mehr in die Debatte eingeführt. In der Antwort Bossuets vom 17. August 1701 fällt auf, daß der Bischof von Meaux gar keinen Versuch macht, dem eindrucksvollen Traditionsbeweis

---

58 Vor allem das Vorwort zum Buch der Könige (Prologus Galeatus), vgl. *Biblia sacra iuxta vulgatam editionem,* Ausg. *R. Weber* I, Stuttgart 1969, 364–366; vgl. *Wermelinger,* Canon 184–193.

59 *Zahn,* Geschichte 240–244; vgl. *M. Stenzel,* Der Bibelkanon des Rufin von Aquileia, Bib. 23 (1942) 43–61.

60 *Zahn,* Geschichte 257 Anm. 1.

61 Brief 120, Ausg. *Foucher de Cardeil* II 367f.

Leibniz' von der Geltung des hebräischen Kanons bis zur Schwelle des Tridentinums einen eigenen Traditionsbeweis für die Zugehörigkeit der deuterokanonischen Schriften zum Kanon des Alten Testaments entgegenzusetzen. Bossuet flüchtet sich statt dessen, hat man den Eindruck, ins Grundsätzliche und wirft Leibniz Verletzung einer Reihe von Prinzipien vor. Natürlich ist dem Franzosen nicht die schwache Stelle in der Argumentation des Deutschen entgangen. Er kann in seiner Erwiderung überzeugend zeigen, daß der von Leibniz behauptete weitere Sinn von ›kanonisch‹ in der Bedeutung ›kirchlich‹, dem ›Inhalt der Heiligen Schrift entsprechend‹ dem Textbefund bei den betreffenden Autoren in keiner Weise gerecht wird[62]. Zutreffend ist auch seine Feststellung, daß die frühesten uns bekannten Verzeichnisse, so das des Melito von Sardes, nicht einfach identisch sind mit dem hebräischen Kanon; denn es fehlt in ihnen das Buch Esther.

Leibniz nimmt mit Datum vom 5. Februar 1702 noch einmal kritisch Stellung zu Bossuets Brief vom 17. August 1701. Zu Recht macht er hier unter anderem geltend, daß die Erwiderung Bossuets in zahlreichen Punkten am Ziel vorbeischieße. Zur Debatte steht nämlich nicht, wie die Protestanten ihren Kanon rechtfertigen, sondern wie die Katholiken den Trienter Kanon gegen den Vorwurf verteidigen können, er stehe in flagrantem Widerspruch zum Kanon der Alten Kirche. Leibniz gibt zu, in seinen Briefen einiges *ex abundanti* ausgeführt zu haben, was sich nicht unmittelbar auf sein eigenes Beweisziel bezog. Es bleibt also dabei: »Wenn jemals eine katholische Lehre immer und überall gelehrt wurde, dann die der Protestanten hinsichtlich des Kanons des Alten Testamentes«[63].

Halten wir zum Schluß ein erstaunliches silentium im Traditionsbeweis beider Kontrahenten fest: Weder Bossuet noch Leibniz beziehen die Ostkirche in ihre Beweiskette ein[64]. Der Deutsche geht nicht über Johannes von Damaskus hinaus und der Franzose erwähnt mit keiner Silbe Sessio XI des Unionskonzils von Florenz, die *Bulla unionis Coptorum*[65], deren Kanon Heiliger Schriften doch die unmittelbare Vorlage für das Trienter Verzeichnis darstellte.

IV.   *Die Kontroverse im Lichte unseres heutigen Kenntnisstandes*

Abschließend stellt sich die Frage, wer nach dem heutigen Stand unserer Kenntnisse über die Geschichte des Kanons näher an der Wahrheit war, Bossuet oder Leibniz. Wir können die gleiche Frage auch in folgender

62   Brief 127, § 32–40, a.a.O. 409–413.
63   Brief 130, a.a.O. 439.
64   Vgl. *M. Jugie*, Histoire du canon de l'ancien testament dans l'église grecque et l'église russe (Etude de théologie orientale), Pais 1909; *T. Mitrevski*, Die kanonische Geltung der deuterokanonischen Bücher der Heiligen Schrift in der orthodoxen Kirche nach den Konzilsentscheidungen, Kyrios 13 (1973) 49–77.
65   Vgl. COD (1973) 542.

Form stellen: Wer hatte im Licht unserer heutigen Kenntnisse recht, Augustinus oder Hieronymus? Es ist uns im Rahmen dieser Untersuchung natürlich weder möglich, den Weg der Forschung von den Tagen Bossuets und Leibniz' bis zum heutigen Stand nachzuzeichnen, noch auch die Breite der Palette heutiger Meinungen hierüber vorzuführen. Wir können nur die eine oder andere, wie wir hoffen, für den jetzigen Forschungsstand repräsentative Stimme zu Gehör bringen.

Vergleicht man nun den heutigen Forschungsstand mit den noch vor einigen Jahrzehnten vorherrschenden Auffassungen, so hat sich in einem für unsere Kontrahenten wichtigen Punkt ein großer Wandel vollzogen: »Die Kirche hat ihren Kanon« schreibt A. Jepsen in RGG[66], »das AT, nicht dadurch erhalten, daß sie den jüdischen Kanon nach seinem Abschluß einfach übernommen hätte. Es ist für die Gestaltung des at. Kanons in der Kirche ... entscheidend geworden, daß es in der Zeit Jesu und der Loslösung der christlichen Gemeinde vom Judentum den jüdischen Kanon in seiner abgeschlossenen Form noch nicht gab. Wohl lasen die Juden in allen Synagogen ›Heilige Schriften‹, gewiß auch weithin die gleichen, aber nicht überall in derselben Abgrenzung«[67].

Der Protestant Albert C. Sundberg hat die neuen Erkenntnisse über die Kanonbildung des Alten Testaments besonders pointiert zusammengefaßt. Bezeichnenderweise lautet der Titel einer seiner Untersuchungen »The ›Old Testament‹. A Christian Canon«[68]. Gemeint ist mit diesem Titel: Der jüdische Kanon war nicht der Kanon Jesu und der Apostel. Es gab zur Zeit Jesu weder in Palästina noch in Alexandrien einen geschlossenen Kanon. Zu den im Gebrauch befindlichen Heiligen Schriften gehörten neben dem ›Gesetz‹ und den ›Propheten‹ verschiedene religiöse Texte, die erst später vom Judentum aus dem Kanon ausgeschlossen wurden. Aus der Gesamtheit dieser vom palästinensischen Judentum gebrauchten Heiligen Schriften stellte sich die frühe Kirche selber ihren Kanon alttestamentlicher Schriften zusammen. Aber die erst später erfolgte Kanonfixierung durch das Judentum blieb andererseits nicht ohne Wirkung auf die Alte Kirche. »The Jewish list, with its a priori claim to correctness, exerted an increasing pressure on the church in the East. Thus, when Jerome, who

---

66 Bibel I. Altes Testament. I B. Sammlung und Kanonisierung des AT, RGG³ I (1957) 1123–1126, hier 1123; vgl. *ders.,* Kanon und Text des Alten Testamentes, ThLZ 74 (1949) 65–74; *ders.,* Zur Kanongeschichte des Alten Testamentes, ZAW 71 (1959) 114–136.
67 Vgl. neuerdings *D. Barthélemy,* L'Etat de la Bible juive depuis le début de notre ère jusqu'à la deuxième révolte contre Rome (131–135), in: *Kaestli-Wermelinger*(Ed.), Canon (s.o. Anm. 2) 9–45, hier 42: »Au moment où l'Eglise naquit, elle hérita sa Bible grecque des milieux qui lisaient des collections larges sur lesquelles l'influence du Pharisien n'avait pas pu encore s'exercer d'une manière suffisante pour en éliminer les livres qu'ils n'admettaient pas dans leur liste. La bibliothèque de Qumrân nous permet donc de constater qu'il y aurait un certain anachronisme à imaginer comme normative pour tout le judaisme à l'époque de Jésus la liste canonique d'une école qui ne l'imposera de façon indiscutée qu'un demi-siècle plus tard, à l'occasion de la grande reconstruction nationale et religieuse dont les Pharisiens furent les leaders.«
68 *A.C. Sundberg,* The »Old Testament«. A Christian Canon, CBQ 30 (1968) 143–155; vgl. *ders.,* The Old Testament of the Early Church, HThR 51 (1958) 205–226.

had apparently concurred with Western usage until that time, moved east, he soon was championing the Jewish canon as the definition of the OT for the church«[69]. Aber Hieronymus konnte sein Anliegen, dem jüdischen Kanon Heiliger Schriften Alleingeltung zu verschaffen, nicht durchsetzen. Der längst bestehende weitere kirchliche Kanon blieb in Gebrauch, nicht zuletzt, weil Theologen vom Gewicht Augustins und die römische Kirche sich entschieden für ihn einsetzten[70].

Wer also hatte recht in der Kontroverse, Bossuet oder Leibniz? Halten wir zunächst fest, daß beide in der Annahme irrten, die Alte Kirche habe in der Kanonfrage mit einer Stimme gesprochen. Weder läßt sich Augustinus auf Hieronymus noch Hieronymus auf Augustinus ›reduzieren‹. Hier war beider historischer Blick durch theologische Prämissen getrübt. Aber einmal von diesem gemeinsamen Irrtum abgesehen, nach dem heutigen Stand unserer Kenntnisse kommt der Franzose doch näher an die Wahrheit heran als der Deutsche. Sein Gewährsmann, Augustinus, war der bessere Historiker, »Jerome's premise was wrong. The Jewish canon was not the canon of Jesus and the apostles«[71].

---

69   *Sundberg,* Old Testament 149.
70   Vgl. die oben mehrmals zitierten Beiträge von *Junod,* Formation, und *Wermelinger,* Canon.
71   *Sundberg,* Old Testament 154.

III

Berichte und Rezensionen

Patrick D. Miller, Jr.

Der Kanon in der gegenwärtigen amerikanischen Diskussion[1]

Kein Einzelthema ist in den Vereinigten Staaten innerhalb der Bibelwissenschaften der letzten dreißig Jahre lebhafter verhandelt worden als das des Kanons, und diese Lebhaftigkeit hat sich im letzten Jahrzehnt vor allem durch die Arbeiten von Brevard S. Childs und James A. Sanders, durch die Reaktionen auf sie und durch die von ihnen angeregten Arbeiten noch verstärkt. Daß Vorstellungsgehalt und Bedeutung des Kanons ein derartiges Interesse auf sich ziehen konnten, ist zumindest überraschend. Im allgemeinen ist der Kanon in Exegese und Theologie von zweitrangiger Bedeutung gewesen. Befaßte man sich mit ihm, dann vor allem aus historischem Interesse, wenn es auch immer unstrittig war, daß mit den historischen Entscheidungen und Streitfragen theologische Implikationen verbunden sind – wie z.B. der Titel eines auf diesem Gebiet maßgebenden Handbuchs: Which Books Belong in the Bible? (Floyd V. Filson) erhellt. Zwar stehen historische Fragen weiterhin an maßgeblicher Stelle auf der Tagesordnung (s.u.); inzwischen ist der Kanon jedoch zu einem Thema mit hermeneutischem, literarischem und theologischem Stellenwert geworden. Diese Entwicklung ist entscheidend auf das erneuerte und weiter gefächerte Interesse der biblischen Exegese am Thema zurückzuführen.

Der folgende Überblick umfaßt im ganzen den Zeitraum der dreißig Jahre von 1958 bis 1988. Das Abstecken forschungsgeschichtlicher Zeiträume hat immer etwas Künstliches, da Forschungsinteressen ja nicht einfach vom Himmel fallen, ihre Vorläufer jedoch nicht vom Bericht erfaßt werden. Abgrenzungen sind dennoch ein praktisches Erfordernis, und das Jahr 1958 bildet einen legitimen Ausgangspunkt, weil damals Albert C. Sundbergs Infragestellung des Postulats eines alexandrinischen Kanons in ihrer ersten Form erschien. Diese Arbeit hat die Untersuchung der geschichtlichen Entwicklung des Kanons in nicht geringem Maß angeregt und beeinflußt und bildet deshalb einen angemessenen Ausgangspunkt

---

1 Aus dem Amerikanischen übersetzt von *Chr. Schroeder* und *B. Janowski*, Alttestamentliches Seminar der Universität Hamburg. – Das »amerikanischen« im Titel ist nicht ganz korrekt. Der Aufsatz bezieht sich nur auf die Kanondiskussion in Nordamerika, besonders in den Vereinigten Staaten.

für die Analyse und die Erwägungen über die Gründe für das verstärkte
Interesse am Kanon in den letzten beiden Jahrzehnten.

Ein auffälliges Merkmal der Kanondiskussion, das gleich zu Anfang erkannt werden sollte, ist die Konzentration des Interesses vor allem auf das
Alte Testament bzw. die Feststellung, daß die Diskussion intensiver im
Bereich des Alten Testaments und unter Alttestamentlern als innerhalb
der neutestamentlichen Wissenschaft geführt worden ist. Teilweise ist diese Schwerpunktsetzung der einflußreichen Arbeit der beiden Alttestamentler Childs und Sanders zuzuschreiben. In gewisser Weise wird sie
aber damit erklärbar, daß die Herausbildung des Alten Testaments einen
viel längeren, komplexeren und oft schwerer faßbaren Prozeß voraussetzt
als die Entstehung des Neuen Testaments. Es gibt allerdings hinsichtlich
des Desinteresses der Neutestamentler am Kanon einige Ausnahmen.
Hier ist an vorderster Stelle Sundberg zu nennen, der sich in seinen Arbeiten allerdings bezeichnenderweise überwiegend mit dem alttestamentlichen Kanon befaßt hat. Harry Gamble hat kürzlich, jedoch mit vorwiegend historisch geleitetem Interesse, dem Neuen Testament eine kleine
Monographie gewidmet. Im Schlußkapitel dieses Buches, in dem er die
Frage nach der hermeneutischen Relevanz des Kanons aufwirft, stellt er
fest: »Die Frage der hermeneutischen Bedeutung des Kanons in Gestalt
der im *canonical criticism* des AT angewandten Perspektiven ist für das
NT noch kaum gestellt worden.«[2] Dafür mag es, wie Gamble andeutet,
Gründe geben[3]; dennoch ist jedenfalls klar, daß das Hauptinteresse der
Neutestamentler an der historischen Problematik hängt. Das bestätigen
die Arbeiten von Gamble und Sundberg (dazu s. weiter u.). Die einzige
größere neutestamentliche Arbeit, die einige der neuen Strömungen, die
den Kanon in den Mittelpunkt stellen, aufnimmt, stammt von einem Alttestamentler, Childs, und sie hat kaum positive Aufnahme, nicht einmal
besonderes Interesse in der neutestamentlichen Wissenschaft gefunden[4].
Was für die neutestamentliche Wissenschaft gilt, gilt ebenso für die Systematische Theologie. Anders als beispielsweise die Arbeiten von Alttestamentlern wie Rolf Rendtorff und Klaus Koch, die dem theologischen Pro-

---

2   *H.Y. Gamble,* The New Testament Canon. Its Making and Meaning, Philadelphia
1985, 80.
3   »Gleichwohl können diese Perspektiven (sc. von Childs und Sanders), auf das Neue
Testament angewandt, nicht die gleiche Kraft entwickeln, da die Geschichte der neutestamentlichen Literatur sehr viel kürzer und weniger komplex ist. In den neutestamentlichen
Schriften sind der Abstand und die Unterschiede zwischen frühen Traditionen und den
Endredaktionen und zwischen Endredaktionen und Kanonbildung sehr gering. Folglich
hat die Hervorhebung der ›Endgestalt‹ des Textes (Childs) oder der langen und vielschichtigen Geschichte der Traditionsbearbeitung (Sanders) beträchtlich weniger Bedeutung für
den Kanon des Neuen als für den des Alten Testaments« (Canon 81).
4   *B. Childs,* The New Testament as Canon. An Introduction, Philadelphia 1985 (ab jetzt
abgekürzt als NTC zitiert). *Gamble* hat das Buch in einer ausführlichen und nachdenkli-
chen Rezension in JBL 106 (1987) 330–333 besprochen. Vgl. die Rezension von *S.
McKnight* in Theological Students Fellowship Bulletin, May–June (1987) 22–24 mit einer
Entgegnung von *Childs,* in der er urteilt: »Sie haben das Buch mit größerer Sorgfalt und
größerem Scharfblick als irgendjemand sonst bisher gelesen . . .« (24).

gramm von Wolfhart Pannenberg größere Impulse verliehen haben, haben die umfassenden Studien der Bibelwissenschaftler zum Problem des Kanons nur einen geringen Eindruck bei den Systematikern hinterlassen. Bemerkenswert an diesem bis in die Gegenwart reichenden Desinteresse der Systematischen Theologie ist, daß es nicht einfach, wie in vergleichbaren früheren Situationen, aus der vorwiegend textlich und historisch orientierten Fragestellung erklärt werden kann. Das Gegenteil ist ja der Fall. Die Diskussion ist innerhalb der Bibelwissenschaften gerade deshalb mit so großer Intensität geführt worden, weil die strittigen Punkte in zunehmendem Maß theologischer und hermeneutischer Natur waren, wenngleich die historischen Fragen nicht verschwunden sind[5].

Aus naheliegenden Gründen also wird sich der folgende Forschungsbericht, vor allem im zweiten und dritten Teil, besonders mit den Arbeiten von Alttestamentlern befassen. Er erhebt keineswegs den Anspruch, erschöpfend zu sein, besonders, was die Berücksichtigung der vielen Aufsätze betrifft, die, wie der vorliegende, ihre Aufgabe vor allem in der Sichtung, Analyse und Kritik der wegweisenden Hauptstudien gesehen haben. Diese nun haben Beiträge auf historischem, kritischem und theologischem Gebiet geleistet. Hauptvertreter der *historischen* Forschung ist Sundberg. Es müssen aber auch Forscher wie Sid Leiman und Roger Beckwith, die einige seiner grundlegenden Ergebnisse in Frage gestellt haben, zu Worte kommen. Es ist nicht überraschend, daß die biblischen Qumrantexte zu historischen Untersuchungen über den Prozeß und die Chronologie der Kanonbildung angeregt haben; diese runden dann das Bild ab.

Die Verknüpfung des Begriffes »*kritisch*« mit dem Phänomen des Kanons und der Kanonbildung ist in besonderer Weise der Beitrag von Sanders, der den jetzt weithin gebräuchlichen Begriff »canonical criticism«[6] geprägt hat; er wird, zusammen mit Joseph Blenkinsopp, dessen Monographie »Prophecy and Canon. A Contribution to the Study of Jewish Origins«[7] die Entsprechung zu Sanders' Studien bildet, im Zentrum des zweiten Teils dieses Aufsatzes stehen.

5   Der methodistische Theologe *A. Outler* hat sich an den fortlaufenden Diskussionen zwischen den Bibelwissenschaftlern über die Bedeutung des Kanons beteiligt: The ›Logic‹ of Canon-Making and the Tasks of Canon-Criticism, in: *W.E. March* (Ed.), Texts and Testaments. Critical Essays on the Bible and Early Church Fathers, San Antonio 1980, 263–276.
6   S. den Untertitel seiner neuesten systematischen Abhandlung: *J.A. Sanders,* Canon and Community. A Guide to Canonical Criticism, Philadelphia 1984. Childs benutzt den Begriff »kritisch« in bezug auf die Funktion des Kanons, doch sein Gebrauch des Begriffes unterscheidet sich von dem von Sanders (s.u.).
7   Beachtung verdient der Beitrag von *J. Barr* zu dieser Diskussion in seinen Sprunt Lectures: Holy Scripture. Canon, Authority, Criticism, Philadelphia 1983. Er selbst ist zwar kein amerikanischer Forscher, aber sein Buch ist Ertrag derselben lecture-Reihe, aus der auch Childs' Introduction hervorging, und sein Zielpunkt ist vorwiegend die amerikanische Kanondiskussion. Sein Buch enthält eine Apologie der herkömmlichen historisch-kritischen Methode und eine scharfe Kritik des canonical criticism, im besonderen des Werks von Brevard Childs. Barr fühlt sich Sanders verwandter, steht ihm aber auch nicht unkritisch gegenüber.

Kein anderer amerikanischer Forscher hat in den letzten beiden Jahrzehnten innerhalb der alttestamentlichen Wissenschaft mehr Interesse und Reaktionen hervorgerufen als Childs, der seine Anfragen an die Forschung zuerst in »Biblical Theology in Crisis« (1970) darlegte und dessen eigenes Bestreben, die Probleme konstruktiv in anderer Form anzugehen, sich in einer Serie von umfassenden und großen Arbeiten niedergeschlagen hat: »Introduction to the Old Testament as Scripture« (1979), »The New Testament as Canon. An Introduction« (1985) und »Old Testament Theology in a Canonical Context« (1986). Childs verfolgt ganz offensichtlich ein *theologisches* und hermeneutisches Anliegen. Er ist mit der Frage befaßt, wie aus den Texten der Schrift heraus zum einen eine biblische Theologie entfaltet wird und wie diese Texte zugleich in theologischen Äußerungen innerhalb der Glaubensgemeinschaft weiterleben. Zusätzlich ist zu beachten, daß Childs' Ansatz eine literarische und eine theologische Dimension hat, und auch das muß näher untersucht werden. Während diese Forscher folglich als Urheber der nordamerikanischen Kanondiskussion angesehen werden können, müssen auch noch einige konstruktive Arbeiten kurz Erwähnung finden, die wegen der schöpferischen Qualität ihrer Beiträge auffallen. Als Beispiele werden hier die Arbeiten von Walter Brueggemann und Gerald Sheppard diskutiert. Besondere Beachtung soll schließlich dem vermittelnden Versuch von Norman Gottwald, einem der amerikanischen Vertreter der sozialgeschichtlichen Exegese, gelten.

I.   *Historische Streitpunkte: Die Entstehung des alttestamentlichen Kanons*

Die Veröffentlichung von Sundbergs Harvarder Dissertation als Monographie mit dem Titel »The Old Testament of the Early Church« (1964), deren Hauptergebnisse bereits in einem vorab publizierten Aufsatz vorgestellt worden waren[8], zerbrach den hinsichtlich der Entstehung des alttestamentlichen Kanons bis dahin geltenden Konsens, demzufolge die frühe Kirche nicht den hebräischen Schriftkanon des palästinischen Judentums, der seit der Reformation den meisten protestantischen Kirchen als Kanon dient, sondern den alexandrinischen des hellenistischen Judentums, die ›Septuaginta‹ mit den sogenannten Apokryphen, übernommen hatte. Diese Herleitung bot eine Erklärung für den Gebrauch der apokryphen und deuterokanonischen Bücher in der frühen Kirche. Der umfangreichere Kanon des Diasporajudentums wurde natürlicherweise zum Kanon der Heidenchristen, der treibenden Kraft im frühen Christentum.

---

8   *A. C. Sundberg,* The Old Testament of the Early Church, HThR 51 (1958) 205–226.
Vgl. ergänzend zu seiner Dissertation, die bei Harvard University Press erschien, seinen Aufsatz: The Bible Canon and the Christian Doctrine of Inspiration, Interp. 29 (1975) 352–371.

Dieser kritische Konsens basierte auf der Vermutung, daß der hebräische Kanon noch nicht mit Esra und der Großen Synagoge abgeschlossen worden war, sondern in drei Etappen – auf den Pentateuch folgten die Propheten und schließlich die erst 90 n.Chr. kanonisierten Schriften – entstanden war.

Sundberg vertrat nun auf mehreren Argumentationsebenen die These, daß es keinen früheren Kanon – weder offiziell in Alexandria noch *de facto* in Palästina – gegeben habe. Das Gesetz und die Propheten waren anerkannte Sammlungen in christlichen wie jüdischen Gemeinden. Im palästinischen Judentum – wo die Septuaginta lange genug in Umlauf war, um eine palästinische Rezension zu ermöglichen – wie im Diasporajudentum war »eine umfangreiche, homogene Gruppe von Schriften einschließlich der später abgegrenzten Sammlungen der Schriften, Apokryphen, Pseudepigraphen und anderer Bücher . . .« in Gebrauch. So bezeugen es die Qumranschriften und das Neue Testament[9]. In der neuesten dem Verfasser bekannten Darlegung dieser These erklärt Sundberg:

»So wissen wir jetzt, daß es weder einen alexandrinischen Kanon noch eine frühe hebräische *de facto*-Zusammenstellung gab, die dem jüdischen Kanon von ca. 90 n.Chr. entsprochen hätte. Die Kirche, die im Judentum entstand und vor dem Aufstand gegen Rom von 66–70 n.Chr. von ihm getrennt wurde, empfing vom Judentum als geschlossene Sammlungen das Gesetz und die Propheten und als seine Schriften die umfangreichen homogenen Schriften, die vor 70 n.Chr. im Judentum im Umlauf waren. Aber die Kirche erhielt keinen Kanon; das Judentum besaß noch keinen Kanon, den es der Kirche hätte vererben können, als sie sich von ihm trennte. Erst nach 70 n.Chr. nehmen wir im Judentum eine Entwicklung hin zur Begrenzung seiner Schriften wahr, bis schließlich ca. 90 n.Chr. ein Kanon, dem nichts hinzugefügt und nichts hinweggenommen werden durfte, gebildet wurde. Alle folgenden jüdischen Zusammenstellungen bezeugen diesen Kanon durch ihre inhaltliche Einheitlichkeit«[10].

Das bedeutet nach Sundbergs Urteil auch, daß »die Kirche ›Schriften‹ vom Judentum empfing, nicht aber einen Kanon«[11]. Beide Begriffe müssen unterschieden werden; der erste bezeichnet »Schriften, die in irgendeinem Sinn als autoritativ angesehen werden«, der zweite »eine geschlossene Sammlung von Schriften, denen nichts hinzugefügt und von denen nichts abgestrichen werden kann«[12]. Der Kanon erwächst aus den Schriften, aber es kann dort Schriften geben – und es gab sie –, wo es keinen Kanon gibt. Das spätere Bewußtsein der Christen, daß das Judentum eine Entscheidung hinsichtlich des Umfangs seines Kanons getroffen hatte, beeinflußte den Entschluß der Kirche, ihren eigenen Kanon festzusetzen, obschon der jüdische Beschluß in den verschiedenen Teilen der Kirche unterschiedlich ins Gewicht fiel. Der protestantische Entschluß, die Apokryphen auszuschließen, widerspricht nach Sundbergs Urteil der Inspira-

9   *Sundberg*, a.a.O. 356.
10   Ebd.
11   Ebd.
12   Ebd.

tionslehre, da der jüdische Kanon nach dem übereinstimmenden Zeugnis
des Neuen Testaments und der westlichen Kirche nicht der Schrift der frühen Kirche entsprach[13].

Eine weitere Promotionsschrift, die sich mit dem Prozeß der Kanonentstehung und -festlegung befaßt, Sid Leimans Arbeit »The Canonization
of Hebrew Scripture«, erschien 1976. Der außerordentliche Beitrag dieser Arbeit besteht in der umfassenden Aufführung und Prüfung der Belege aus Talmud und Midrasch für die Kanonisierung der hebräischen
Schriften. Leiman durchmustert jedoch sorgfältig auch die für frühe Stufen des Prozesses aufschlußreichen biblischen Belege – mit dem Ergebnis,
daß sie weit umfangreicher und entscheidender sind als zumeist angenommen wird. Er sichtet außerdem die apokryphen und pseudepigraphischen Quellen, die Qumranschriften, Josephus und Philo, sowie die
christlichen Quellen (Neues Testament und Kirchenväter). Der Schwerpunkt liegt auf dem Material aus Talmud und Midrasch; unter Zitierung
und Übersetzung der wichtigsten Quellen wird es *in extenso* aufgeführt.
Stellt Sundberg den Unterschied zwischen »Kanon« und »Schrift« heraus, so unterscheidet Leiman zwischen »kanonisch« und »inspiriert«;
diese Differenzierung war ihm zufolge in der tannaitischen Zeit wirksam.
Ihre charakteristischen Merkmale beschreibt er folgendermaßen:

»Kanonisch war ein Buch, das für die religiöse Praxis und Lehre als autoritativ angesehen
wurde. Als inspiriert galt ein Buch, von dem man glaubte, es sei göttlicher Inspiration gemäß verfaßt worden. Ein kanonisches Buch braucht per definitionem also nicht inspiriert
zu sein; ein inspiriertes Buch braucht nicht kanonisch zu sein; und ein Buch kann zugleich
kanonisch und inspiriert sein. In der tannaitischen Zeit waren alle als inspiriert geltenden
Bücher kanonisch; es wurden jedoch nicht alle kanonischen Bücher für inspiriert gehalten.
Megillath Taanith wurde als kanonisches, aber uninspiriertes Buch behandelt; in ähnlicher Weise wurde, wie wir gesehen haben, Kohelet sogar von denen, die ihm den inspirierten Status absprachen, als kanonisch angesehen . . . Heilige Schrift ist also die Sammlung
von Büchern, in denen die Ideen der Kanonizität und der Inspiration ineinander verschmolzen wurden, d.h. sie besteht aus inspirierten kanonischen Büchern«[14].

Nach Prüfung der Belege aus Talmud und Midrasch und dem außerrabbinischen Schrifttum kommt er zu folgendem Ergebnis:

»Die Festlegung des biblischen Kanons erfolgte nicht in Jamnia gegen Ende des ersten
Jahrhunderts n.Chr. Jüdische – wie die Apokryphen, Philo und Josephus – und christliche
Quellen, die jüdischer Praxis entsprechen – wie das Neue Testament und die Kirchenväter
– stützen die These eines festen biblischen Kanons innerhalb der meisten jüdischen Gemeinschaften schon während der ersten Jahrhunderte vor und nach der Zeitwende. Die
einzigen möglichen Anhaltspunkte für einen weiteren biblischen Kanon stammen von der
jüdischen Sektengemeinschaft in Qumran und aus christlichen Quellen des vierten Jahr-

---

13   S. die beiden Aufsätze von *Sundberg*, The Protestant Old Testament Canon. Should it
be Re-examined?, CBQ 28 (1966) 194–203; *ders.*, The ›Old Testament‹. A Christian Canon, CBQ 30 (1968) 143–155.
14   *S.Z. Leiman*, The Canonization of Hebrew Scripture. The Talmudic and Midrashic
Evidence, in: The Connecticut Academy of Arts and Sciences, Transactions 47 (1976)
127.

hunderts und später. Es ist höchst fraglich, in welchem Ausmaß sie – wenn überhaupt – den biblischen Kanon widerspiegeln, der in offiziellen jüdischen Kreisen in Palästina und Alexandria während des ersten Jahrhunderts in Geltung war. Die kritische Analyse des Danielbuches, Belege aus den Apokryphen und neu entdeckte hebräische und griechische biblische Texte (aus Qumran, Naḥal Hever und anderswo) machen es möglich und wahrscheinlich, daß der biblische Kanon in der makkabäischen Zeit festgelegt wurde. Die Belege aus Talmud und Midrasch sind ohne weiteres mit einer Datierung der Kanonfestlegung ins 2. Jh. v.Chr. vereinbar«[15].

Leiman hat nachdrücklich für eine frühere Festlegung des Kanons plädiert, als sie Sundberg und andere anzunehmen bereit sind. Die Tatsache, daß die Belege in derart verschiedener, wenn nicht gegensätzlicher Weise interpretiert werden können, erschwert eine überzeugende Lösung des Problems. Childs stimmt mit Leiman darin überein, daß die Festlegung des hebräischen Textes am Ende des ersten Jahrhunderts v.Chr. einen festen Kanon voraussetzt, während Sanders dagegenhält, daß eine solche Textfestlegung wahrscheinlich nicht Büchern gegolten habe, die bereits als kanonisch und inspiriert akzeptiert waren[16]. Leimans grundlegende Annahme eines »normativen Judentums« wird von anderen, die die Situation des Judentums in spätvorchristlicher und frühchristlicher Zeit weit pluralistischer einschätzen, bestritten. Sie sehen in der Vielfältigkeit des Materials aus Qumran und anderswo einen Spiegel dieses Pluralismus[17]. Die Qumranschriften haben in verschiedener Hinsicht Verwirrung gestiftet. Auch dort besteht große Uneinigkeit über die Interpretation der Belege. Das gilt z.B. für die entgegengesetzten Ansichten über die kanonische Bedeutung der Festlegung des hebräischen Textes oder für die Frage, ob die eigentümliche Gestalt der Rolle 11QPs auf ihre liturgische Verwendung zurückgeht oder ob sie einen alternativen kanonischen Text darstellt[18]. Stimmt das letztere, dann weist dies auf einen offeneren Kanon hin, denn Zahl und Reihenfolge ihrer Bücher weichen vom jüdischen Kanon ab. Sie enthält auch »nicht-kanonische« Psalmen. Die anhaltende Diskussion läßt ein unterschiedliches Verständnis der Begriffe »Schrift«, »Kanon«, »inspiriert« und »biblisch« erkennen. Zwar stimmen Leiman und Sundberg darin überein, daß »Schrift« und »Kanon« nicht, wie manche wollen, synonym sind und daß Inspiriertheit kein Kriterium für die Kanonisierung war. Doch entspricht Sundbergs Defini-

---

15 *Leiman*, a.a.O. 135.
16 *B.S. Childs*, Introduction to the Old Testament as Scripture, Philadelphia 1979, 66; *Sanders*, Review of S.Z. Leiman, The Canonization of Hebrew Scripture, JBL 96 (1977) 590–591.
17 So z.B. Sanders.
18 Zu den Argumenten für ihren liturgischen bzw. nicht-kanonischen Charakter s. *Leiman*, Canonization 154f mit Anm. 183; *P.W. Skehan*, Qumran and Old Testament Criticism, in: Qumrân. Sa piété, sa théologie et son milieu (BETL 46), Louvain 1978, 163–182. Zu den Argumenten, sie zeige einen noch im Fluß befindlichen Kanon, d.h. eine vom späteren kanonischen Psalter des MT verschiedene Psalter-Tradition, s. *J.A. Sanders*, The Dead Sea Psalms Scroll, Ithaca 1967, 10–14. Einen äußerst wertvollen Überblick über die zur Debatte stehenden Streit- und Standpunkte bietet *G.H. Wilson*, The Editing of the Hebrew Psalter (SBLDS 76), Chico/CA 1985, 63–92.

tion der »Schrift« (»Schriften, die in bestimmter Hinsicht als autoritativ
angesehen wurden«) derjenigen Leimans für den Begriff »kanonisch«,
derzufolge die Bücher nicht als inspiriert und somit auch als Schrift gelten.
Kanon heißt für Sundberg Festlegung im präzisen Sinne, während Leiman Festlegung als einen Prozeß versteht, durch den der *biblische* Kanon,
d.h. »die Schrift«, begrenzt wird. Aber eine derartige Abgrenzung läßt die
Frage nach der Kanonizität des gesamten anderen Materials außer acht.
Die Tatsache, daß in Jamnia die Frage der Inspiriertheit von Kohelet zur
Debatte stand, wirft ein kritisches Licht auf die Schlußfolgerung von Lei-
man, die Festlegung des biblischen (= inspirierten) Kanons sei vor Jamnia
geschehen, es sei denn, Leiman unterschiede zwischen »biblisch« und
»Schrift«, was aber offensichtlich nicht der Fall ist[19].

II.   *Canonical Criticism: Die Funktion autoritativer Traditionen*

Mit der selbstbewußten Zielsetzung, eine neue Teildisziplin innerhalb der
Bibelwissenschaften zu schaffen, und mit ausgeprägtem Interesse für historische Fragen hat sich Sanders dem Kanon zugewandt[20]. Seine Fragen
decken sich jedoch nicht mit denen, die Forscher wie Sundberg, Leiman
und Beckwith bewegen. Nicht, daß Sanders an der Frage, wann die verschiedenen Teile des Kanons festgelegt wurden, kein Interesse zeigte. Sein

19   Die neueste ausführliche Auseinandersetzung mit dem alttestamentlichen Kanon ist
die umfassende Arbeit von *R. Beckwith*, The Old Testament Canon of the New Testament
Church and its Background in Early Judaism, Grand Rapids 1985. Das Buch von Beckwith
ist von einem ziemlich konservativen Standpunkt aus geschrieben; es stellt eine Menge von
Daten zusammen, die belegen sollen, daß der jüdische Kanon, die Schrift Jesu, seiner Apostel und der neutestamentlichen Kirche, bereits um die Mitte des 2. Jahrhunderts v.Chr.
festgelegt war. Er will damit die Festlegung des Kanons noch weiter zurückversetzen als
Leiman. Nach seiner Auffassung hat wahrscheinlich Judas Makkabäus mit seinen Kampf-
genossen das nichtmosaische Schrifttum in die Propheten und in die Hagiographen unter-
teilt. So geschah die Festlegung des Kanons in eher zwei als drei Abschnitten und war im
wesentlichen 250 Jahre vor Jamnia abgeschlossen.
Beckwith baut auf Sanders und Leiman auf und teilt daher einige ihrer Schlußfolgerungen.
Sein spezielles Bemühen, den Abschluß des Kanons noch weiter als Leiman zurückzudrän-
gen, ist aber zweifelhaft. Es basiert eindeutig auf höchst anfechtbaren Interpretationen
nicht nur von 2Makk, sondern auch einer Anzahl neutestamentlicher Texte. Seine Annahme, es habe nur drei »Schulen« im Judentum gegeben, die in diesen Fragen zudem generell
übereinstimmten, paßt nicht zu den Anzeichen für einen hohen Grad des Pluralismus im
Judentum der Jahrhunderte um die Zeitenwende. Zu kritischen Rezensionen der Arbeit
von Beckwith durch Forscher, die unmittelbar an diesen Fragen arbeiten, s. *J.A. Sanders*,
ThTo 44 (1987) 131–134; *A.C. Sundberg*, Interp. 42 (1988) 78–82.
20   Die wichtigsten Arbeiten, die er zu diesem Thema verfaßt hat, sind: *J.A. Sanders*, Torah and Canon, Philadelphia 1972; *ders.*, Canon (s.o. Anm. 6). Die letztgenannte Arbeit
enthält eine Sammlung seiner wichtigsten Aufsätze zum Thema, einschließlich einige derer, die hier nach ihrer Originalquelle zitiert werden. Jedem Aufsatz stellt er eine Einleitung
voran, die ihn in den Gesamtzusammenhang seines Denkens einordnet. Diese Einleitungen bestätigen, was sich bei der Lektüre der Schriften Sanders' zum Thema aufdrängt:
Während Childs' Werk oft als programmatisch angesehen wird, erhebt das von Sanders explizit diesen Anspruch. Childs wehrt sich oft gegen die Versuche anderer, sich seinen Zielsetzungen anzuschließen. Sanders sucht Anhänger und setzt sich energisch dafür ein, daß
der »canonical criticism« als Teildisziplin innerhalb der Bibelwissenschaften anerkannt
wird.

Interesse beschränkt sich jedoch nicht darauf, sondern ist weiter gefächert, und in der Frage nach dem »wann« stellt sich für ihn zugleich die Frage nach dem »warum« und nach dem »was«. So plädiert er dafür, genauer zu untersuchen, was die Gemeinschaft tun wollte und mußte, wenn sie ihre kanonischen Schritte vollzog, Schritte, die nicht auf konziliare, offizielle oder inoffizielle Entscheidungen begrenzt sind, sondern die im fortwährenden Verlauf des Prozesses vollzogen werden, indem Traditionen und Schriften der Vergangenheit von späteren Gliedern der Gemeinschaft aufgenommen, gelesen, gehört und übermalt werden. Indem die Gemeinschaft Traditionen und Texte aufnimmt, die ihr überliefert worden sind, ist der kanonische Prozeß im Gange. Dieser Prozeß hört nie auf, obgleich es – wie Sanders sie nennt – Perioden intensiver kanonischer Diskussion gibt, so z.B. während des Zeitraums, als die drei Teile des alttestamentlichen Kanons ihren Status als autoritative Dokumente für das Leben der Gemeinschaft erhielten oder als verschiedene Bücher ausgeschlossen wurden[21]. Was für Ereignisse haben die Übermittlung und Sammlung der Materialien veranlaßt? In welcher Weise haben diese Ereignisse, das mit ihnen verknüpfte *Ethos* und der sich aus ihnen entwickelnde *Mythos* die Entscheidungen darüber, welche Traditionen miteinander verschmolzen, welche aufgenommen und welche außen vor gelassen würden, geformt und beeinflußt?

Wenn Sanders behauptet, die funktionale Frage nach dem Kanon höre nie auf, dann stellt er im Grunde die hermeneutische Frage – allerdings in anderer Begrifflichkeit und in einer Weise, die weniger auf die Interpretationsregeln achtet als auf die Dynamik und die Erklärung, die in dem Urteil steckt, ein Text oder ein literarischer Block sei autoritativ und wert, in der gegenwärtigen Situation gehört zu werden. Für Sanders ist das *die* hermeneutische Grundfrage. In der Tat liegt die Aufgabe des »canonical criticism« als einer Methode darin, die Rolle, die Traditionen, Texte und Bücher im Leben Israels gespielt haben, und die Weise, in der die Erfahrung eine Hermeneutik des Auslegens, Auswählens, Umgestaltens und Bearbeitens geschaffen hat, zu untersuchen, *denn gerade* diesem Vorgang kann eine Hermeneutik für die fortlaufende Schriftinterpretation entnommen werden.

Kanonizität erlangt ein »Text« aufgrund seiner Eigenschaften als stabiles und zugleich bewegliches, anpassungsfähiges Gebilde. Stabil ist er dadurch, daß er eine fortdauernde und bleibende Bedeutung im Glauben und Leben der Gemeinschaft hat. Beweglich ist er in seiner Fähigkeit, zu späteren Generationen zu sprechen, in seiner Anpassungsfähigkeit, die darin besteht, mit Macht in eine neue Situation und in neue Nöte hineinzusprechen. Sanders hat sein Verständnis des »canonical criticism« folgendermaßen zusammengefaßt:

---

21 Das Interesse von Sanders, die Untersuchung der autoritativen Wirksamkeit älterer Traditionen und Texte bis ins Neue Testament hinein weiterzuführen, zeigt sich an mehreren Stellen, s. z.B. *ders.*, Canon 69–76.

»Im Mittelpunkt des canonical criticism werden nicht die Einleitungsfragen nach Quellen und Einheitlichkeit stehen, die die Traditionsgeschichtler so sehr beschäftigt haben, sondern vielmehr die Fragen nach Wesen und Funktion der aufgenommenen Tradition. Wenn eine Tradition in einer bestimmten Situation zugrunde gelegt wird, müssen wir davon ausgehen, daß sie in dieser Lage als dienlich empfunden wurde: Sie sollte eine Aufgabe erfüllen, und aus diesem Grund nahm man sie auf. Im Zentrum des canonical criticism stehen die Fragen nach dem Wesen der Autorität und nach der Hermeneutik, der gemäß diese Autorität in der Situation, in der sie gebraucht wurde, eingesetzt wurde. Welcher Art waren die Bedürfnisse der Gemeinschaft und wie wurde ihnen begegnet?«[22]

Dieses Bedürfnis besteht nach Sanders' Auffassung oftmals darin, die eigene Identität, das gemeinschaftliche Selbstverständnis neu zu finden und einer Herausforderung standzuhalten. Die Identitätsfrage war der kritische Überlebensfaktor[23]. An Sanders ist kritisiert worden, er lege ein zu großes Gewicht auf die Suche nach Identität[24]; aber es handelt sich hier nicht einfach darum, daß einem antiken Text eine moderne Begrifflichkeit auferlegt wird. Sanders gewinnt sein Verständnis der Bedeutung des

22 *J.A. Sanders,* Adaptable for Life. The Nature and Function of Canon, in: *F.M. Cross – W.E. Lemke – P.D. Miller*(Ed.), Magnalia Dei. The Mighty Acts of God. Essays on the Bible and Archaeology in Memory of G.E. Wright, Garden City / NY 1976, 543f.
23 Wenn Sanders von der Anwendbarkeit des Kanons aufs *Leben* spricht, dann meint er seine Fähigkeit – ob als Tradition, Text oder als ganzer –, Leben aus dem Tod hervorzubringen. Paradigma dafür ist die Macht der Tora, denen, die im Exil den Tod gefunden hatten, Leben zu geben. So sagt er, daß »es die exilische Erfahrung von Tod und Auferstehung für den jüdischen Rest, der sich weder an die babylonische noch an die persische Identität und Kultur assimilierte – insbesondere er erfuhr die Notwendigkeit der Bildung eines Corpus heiliger Schriften –, war, die die Wirksamkeit der Tora für diese Gläubigen in dieser speziellen Weise erfahrbar werden ließ« (From Sacred Story to Sacred Text, 182).
24 Eine Kritik, die von Childs und *Barr,* Scripture (s.o. Anm. 7) 157 formuliert wurde. Der folgende Auszug enthält Childs' grundsätzliche Kritik an Sanders, die von Barr aufgenommen wird. Weil Sanders und Childs im Mittelpunkt der Diskussion stehen, wird Childs' Kritik hier in ihrer vollen Länge wiedergegeben:
»Gleichwohl richtet sich meine Kritik gegen die existentialen Kategorien, die das Wachstum des Kanons, hin und her schwankend zwischen den beiden Polen Stabilität und Anpassungsfähigkeit, als Suche nach Identität in kritischer Zeit deuten wollen. Meiner Auffassung nach sind die historischen und theologischen Kräfte, die die Entstehung des Kanons hervorgerufen haben, von einer Identitätskrise wesentlich zu unterscheiden. Auch die Kategorie des »auf Monotheismus tendierenden Pluralismus« (monotheizing pluralism) beschreibt die Wirkung des Kanons auf die Literatur nicht in angemessener Weise. Das werde ich bei der Detailanalyse jedes einzelnen Buchs zu beweisen versuchen. Schließlich stehe ich dem Versuch von Sanders, den hermeneutischen Prozeß im Alten Israel zu rekonstruieren, kritisch gegenüber, denn das erscheint mir insbesondere angesichts des fast gänzlichen Fehlens von Informationen hinsichtlich der Kanonisierungsgeschichte als ein höchst spekulatives Unternehmen. Er behauptet eine Kenntnis des kanonischen Prozesses, aus dem er dann eine Hermeneutik extrapoliert, ohne meiner Ansicht nach solide Belege für seine Rekonstruktion anzuführen« (*Childs,* Introduction 57).
Es darf nicht übersehen werden, daß Childs Sanders' »Ausweitung der Definition des Kanons, die einen Prozeß bezeichnet, der sich durch Israels Geschichte hindurch erstreckt und die Formgebung der Literatur bewirkt«, positiv begegnet. Gerade an dieser Formgebung ist Childs interessiert, aber er arbeitet sie in anderer und detaillierterer Weise heraus (s.u.). Auch Barr findet positive Aspekte bei Sanders, aber sie liegen mehr in seiner (impliziten und expliziten) Kritik an Childs und in seinem Beharren auf der Herausstellung des Kanons als eines kritischen und historischen Leitbilds denn in den inhaltlichen Schwerpunkten, die Sanders setzt.

Selbstverständnisses Israels aus der grundlegenden Stellung der Tora in der dreigestaltigen kanonischen Gliederung und aus der Weise, in der die Gemeinschaft und ihre Vertreter diese Tora in Anspruch nehmen; er bezeichnet sie als den Mythos oder die Geschichte der Gemeinschaft[25]. Als einer kritischen Front in der autoritativen Wirksamkeit der antiken Texte und Traditionen wird Sanders auch dessen gewahr, was er ihre »monotheistische Tendenz« (»monotheizing«) nennt, gemeint ist ihr Beharren auf der Freiheit und Macht des Gottes Israels und sein Beharren auf der radikalen Bindung, die keinen anderen Anspruch auf die Loyalität der Gemeinschaft neben sich duldete[26].

Identität ist jedoch nicht allein wesentlich für die normative Wirksamkeit dieser Texte und ihre Fähigkeit, ihre Heiligkeit für spätere Generationen gerade durch ihre Anpassungsfähigkeit geltend zu machen. Der Exodusbericht beispielsweise, der für die Tora und das Selbstverständnis Israels von grundlegender Bedeutung ist, handelt auch über den im wörtlichen Sinne *revolutionären* Charakter des Handelns Gottes in der Welt, und es ist oft gerade diese befreiende und revolutionäre Schubkraft gewesen, mit der der antike Text den Herausforderungen der Gegenwart begegnete, wie Persönlichkeiten wie Savonarola, Calvin, die amerikanischen Puritaner, Martin Luther King und die zeitgenössischen Befreiungstheologen in Südamerika und anderswo bezeugen[27]. Sanders würde wahrscheinlich gegen einen solchen Anspruch nichts einzuwenden haben, denn in mehreren seiner Darlegungen stimmt er ihm ausdrücklich zu, doch würde er

---

25 Verfasser hat auf die kritische Funktion des Prologs zum Dekalog und des ersten Teils des Schemas hingewiesen, die darin besteht, daß sie Jahwe und Israel benennen und ihnen eine Identität schaffen, s. *P.D. Miller*, The Most Important Word. The Yoke of the Kingdom, The IliffRev. 41 (1984) 19–21.

26 »Die Stärkung des Monotheismus in einem polytheistischen Kontext, handle es sich um Spielarten des eisenzeitlichen Polytheismus, um Dualismus oder um den hellenistischen Polytheismus, ist das Hauptparadigma, das die Bibel als Kanon vertritt« (*Sanders*, Story 187). Daß Sanders sich aus tiefer Überzeugung mit der reformierten theologischen Tradition des Protestantismus identifiziert, vermag diese Bestimmtheit verständlich zu machen (was an diesem Punkt ebenso die positive Aufnahme der Position Sanders' durch den Verfasser erklärt). Aber seine Übereinstimmung mit dieser theologischen Tradition ermöglicht es ihm, eine Eindringlichkeit wahrzunehmen, die an dieser Stelle tatsächlich vorhanden ist. Es sollte außerdem nicht übersehen werden, daß Childs ebenfalls in dieser Tradition steht, jedoch nicht zum gleichen Ergebnis kommt. In beiden Fällen ist es sicherlich kein Zufall, daß diese Forscher, Presbyterianer und Erben Johannes Calvins, die Ganzheit der Schrift in den Mittelpunkt gerückt haben. Bei Sanders ist nicht nur das reformatorische Schriftprinzip, das in der Aufklärung und in der postaufklärerischen Epoche an Bedeutung gewann, bestimmend, sondern auch ein Gespür für den Kanon im Kanon, für ein Funktionskriterium also, das den alten Traditionen und Texten ihre Autorität und Fähigkeit gab, den Bedürfnissen und Herausforderungen der neuen Situation zu begegnen. Dieser genauen Bestimmung widersteht Childs im Prinzip. Zumindest im Fall von Sanders steht der Kanon im Kanon, ein zum Monotheismus drängendes theozentrisches Prinzip, das sich auch im Neuen Testament wahrnehmen läßt, konsequent in der Linie reformierter theologischer Tradition (s. *Sanders*, Story 41–60.186). Die Frage nach der Identität kommt dagegen, nach dem Urteil von Childs und Barr, aus einer anderen Richtung.

27 Dieser Aspekt wird herausgestellt von *M. Walzer*, Exodus and Revolution, New York 1985.

nie behaupten, das Alte Testament lege auf diesen revolutionären Charakter ebenso starkes Gewicht wie auf die Identitätsfrage. Wenn jedoch die Credos des Deuteronomiums – wie Sanders betont – so grundlegend sind, dann muß konsequenterweise (mit syntaktischem Nachdruck) auch darauf gehört werden, was sie erklären: »Wir waren Sklaven in Ägypten; und der Herr führte uns heraus aus Ägypten mit mächtiger Hand«. Dasselbe wird in dem Lied zum Ausdruck gebracht, das nach Auffassung einiger Forscher das früheste Zeugnis der Torageschichte gewesen sein mag, im Hymnus, der den mächtigen Krieger Jahwe für seine Vernichtung des Heeres des ägyptischen Königs preist (Ex 15)[28].

Allen Arbeiten Sanders' über den Kanon spürt man ein ausgeprägtes Bewußtsein für den höchst dynamischen Charakter dessen ab, was oft in gänzlich statischer Weise wahrgenommen wird. Es ist gerade die Lebendigkeit des fortlaufenden kanonischen Prozesses, wie Sanders ihn beschreibt, die im Prozeß der Kanonentstehung, ein Thema sonst vorwiegend historischen Interesses, ein Unternehmen mit großer theologischer und hermeneutischer Kraft sichtbar werden läßt. Die Erforschung dieses Prozesses zielt darauf, die grundlegenden Fundamente der Erfahrung Israels, wie sie im Alten Testament wiedergegeben sind, aufzudecken und so zu erkennen, in welcher Weise diese Traditionen und Texte in die Gegenwart hineinsprechen oder auf die Herausforderungen und Nöte der Gegenwart eine Antwort geben.

Mit der Betonung dieses dynamischen Verständnisses der Kanonbildung und ihrer hemerneutischen Bedeutung steht Sanders nicht allein. Herausragender Beweis dafür ist die Arbeit von Joseph Blenkinsopp, Prophecy and Canon, die einige der Anliegen von Sanders aufnimmt und sich vor allem mit den Umständen, Bedürfnissen und Maßnahmen befaßt, die zur Dreiteilung des alttestamentlichen Kanons in Tora, Propheten und Schriften geführt haben. Die Festsetzung der Normativität und deshalb Kanonizität der Tora innerhalb Israels war der Triumph einer schriftgelehrten und priesterlichen Gruppierung, und ihr Ziel war die Bildung einer theokratischen Gemeinschaft. Die Propheten stellten mit ihrer unabhängigen Autorität eine Bedrohung für die normative Tora dar. So bildete auch tatsächlich die Integration der Prophetie mit ihrer Freiheit und Inspiration eines der Hauptprobleme bei der Gestaltung – und nun im Verständnis – des Kanons. Sowohl die Tora als auch die Schriften sind so gestaltet, daß sie diese Integration absichern.

In der Tora geschieht das durch das deuteronomische Prophetengesetz und durch die editorische Notiz im letzten Abschnitt der Tora (Dtn 34,10–12), die klarstellt, es werde gleich Mose kein weiterer Prophet aufstehen[29]. »Sie (die Tora) bestreitet die Gleichheit zwischen Mose und den Propheten und stellt deshalb die gesamte Geschichte der Prophetie auf eine ent-

---

28 S. *P.D. Miller*, The Divine Warrior in Early Israel, Cambridge/MA 1973, 166–170.
29 *J. Blenkinsopp*, Prophecy and Canon, South Bend / IN 1977, 84–89.

schieden niedrigere Stufe als das mosaische Zeitalter«[30]. Auch am Schluß des prophetischen Teils des Kanons befindet sich eine redaktionelle Notiz, die allerdings die Spannung zwischen der – nun so verstandenen – theokratischen Kraft der Tora und der eschatologischen Bestimmtheit der Prophetie wiederherstellt (Mal 3,22–24). Diese Verse proklamieren die Versöhnung zwischen Mose und Elia, wahren aber zugleich die Offenheit für die eschatologische Dimension[31].

»Die Folgerung scheint daher gerechtfertigt zu sein, daß, wer auch immer diese redaktionelle Notiz angefügt haben mag, beabsichtigte, die Propheten so darzustellen, daß ihre Toraobservanz die eschatologische Hoffnung nicht ausschließt. In dieser Weise ist nun die Spannung, die am Schluß des Pentateuchs zugunsten der Ansprüche der Vergangenheit entschieden schien, aufgelöst« (122f).

An dieser Stelle ist auf die Nähe zu Childs hinzuweisen, die in der Vorgehensweise liegt. Auch Childs untersucht die redaktionellen Anfügungen auf der letzten Entstehungsstufe des jeweiligen Buches, um zu verstehen, welche Wirkung, Funktion und welcher Anspruch beim Erreichen der kanonischen Endgestalt des Buches beabsichtigt war. Die für die Gestaltgebung ausschlaggebende Entscheidung liegt für Blenkinsopp in der Schlußnotiz am Ende der ersten beiden Teile des Kanons. Zugleich sollte beachtet werden, daß Blenkinsopp, ähnlich wie Sanders, ein ausgeprägtes Interesse an den historischen und soziologischen Zügen dieser Entwicklung hat, an den Gruppierungen, dem Idealbild, den Programmen, die in Widerstreit oder Auflösung zueinander standen.

Dasselbe Interesse steht hinter seiner Analyse der Herausgestaltung der Schriften als des dritten Teils des Kanons und als eine Weise, mit dem Phänomen der Prophetie umzugehen. In den Schriften ist das prophetische Element mit der intellektuellen Tradition der Schreiber und Priester zusammengeflossen, die mittels ihrer Kommentierung und des Traditionsprozesses die Rolle der Prophetie übernehmen.

»Die Aufnahme und Transformation der prophetischen Prärogative durch den Klerus beider Stände ist deshalb ein unbestreitbarer und höchst bedeutsamer Aspekt der religiösen Geschichte des Zweiten Tempels. Ihre Anfänge wurden in den vorangehenden Kapiteln bis zum Deuteronomium und zur Priesterschrift zurückverfolgt, und wir sahen sie im geschichtlichen Werk des Chronisten zur vollen Entfaltung kommen« (137).

Blenkinsopps Arbeit verdient mehr Beachtung als sie bisher erhalten hat. Sie steckt voller exegetischer und theologischer Einsichten, und sie stellt einen unabhängigen Beitrag zur weitergehenden Diskussion dar, der die literarischen und sozialen Aspekte der Kanonentstehung beachtet. Während er hier im Zusammenhang mit der Arbeit Sanders' dargestellt wird,

---

30 *Blenkinsopp*, a.a.O. 86.
31 Blenkinsopp bescheinigt den Einfluß der Arbeit von *O. Plöger*, Theokratie und Eschatologie (WMANT 2), Neukirchen-Vluyn ³1968 bei der Herausarbeitung dieser Spannung in der nachexilischen Epoche.

wird die Affinität zu einigen der von Childs vollzogenen Schritte in der nun folgenden Analyse der Diskussionsbeiträge dieses Forschers offensichtlich werden[32].

III. *Die theologische und literarische Bedeutung des Kanons*

Es wäre eine eindeutige Verzeichnung, den im *canonical criticism* engagierten Forschern theologische und literarische Interessen abzusprechen. Tatsächlich vertreten Sanders und Blenkinsopp diese Interessen ganz offen. Keiner hat jedoch nachdrücklicher als Childs in seinem Hauptwerk herauszustellen versucht, daß der kanonische Prozeß von nicht nur historischer, sondern auch theologischer Bedeutung ist und sowohl ein literarisches als auch ein historisches Phänomen darstellt. Das Corpus seiner Schriften wäre allerdings auch ohnehin von überragender Bedeutung. Mehrere große und vieldiskutierte Bücher in den letzten beiden Jahrzehnten über das Problem der kanonischen Gestaltwerdung der Schrift und seine Bedeutung sind Hinweis genug auf Kompetenz und Wirkkraft dieses Forschers. Sanders mag den meisten amerikanischen Forschern näherstehen und vertrauter sein, doch Childs' Arbeiten haben mehr Aufregung verursacht (ein Ziel, das Childs ironischerweise für ein Überbleibsel der Aufklärung und als für die biblische Forschung unangemessen erklärt)[33] als die irgendeines anderen Forschers in diesem Land innerhalb des hier betrachteten Zeitraums[34].

In einem 1978 im Zuge der Ausarbeitung seiner »Introduction to the Old Testament as Scripture« veröffentlichten Aufsatz hob Childs hervor, sein »andersartiger« Ansatz beginne »mit der Erkenntnis, daß in der Formge-

32   Blenkinsopps Beharren auf der Möglichkeit von mehr als einer kanonischen Bedeutung liegt in einigen Fällen möglicherweise eher auf der Linie der Betonung der Vielfalt der Traditionen und Texte bei Sanders als auf der Ermittlung der kanonischen Buchgestalt bei Childs.

33   Man könnte in diesem Zusammenhang anstelle des Begriffs »literarisch« ohne weiteres und ganz legitim »hermeneutisch« sagen. Der Begriff »literarisch« wurde deshalb gewählt, weil er zum einen dazu beiträgt, an entscheidender Stelle die Weise, in der Childs die Bedeutung des kanonischen Prozesses versteht, vom Ansatz Sanders' zu unterscheiden, zum anderen, weil es um die theologische Bedeutung der literarischen Gestalt eines biblischen Buches geht und nicht um die von Traditionen, Gattungen oder historischen Bezügen. Aus dem folgenden wird deutlich werden, daß Childs im Grunde versucht, die im kanonischen Prozeß wirksame Hermeneutik zu bestimmen, die grundlegend ist für das Verständnis des Textes.

34   Im vorliegenden Aufsatz steht Childs' Hauptwerk im Mittelpunkt; hier entwickelt er seinen Ansatz. Eine umfassende Würdigung seiner Beiträge müßte, wie schon früher angedeutet, bei seiner Biblical Theology in Crisis (Philadelphia 1970) und bei seinem Exoduskommentar ansetzen. Beide Bücher markieren Stationen seiner Entwicklung. Im erstgenannten bestand sein Versuch, von einem kanonischen Zugang aus eine biblische Theologie zu entwerfen, vor allem darin, den Umgang des Neuen Testaments mit alttestamentlichen Zitaten und Anspielungen auszuwerten. Diese besondere Fährte hat er in seinen späteren Arbeiten nicht weiter verfolgt; er hat aber auch nicht mehr versucht, eine biblische Theologie zu entwerfen. Für einen kurzen und kritischen Überblick über Childs' Entwicklung im Spiegel dieser Arbeiten s. *S. McEvenue,* The Old Testament, Scripture or Theology?, Interp. 35 (1981) 229–242.

bung der uns vorliegenden Fassung der Hebräischen Bibel eine große *literarische und theologische* Kraft am Werk war«[35]. Das wesentliche Anliegen ist ein theologisches: mit besonderer Leidenschaft versucht Childs wieder zur Geltung zu bringen, daß die Besonderheit des Alten Testaments (und natürlich ebenso des Neuen) darin besteht, *Schrift* einer Glaubensgemeinschaft zu sein, gläubiger Menschen, die von ihren Worten und unter ihrer Autorität leben und die durch das Lesen, Studieren, Hören und Auslegen der Schrift dem Gott begegnen, den ihre Texte bezeugen. Das mag als offensichtlich erscheinen und scheint keiner besonderen Beweisführung zu bedürfen, zumal es ja dadurch, daß die meisten der gelehrten Ausleger einer solchen Glaubensgemeinschaft angehören, bestätigt wird. Aber Childs behauptet, daß wir in unserer Arbeitsweise und bei unserem Zugang zur Bibel die grundlegende Tatsache außer acht gelassen haben, daß es sich dabei um eine theologische Realität handelt. Und das bedeutet nicht einfach, daß die Bibel theologische Sachverhalte behandelt, obgleich auch das eine Rolle spielt. Weit wichtiger ist, daß die theologische Eigenart der Schriften das Hauptkriterium dafür abgeben muß, in welcher Weise die Texte durch den Exegeten oder den Ausleger zum Sprechen gebracht werden. Wie Childs in seiner Bearbeitung des Neuen Testaments betont,

»steht der kanonische Ausleger innerhalb der empfangenen Tradition und bemüht sich in kritischer Weise, seiner eigenen und der Zeitbedingtheit seiner Schriften bewußt, in ihrem kerygmatischen Zeugnis *einen Weg zu Gott* wahrzunehmen, der die historische Gebundenheit von Text und Leser überbrückt. Der Unterschied zwischen den Methoden (sc. der historisch-kritischen und der kanonischen) liegt nicht in einer behaupteten Polarität zwischen Tradition und Kritik, sondern zwischen dem Wesen eines analytischen Zugangs und eines Zugangs, der sich von der theologischen Funktion eines normativen religiösen Kanons leiten läßt« (NTC 51f).

Das theologische und kanonische Gepräge der Texte, ihr normativer und autoritativer Anspruch, uns »den Weg zu Gott« zu zeigen, ist nicht nur eine Tatsächlichkeit, die gläubige Exegeten im Prinzip anerkennen und von der sie sich im kirchlichen oder synagogalen Gottesdienst bestimmen lassen. Sie ist vielmehr der Prüfstein für das ganze Unternehmen kritischer Bibelauslegung. Childs hat den Begriff »canonical criticism«[36] zur Charakterisierung seines Werkes abgelehnt, versteht seinen Ansatz jedoch ganz klar und hellsichtig als einen kritischen. Aus diesem Grunde werden

---

35 *B.S. Childs,* The Canonical Shape of the Prophetic Literature, Interp. 32 (1978) 47 (Hervorhebung von uns; wiederabgedruckt in: *J.L. Mays – P.J. Achtemeier,* Interpreting the Prophets, Philadelphia 1987, 41–49).

36 Hinsichtlich des Begriffs »canonical criticism« hat *Childs* Kritik geäußert: »Ich bin mit diesem Begriff nicht zufrieden, denn er suggeriert, die Beschäftigung mit dem Kanon nur als eine weitere historisch-kritische Methode anzusehen, die ihren Platz neben der Quellen-, Form-, der rhetorischen Kritik hat. Eine solche Einordnung des Zugangs zum Kanon habe ich aber nicht vor Augen. Beim Kanon geht es vielmehr darum, einen Standpunkt zu gewinnen, von dem aus die Bibel als Heilige Schrift gelesen werden kann« (a.a.O. 54).

die Fundamentalisten an Childs nicht mehr Freude haben als an Karl
Barth, während konservative und evangelikale Forscher, die für die kritische Bibelexegese offen sind, sein Werk in der Tat anziehend finden werden, gerade weil es die Texte in ihrer *Schrift*lichkeit in den Vordergrund
stellt und alles andere davon bestimmt sein läßt.

Es ist bereits in diversen Auseinandersetzungen mit Childs' Arbeiten herausgestellt worden, daß der Begriff »Kanon«, so wie er von ihm gebraucht
wird, nicht scharf von dem der »Schrift« unterscheidbar ist. Das wird
schon daran deutlich, daß Childs im Titel seiner *Introductions* vom Alten
Testament als *Schrift*, im Titel der anderen dagegen vom Neuen Testament als *Kanon* sprechen kann. Diese Verschwommenheit in der Terminologie ist jedoch weniger problematisch als oft behauptet wird. Letztlich
ist es die Eigenart der Bibel als Schrift, die Childs interessiert. Der Weg,
auf dem die Bibel in theologischer, exegetischer und hermeneutischer
Hinsicht zu dieser Eigenart gelangt, spiegelt sich im kanonischen Prozeß,
in seiner Gestalt und in seinen Entscheidungen wider. Der Kanon ist eine
signifikante Wirklichkeit, weil er eine normative und autoritative Funktion erfüllt, andere Optionen, einschließlich weitere Textbearbeitungen,
ausschließt und so zu verstehen gibt, daß gerade *diese* Gestalt des Textes,
d.h. seine gegenwärtige und damit endgültige Gestalt, von der Glaubensgemeinschaft als autoritatives Wort verstanden wird. Mögen die Texte bis
zu diesem Zeitpunkt eine Geschichte gehabt haben – und die haben sie,
wie auch Childs herausstellt, der sich mit ihr befaßt[37], – so haben sie doch
über diese Entscheidung hinaus, wie auch immer sie zustande gekommen
sein mag, keine Traditionsgeschichte, und sie werden nicht weiterbearbei-
tet. Normativ ist allein die Gestalt, in der sie sich zum Zeitpunkt der Kanonwerdung befinden. Darin liegt die Absicht des Kanons[38]. Genau aus
diesem Grund ist die *End*gestalt von so entscheidender Bedeutung. Sie ist
die Textgestalt, die nach dem Glauben der Gemeinde maßgebend war,
um den Weg zu Gott zu begreifen, um »Glauben hervorzubringen« in
»den aufeinander folgenden Generationen der Christen, die den Liebes-
dienst Christi nicht selbst erfahren haben«[39]. Childs hat damit gegenüber

---

37   »Die prophetischen Bücher sind voller Anhaltspunkte für ein Wachstum in ihrer
Komposition, und oft sind verschiedene Schichten erkennbar. Aber der Tradentenkreis hat
versucht, seine eigenen Spuren zu verwischen, um die Aufmerksamkeit nicht auf den Prozeß, sondern auf den kanonischen Text selbst zu lenken« (a.a.O. 53). »In ihrer Endgestalt
bewirkte die Literatur ihre eigene Dynamik, die nur in mittelbarem Bezug zu ihrer Kompo-
sitionsgeschichte stand« (*B.S. Childs*, Response to Reviewers of Introduction to the Old
Testament as Scripture, JSOT 16 (1980) 55. Hier ist der Unterschied zwischen Childs und
Sanders deutlich zu sehen. Sanders will die Motivation der Tradenten ergründen, die sie
treibende Kraft, ihre Bedürfnisse, die Herausforderungen, die vor ihnen lagen.
38   »Allein schon das Phänomen eines Kanons berechtigt zur Annahme, daß die neutestamentlichen Schriften zum Zweck, Glauben hervorzurufen, gestaltet wurden und nicht
leblos als Depositum uninterpretierter Daten aus einer vergangenen Zeit dalagen« (*ders.*,
NTC 51).
39   Ebd. Wendet man sich Childs' Beschäftigung mit dem Neuen Testament zu, stellt sich
die Frage, warum er die beiden Testamente gesondert behandelt, ist das doch, wie oft ein-
gewandt wird, ein sehr unkanonischer Zugriff (aus christlicher Perspektive). An dieser
Stelle wird deutlich, daß sein Zugang zum Alten Testament zwar hoch*theologisch* – und

der historisch-kritischen Bibelexegese in wirklich radikaler Weise die Dinge auf den Kopf gestellt. Nicht die *Ursprungs*gestalt des Textes ist wichtig (nicht einmal bei textkritischen Entscheidungen), sondern seine *End*gestalt[40]. Der Kanon ist im Verhältnis zur Schrift deshalb die entscheidende Auslegungskategorie, weil der kanonische Prozeß und seine Wirklichkeit unsere Aufmerksamkeit auf die letzte Stufe und auf den Zeitpunkt lenken, an dem der Gemeinschaft die *volle* Offenbarung, die Fülle der normativen Wesensart dieser Texte anvertraut wird[41]. Alles, was davor liegt, ist als Grundlage oder Horizont der Auslegung unzureichend. Alles, was danach kommt, ist unnötig (doch für spätere Generationen natürlich sehr hilfreich und instruktiv, wie Childs in seinem Exoduskommentar zu zeigen versucht hat, der stärker als alle klassischen modernen Kommentare der Wirkungsgechichte breiten Raum gewährt).

Spricht Childs davon, bei der Bildung der uns vorliegenden Gestalt der Hebräischen Bibel sei eine größere literarische Kraft am Werk gewesen, dann meint er den Prozeß des Auswählens, Neuordnens, Ausweitens – oder auch einfach Stehenlassens –, in dessen Verlauf die empfangenen Traditionen ihre vorliegende Gestalt als Bücher des Kanons erhalten haben. Der Kanonisierungsprozeß war im wesentlichen integraler Bestandteil des literarischen Gestaltwerdens. So hat Childs, spricht er vom »canonical approach«, eine literarische Erscheinung, und zwar aus kanonischen Gründen die Endgestalt des Textes, vor Augen. Diese Hervorhebung der Endgestalt des Textes bringt ihn in merkwürdige Gesellschaft, ist sie doch grundsätzliche Voraussetzung derer, die unter Absehung von einer theologischen Wertung für eine literarische Auslegung der Texte der Schrift

das ist diesem Ansatz wesentlich –, in Perspektive und Methode aber nicht gerade *christlich* ist, obgleich Childs anerkanntermaßen und ohne es zu verbergen in der christlichen Tradition steht. Er bekräftigt, alles, was er über die kanonische Auslegung behaupte, sei ebenso für die jüdische Glaubensgemeinschaft, die den Tanach liest, gültig wie für die christliche Gemeinde, die das Alte Testament liest. Selbst in der Auslegung eines Buchs wie Jesaja, in dem man eine Menge »christlicher Anknüpfungspunkte« erwarten möchte, die er bei einem Verständnis des Buches als Teil einer *christlichen* Schrift gewiß nicht in Abrede stellen würde, ist er sehr sorgsam darauf bedacht, ein kanonisches Verständnis zu vertreten, das von jüdischen und christlichen Gemeinden zugleich geteilt werden kann: ». . . es sollte klar herausgestellt werden, daß, was das Studium des Textes in seinem ihm vom kanonischen Prozeß zugewiesenen Kontext betrifft, breite Übereinstimmung zwischen neutestamentlicher und zeitgenössischer rabbinischer Auslegung herrschte. Für beide Gemeinschaften war die Botschaft Deuterojesajs nicht an einen Bezugspunkt des 6. Jahrhunderts gebunden« (*ders.,* Introduction 338). Wendet er sich, wie in seinem neuesten Buch »Old Testament Theology in a Canonical Context« der Theologie des Alten Testaments zu, dann plädiert er trotzdem kräftig für ein Verständnis dieser Disziplin als eines christlichen Unternehmens und bestätigt aus mehreren Gründen, daß »die Juden in anderer Weise, ohne zu einer biblischen Theologie genötigt zu sein, mit den hebräischen Schriften umgehen«.
40 ». . . es findet eine Verschiebung in der Bedeutsamkeit weg von der ›Ursprungs-‹ zur ›Endgestalt‹ hin statt. Im Ergebnis werden die von der Kanzel oder in der Liturgie gelesenen Texte und die von den Theologen untersuchten Bücher durch die Einleitungswissenschaft selbst für gültig erklärt.« *J.L. Mays,* What is Written. A Response to Brevard Childs' *Introduction to the Old Testament as Scripture,* Horizons in Biblical Theology 2 (1980) 159.
41 »Die Bedeutsamkeit der *Endgestalt* der biblischen Literatur liegt darin, daß *allein* sie die volle Offenbarungsgeschichte bezeugt . . . *nur* in der Endgestalt des biblischen Textes hat die normative Geschichte ein Ende erreicht, von dem aus die volle Wirkung dieser Offenbarungsgeschichte wahrgenommen werden kann« (*Childs,* Shape 47f).

eintreten. In beiden Fällen haben wir es mit Weisen der Textauslegung zu tun, die als Reaktion auf die herrschenden Formen historisch-kritischer Analyse mit ihrem ausgeprägten Interesse an Entstehung und Verweisungsbezug des Textes hervorgetreten sind. Die literarischen Ausleger – und diese Verallgemeinerung trifft nicht auf alle derartigen Leser zu – sehen fast gänzlich von Referenzbezügen außerhalb des Textes ab bzw. haben kein Interesse an ihnen. Der einzige Verweisungspunkt außerhalb des Textes, der Childs ernsthaft interessiert, ist der innerhalb des Textes bezeugte Gott. Das bedeutet nicht, daß er den historischen Kontext und die Wechselwirkungen zwischen ihm und dem Text nicht beachtet. Man braucht nur seine Auslegung der paulinischen Briefe zu lesen und wird sehen, daß er dies in ernstzunehmender Weise tut (z.B. 1Kor und Eph). Doch führt die kanonische Formgebung regelmäßig zu einer Generalisierung des Textes, die allerdings nicht negativ zu qualifizieren ist, sondern die Entwicklung spiegelt, die den normativen Charakter des Textes freilegt.

Diese im Ergebnis, wenn nicht als Absicht der Endredaktoren, erkennbare kanonische Formgebung dient nicht nur der oben beschriebenen theologischen, sondern auch einer *kritischen* und einer *hermeneutischen* Funktion. Die kritische Funktion wird von Childs bündig mit der Aufforderung charakterisiert:

»... die kritische Funktion ernstzunehmen, die (der Kanon), die früheren Stufen der Entstehung der Literatur betreffend, ausübt. Ein kritisches Urteil wird in der unterschiedlichen Behandlung sichtbar, die diese früheren Stufen erfahren. Manchmal wird das Material unverändert weitergegeben; manchmal wählen die Tradenten aus, ordnen neu oder weiten die empfangene Tradition aus. Die Autorität der kanonischen Endgestalt ist deshalb so entscheidend, weil sie diese kritische Norm liefert« (Introduction 76).

Die hermeneutische Funktion – und darin liegt für Childs wirklich der Auslegungsschlüssel – wird erfüllt, indem die kanonische Gestaltgebung das, worauf es wirklich ankommt, »das eigentümliche Profil eines Abschnittes«[42], markiert. Bestimmte Merkmale werden dabei herausgehoben, andere untergeordnet, andere wiederum erhalten eine neue Deutung. Aufgabe der Auslegung ist es, aufzuzeigen, daß diese Hermeneutik in der Formgebung der Texte wirksam ist, sei es in der Zusammenfügung des ersten und zweiten Teils des Jesajabuches, in Hoseas weisheitlichem Schluß, der Hinzufügung von Überschriften zu den Prophetenbüchern und den Psalmen oder in der Nebeneinanderstellung der vier Evangelien mit der Folge, daß die Einheit des Evangeliums nur durch das Fließende und die Vielfalt seines Ausdrucks erlangt wird.

Ist die kanonische Endgestalt des Textes in bestimmter Weise der grundlegende Schlüssel zur Aussage eines Buches der Schrift, so bleiben trotz der Nachvollziehbarkeit der Analyse Childs' einige Fragen bestehen.

42 *Childs,* Introduction (s.o. Anm. 16) 77; *ders.,* Shape 48.

Zum einen ist nicht deutlich erkennbar, in welcher Weise der Prozeß der Gestaltung der Bücher der Schrift auf die Exegese der Einzeltexte einwirkt, von denen ja viele durch die Neugestaltung des Ganzen auf den letzten Stufen nur indirekt beeinflußt worden sind. Childs' Bearbeitung des Neuen Testaments enthält ein Kapitel über die Methodologie kanonischer Exegese, das seiner Auseinandersetzung mit Sanders zum Trotz das Wirksamsein einer kritischen Methode bestätigt; sie ist allerdings immer noch stärker auf Bücher denn auf Einzeltexte bezogen. Einige Texte scheinen, wenn überhaupt, dann nur wenig von der kanonischen Formgebung erfaßt worden zu sein, und es stellt sich die Frage, ob das von irgendeiner Bedeutung ist. In manchen Fällen mag sich der lange, auf die Kanonisierung hin sich bewegende Prozeß auch als sehr unabsichtlich, vielleicht auch zufällig und in manchen Fällen als Ergebnis von Irrtümern darstellen. Ist zum Beispiel bei der Textkritik die kanonische Gestalt eines Textes seiner früheren und korrekten Form, wie sie mit Hilfe des Instrumentariums der textlichen und historischen Kritik herausgearbeitet worden ist, vorzuziehen? Muß nicht der »besseren« Form eines Textes der Vorrang vor der kanonischen Form eingeräumt werden?

Die oft vorgebrachte Kritik, Childs stelle die Autorität und Vollmacht früherer Textstufen für die Glaubensgemeinschaft in Abrede, hat nichts von ihrer Kraft eingebüßt. Die Neugestaltung muß nicht notwendigerweise die Stimmen früherer Stufen, auch nicht die erst von der historischen Kritik neu entdeckten, zum Schweigen bringen. Der Jahwist redet mit durchdringender Stimme auch dann, wenn er im Zusammenklang mit den anderen Stimmen des Pentateuch gehört wird. Die Freilegung dieses Stratums hilft dem zeitgenössischen Leser wirklich, mit einiger Deutlichkeit ein Thema zu hören, das im Text eindeutig angeschlagen wird: die Erwählung Abrahams und seines Samens zum Vermittler des Segens Gottes an die Völker der Erde.

Weiter sieht Childs die Bedeutung seines Ansatzes für das Hören der Bibel als normativer und autoritativer Lebensweisung[43]. Aber es wird nicht immer deutlich, inwiefern eine Beachtung der Funktionen des Kanons das zeitgenössische Aktualisieren und Hören des Textes erleichtert. Childs meint, die kanonische Auslegung habe dazu beigetragen, die zeitgebundenen Verengungen historisch-kritischen Lesens zu lockern[44], aber die zeitgenössische Verkündigung ist doch noch einmal eine andere Stufe

---

43 »Der Stillstand der modernen Hermeneutik, die sich nicht imstande sah, die Kluft zwischen Vergangenheit und Gegenwart erfolgreich zu überbrücken, ist zum großen Teil auf ihre Vernachlässigung der kanonischen Formgebung zurückzuführen« (*ders.*, Introduction 79).

44 Darauf, daß sich die Ablösung des Textes vom historischen Kontext nicht immer in der Reingestalt vollzogen hat wie Childs es möchte, weisen mehrere Kritiker hin, z.B. *McEvenue*, Old Testament (s.o. Anm. 34) 234. »Es ist zwar wahr, daß die Herausgeber des Jesajabuches beschlossen haben, den historischen Kontext Deuterojesajas nicht zu erhellen. Dennoch ist der Sprung von dieser Beobachtung zur zeitlosen Anwendbarkeit nur eine verlockende Illusion. So soll z.B. die Erwähnung des Kyros (in welch theologisierter Form auch immer) jeden Versuch der Abschweifung in abstrakte Zeitlosigkeit unterbinden«.

und eine andere Angelegenheit[45]; und oft ist die mittels einer kanonischen Hermeneutik erreichte Schlußfolgerung derart einfach und allgemein, daß sie für das Verstehen der Beziehung zwischen dem Text und unserer eigenen Welt wenig austrägt[46].

Childs' neueste Arbeit auf diesem Gebiet ist seine »Old Testament Theology in a Canonical Context«[47]. Hier dringt er in spezifischer Weise in eine
theologische Disziplin vor. An verschiedenen Stellen sieht man ihn mit
der Analyse der kanonischen Gestalt eines biblischen Buches beschäftigt.
Er spricht mehrfach von der »Intertextualität« der Schrift als der Weise, in
der Texte innerhalb eines abgegrenzten Werkes miteinander kommuni-
zieren, frühere und spätere Texte zusammengefügt sind und Texten wie
dem Dekalog in anderen Texten der Schrift ein größerer Kommentar zur
Seite gestellt wird, insbesondere die Erzählungen, aber auch die Schriften
der Propheten, Psalmisten und Weisen. Besonders auffallend an diesem
Werk ist die eigentümliche und zugleich prosaische Darlegung der Hauptthemen alttestamentlicher Theologie. Solch eine Einschätzung hat eher
beschreibenden als wertenden Charakter. Aus dem Rahmen fallend ist
nicht die Weise der Fortführung der These Childs', sondern die Verwendung der ersten Person in der Diskussion (z.B. 28f), das Argumentieren
mit Gestalten, die keinen unmittelbaren Bezug zur alttestamentlichen
Theologie haben wie zum Beispiel F. Downing und K. Barth, und die Behandlung der Frage, ob der Gott des Alten Testaments eine männliche
Gottheit sei oder nicht[48]. Diese Streitfragen und auch diese Gestalten sind
wichtig; sie sind jedoch nicht immer für die theologische Problemstellung,
wie sie von Childs' früheren Arbeiten her in den Blick gekommen ist, von
zentraler Bedeutung. Prosaisch ist das Werk einfach dadurch, daß viele
seiner Ergebnisse solide sind und mit dem allgemeinen Konsens übereinstimmen. Aber sie zielen nicht darauf ab, Aufregung wie seine vorrange-
henden Arbeiten hervorzurufen. Diese konnten von niemand anderem
außer Childs geschrieben werden, und sie zwingen dazu, erneut bedacht
zu werden. Bei seiner Theologie des Alten Testaments, die an andere derartige Arbeiten in den letzten zwei oder drei Jahrzehnten erinnert, ist das
weniger der Fall. Man hätte eine radikalere Beschäftigung mit der Theologie des Alten Testaments gerade im Licht seiner anderen programmati-

---

45   »Leider können die Fragen von Autorität und Hermeneutik nicht so leicht gelöst werden wie das hier nahegelegt wird. Die Ebene des Kanons erfordert von uns eine gleich große Anstrengung des Verstehens und der Aneignung wie die präkanonische Stufe der Literatur« (*D.A. Knight*, Canon and History of Tradition. A Critique of Brevard S. Childs' *Introduction to the Old Testament as Scripture*, Horizons in Biblical Theology 2 (1980) 143.
46   S. zum Beispiel seinen Ertrag von 1Kor, wo *Childs* das Selbstverständliche feststellt:
»Die Hauptwirkung der Kanonisierung des Korintherbriefes des Paulus bestand darin,
Paulus eine dauerhafte religiöse Autorität innerhalb des christlichen Glaubens zuzuschreiben, die weit über die korinthische Kirche hinauswies« (NTC 280).
47   *Ders.*, Old Testament Theology in a Canonical Context, Philadelphia 1986.
48   Verfasser glaubt, daß das Problem des Geschlechts Gottes, wie es sich vom Alten Testament aus stellt, eine entscheidende theologische Frage ist, und hat einiges zum Thema
veröffentlicht. Fraglich ist an dieser Stelle nur, ob sich das Thema notwendig aus dem kanonischen Zugang ergibt, den Childs hier vorführt.

schen Schriften erwartet. Die Themen und ihre Disposition unterscheiden sich nicht wesentlich von dem, was andere derartige Theologien bieten. Man vermißt die Schubkraft, die in Rolf Rendtorffs Bemühungen zur Konstruktion einer Theologie des Alten Testaments stecken, die der kanonischen Gestalt der Bibel tatsächlich Rechnung trägt und eine Theologie des Alten Testaments so beginnt, wie der Kanon das Alte Testament beginnen läßt: mit der Schöpfung. So mag Childs' Theologie des Alten Testaments nützlich sein – die Diskussion um den Kanon führt sie nicht entscheidend weiter[49].

Dieser Aufsatz hat sich auf die Hauptgestalten beschränkt, deren Ideen den um den Kanon versammelten Forschern Anregungen geben. Viele weitere haben in der Folge zur begonnenen Diskussion beigetragen, wenn auch zum großen Teil nicht in derart schöpferischer Weise wie die Forscher, von denen bisher die Rede war. Sowohl Sanders als auch Childs haben Schüler herangezogen, die in verschiedenen Aufsätzen und Dissertationen einige der von ihren Lehrern skizzierten Linien weiter ausgezogen haben[50]. Als Hinweis auf den Anstoß, den die Beschäftigung mit dem Kanon für die alttestamentliche Wissenschaft in diesem Land bedeutet hat, sollen drei Arbeiten erwähnt werden. Gerald Sheppard hat die These aufgestellt, in der nachexilischen Epoche habe es eine umfangreiche hermeneutische Entwicklung gegeben, in der die Weisheit im Licht des Kanonbewußtseins als hermeneutisches Gestaltungsmittel zur Prägung nicht-weisheitlichen Materials diente[51]; die Weisheit erfüllte also die Funktion »einer mit einem Kanonverständnis verbundenen theologischen Kategorie, die eine Perspektive ausbildete, unter der die Tora und die propheti-

---

49 Es ist in dieser Hinsicht interessant, daß von Rads Theologie des Alten Testaments nicht nur radikaler, sondern auch kanonischer entworfen ist als die von Childs. Der Aufriß seiner Theologie ist in vielem am griechischen oder christlichen Kanon des Alten Testaments orientiert.

50 Sanders benennt eine Reihe von Arbeiten dieser Schüler in seinen verschiedenen Veröffentlichungen, besonders in »Canon and Community«. Nicht alle von ihnen führen sein Programm in der strikten Weise aus, wie es seine Kennzeichnung als Schüler vermuten ließe, aber das mag ein gutes Zeichen sein. Die beiden prominentesten Versuche, das exemplarisch zu konkretisieren, was Childs verfolgt, sind wohl die veröffentlichten Dissertationen von *D. Olson*, The Death of the Old and the Birth of the New. The Framework of the Book of Numbers and the Pentateuch, Chico/CA 1985; *G. Sheppard*, Wisdom as a Hermeneutical Construct (BZAW 151), Berlin 1980.

51 Ebd. Sheppard hat sich in dieser Diskussion deutlich artikuliert; er baut in nicht unkritischer Weise auf Childs auf und bringt eigene Beiträge, s. in Ergänzung zur Monographie *ders.*, Canon Criticism. The Proposal of Brevard Childs and an Assessment for Evangelical Hermeneutics, SBTh 4 (1974) 3–17; *ders.*, Canonization. Hearing the Voice of the Same God through Historically Dissimilar Traditions, Interp. 37 (1982) 21–33. Die zuletzt genannte Arbeit ist sehr aufschlußreich; hier weist Sheppard hin auf »drei Beweiskategorien für ein frühes ganzheitliches Lesen der Hebräischen Bibel im nachexilischen Israel«: (1) den Midrasch, der »Sätze oder Stichworte aus verwandten biblischen Texten« aufnimmt, »um ein neues Mosaik, eine Anweisung zu einem bestimmten Thema zu formulieren«, (2) die kanonbewußte Redaktion, in der die Editoren »ein kanonisches Buch oder einen Teil eines Buches zu einem anderen kanonischen Buch oder einer Buchsammlung in Beziehung setzen« und (3) »die Vereinigung historisch disparater Traditionen unter den Leitbegriffen ›Tora‹, ›Propheten‹ und ›Weisheit‹«.

schen Traditionen ausgelegt werden sollten«[52]. Die Untersuchung von Sirach- und Baruchtexten, den Schlußsätzen von Kohelet und Hosea, Ps 1 und 2 sowie 2Sam 23,1–7 ergibt für Sheppard Anhaltspunkte für eine weisheitlich bestimmte Entwicklung, die, aus dem Kanonbewußtsein entstanden, den bestehenden Text nicht einfach mit Hinzufügungen versieht, sondern die Tradition grundlegend neugestaltet.

In einer populären, aber ebenso wichtigen Darlegung hat Walter Brueggemann versucht, die Ergebnisse von Sanders und Childs für die Aufgabe der kirchlichen Unterweisung fruchtbar zu machen[53]. Er versteht beides, Prozeßhaftigkeit (Sanders) und Gestalthaftigkeit (Childs) der Kanonbildung, als aufschlußreich für die Bestimmung der Wechselwirkung zwischen Methode und Inhalt in der Pädagogik. Die dreifache Gestalt des Kanons ist sein wichtigster Schlüssel. In der *Tora* kommt der israelitische Glaube in der narrativen Form des Geschichtenerzählens zur Sprache. In den *Propheten* wird sich Israel mittels der poetischen Sprachform der Möglichkeit von Bruch und neuer Treue bewußt. Die alte Welt kommt unter dem Gericht Gottes an ihr Ende, und die neue Welt bricht an. In den *Schriften* führt geduldige Beobachtung zur Reflexion über Glaube und Leben und zur Wahrnehmung der göttlichen Ordnung und der Grenzen menschlicher Existenz. Brueggemann's Arbeit ist zwar kein Versuch, das Programm von Sanders oder Childs konkret anzuwenden, aber sie zeigt, wie zentrale Ergebnisse ihrer Arbeit die hermeneutische Diskussion und die Biblische Theologie befruchten können.

Schließlich verdient ein neuerer Aufsatz von Norman Gottwald Beachtung, der versucht, die kanonzentrierten Arbeiten von Childs mit einer anderen bedeutenden Hauptströmung in der gegenwärtigen alttestamentlichen Wissenschaft ins Gespräch zu bringen: der sozialgeschichtlichen Analyse der Geschichte und Literatur Israels[54]. Gottwald behauptet, eine Rekonstruktion der Sozialgestalt des nachexilischen Israel wäre dann verkürzt und unangemessen, wenn sie die Bedeutung des zur Kanonbildung führenden Wirkens, aus dem ein Volk oder eine Religion des Buches erst entstand, ignorieren würde. Aber ebenso sei zu sehen, daß diese ganze Kanonaktivität inner- und außerhalb des Zusammenhangs sozialer und religiöser Konflikte und Konkurrenzkämpfe stattfände. Dies zu bestreiten hieße »die enormen sozialen Spannungen und Konflikte, die die kanonischen Entscheidungen der Gemeinschaft in ihrem Ergebnis bestimmen . . .«[55], zu übersehen. Gottwald stellt eine Offenheit für die soziale Verankerung des Kanons vor allem bei Sanders, Blenkinsopp und Sheppard fest. Obgleich er von der glänzenden Zukunft der Kanonkritik überzeugt ist, hält er den Weg, alle historischen Realitäten, sozialen Kon-

---

52   *Ders.*, a.a.O. 15.
53   *W. Brueggemann*, The Creative Word. Canon as a Model for Biblical Education, Philadelphia 1982.
54   *N. Gottwald*, Social Matrix and Canonical Shape, ThTo 42 (1985) 307–321.
55   *Ders.*, a.a.O. 318.

flikte und Hintergründe auf einer verflachten ahistorischen Ebene verschwimmen zu lassen, für verfehlt[56].

Diese Beispiele konstruktiver Fortführungen, die unter dem Eindruck der vorgestellten Untersuchungen des Kanons entstanden sind, zeigen nicht nur, daß das Gespräch mit den Hauptvertretern weitergeht, sondern daß ihre Bemühungen Frucht tragen. Alttestamentler fragen aufmerksamer nach dem Sinn des Jesajabuches als eines Ganzen, nach der Tora als einer Einheit, nach den vernachlässigten Psalmenüberschriften und nach den »Anhängen« zu den Prophetenbüchern. Wie beim Aufsetzen einer neuen Brille werden neue Dinge wahrgenommen und die verschwommene Sicht wird geschärft. Es gibt nur wenige Vertreter einer Biblischen Theologie, die, ob sie die Diskussion nur verfolgt oder sich an ihr beteiligt haben, nicht einige Aspekte neu und ein paar alte klarer sehen.

---

56 Soweit ich sehen kann, ist *der Kanon* stark geschichtlich und sozial gebunden, bin *ich als Ausleger* in höchstem Maße geschichtlich und sozial gebunden und ist der *in der Schrift bezeugte Gott* geschichtlich und sozial gebunden. Childs scheint hier die Fähigkeit weit voneinander entfernter historischer Zusammenhänge zum gegenseitigen Austausch zu verwechseln mit einer Loslösung von historischen Verankerungen überhaupt.

Manfred Oeming

Text – Kontext – Kanon: Ein neuer Weg alttestamentlicher Theologie?

Zu einem Buch von Brevard S. Childs[1]

I. Der canonical approach

Die alttestamentliche Wissenschaft hat immer wieder durch nordamerikanische Forscher starke Impulse erhalten; als drei Beispiele seien nur die archäologisch-religionsgeschichtlichen Arbeiten eines W.F. Albright und seiner zahlreichen Schüler, die soziologischen Analysen eines G.E. Mendenhall oder N.K. Gottwald oder die literaturgeschichtlich-historischen Thesen eines J. van Seters genannt. Die Diskussion und Rezeption dieser Entwürfe verlief und verläuft im amerikanischen wie im europäischen und deutschsprachigen Raum sehr kontrovers; von begeisterter Zustimmung bis zu scharfer Ablehnung reicht das Spektrum. Nun ist in den letzten Jahren unter dem Namen »canonical approach« oder »canonical criticism« eine weitere Richtung in den USA aufgekommen, welche besondere Bedeutung für die biblische Theologie hat. Als ihre Hauptvertreter dürfen wohl J.A. Sanders[2] und B.S. Childs angesprochen werden. Der wichtigste Grundsatz dieser Bewegung, die sich untereinander und gegeneinander aber schon auszudifferenzieren beginnt[3], lautet: *Der Kanon stellt keineswegs bloß eine lose Sammlung verschiedener Literaturwerke dar, sondern ein durchdachtes und wohl durchkomponiertes Ganzes. Dieses übergreifende Ganze des Kanons in seiner Endgestalt muß für die Interpretation aller seiner Teile fruchtbar gemacht werden.* Die These als solche ist keineswegs neu; sie hat vor allem in der systematischen Theologie schon zahlreiche Vorläufer[4]. Neu ist ihre systematische Durchführung an

1 *B.S. Childs,* Old Testament Theology in a Canonical Context, Philadelphia/London 1985.
2 Vgl. unter anderem *J.A. Sanders,* Torah and Canon, Philadelphia 1972; *ders.,* Adaptable for Life. The Nature and Function of Canon, in: *F.M. Cross et al.* (Ed.), Magnalia Dei: The Mighty Acts of God (FS George Ernest Wright), New York 1976, 531–560; *ders.,* Canon and Community. A Guide to Canonical Criticism, Philadelphia 1984; *ders.,* Canonical Criticism. An Introduction, in: *J.-D. Kaestli – O. Wermelinger* (Ed.), Le canon de l'Ancient Testament. Sa formation et son histoire, Genève 1984, 341–362.
3 Vgl. die instruktive Gegenüberstellung durch *F.A. Spina,* Canonical Criticism. Childs versus Sanders, in: *J.E. Hartley – R.L. Shelton* (Ed.), Interpreting God's Word for Today. An Inquiry into Hermeneutics from Biblical Theological Perspective, Indiana 1982, 165–194, sowie *J. Barr,* Holy Scripture. Canon, Authority, Criticism, Oxford 1983, 156–158.
4 Vgl. z.B. *H. Diem,* Das Problem des Schriftkanons (ThSt 32), Zürich 1952; *ders.,* Was heißt schriftgemäß?, Neukirchen-Vluyn 1958; *F. Mildenberger,* Texte – oder die Schrift?, ZThK 66 (1969) 192–209; *W. Joest,* Fundamentaltheologie (ThW 11), Stuttgart 1974,

den einzelnen Texten und Büchern der Bibel. Von einer Randstellung innerhalb der »Einleitungen«, welche üblicherweise am Ende die Geschichte der Kanonwerdung darstellen, rückt der Kanon als hermeneutischer Generalschlüssel in das Zentrum der Auslegung. Die angestrebten Konsequenzen für die Exegese, die sich aus einer Rückbindung an den Endtext und in bewußter Abgrenzung gegen die traditionelle historisch-kritische Methode ergeben, sind außerordentlich vielfältig. Genannt seien nur einige Aspekte:

– Gegenüber der historisch-kritischen Zergliederung werden die Texte als Texte in ihrer Ganzheit bewahrt und ernst genommen. So werden die Intentionen dessen, was da steht, viel deutlicher. Endtextexegese ist *textgemäßer.*

– Der Grad an Hypothetizität, der bei manchen sogenannten »kritischen« Untersuchungen sehr hoch ist, wird durch ein Zurückgehen auf den Endtext, so wie er schwarz auf weiß vorliegt, erheblich gesenkt. Endtextexegese reduziert die unüberschaubar gewordene Hypothesenvielfalt; sie ist *objektiver.*

– Dadurch wird sie für den Laien leichter nachvollziehbar und erlangt einen höheren Gewißheitsgrad. Die Bibel wird wieder verläßlicher Grund des Glaubens und Handelns auch für das normale Gemeindeglied. Endtextexegese ist daher *gemeindegemäßer.*

– Um den Text in seinem Schlußstadium zu verstehen, muß sich die Exegese der Geschichte bewußt sein, die gerade diesen Text erzeugt hat. Die geschichtlichen Faktoren, welche die Textwerdung beeinflußt haben, sind zu ermitteln. Dabei wird von den Texten her immer wieder Gott als entscheidender Faktor deutlich; so weitet sich der Blick für eine besondere Form von Geschichte, die für Gottes Wirken offen ist. Insofern ist Endtextexegese *geschichtsgemäßer.*

– Der Kanon ist eine Einheit, die nicht mehr geschaffen oder begründet zu werden braucht. Als »die Schrift« ist er ein Raum, innerhalb dessen der Exeget sich als Verbindlichkeit beanspruchender *Theologe* bewegen darf. Canonical approach bewertet die Texte nicht nach einem »Kanon im Kanon«, sondern behandelt sie a priori als bewährt und autoritativ. Endtextexegese ist *theologischer.*

Dieses Konzept hat B.S. Childs zunächst in einer Reihe von Vorarbeiten programmatisch entwickelt[5] und schließlich in einem ersten großen Schritt

148–174 (Lit.); *Eva Oßwald,* Zum Problem der hermeneutischen Relevanz des Kanons für die Interpretation alttestamentlicher Texte, Theologische Versuche IX (1977) 47–59 (Lit.); *H. Graf Reventlow,* Hauptprobleme der biblischen Theologie im 20. Jahrhundert (EdF 203), Darmstadt 1983, 125–137 (Lit.).
5 *B.S. Childs,* Interpretation in Faith, Interp. 18 (1964) 432–449; *ders.,* Biblical Theology in Crisis, Philadelphia 1970; *ders.,* The Old Testament as Scripture of the Church, CTM 43 (1972) 709–722; *ders.,* The Sensus Literalis of Scripture. An Ancient and Modern Problem, in: *H. Donner – R. Hanhart – R. Smend* (Hg.), Beiträge zur alttestamentlichen Theologie (FS Walther Zimmerli), Göttingen 1977, 80–93; *ders.,* The Exegetical Significance of the Canon for the Study of the Old Testament, in: *J.A. Emerton a.o.* (Ed.), Congress Volume Göttingen (VT.S 29), Leiden 1978, 66–80; *ders.,* The Canonical Shape of the Prophetic Literature, Interp. 32 (1978) 46–55.

mit einer umfassenden »Einleitung in das Alte Testament«[6] material durchgeführt. Childs geht das ganze Alte Testament in der kanonischen Reihenfolge, d.h. in der Ordnung des masoretischen Textes, durch. Zunächst werden sehr gelehrt die Hauptfragen der historisch-kritischen Forschung dargeboten. Es kommt der Darstellung jeweils darauf an zu zeigen, wie unterschiedlich und konträr die Beurteilung von Alter, Herkunft, Einheitlichkeit oder theologischer Intention unter den solchermaßen arbeitenden Exegeten ist. Im Gegenschlag dazu wird dann die kanonische Gestalt der jeweiligen Bücher beleuchtet, wobei sich viele der Probleme lösen oder als unangemessen erweisen sollen. Eine explizite Reflexion der theologischen und hermeneutischen Implikationen sowie der Auslegungsgeschichte verweist auf die Bedeutung der Bücher für größere, auch aktuelle Kontexte. Mit einer entsprechenden, ebenfalls umfangreichen »Einleitung in das Neue Testament«[7] hat Childs dies Programm material für die ganze Bibel vollendet!

Die Arbeiten von Childs haben zu Recht internationale Beachtung gefunden und eine lebhafte Diskussion ausgelöst[8].

Einer Reihe von grundsätzlich[9] oder aber durch den Vollzug der Exegese faktisch[10] zustimmenden Reaktionen steht eine größere Reihe von skeptischen Rückfragen und Ablehnungen entgegen. Daß die Position von Childs nach ihrer kritischen Seite hin zum guten Teil berechtigt ist, wird dabei kaum bestritten. Es trifft durchaus zu, daß beim historisch-kritischen Geschäft der text-, literar-, form- oder überlieferungsgeschichtlichen Analyse der Endtext leicht aus den Augen gerät und sein theologisches Profil unterbewertet wird; es ist schwer zu leugnen, daß nicht selten die Hypothesenfreudigkeit zu weit getrieben und mehr hinter, zwischen oder über dem Text vermutet wird als diesen selbst wahrzunehmen und das, was in ihm steht; es ist leider wahr, daß die Bibelwissenschaft in eine Krise geraten ist und ihre autoritative Stellung im Leben der Kirche zu verlieren droht. Bestritten aber wird, daß das Programm des canonical approach einen gangbaren Ausweg aus dieser Krise darstellt. Auch wer das

6   B.S. *Childs,* Introduction to the Old Testament as Scripture, Philadelphia 1979; ²1980.
7   B.S. *Childs,* The New Testament as Canon. An Introduction, Philadelphia/London 1985.
8   Einen gewissen Überblick bieten *Barr,* Holy Scripture, 130–171; *J. Barton,* Reading the Old Testament. Method in Biblical Study, London 1984, 77–103; *Graf Reventlow,* Hauptprobleme 125–137; *M. Oeming,* Gesamtbiblische Theologien der Gegenwart, Stuttgart ²1987, 186–209. Die ausführlichsten Debatten finden sich in drei Themenheften von Zeitschriften: JSOT 16 (1980) mit Beiträgen von B. Kittel, J. Barr, J. Blenkinsopp, H. Cazelles, G.M. Landes, R.E. Murphy, R. Smend mit einer Antwort von Childs; ferner Horizons in Biblical Theology 2 (1980) 113–211 mit Besprechungen von B.C. Birch, D.A. Knight, J.L. Mays, D.P.Polk, J.A. Sanders; außerdem ThQ 167 (1987) mit Aufsätzen von Childs, H. Gese, F.-L. Hossfeld, N. Lohfink und M. Oeming.
9   Z.B. *R. Rendtorff,* Zur Bedeutung des Kanons für eine Theologie des Alten Testaments, in: *H.-G. Geyer u.a.* (Hg.), »Wenn nicht jetzt, wann dann?« (FS Hans-Joachim Kraus), Neukirchen-Vluyn 1983, 3–11.
10 Z.B. *M. Greenberg,* Ezekiel 1–20 (AncB 22), Garden City / New York 1983, oder *G.T. Sheppard,* Wisdom as a Hermeneutical Construct. A Study in the Sapientializing of the Old Testament (BZAW 151), Berlin / New York 1980.

in hohem Maße praktisch-kirchliche Anliegen von Childs begrüßt, wird zweifeln müssen, ob sich das umgreifende Programm mit gutem intellektuellen Gewissen durchführen läßt. Zweifel werden an zahlreichen Thesen von Childs laut: Ist der Kanon wirklich als organisches Ganzes zu begreifen, das die Einzeltexte sinnstiftend umspannt? Ist der Kanon nicht eher ein Kompromiß, der sehr Unterschiedliches und zum Teil sogar Widersprüchliches aus der religiösen Tradition historisch wie theologisch weit auseinanderliegender Kreise zwischen zwei Buchdeckel bringt? Wie läßt sich vom Kanon her an den konkreten Arbeitsschritten der Exegese etwas verbessern, ohne sie gleich aufzugeben? Schüttet man nicht gleichsam das Kind mit dem Bade aus, wenn man die historisch-kritische Grundlage der wissenschaftlichen Bibelinterpretation preisgibt? Wie ist die Existenz mehrerer Kanones neben dem masoretischen zu bewerten? Ist der Schritt von kanonischer Normativität damals zu autoritativer Geltung heute nicht doch viel problembeladener als Childs meint? Wer kann denn überhaupt noch *jedes* Wort der Bibel als verbindlich begreifen? Der Rezensent selbst hat seine Bedenken in dem Vorwurf zusammengefaßt, daß der Entwurf eines canonical approach »eine dogmatistische Flucht aus den Schwierigkeiten des historisch-kritischen Geschäfts in einen in seiner Bedeutung maßlos überschätzten positiven Kanon« darstelle[11]. Jetzt aber hat Childs in einem zweiten großen Schritt eine ausgearbeitete Theologie des Alten Testaments vorgelegt, durch die die Vorwürfe entweder widerlegt oder bestätigt werden.

II.   *» Old Testament Theology in a canonical Context «*[12]

Die Gliederung, die Childs der großen Fülle des Stoffes gibt, ist natürlich von besonderem Interesse und lohnt der Betrachtung. Die Überschriften der zwanzig Kapitel lauten:
1. Einführung in die alttestamentliche Theologie. 2. Das Alte Testament als Offenbarung. 3. Wie Gott erkannt wird. 4. Gottes Ziel in der Offenbarung. 5. Das Gesetz Gottes. 6. Den Willen Gottes erkennen und tun. 7. Die theologische Bedeutung des Dekaloges. 8. Die Rolle von Ritual- und Reinheitsgesetzen. 9. Die Empfänger von Gottes Offenbarung. 10. Die Agenten von Gottes Herrschaft: Moses, Richter, Könige. 11. Das Amt und die Funktion des Propheten. 12. Wahre und falsche Propheten. 13. Die theologische Bedeutung des Priestertums. 14. Die Wohltaten des Bundes: der Kult. 15. Strukturen des Gemeinschaftslebens. 16. Männlich und Weiblich als theologisches Problem. 17. Die theologische Dimension

---

11   *Oeming,* Theologien 209; ähnlich hat *F. Ferrario,* La Proposta di B.S. Childs per l'interpretazione della Bibbia, Protest. 42 (1987) 26–31, eine große Nähe von Childs und Karl Barth konstatiert: »In ultima analisi, il programma di Childs mi sembra appunto una ripresa delle intenzioni ermeneutiche barthiane« (30).
12   *Childs,* Old Testament Theology (s.o. Anm. 1); die in Klammern gesetzten Seitenzahlen im folgenden Text beziehen sich auf dieses Werk.

des Menschseins. 18. Die Gestalt gehorsamen Lebens. 19. Leben unter Fluch. 20. Leben unter Verheißung. Von den zwanzig Kapiteln entfallen somit die ersten zwei auf grundsätzliche Erörterungen, die restlichen achtzehn auf bestimmte *Themen*. Die Gliederung ist mithin nicht historisch orientiert wie etwa die der Theologie Gerhard von Rads[13]; sie folgt aber auch nicht – was man leicht erwarten könnte – der Ordnung des Kanons Tora – Propheten – Schriften; sie ist auch nicht durch theologische Zentralbegriffe geprägt wie etwa diejenige von Ludwig Köhler[14]. Es handelt sich schließlich auch nicht um eine Kombination systematischer und historischer Aspekte wie z.B. bei Werner H. Schmidt[15]. Gelegentlich ist eine Beeinflussung durch Walther Eichrodts Theologie[16] mit ihrer Zentralstellung des Bundesbegriffes sowie durch Walther Zimmerlis[17] Aufriß am Leitfaden des Jahwe-Namens spürbar. Auch eine gewisse Analogie zum Aufbau des Buches Deuteronomium wird, besonders in den Schlußkapiteln, spürbar[18]. Am ehesten kann man noch eine Zweiteilung erkennen: Kap. 3–8: Gott und seine Gebote; Kap. 9–20: Der Mensch und sein Leben unter Gottes Gebot. Eine zeitliche Erstreckung von der Schöpfung (30–34) bis zu den messianischen Verheißungen und dem ewigen Leben (240–247) wird in die Anordnung mit eingewoben. Aufs Ganze gesehen hat das Buch eine nicht sehr einleuchtende und eingängige Gliederung, und das wohl mit Absicht. Mit der üblichen Vexierfrage »historisch oder systematisch« soll der Aufriß nicht erfaßt werden können. Vielmehr erklärt Childs programmatisch, er wolle diese Polarität zwischen überlieferungsgeschichtlich und systematisch, zwischen glaubensgeschichtlich- kerygmatisch und tatsachengeschichtlich überwinden (15f). Jedoch – bei genauerer Analyse scheint der *Aufriß doch sehr stark dogmatisch geprägt* zu sein. Gerade in seiner Disparatheit erinnert er an die »Institutio« Calvins, und zwar in der Auflage von 1559; dieser Gedanke legt sich schon dadurch nahe, daß Childs selbst mehrfach auf ihn bzw. sie verweist (12.13.71f.81f.83.213). Der Akzent auf der praktischen Bedeutung der Bibel für das alltägliche Leben paßt ebenfalls zum Geist Calvins. Besonders aber die eigentümliche Abfolge der Themen – Von der Erkenntnis Gottes – Vom Gesetz Gottes und dem Dekalog – Von den Ämtern König, Prophet und Priester – Von der Art und Weise, der Gnade teilhaftig werden zu können, der Kult – Von der (Kirchen)-Gemeinschaft und dem Weg der Heiligung – ist an die »Institutio« und die Tradition reformierter Dogmatik angelehnt. Alle Details des Aufrisses erklärt diese Analogie jedoch auch nicht. Viel-

13 *G. von Rad*, Theologie des Alten Testaments, 2 Bde., München (1960) [8]1982/84.
14 *L. Köhler*, Theologie des Alten Testaments, Tübingen (1935) [4]1966.
15 *W.H. Schmidt*, Alttestamentlicher Glaube in seiner Geschichte, Neukirchen-Vluyn (1968) [6]1988.
16 *W. Eichrodt*, Theologie des Alten Testaments, Stuttgart (1933) [8]1968.
17 *W. Zimmerli*, Grundriß der alttestamentlichen Theologie (ThW 3), Stuttgart (1972) [5]1985.
18 Vgl. *Childs*, Old Testament Theology, 55f.

mehr scheinen sich mehrere Ordnungsschemata zu überlappen. Man fragt sich vor allem: Was hat diese Gliederung mit dem spezifischen Ansatz eines canonical approach zu tun? Inwiefern ergibt sie sich aus dem Betonen des Endtextes?

In den ersten beiden Kapiteln (1–27) werden die richtungsweisenden Weichen für das Kommende gestellt. Vier Unsicherheiten der historischen Kritik werden aufgelistet (1–5), die zu einer Transformation der »Theologie des Alten Testaments« in »alttestamentliche Religionsgeschichte« beigetragen hätten: Zunächst sei das Verhältnis von Theologie und Religionsgeschichte, von Normativität und Objektivität, von Kirchlichkeit und Berücksichtigung altorientalischer Kulturen unklar geblieben; zweitens sei die Frage nach der Kohärenz in der Divergenz der alttestamentlichen Stimmen nicht befriedigend gelöst; drittens sei die Problematik der Rezeption des Bibeltextes in den verschiedenen konkreten Glaubensgemeinschaften nicht zureichend reflektiert worden; schließlich bedürfe das Verhältnis des Alten Testaments zum Judentum[19] und zum Neuen Testament einer besseren Antwort. Diese offenen Probleme soll ein canonical approach zur alttestamentlichen Theologie lösen (6–17; m.E. der wichtigste Passus des Buches): Der Prozeß der Kanonisierung ist nach Childs eine hermeneutische Leistung, welche die theologische Tradition in eine solche Form bringt, daß sie späteren Generationen als autoritative Literatur dienen kann. Dieser ursprünglich einheitliche Prozeß sei mit dem Auftreten des Christentums aufgespalten worden in zwei verschiedene, aus denen das rabbinische Judentum einerseits, das Christentum andererseits hervorgegangen sei. Die alttestamentliche Kanonbildung bilde die gemeinsame Wurzel der beiden späteren Kanones des Judentums und des Christentums (5; gegen Hartmut Gese). Eine explizite »Theologie des Alten Testaments« ist nach Childs aber ein wesentlich christliches Unterfangen. Das Judentum kenne derartiges nicht. Für eine christliche Theologie müsse der Endtext normativer Ausgangspunkt sein. Obgleich das Verstehen letztlich Werk des Heiligen Geistes sei, funktioniere es doch durch die Schriften der Kirche (15). Childs' Theologie repräsentiert somit ein Konzept, das die Unsicherheiten der historischen Kritik zu überwinden sucht, indem es durch und durch theologisch, normativ und kirchlich sein will, indem es von einer durch die Kanonisierung geschaffenen Kohärenz der alttestamentlichen Bücher untereinander ausgeht, indem es auf die Gemeinschaft der Gläubigen und die Funktion der Texte in ihr größten Wert legt und indem es schließlich das Alte Testament als gemeinsame Wurzel von Judentum und Christentum bedenkt.

Von dieser Position aus wird das Alte Testament als »Offenbarung Got-

---

19 Überhaupt scheint Childs in engem Gespräch mit dem Judentum zu stehen. Mehrfach betont er die hohe Bedeutung Israels für eine Theologie des Alten Testaments. So deutet er z.B. die Tatsache, daß christliche Alttestamentler ihrer Arbeit den masoretischen Text zugrundelegen, als Zeichen des geschärften Bewußtseins der Kontinuität der Kirche mit Israel (10).

tes« festgehalten (20–27). Die sprachanalytisch begründete Bestreitung der Angemessenheit dieses Begriffes durch James Barr wird zurückgewiesen. Noch energischer wird der soziologischen Reduktion von »Offenbarung« auf »Überbau«, wie sie vor allem N.K. Gottwald von marxistischen Prämissen her für das alte Israel durchgeführt hat[20], eine Absage erteilt.

Danach wird in der oben bereits angegebenen Reihenfolge das Material nach Themen geordnet ausgebreitet (28–247). Ein Referat dieser inhaltsreichen Kapitel ist hier schwerlich möglich. Einige allgemeinere Hinweise müssen genügen:

Die einzelnen Abschnitte bilden kleine Kompendien, in denen die Hauptaussagen des Alten Testaments zu den betreffenden Themen zusammengestellt werden. Die methodische Basis, die allen Kapiteln zugrunde liegt, läßt sich zusammenfassen in dem Begriff »*Intertextualität*«. Childs läßt einen Einzeltext oder eine Gruppe von Texten nicht allein gültig sein; jede Aussage muß vielmehr eingeordnet werden in den Kontext, welchen die anderen zum Thema gehörigen Texte bilden. Vom Bibelleser ist eine spezifische Kompetenz zu erwarten (40): Er muß die konkrete Aussage von Einzeltexten permanent in Relation setzen zu anderen Texten ähnlichen Inhalts. Von daher gewinnt Childs das Recht, aus historisch und formal sehr weit auseinanderliegenden Bereichen des Alten Testaments Texte zusammenzuordnen, um so »die« kanonische Aussage »des« Alten Testaments zu erheben. Einseitigkeiten von einzelnen Texten oder kleineren Textgruppen werden durch den umfassenden Kontext des Kanons relativiert und ausgewogen. Entsprechend ist die ganze Darstellung auf Ausgleich bedacht. Dieses Streben nach der Mitte hat zur Folge, daß die Theologie von Childs eigentlich keine aufregenden, originellen Thesen vertritt. Dies als große Enttäuschung anzusehen[21] scheint nicht angemessen. Liegt es nicht im Wesen des canonical approach, mehr die Texte selbst sprechen zu lassen als die Deutungen der Exegeten? Wenn man auf die Rekonstruktion geschichtlicher Entwicklungen verzichtet, wenn man im Kanon weitgehende Harmonie erkennt, dann ist es auch möglich, die Grundthemen der alttestamentlichen Theologie auf relativ schmalem Raum zu behandeln. Dabei weicht Childs spröden und schwierigen Fragen nicht aus; so behandelt er, der Bedeutung innerhalb des Alten Testaments entsprechend, die Ritualgesetze (84–91) oder das Priestertum (145–154) ausführlich. Durch kurze Hinweise im Text wie durch ausführliche Bibliographien am Ende eines jeden Abschnittes ist die moderne Forschung jederzeit präsent. Die Darstellung ist anschaulich und unter anderem durch zahlreiche ausführliche Zitierungen der angeführten Bibelstellen gut lesbar. Studenten und interessierte Laien werden

---

20   *N.K. Gottwald*, The Tribes of Jahwe, New York 1979; *ders.*, The Hebrew Bible. A Socio-Literary Introduction, Philadelphia 1985.
21   So spricht *W. Brueggemann* in einer ersten Rezension (ThTo 43 [1986] 284) von »serious disappointment«.

das zu schätzen wissen. Häufig werden die gesetzlichen oder mehr begrifflichen Aussagen des Alten Testaments durch Material aus der erzählenden Literatur illustriert und erhellt, gehäuft etwa bei der Interpretation des Dekaloges (63–83). Zitate von theologischen Klassikern wie Augustin, Raschi, Luther, Calvin oder Karl Barth sind in die Darstellung eingestreut und verweisen auf den systematischen Rang, den das Alte Testament einnimmt.

III. *Würdigung*

Die alttestamentliche Theologie von B.S. Childs ist im guten Sinne fromm. Nicht fundamentalistisch blind oder apologetisch eng, sondern mit reicher Kenntnis der Probleme versucht Childs, in enger Bindung an den Bibeltext, einen neuen Weg durch das Dickicht historisch-kritischer Hypothesenvielfalt hindurch und daraus heraus zu bahnen. Seine Betonung des Theozentrismus der Bibel, sein Beharren auf dem Begriff und der Sache der »Offenbarung«, sein Bemühen, die Geltung alttestamentlicher Texte al Grundlage für kirchliches und praktisches Alltagsleben festzuhalten, verdient große Sympathie. Die Forderung, das theologische Profil des Endtextes zu beachten und interpretatorisch auszuschöpfen, möchte der Rezensent ausdrücklich unterstreichen. Wenn im Folgenden Anfragen gestellt werden, dann verstehen sie sich als Bemühungen um ein Gespräch von einem vergleichbaren Grundanliegen her. Die sechs Kritikpunkte sind von leichteren zu schwereren Bedenken aufsteigend angeordnet:
1.   Das forschungsgeschichtliche Pendel liebt die Extreme, denn in der Mitte steht es – scheinbar – still. Läßt Childs sich nicht durch den Versuch eines Gegenschlages gegen »soziologistische«, »philologistische«, »literarkritizistische« oder »überlieferungshistoristische« Vereinseitigungen dazu verleiten, die eigene Position nun seinerseits ins entgegengesetzte Extrem zu überziehen? Gewiß ist es unbestreitbar sinnvoll und notwendig, die Endgestalt eines Textes zu erfassen; aber die Fragen nach den sozialen Produktionsbedingungen seiner Verfasser, seiner sprachlichen Form oder seinem Werdegang behalten doch ebenso unbestreitbar ihr Recht[22]. Der canonical approach manövriert sich selbst ins Abseits, wenn er solche Fragen nicht ernst genug nimmt. Die Einordnung des canonical apporoach unter »Strukturalismus«, die John Barton vorgeschlagen hat[23], kann Childs nicht sehr überzeugend zurückweisen (vgl. 6.148f). Zudem ist mit

22   Ein schönes exegetisches Beispiel dafür sind zwei rezente Auslegungen von Jer 45. Im Sinne des canonical approach hat *Marion A. Taylor* das Kapitel analysiert (Jeremiah 45. The Problem of Placement, JSOT 37 [1987] 79–98), im Sinne einer konsequent redaktionsgeschichtlichen Forschung *A. Graupner* (Jeremia 45 als »Schlußwort« des Jeremiabuches, in: *M. Oeming – A. Graupner* (Hg.), Altes Testament und christliche Verkündigung [FS Antonius H.J. Gunneweg], Stuttgart 1987, 287–308). Der historisch-kritische Weg ist dabei auch theologisch bedeutend ertragreicher.
23   *Barton*, Old Testament (s.o. Anm. 8), bes. 100–103; *ders.*, Classifying Biblical Criticism, JSOT 29 (1984) 19–35, bes. 25–30.

Recht nach dem »Verhältnis des ›canonical approach‹ zu den Ergebnissen der historisch-kritischen Forschung«[24] gefragt worden. Die sporadischen Öffnungen Childs' für Ergebnisse der kritischen Analyse wirken etwas befremdlich angesichts des sonstigen Tons scharfer Anklage und Ablehnung.

2. Kann eine alttestamentliche Theologie ohne einen extensiven Rekurs auf die altorientalische Umwelt Israels verfaßt werden? Religionsgeschichtlicher Vergleich vermag auch für das Verständnis des Endtextes Erhellendes zu leisten.

3. Es ist eine Sache, einen Text in seiner Endgestalt zu bedenken, die er im vorliegenden Kontext hat. Es bedeutet aber einen großen Schritt weiterzugehen, wenn dieser Text in Beziehung gesetzt werden soll sowohl zu einem immer größer werdenden Kontext bis hin zum Gesamtkanon als auch zu allen anderen Texten mit ähnlicher Thematik. Wird hier der Makrostruktur des Kanons nicht zuviel aufgebürdet? Und besteht nicht die große Gefahr, daß das Textindividuum im Kanonkollektiv versinkt? Wird die Außenseiterstimme durch die Stimme der Masse nicht faktisch zum Schweigen gebracht?

4. Wer ist eigentlich die community of faith, die im canonical approach eine so entscheidende Rolle spielt? Wann hat sie ihre Kanonproduktion aufgenommen? Wann und von wem wurde überhaupt das erste religiöse Gut in Israel verschriftet? Welche Kreise, welche Interessengruppen sprechen sich in den verschiedenen theologischen Konzeptionen aus? Alle solche Fragen bleiben ohne Antwort und sollen es wohl auch bleiben. Denn mit der Erforschung der tatsächlichen Lebensverhältnisse derer, die die im Alten Testament vereinigte Literatur verfaßt haben, begäbe man sich in das Feld des historischen Relativismus, der sich nach Childs mit dem Anspruch, »Offenbarung« zu sein, nicht gut zu vertragen scheint. Trotz der ständig wiederholten Bedeutung der Glaubensgemeinschaft für die Entstehung des Endtextes bleibt alles Konkrete äußerst dubios.

5. Der Kanon selbst hat die Spuren seines Wachstums sehr sorgfältig konserviert. Es liegt an der Struktur der Endtexte, daß die moderne Exegese so deutliche Indizien entdecken konnte, die ein Anwachsen der Texte und eine literarische Schichtung innerhalb ihrer nahezu beweisen: Dubletten mit je spezifischem sprachlichem und theologischem Profil, Einschübe, die durch Wiederaufnahme kenntlich sind, inhaltliche Widersprüche oder Ungereimtheiten, Brüche, Lücken und anderes mehr. Besonders an Studien von Paralleltexten, z.B. dem deuteronomistischen und dem chronistischen Geschichtswerk, ist deutlich ablesbar, wie unterschiedlich die Redaktionen arbeiten. Aber es ist ein Prinzip der Kanontradenten, diese Vielfalt zu erhalten und allen Versuchungen der Harmonisierung und Anpassung, die man häufig im textkritischen Apparat noch

---

24 *H.C. Schmitt,* Bücherschau, ZAW 99 (1987) 285; vgl. auch *H. Graf Reventlow,* Zur Theologie des Alten Testaments, ThR 52 (1987) 240–244.

studieren kann, entgegenzuarbeiten. Wenn man dies zugesteht, dann muß man wohl sagen: *Der sogenannte canonical approach ist gar kein canonical approach.* Denn wer sich den kanonimmanenten Prinzipien anvertraut, der kommt nicht zu einer kanonischen Einheitsschau, sondern zwangsläufig zu historisch wie theologisch differenzierender Arbeit. Thetisch könnte man Childs entgegenhalten: Der Kanon ist keine thematisch geschlossene Einheit, sondern der Raum, innerhalb dessen die theologische Reflexion lebendig und differenziert bleiben muß. Ein streng kanonischer Zugang wird gerade nicht von *der* kanonischen Sicht *des* Alten Testaments sprechen können. Die Spannungen und Brüche, die Weiterentwicklungen und Abbrüche innerhalb der – aus welchen Gründen auch immer – kanonisch gewordenen Literatur verbieten solche Rede[25].

6.   Mehr noch als in seiner »Introduction« zeigt sich in seiner »Theology«, daß der von Childs gewählte Ansatz nicht kanonisch ist, sondern allenfalls »halbkanonisch«. Der christliche Kanon umfaßt ja zwei Testamente. Kann man eine Theologie des Alten Testaments schreiben, noch dazu, wenn man das Unternehmen als spezifisch christlich firmiert, ohne expliziten Rekurs auf das Neue Testament? Gerade Childs, der durch sein »The New Testament as Canon« ausgewiesen ist als Kenner auch der neutestamentlichen Theologien, wäre dazu in besonderer Weise in der Lage. Die »erdrückende Komplexität« (17), die sich ergibt, wenn man das neutestamentliche Christuszeugnis im Rahmen alttestamentlicher Theologie mitbedenkt, ist zweifellos gegeben. Aber ein *kanonischer*, d.h. gesamtbiblischer Zugang darf sich dem nicht entziehen. Freilich wird dann die Geltungsproblematik sehr viel nuancenreicher und schwieriger. Was aus dem *Alten* Testament soll in der *christlichen* Kirche normative Bedeutung behalten, was nicht? Wie der Rezensent mehrfach dargelegt hat, kann und darf man dieser Problematik durch eine künstliche Isolation des Alten Testaments als religiöser Größe sui generis nicht ausweichen[26]. Schon historisch gesehen wäre eine solche Abstraktion unzutreffend: Das Alte Testament in seiner jetzt vorliegenden Gestalt, die etwa um 100 n.Chr. festgeschrieben wurde[27], war als in sich geschlossene Größe niemals und nir-

---

25   Ein solches Verständnis schimmert bei Childs selbst immer wieder durch, wenn er etwa den Kanon als »Arena« bezeichnen kann, »innerhalb derer der Kampf um Verstehen stattfindet« (15), oder wenn er »Zusammenhalt, Vielfalt und ungelöste Spannungen« innerhalb des alttestamentlichen Zeugnisses offen konstatiert (17). Geradezu als scharfe Selbstkritik erscheinen seine gelegentlichen Feststellungen innerer Uneinheitlichkeit und Unausgeglichenheit, z.B. in bezug auf die unterschiedlichen Verheißungsbilder innerhalb von Judentum und Christentum: »Die bloße Tatsache, daß Judentum und Christentum dasselbe biblische Material für so unterschiedliche Ziele gebrauchen können, bezeugt das Fehlen eines übergreifenden und vereinheitlichten Rahmenwerkes innerhalb des Alten Testaments« (240). Wie Childs solche Zugeständnisse bei einem doch im ganzen als normativ gesetzten Kanon ohne das Gefühl des Selbstwiderspruchs aushalten kann, bleibt sein Geheimnis.
26   Vgl. *M. Oeming*, Gesamtbiblische Theologien der Gegenwart, Stuttgart u.a. [2]1987, 226–241; *ders.*, Unitas Scripturae? Eine Problemskizze, Jahrbuch für Biblische Theologie 1, Neukirchen-Vluyn 1986, 48–70, bes. 65ff.
27   Zur Problematik der Synode von Jamnia vgl. *R.C. Newman*, The Council of Jamnia and the Old Testament Canon, WThJ 38 (1975) 319–350; *P. Schäfer*, Die sogenannte Syn-

gendwo für irgendeine Glaubensgemeinschaft allein normativ - auf diese Basiseinsicht mit weitreichenden hermeneutischen Implikationen macht mit Recht Antonius H.J. Gunneweg aufmerksam[28]. Der normative Bekenntnisstand war stets wesentlich umfangreicher als das Alte Testament. Dies gilt für das Judentum mit seiner das praktische Leben in hohem Maße bestimmenden »mündlichen Tora« ebenso wie für das Christentum, das von Anfang an das Alte Testament im Lichte des Christusgeschehens las, interpretierte und wertete. Diese Einsicht in die größeren Kontexte, in denen das Alte Testament immer schon stand und noch immer steht, impliziert nicht, es etwa christologisch zu vergewaltigen. Das Alte Testament soll sein eigenes Wort ungestört sagen dürfen. Diese Einsicht nötigt aber, zumal im Rahmen einer »Theologie des Alten Testaments im kanonischen Kontext«, zu permanenter gegenseitiger Bezugnahme und Geltungsreflexion. Nur so ist ein canonical approach im Vollsinne des Wortes möglich.

Trotz dieser kritischen Anfragen gebührt Brevard S. Childs für seine instruktive Darstellung großer Dank und Anerkennung. Es bleibt zu hoffen und zu wünschen, daß gerade er es noch unternimmt, eine gesamtkanonische Theologie material durchzuführen, wofür er in früheren Arbeiten ja schon eindrucksvolle Beispiele geliefert hat[29]. Nur durch Berücksichtigung *beider* Teile des Kanons wird der verheißungsvolle Weg, den Childs in *Ergänzung* zu religionsgeschichtlichen wie systematischen Ansätzen aufgezeigt hat, wirklich zu Ende gegangen.

---

ode von Jabne, Jud 31 (1975) 54–64.116–124; *G. Stemberger,* Jabne und der Kanon, in diesem Band o. S. 160–171.
28   *A.H.J. Gunneweg,* Vom Verstehen des Alten Testaments. Eine Hermeneutik (ATD.E 5), Göttingen ²1988, Nachwort, 226f.
29   *Childs,* Biblical Theology (s.o. Anm. 5) 149–219.

Michael Weinrich

Vom Charisma biblischer Provokationen

Systematische Theologie im Horizont Biblischer Theologie bei Hans-Joachim Kraus

Hans-Joachim Kraus zum 70. Geburtstag

I. *Systematische Theologie*

Es ist keine originelle Idee, die seine Theologie bewegt, weder eine entdeckte oder wiederentdeckte besondere Lehre noch eine Neueinkleidung alter Begriffe, keine Umakzentuierung alter Zuordnung, ebensowenig eine Umkehrung traditioneller Begründungsgefälle und schon gar nicht das Angebot einer neuen theologischen Methodologie – obwohl sich zweifellos auch all dies in seiner Theologie finden läßt –, sondern es geht Hans-Joachim Kraus schlicht um eine Theologie, die sich *theologisch* dem *biblischen* Zeugnis aussetzt[1]. Das mag sich tautologisch anhören, ist es aber keineswegs, denn längst verfährt die Theologie weithin umgekehrt, daß sie sich so selbstgewiß gibt und glaubt, von sich aus die Bibel in Anspruch nehmen zu können. Es ist also keine Selbstverständlichkeit mehr, was Kraus als Grundbestimmung der Theologie ansieht, und es berührt die gegenwärtige theologische Landschaft höchst provokant, wenn zum Vorschein kommt, welche fundamentale theologische Bedeutung Kraus dabei dem Alten Testament zumißt. Es handelt sich in keiner Weise um einen naiven Biblizismus, aber auch nicht nur um eine treue Rekonstruktion des reformatorischen Schriftprinzips, sondern um ein offensives Konzept, das von der Überzeugung getragen ist, daß die Theologie ihre Aufgabe einer kritischen Zeitgenossenschaft nur dann tatsächlich frei und verantwortlich wahrzunehmen vermag, wenn sie in der Bibel noch das ihr selbst prinzipiell überlegene direkt bezeugende Zeugnis vom nahe herbeigekommenen Reich Gottes zu hören vermag.

Will man hier überhaupt eine theologiegeschichtliche Verortung vornehmen, so müßte sie vor allem im Gespräch mit *Karl Barth* gesucht werden, wobei Barth mit seiner *Dogmatik* ausdrücklich einen Weg eingeschlagen hat, den Kraus gerade nicht gehen will. Aber zunächst fragen beide nach der »neuen Welt in der Bibel«[2], und sie sind davon überzeugt, daß es diese

---

1 *H.-J. Kraus,* Systematische Theologie im Kontext biblischer Geschichte und Eschatologie, Neukirchen-Vluyn 1983; Hinweise auf dieses Buch im Text nur mit Seitenangabe.
2 So die programmatische Überschrift zu einem Vortrag von *K. Barth,* Die neue Welt in der Bibel (1916), in: *Ders.,* Das Wort Gottes und die Theologie, München 1924, 18–32.

neue Welt ist, von der für die Theologie substantiell die entscheidenden
Provokationen ausgehen. Die Differenz zu Barth wird nun darin angezeigt, daß Kraus seine Theologie nicht Dogmatik, sondern *systematische
Theologie* nennt. Nun muß einerseits der Barthsche Begriff der Dogmatik
davor geschützt werden, als ein starres und besonders autorisiertes Lehr-
gebäude betrachtet zu werden, wie andererseits dem Mißverständnis ent-
gegenzutreten bleibt, als ginge es Kraus – etwa einer modernisierten Idee
von einer spekulativen Theologie folgend – um ein in sich möglichst uner-
schütterlich stabilisiertes System aller theologischen Aussagezusammen-
hänge, das sich möglichst in der Auseinanersetzung mit zeitgenössischen
Philosophen oder anderen Wissenschaften bereits als haltbar erwiesen
hat.

Wenn *Barth* wieder an die dogmatische Tradition der Theologie an-
knüpft, so vollzieht er damit eine demonstrative Abkehr von den an den
Möglichkeiten des modernen Menschen orientierten Glaubenslehren, die
primär nach der subjektiven Haltbarkeit der Tradition fragen, um daran
zu erinnern, daß für die Theologie alles daran liegt, auch die menschliche
Subjektivität und die Reichweite des individuellen Glaubens aus der ›Objektivität‹ der dem Menschen gegenüberseienden und im Glauben ge-
schauten lebendigen Wirklichkeit Gottes und seines Bundes mit den
Menschen zu verstehen. Ein wenig vergröbert ließe sich formulieren, daß
unsere tatsächliche subjektive Subjektivität überhaupt erst dort recht in
den Blick kommt, wo sie der objektiven Subjektivität der Geschichte Gottes ansichtig geworden ist. Es ist die Aufgabe der Theologie, die Erde in
das Licht der Wirklichkeit des in ihr wirkenden Gottes zu stellen; und dieser Aufgabe wird sie allein dadurch gerecht, daß sie sich mit allen Konsequenzen hineinstellt in das biblische Licht vom Einbruch der neuen Welt
Gottes in unsere alte Wirklichkeit. Dieses Interesse an theologischer
Wahrheit, das sich nicht mit Wahrscheinlichkeiten zufriedengeben will,
drängt auf Lehre, die zwar nie selbst die Wahrheit zu erfassen vermag, die
aber auch nicht das Risiko scheut, der Objektivität der von Gott eröffneten Wirklichkeit in immer neuen Annäherungen begrifflich zu folgen. In
diesem Sinne unterliegt die Theologie der Aufgabe der Lehre, d.h. der
immer wieder neu zu formulierenden Dogmatik.

Wenn *Kraus* in ausdrücklicher Abweisung des dogmatischen Weges systematische Theologie treiben will, so ist er einerseits nicht so weit von Barth
entfernt, wie man annehmen könnte, andererseits setzt er einen deutlich
abweichenden Akzent. Er bleibt insofern mit Barth verwandt, als auch er in
seiner Konzentration auf das Reich Gottes immer wieder besonders den
Wirklichkeitscharakter der biblisch bezeugten Glaubensinhalte – und damit der ›Gegenstände‹ der Theologie – herausstreicht. Auf der anderen
Seite wehrt Kraus alle auf Objektivationen zulaufenden Begrifflichkeiten
notorisch ab, so daß die Theologie nicht auf die von Barth freilich auch nur
als Hilfskonstruktion angesehene Lehre ausgerichtet ist, sondern mehr von
der kritischen Auseinandersetzung des Glaubens mit den theoretisch

und praktisch wirkenden Wirklichkeitsentwürfen der jeweiligen Gegenwart geprägt wird. Da Kraus konsequent den apologetischen Weg meidet, tritt der assertorische Charakter der Kernaussagen seiner Theologie bisweilen in dezisionistischer Gestalt hervor, was nicht zuletzt auf die höchst konzentrierte Darstellungsform zurückzuführen ist. Substantiell ist es aber weniger ein Dezisionismus, der seine Theologie prägt; vielmehr weist die Assertorik auf die bewußt in Anspruch genommene offensiv *prophetische* Dimension seiner Theologie, die an den konkreten Konflikten eines Glaubens orientiert ist, der den kritischen Herausforderungen seiner Zeitgenossenschaft nicht ausweicht. *Systematisch* ist die Theologie insofern, als sie Prinzipienfragen nachgeht, wenn sie kritisch nach der Angemessenheit unseres Redens von Gott fragt. Zudem ist die Theologie darin systematisch, daß sie sowohl im Blick auf das biblische Zeugnis als auch in den zeitgeschichtlichen Herausforderungen Akzente setzt, Gewichtungen vornimmt, Zusammenhänge aufzeigt und Begründungsgefälle erkennbar macht, d.h. nach einer Ordnung für das sucht, was in und von der Kirche zu sagen ist. Nicht aber ist die Theologie in dem Sinne systematisch, daß sie sich einem logischen System unterwirft, dem sie nun den Beweis erbringen möchte, daß die Theologie auch den Anspruch auf allgemeine Anerkennung als Wissenschaft erheben kann.

Im Vergleich zu Barth, der dem Begriff ›systematische Theologie‹ eben wegen seines wissenschaftsservilen Beiklangs nicht viel abgewinnen konnte, bleibt das Unternehmen von Kraus im Blick auf die systematisch strenge Durchdringung allerdings bewußt bescheidener als die theologische Lehre von Barth. Systematische Theologie im Sinne von Kraus ist eine Theologie, die keine Möglichkeit mehr sieht, den Weg bis zur Dogmatik zu durchschreiten, sondern sich schon vorher am je nur vorläufigen Ziele weiß, wenn es ihr gelungen ist, die biblischen Zugänge zu der Wirklichkeit, auf die sich der Glaube bezieht, erkennbar und begehbar gemacht zu haben, denn ihm geht es nicht um die Korrespondenz zwischen Bibel und Theologie, sondern um die systematische Wahrnehmung der »Theologie der Bibel« selbst[3]. Zwar zollt sie dem theologischen Werk Barths hohen Respekt, aber sie ist im Blick auf die theologische Konsequenzenmacherei zurückhaltender – um nicht zu sagen skeptischer – geworden. Und so arbeitet sich die Theologie von Kraus weniger an der Frage nach der sachlich stringenten Konzentration als vielmehr an dem Problem der aktuellen kirchlichen Konkretion ab – eine Problemstellung, die Barth freilich auch stets ganz fundamental mit im Auge hatte.

Gleichzeitig ist die Theologie von Kraus auch unbescheidener als die Dogmatik von Barth, denn sie wird bewegt von einer nur zu verständlichen und auch begründeten theologischen Unruhe, die nicht nur positionelle Sätze erzwingt, sondern auch – bisweilen mit grobmaschiger Gedankenführung – energisch zum Ziele drängt, an dem dann die notwendige

---

3　Vgl. *H.-J. Kraus*, Theologie als Traditionsbildung?, EvTh 36 (1976) 498–507, hier 498.

Scheidung der Geister greifen soll. Es ist eine Unbescheidenheit, wie sie
notwendig zur Prophetie gehört, die auch ihrem berechtigten Überdruß
über so manche Unbelehrbarkeiten der Kirche mal Luft machen darf.
Angesichts des bedrückenden Befundes, daß in unseren Regionen die
Kirche ebenso wie die Theologie jede lebendige Beziehung zu der prophetischen Tradition verloren haben, ist es wohl mehr als einen Versuch
wert, diese Dimension auch begründet wieder theologisch fruchtbar zu
machen[4]; nicht zuletzt handelt es sich um einen zentralen Lebensnerv der
biblischen Geschichte, von dem Martin Buber sogar annimmt, daß er der
Zentralnerv sei.

II.   Ökumenische Theologie

Eine Theologie, die sich nur dem biblischen Zeugnis und der Zeitgenossenschaft der Kirche verpflichtet fühlt, ist frei von allem konfessionalisti-
schen Provinzialismus der zersplitterten Kirche. Sie beruft sich auf die beiden Konstituanten, die für alle Kirchen fundamentale Bedeutung haben.
Auch wenn sie bisweilen zu geschärften positionellen Formulierungen
greift, so bleibt sie doch allemal geschützt von der radikalen Positionalität
des biblischen Zeugnisses. Von eben diesem Zeugnis aus will sie kritisier-
bar bleiben; damit ist die Ebene angegeben, auf der sie *kommunikativ*
sein will. Prophetie selbst ist zweifellos alles andere als kommunikativ,
aber prophetische *Theologie* muß kommunikativ sein, denn all ihre Di-
rektheit bezieht sie nicht aus sich selbst heraus, sondern aus dem Hören
auf das biblische Zeugnis. Der Akt des Hörens macht gegenüber dem
Wort, das da gesagt bzw. geschrieben ist, rechenschaftsfähig. Auf diese
Rechenschaftsfähigkeit kommt es nun ganz und gar an, denn sie nimmt
die Theologie einerseits in die Pflicht, ihre Aussagen auszuweisen, und
hält sie andererseits auch für die Kritik offen. *Prophetische* Theologie
bleibt *Theologie* und ist als solche eine fehlbare menschliche Anstrengung, die nicht wie die Prophetie auf den Glauben selbst abzielt, sondern
dem aktuellen Verstehen des Glaubens dient. Nicht die Theologie stellt
die Kirche und die Gemeinde in die Entscheidung, sondern sie erinnert
daran, daß der Glaube sie nach dem biblischen Zeugnis immer wieder neu
in Entscheidungen stellt und zu Unterscheidungen nötigt, die keineswegs
beliebig sind.
Mit seiner theologischen Provokation zu biblischer Kommunikation gibt
Kraus die denkbar genaueste Bestimmung dafür, was unter einer ökumenischen Theologie zu verstehen ist. Jenseits aller illusionären Über- oder

---

4   Vgl. dazu auch *H.-J. Kraus*, Prophetie heute! Die Aktualität biblischer Prophetie in
der Verkündigung der Kirche, Neukirchen-Vluyn 1986. Zum Problem vgl. *D. Neuhaus*, Ist
prophetische Kritik institutionalisierbar? Beobachtungen zur Entwicklung der Figur der
Kritik in der Theologie Karl Barths, in: *H.-G. Geyer u.a.* (Hg.), »Wenn nicht jetzt, wann
dann?« (FS H.-J. Kraus), Neukirchen-Vluyn 1983, 305–317.

Einheitskirchenvision entzieht sie zunächst jeder Kirche die Legitimation, von sich als der wahren Kirche zu reden. Sie geht ebenso von der Zwielichtigkeit aller Christen- und Kirchentümer aus wie von der prinzipiellen Vorläufigkeit ihrer eigenen Erkenntnisse. Dies aber nicht, um nun einem grenzenlosen Subjektivismus bzw. einer ekklesiologischen Beliebigkeit das Wort zu reden, sondern um die Kirche all ihren Souveränitätsansprüchen entgegen an den nicht von ihr zu wählenden Ort zu stellen, der ihr im biblischen Zeugnis zugemessen wird. Sie kann nicht selbst ihre eigene Wahl sein, vielmehr ist sie allein dann erwählt, wenn sie tatsächlich hörende und nachfolgende (dienende) Kirche und nicht vor allem redende und voranschreitende (und sich dienen lassende) Kirche ist.

Die Kirche unterliegt keineswegs austauschbaren Bestimmungen, aber diese lassen sich nicht einfach festschreiben, auch wenn sich stets einige von ihnen namhaft machen lassen. Da dies so ist, bedarf es stets neu einer Verständigung über die Kirche; nicht weil sie etwa für das Kommen des Reiches Gottes so unüberspringbar wichtig wäre, eher wohl, weil sie dazu neigt, sich selbst für so wichtig zu halten! Hier liegt der sachliche Grund für die Grundbestimmung der Theologie von Kraus, daß sie kommunikativ und ökumenisch zu sein habe. Die entscheidende Voraussetzung dafür aber ist, daß sie vor allem Biblische Theologie zu sein hat. Es ist ja keine unverbindliche Geschwätzigkeit, der hier Platz geschaffen wird, sondern es geht um die Etablierung der substantiell lebenswichtigen Selbstkritik in den Kirchen. Diese Selbstkritik ergeht nicht von irgendwelchen einsamen Einsichten aus, sondern sie kommt – und das macht sie zu einer ökumenischen Aufgabe – aus dem Hören des allen Kirchen gemeinsamen biblischen Zeugnisses. Nur so geht das überhaupt zusammen, daß Kraus einerseits pointiert positionelle Theologie treibt und andererseits den Anspruch erhebt, kommunikative Theologie zu treiben. Wer dem biblischen Zeugnis für die Theologie noch ein klares Wort zutraut, wird das schnell verstehen und auch mit den Herausforderungen konziliar und kommunikativ umgehen können; mit Unverstand und Ablehnung kann nur der den bisweilen schroff anmutenden Spitzensätzen dieser Theologie begegnen, der sich entweder längst erhaben fühlt über das biblische Zeugnis oder diesem im Grunde keinen klaren Satz mehr zutraut – eine Parole, die ja nicht zuletzt von den Theologen in ihrem Pakt mit den modernen Wissenschaften propagiert wurde und wird; ein Blick in die »Geschichte der historisch-kritischen Erforschung des Alten Testaments« von Kraus[5] vermag die Zwielichtigkeit dieser sich so kritisch gebenden Wissenschaftswelt der Theologie anschaulich zu machen.

---

5   *H.-J. Kraus,* Geschichte der historisch-kritischen Erforschung des Alten Testaments, Neukirchen-Vluyn [4]1988; vgl. auch *ders.,* Die Biblische Theologie. Ihre Geschichte und Problematik, Neukirchen-Vluyn 1970 (es zeigt sich hier, daß die Verführbarkeit der Theologie bei größerer Nähe zum biblischen Zeugnis deutlich geringer ist).

III. Polemische Theologie

»In der Neuzeit haben Theologen allgemeine Axiome, Prinzipien, Kategorien und Konzeptionen ihrer Umwelt in einem solchen Ausmaß übernommen, daß demgegenüber die biblischen Axiome, Begriffe und Konzeptionen zur Nebenbedeutung herabgewürdigt wurden. Immer wieder wurde vergessen, daß der Mensch im Verhältnis zu Gott sich zuerst etwas sagen zu lassen und also zu hören hat, was ihm unbekannt ist und was er sich auf keine Weise und in keinem Sinn selber sagen kann. Jede sachgemäße Theologie ist in ihrem Ansatz ›kerygmatische Theologie‹, d.h. primär auf das biblische Kerygma ausgerichtet, die gegebenen Voraussetzungen und Zusammenhänge selbstkritisch überprüfende, das Gehörte ständig neu rezipierende Forschung und Lehre.« (4)

Das geht gar nicht anders: Theologie ist immer auch Auseinandersetzung mit bereits vorliegender Theologie. Wenn Kraus hier nun gleich die ganze neuzeitliche Theologiegeschichte ins Visier nimmt, so ist damit ein Hinweis darauf gegeben, daß sein Programm einer Biblischen Theologie in eine grundsätzliche Spannung mit fundamentalen, in unterschiedlicher Gestalt und Reichweite auftretenden, neuzeitlichen Bestimmungsmomenten theologischer Arbeit tritt. Die allgemeine Formulierung bleibt hier noch recht vorsichtig, deutet aber bereits an, daß die Forderung nach Allgemeingültigkeit als wissenschaftliches Prinzip für die Theologie nicht greift[6]. Damit wird nicht einem Wissenschaftsressentiment das Feld überlassen, sondern es liegt eine höchst wissenschaftsrelevante Absicht zugrunde, denn Kraus fragt nach den *selbstkritischen* Prinzipien, die die Theologie als Wissenschaft organisieren. Diese Prinzipien lassen sich weder konsequent formalisieren noch auf wenige Axiome reduzieren, sondern sie bleiben – und das macht die unausräumbare theoretische Unübersichtlichkeit der Theologie im Sinne einer *offenen* Denkbewegung aus – in formaler und inhaltlicher Hinsicht Gegenstand des Forschens selbst. Diese offene Zirkelstruktur allein macht die Theologie kritisch (was übrigens auch wissenschaftstheoretisch weitaus weniger anstößig ist, als es auf dem ersten Blick erscheinen mag); verläßt sie diesen sich ja nicht kreislaufförmig bewegenden Zirkel, so opfert sie zugunsten von irgendwelchen zweifellos verständlichen Sympathiekundgebungen an ihre Skeptiker in anderen Wissenschaften gerade den spezifischen Nerv ihrer vor allem selbstkritischen Bestimmung.

Kraus weiß um den ostinat dagegen erhobenen Vorwurf des *Subjektivismus* – meist ertönt er aus positivistischer Ecke, wo sich der eigene Funktionalismus als höchste Frucht nun endlich aufgeklärter Aufklärung gleichsam auf theoretisch nicht mehr durch die Historie zu trübender Ebene präsentiert – und hebt ihm gegenüber in ebenso traditioneller – weil auch durch ›neue‹ Argumente theoretisch nicht zwingender zu machender – wie schlichter Weise hervor, daß die Theoilgie eine »ganz und gar gegenstandsgewiesene, sachorientierte Wissenschaft« (84) ist. Damit

---

6 Die Wurzeln der Orientierung am Allgemeingültigen sind in der Aufklärung zu suchen; vgl. dazu *Kraus*, Geschichte 109ff.

stellt er sich nun nicht selbst in das positivistische Abseits, sondern verweist auf das Wort Gottes als dem in keiner Weise positivistisch, aber auch nicht habituell demonstrierbaren Gegenüber der Theologie, wie es in der Bibel bezeugt wird. Mit dem Begriff des Zeugnisses wird die Tür zum Positivismus ebenso zugeschlagen wie zum Pietismus (um vom Fundamentalismus ganz zu schweigen). Jedem möglicherweise bleibenden Rest an Subjektivismusverdacht tritt Kraus dadurch entgegen, daß er ihn sich konstruktiv zueigen macht, um die selbstkritische Frage nach den jeweils bestimmenden erkenntnisleitenden Interessen aufzuwerfen: »Wesentlich für die biblisch-theologische Forschung sind die erkenntnisleitenden Interessen, die zuerst und zuletzt an dem weltbewegenden und weltverändernden biblischen Geschehen orientiert sein müssen – und also nicht an irgendeiner Existentialität, Subjektivität oder ins Seelische sublimierten Frömmigkeit; aber auch nicht am Fetisch jener ›wissenschaftlichen Objektivität‹, die es sich zur Aufgabe macht, Intentionen biblischer Texte geflissentlich zu übersehen.«[7] Diese Formulierung erinnert daran, daß jede Theologie auch sich selbst zum Gegenüber werden muß, damit sie ihrer ersten Bestimmung – der Bestimmung zu mobilisierender Selbstkritik – gerecht werden kann.

Es gehört sicherlich mit zur Weisheit der zahlreichen Arbeiten von Kraus, daß er hier keine Grundsatzlösung anstrebt, sondern im Vollzug des Theologisierens selbst deutlich macht, daß Theologie immer auch *Theologiekritik* ist. Es hat mit dem prophetischen Charakter seiner Theologie und ebenso mit der »Misere der heutigen Theologie« (99) zu tun, daß sie eine durchgehende polemische Ader hat, durch welche all die Abweisungen erkennbar werden, zwischen denen sie sich ihren eigenen Weg sucht. Die Theologie bekommt damit einen streitbaren Charakter, was auf breiter Front nicht nur einem zeitgenössischen Trend, sondern beinahe der ganzen absichtsvoll gepflegten Kultur der neuzeitlichen Theologie entgegenläuft, deren Grundmuster die Harmonie, Integration und Komplementarität sind und nicht die Exklusivität, Universalität und Singularität des Wortes Gottes.

An wenigen zentralen Beispielen soll dieser polemische Charakter im Zusammenhang mit der biblischen Konstitution seiner Theologie aufgewiesen werden. Dabei gehe ich von Grundbestimmungen aus, die Kraus im Horizont ›biblischer Provokationen‹ seiner Theologie gibt:

a) Theologie – als Biblische Theologie – ist *religionskritisch*. Es sind hier keineswegs nur die Propheten, sondern es gehört zur Essenz des ganzen biblischen Zeugnisses, daß der Glaube von der Frömmigkeit der Glaubenden stets zu unterscheiden bleibt. Die besondere Gestalt der Selbstvorstellung des Namens Gottes (Ex 3,14) bleibt hier systematisch ebenso zu bedenken wie die konsequente Entmythologisierung der Welt und damit die

---

7 *H.-J. Kraus*, Probleme und Perspektiven Biblischer Theologie, in: *K. Haacker u. a.* (Hg.), Biblische Theologie heute, Neukirchen-Vluyn 1977, 97–124, hier 124.

theologische Entdeckung der Profanität der Welt[8]. Die Geschichte, die Gott mit dem Menschen geht, läßt sich weder kultisch noch durch irgendwelche Frömmigkeitsgebaren identifizieren (vgl. Jes 55,8f). Vor allem gibt es keinerlei Halt für jede Gestalt eines religiösen Eskapismus, zumal wir nicht von uns aus Gott näher rücken können – und schon gar nicht durch ein religiöses Abrücken von der Welt. In dem Maß, in dem die Gemeinde ihre Sendung in die Welt ernstnimmt, in dem Maß relativiert sich für sie das Problem der Religion (womit allerdings gleichzeitig angezeigt ist, daß sie es nie ganz loswerden wird[9]). Die Religionskritik ist in ihrem strengsten Sinne zunächst *Kirchenkritik* im Sinne von Selbstkritik und nicht die Aufforderung, mit schroffen Urteilen aus dem Fenster hinauszurufen. Auf der anderen Seite öffnet sich der von Kraus besonders akzentuierte Aspekt der Religionskritik schließlich hin zur *Ideologiekritik* als der Kritik an dem profanen Ersatz der Religion.

b)   Theologie – im Horizont Biblischer Theologie – ist *wissenschaftskritisch.* Über das zu diesem Gesichtspunkt bereits Erwähnte hinaus ist vor allem die Kritik an absoluten Prinzipien hervorzuheben, die immer wieder auch in die Bibel hineingelesen werden. Im Grunde ist es eine fundamentale Aufgabe der Theologie, gerade ihre zentralen Aussagen von begrifflichen Umstellungen freizuhalten. Geht es tatsächlich um unsere Rede von Gott, so ist schnell einsichtig zu machen, daß sich Gott nicht dem Rahmen unserer Definitionen unterwirft, was aber offenkundig die Theologen noch nicht daran gehindert hat – um nur ein modernes, von Kraus auch expliziertes Beispiel zu nennen (vgl. 13f) –, Gott mit der Liebe zu identifizieren. Vordergründig scheint sich auch die Liebe dem Begriff zu entziehen, bei genauerem Hinsehen läßt sich dies insofern nur noch bedingt halten, als die Konzentration auf die Liebe anderen Bestimmungen den Platz streitig macht und damit zumindest eine negative Definitionskraft entfaltet. Daß faktisch allerdings heute mit einem verharmlosten Begriff der Liebe Gott von seiner eigenen Geschichte mit dem Menschen abgeschnitten wird – wohl vor allem, um sich selbst das Recht zuzuschreiben, unabhängig von ihm Geschichte zu machen –, verengt dann noch einmal eigenwillig den von dem fixierten Begriff noch gelassenen Raum. Ebenso wie die Etikettierung mit der Liebe kann auch die Rede von der Allmacht Gottes zu einer gotteslästerlichen Rede werden, in der Gott ebenfalls aus seiner Geschichte herausgestellt wird (vgl. 271). Alle theologischen Zugriffe auf die Bibel sind daran zu messen, ob sie die *besondere* Geschichte Gottes mit dem Menschen erhellen oder verdunkeln. Die Theologie kann sich nur dann als wissenschaftlich erweisen, wenn sie ihrem ›Gegenstand‹ gemäß nicht – wie seit der Aufklärung immer wieder geschehen – nach

---

8   Vgl. dazu *H.-J. Kraus*, Theologische Religionskritik, Neukirchen-Vluyn 1982, bes. 226–272; *M. Weinrich*, Religionskritik als Aufgabe der Theologie. Im Gespräch mit H.-J. Kraus, RKZ 124 (1983) 318–322.
9   Zum Religionsproblem vgl. auch *M. Weinrich*, Die religiöse Verlegenheit der Kirche, in: *P. Eicher – M. Weinrich*, Der gute Widerspruch, Düsseldorf/Neukirchen-Vluyn 1986, 76–160.

selbstevidenten *Allgemeinheiten* Ausschau hält, sondern wenn sie ihre Gedanken von dem seinem Wesen nach nicht verallgemeinerungsfähigen Faktum der *Erwählung* Gottes aus ihre Überlegungen ›organisiert‹ (vgl. 199). Kraus stellt in eben diesem Sinn den mehrdimensionalen Begriff des Reiches Gottes in den Mittelpunkt seiner Theologie, denn in ihm konvergiert die Geschichte Gottes mit dem Menschen. Er bezeichnet die *Bewegung* bzw. den *Prozeß*, in die hineingestellt die Theologie ihre Perspektive jenseits »der Herrschaft der Ontologie und der dogmatischen Invarianten« (29) findet. Die Bibel wird deshalb zur entscheidenden Ortsbestimmung einer kritischen Theologie, weil sie »das Buch der ersten Zeugen des kommenden Reiches Gottes« (36 u.ö.) und damit »die urbildliche und vorbildliche Fassung des Zeugnisses überhaupt« (37) ist. Die damit angestoßene Wissenschaftskritik richtet sich also nicht nur gegen den ›Gott der Philosophen‹ (vgl. 12), sondern viel prinzipieller gegen den Vorrang der Methode vor dem Inhalt, wobei es zum Wesen dieses besonderen Inhalts gehört, daß er nur dann erkannt werden kann, wenn er sich selbst verstehbar macht (vgl. 38f).

c) Theologie – in biblischer Orientierung – ist gerade in ihrer unausweichlichen Geschichtlichkeit höchst *geschichtskritisch*. Die Bibel als »das Buch der großen Geschichte Gottes« (65) weist auf »eine von Gott wirklich vollzogenen *Bewegung*« (ebd.), in deren Licht die vom Menschen mit Geschichte bezeichnete Veranstaltung als eine desorientierte und irreführende Bemühung erscheint. So verwundert es nicht, wenn Kraus der historisch-kritischen Forschung attestiert, daß sie gebunden ist an »die Welt- und Lebensanschauung in sich geschlossener, bürgerlicher Säkularität, die sich gegen das Andringen der neuen Wirklichkeit des Reiches Gottes abschottet und nur *eine* Realität kennt – die Welt des Sichtbaren, Verfügbaren, Bestehenden und Berechenbaren« (68). Sie bedeutet die rückhaltlose Legitimation der natürlichen Theologie, an deren Ende nur die radikale Religionskritik stehen kann[10]. Die Wurzeln dieser Selbstrelativierung des biblischen Zeugnisses zu religiösem Beispielmaterial findet Kraus in der theologischen Rezeption der vor allem deistischen Vorstellung einer natürlichen Religion[11]. Der Historismus entwickelt nur noch das durchgreifende Instrumentarium, mit dessen Hilfe sich der homo religiosus alle Störungen von seiten des biblischen Zeugnisses vom Leibe halten kann, um dann – nun in der selbst zugemessenen Rolle des geschichtsfähigen Subjekts – selbst festzulegen, als welche Idee Gott nun unter den Menschen wirken möge[12]. Nicht mehr das biblische Zeugnis, sondern im günstigsten Fall der historisch-kritische Forscher ist noch ver-

---

10 Vgl. dazu *D. Schellong*, Von der bürgerlichen Gefangenschaft des kirchlichen Bewußtseins, in: *G. Kehrer* (Hg.), Zur Religionsgeschichte der Bundesrepublik Deutschland, München 1980, 132–166, bes. 149.
11 Vgl. *Kraus*, Geschichte 94.105.
12 Vgl. dazu *M. Weinrich*, Grenzen der Erinnerung. Historische Kritik und Dogmatik im Horizont Biblischer Theologie, in: *Geyer u. a.* (Hg.), »Wenn nicht jetzt, wann dann?« 327–338.

trauenswürdig, bzw. – um an Lessing zu erinnern – die Vernunft, auf die er sich in seiner Arbeit verläßt[13]. Damit sind nur einige Problamatisierungen angetippt, deren Konsequenzen auch von Kraus noch keineswegs zuende gedacht werden konnten, auf deren Spuren er aber seine Leser setzt, was im Blick auf die hier immer noch nötige Ernüchterung schon sehr verdienstvoll ist.

d)   Theologie – in ihrer Bindung an die biblische Geschichte – ist *zeitkritisch*. Auch dieser Aspekt beinhaltet wieder eine hier nicht auszuschöpfende Vielschichtigkeit. Zentral ist der Hinweis, daß die von Gott bewegte Geschichte mit dem Ziel des Reiches Gottes die Gemeinde nicht aus der vom Menschen veranstalteten Geschichte entläßt. Gerade weil die Gemeinde frei davon ist, sich aus der Historie definieren und legitimieren zu müssen, bleibt sie – zumal sie unweigerlich ein Element dieser Historie ist – kritisch auf diese verwiesen. Obwohl es sich in allen erwähnten Aspekten aufzeigen ließe, kommt es hier besonders zum Tragen, daß Kraus immer wieder die fundamentale Bedeutung des Alten Testaments nicht nur für das Verständnis des Neuen Testaments, sondern für das Selbstverständnis der Theologie überhaupt unterstreicht (vgl. 138ff). In der Zeitkritik kommt in besonderer Weise die Verpflichtung zu konkretem Denken, Reden und Handeln in Anschlag (vgl. 103). Dabei bleibt das Exodusgeschehen orientierend, in dem sich Gott »in der politischen Geschichte seines erwählten Volkes als Macht der Befreiung« (156) erweist. Hier bewährt sich, daß Kraus zurückhaltend gegenüber der Frage nach der ›Mitte‹ des Alten Testaments geblieben ist; vielmehr möchte er nach dem ›Ziel‹ fragen[14], was ja nicht nur im Blick auf die Orientierung am Exodusgeschehen sachlich viel evidenter ist. Indem es aber um Geschichte geht, bleibt die Bewegung bestimmend. Gott will »keine Konventikel erlösungsbedürftiger, Religion kultivierender und ›Erlösung‹ konsumierender Frommer, sondern, heraufgeführt durch *seine* Initiative und begründet durch *sein* unvergleichliches Tun, ein freies Volk von Menschen, die ihm auf dem Weg in die Freiheit nachfolgen« (157). In diesem Gefälle bleibt auch die Sendung der neutestamentlichen Gemeinde zu verstehen. »Nicht zum kultischen Fest, sondern zum *Kampf des Glaubens* im Alltag des Lebens ist die Gemeinde aufgerufen« (465). Damit wird nicht etwa einem ›Christentum der Tat‹ das Wort geredet (vgl. 63), das sich dann womöglich dem Trug hingibt, mit Hilfe der Orthopraxie der Orthodoxie entkommen zu können, sondern auch das Tun bleibt in der Konsequenz und der Begrenzung der ständig neu zu vollziehenden, »das ganze Leben betreffenden« (25) Metanoia, aus der auch der Glaube und somit die Theologie existentiell leben (vgl. 13f.58.96). »Der Glaube ist ein *tätiges Bekennen*« (63), jedenfalls solange er im Horizont des biblischen Zeugnisses bleibt. Die Theologie hat nicht elitäres Wissen oder intellektuelle Theorien zu produzieren, sondern im Blick auf die Ökumene kommt es

---

13 Vgl. *Kraus,* Geschichte 124.
14 Vgl. *Kraus,* Geschichte 556.558.

darauf an, daß sie eine »rezipierbare Schärfung des Verstehens«[15]bezogen auf die Herausforderungen unserer Zeit anbietet.

IV. *Pneuma und Politeuma*

Eine ungewöhnlich starke Betonung erfährt bei Kraus der *Heilige Geist* bereits im Alten Testament, in der Christologie und dann auch im Blick auf die Sendung der Gemeinde. Nur dort ›wird es Licht‹, wo der Geist Gottes wirkt; nur dort finden die Verheißungen Glauben, nur dort erweist sich das Wort Gottes als Tat, nur dort findet die Verkündigung Hörer und Täter, wo der freie Geist Gottes wirkt. Die Gemeinschaft des Menschen mit Gott gründet nach Ez 36,26f in der Verheißung des Geistes Gottes, mit dem »Gott selbst – befreiend und führend – im Innersten des Menschen gegenwärtig sein« (72) will. So ist auch der Messias »der von Gott mit dem *Chrisma* seines Geistes ›Gesalbte‹« (16), und zwar ohne Maß (Joh 3,34; vgl. 75.371ff), so daß Kraus an die Geist-Christologie der Alten Kirchen als einen aktuellen Hinweis für die systematische Theologie erinnert (vgl. 362)[16]. Auch alle theologische Erkenntnis ist auf die Tat des Geistes angewiesen (276), ohne die sie nur »steriles Wissen und heillos Bekanntes« (122) hervorbringt. Damit wird sowohl die Verheißung, aber auch die Grenze theologischer Arbeit angezeigt. Das gleiche gilt für die menschliche Konstitution der Kirche; sie steht unter der Verheißung des Geistes, wird aber auch vollkommen von seinem Wirken begrenzt, so daß die Bitte um den Geist zum entscheidenden Grundakt der Gemeinde wird (406). Als Ereignis der Gegenwart Gottes (449) bildet der Geist schließlich die lebendige Brücke zur Botschaft vom Reich Gottes (454ff), in der die Geschichte Gottes mit dem Menschen zusammengefaßt wird, indem sie mit Erinnerung und Erwartung die Zeiten in der Gegenwart zusammenführt und damit das aktuelle Leben der eschatologisch existierenden Gemeinde bestimmt. »Kein Mensch kann aus eigenem Vermögen und Verstand begreifen und fassen, wer Christus ist. Nur das göttliche Entschleiern macht deutlich, was es mit Jesus auf sich hat. Christliche Gemeinde lebt unter dieser Voraussetzung. Der Heilige Geist ist also die Wirklichkeit, in der der Glaube, in der die Gemeinde lebt« (452). Und noch zugespitzter kann Kraus nun auch im Blick auf das Individuum formulieren: »Jeder *Christ* ist ›Pneumatiker‹. Er hat Teil am Geist des *Christus,* am pneumatischen *Chrisma.* – In der *Geschichte des Kommens Gottes* erweist sich darum die Gabe des Geistes, vom Alten Testament angekündigt, als die Verwirklichung innigster Gemeinschaft Gottes mit dem beschenkten, erleuchteten und zur Gewißheit geführten Menschen« (451).

---

15 Vgl. *Kraus,* Geschichte 559.
16 Vgl. auch *H.-J. Kraus,* Aspekte der Christologie im Kontext alttestamentlich-jüdischer Tradition, in: *E. Brocke – J. Seim* (Hg.), Gottes Augapfel, Neukirchen-Vluyn 1986, 1–23, bes. 4–11.

Das Wirken des Geistes führt die Gemeinde in die konkrete Auseinandersetzung mit den bestehenden Verhältnissen. Bei Kraus rückt hier der Begriff des πολίτευμα (Phil 3,20) in das Zentrum des Gedankens. Diesen Begriff, den er gegen alle Spiritualisierungstendenzen zwar nicht mit einem erwarteten Himmel auf Erden identifiziert, versteht er als die reale »Inanspruchnahme, Heiligung und Durchdringung der politischen Sphäre durch den kommenden, seine Herrschaft aufrichtenden Gott« (356; hier versehentlich: *Kol* 3,20). »Kommt mit dem Reich Gottes die neue Schöpfung herauf, so wirken *schon jetzt* die Kräfte der zukünftigen Welt in die gesamte bestehende Weltwirklichkeit hinein – so wahr Jesus als *Autobasileia* erschienen ist« (ebd.). Der starke Akzent, den Kraus auf die Wirklichkeit gelegt hat, bekommt in dem Verständnis des Heiligen Geistes sein entscheidendes Fundament. Auch die Gemeinde bekommt damit ihren Ort angewiesen, sie wird nun hineingezogen in den Kampf – »Geist heißt Kampf«[17] – gegen die Verdinglichung des Menschen, gegen die Bannung des Menschen, lediglich Objekt der Geschichte zu sein, indem der Geist ihn zum »Subjekt der Geschichte« (457) macht, zumal er von jeder Selbstsorge befreit ist (vgl. 481ff). Es geht um den Kampf des Neuen gegen das Alte, zu dem wir durch »das Evangelium . . . täglich gerufen, ermutigt und ausgerüstet«[18] werden.

V.   *Juden und Christen*

Schließlich gingen wir am ganzen Werk von Kraus vorbei, wenn wir nicht noch das besondere Verhältnis seiner Theologie zum Judentum in den Blick nähmen. Kraus zählt hier nicht nur zu den Pionieren einer mit großen Mühen und gegen zahlreiche Widerstände am Ende der 50er Jahre aufgenommenen Arbeit[19], sondern zählt auch zu denjenigen Theologen, für die das Gespräch mit dem Judentum nicht nur eine historische Herausforderung darstellt – das ist es zweifellos auch (10) –, sondern auch theologisch unausweichlich ist. Es geht darum, theologisch zum Tragen zu bringen, daß beide, Israel und die Kirche, unter der Verheißung des Reiches Gottes stehen (28f.138ff), auch wenn sie sich dabei auf unterschiedliche Voraussetzungen berufen – aber schließlich ist Israel vom Ursprung her das erwählte Volk, während die Kirche aus dem Heidentum kommt, was ihr nach wie vor anzumerken ist.
Gegen alle traditionellen Unterscheidungslehren zwischen Altem und Neuen Testament stärkt Kraus unnachgiebig den Aspekt der Einheit der Botschaft, der gegenüber die zweifellos auch bestehenden Divergenzen

17   *H.-J. Kraus*, Heiliger Geist. Gottes befreiende Gegenwart, München 1986, 106.
18   *Kraus*, Heiliger Geist, 108.
19   Vgl. dazu *A. Wittstock*, Hören – erkennen – umkehren. Die Anstöße von H.-J. Kraus zum christlich-jüdischen Gespräch, in: *Geyer u.a.* (Hg.), »Wenn nicht jetzt, wann dann?« 183–195.

als »zweitrangig« einzustufen sind: »sie sind dem Hauptaspekt zu integrieren« (49). Wenn Kraus das Gespräch mit dem Judentum sucht, nimmt er es als theologischen Gesprächspartner sehr ernst, was nicht zuletzt daran deutlich wird, daß er ihm eine Menge zumutet, etwa wenn er – völlig zu Recht – die Wurzeln der Trinitätslehre im Alten Testament findet (vgl. 71) oder die Verheißung des Reiches Gottes »zum Urbild der Krisis und der Beendigung des religiösen Wesens« (81) erklärt. Es sind die beiden Kernsätze »Gott kommt in Israel zur Welt«[20] und »Das Heil kommt von den Juden« (Joh 4,22), die Kraus als die sachliche Nötigung dafür ansieht, daß jede christliche Theologie eine nach Israel offene Theologie sein muß[21]. »Das Grundübel der gesamten christlichen Theologie ist die Leugnung, die Verdrängung oder die im Substitutionswahn vollzogene Inanspruchnahme der Erwählung Israels. Biblisch kann niemand von Gott reden, der die Erwählung Israels negiert, mißachtet oder für aufgehoben erklärt« (136). Damit ist die theologische Grundbestimmung benannt, die sich in allen Topoi der Theologie wiederfinden lassen muß, was Kraus auch konsequent in seiner systematischen Theologie durchhält, wodurch sie einerseits im produktiven Sinne recht sperrig wird, während sie andererseits ein nicht irritierbares biblisch ausgewiesenes Gefälle hin zum Konkreten bekommt.

Eine Schlußbemerkung: Den Vorwurf, daß diese Theologie nicht praktisch sei, kann nur derjenige erheben, der seine Arbeit lieber von den Einflüsterungen der bestehenden kirchlichen Verhältnisse mit ihrem Selbstheilungspragmatismus bestimmen läßt als von den biblischen Provokationen, denen Kraus seine Aufmerksamkeit schenkt, wohlwissend, daß auch hier alles Hören vorläufig und vertiefungsbedürftig ist.

---

20   Vgl. dazu *H.-J. Kraus,* Perspektiven eines messianischen Christusglaubens, in: *J.J. Petuchowski – W. Strolz* (Hg.), Offenbarung im jüdischen und christlichen Glaubensverständnis, Freiburg i.Br. 1981, 237ff.
21   Die Wendung »eine nach Israel offene Theologie« übernehme ich von *P. v. d. Osten-Sacken.*

Günter Stemberger

Pseudonymität und Kanon

Zum gleichnamigen Buch von David G. Meade[1]

Seitdem man sich der Pseudonymität bzw. Pseudepigraphie biblischer wie
frühjüdischer Schriften bewußt geworden ist, hat man das Problem der
»falschen Verfasserangaben« immer wieder studiert[2]. Wie sind falsche
Verfasserangaben, vielfach mit dem Makel literarischer »Fälschung« belastet, mit dem religiösen Anspruch dieser Schriften zu vereinbaren, wie mit
der Vorstellung ihrer göttlichen Inspiration und der Tatsache ihrer Aufnahme in den Kanon zu verbinden? Hätte man Bücher in den Kanon aufgenommen, wenn man damals schon von ihrer Pseudonymität gewußt hätte?
Oder hat man sie aufgenommen, obwohl man sich dieser Tatsache bewußt
war? Welche Kriterien bestimmten dann aber ihre Kanonisierung?
Wie man sieht, rühren diese Fragen an die Fundamente jüdischen wie
noch mehr christlichen Glaubens. Verbreitete Thesen zur Erklärung und
Rechtfertigung der Pseudepigraphie berufen sich auf eine im Entste-
hungsmilieu dieser Schriften noch nicht entwickelte Vorstellung geistigen
Eigentums, auf Schulbildungen, auf ekstatische Identifikation des tatsächlichen Autors mit dem Namengeber einer Schrift oder auch auf die
vor allem im englischen Sprachraum verbreitete Theorie der »corporate
personality«.
Als Hauptfehler praktisch aller bisherigen Thesen betrachtet Meade die
Vernachlässigung des jüdischen Hintergrunds, des Offenbarungs- und
Traditionsverständnisses, das dem pseudepigraphen kanonischen
Schrifttum zugrunde liegt; deshalb bemüht er sich um eine Erklärung, die
die Texte des Alten Testaments ebenso erfaßt wie die zwischentestament-
liche Literatur und die Schriften des Neuen Testaments.
Eigentlich müßte man das Deuteronomium als das erste kanonische
Pseudepigraph betrachten; aus praktischen Gründen setzt Meade jedoch

1 *D.G. Meade*, Pseudonymity and Canon (WUNT 39), Tübingen 1986.
2 *N. Brox*, Falsche Verfasserangaben. Zur Erklärung der frühchristlichen Pseudepigraphie (SBS 79), Stuttgart 1975; *ders.* (Hg.), Pseudepigraphie in der heidnischen und jüdisch-christlichen Antike (WdF 484), Darmstadt 1977 (Bibliographie). Aus der neueren
Literatur sei hingewiesen auf *K. Müller*, »Die Propheten sind schlafen gegangen« (syrBar
85,3). Nachbemerkungen zur überlieferungsgeschichtlichen Reputation der Pseudepigraphie im Schrifttum der frühjüdischen Apokalyptik, BZ 26 (1982) 179–207, einen Beitrag,
den Meade in seiner sonst recht vollständigen Literaturverwertung übersehen hat.

bei der *prophetischen Tradition* ein, konkret bei der Jesajatradition. Schon bei Jesaja selbst findet man als Elemente prophetischer Offenbarung das Bewußtsein der Inspiration, die Überzeugung vom einheitlichen Plan Gottes, den autonomen Charakter der Prophetensprüche und das auslegende Element in diesen. Diese Elemente decken sich durchaus nicht mit der üblichen Vorstellung von literarischem Eigentum; vielmehr erlauben sie eine exilische Redaktion von Jes 1–39, später »the semi-pseudonymous addition of a (literarily) separate work« (37) durch Deuterojesaja, der sich dem historischen Propheten durch eine »fundamental identity of religious perspective« (32) verbunden fühlt, und schließlich die midraschartige Fortführung durch Tritojesaja, der viele Zitate aus dem ersten wie dem zweiten Jesaja verarbeitet. Anonymität und Pseudonymität in der Expansion der Jesajatradition sind Ausdruck des Anspruchs, Teil einer einzigen Offenbarung und einer einzigen Tradition zu sein; ». . . the resultant literary attribution of that corpus must be regarded more as a claim to authoritative tradition by the participants in the process, and less a claim to actual authorship by Isaiah of Jerusalem« (43).

Mit leichten Variationen kehrt dieser Satz als Leitmotiv im ganzen Buch immer wieder. Die *Weisheitsliteratur* könnte wegen des verstärkten griechisch-römischen Einflusses in der Zeit ihrer Entstehung eine geänderte Einstellung zur literarischen Zuschreibung aufweisen; insofern jedoch Weisheit als Offenbarung betrachtet wird, ist sie der Prophetie in der Frage des geistigen Eigentums vergleichbar. Eine historische Verbindung mit Salomo möchte Meade nicht von vornherein als unmöglich abtun; schon das Buch der Sprüche bansprucht eine autoritative Tradition wiederzugeben, ebenso dann das Hohelied, dessen weisheitliche Elemente Meade stark betont. Vor allem aber interessiert Kohelet, ein zwar nicht direkt pseudonymes Buch, das aber doch deutlich versucht, sich in die salomonische Weisheitstradition zu stellen. »The presence of Qoheleth in the canon is evidence of a community decision that it was a legitimate expression of the biblical wisdom tradition . . . the rapid acceptance of the book, despite misgivings, shows the success of its actualization of the biblical tradition« (58); in Kohelet sehen wir »the full birth of the genre of canonical pseudepigrapha« (59). Hier herrscht also dieselbe Indifferenz hinsichtlich der literarischen Zuschreibung wie in Sprüche und Hohemlied. Die Auffassung, daß Offenbarung durch Tradition erfolgen könne, gilt nun als Rechtfertigung für die Schaffung eines unabhängigen und pseudonymen literarischen Werkes als Wort Gottes. Das späte Buch der Weisheit setzt diese Linie verstärkt fort; trotz seiner hellenistischen Umwelt läßt auch dieses Werk noch keine Vorstellung von geistigem Eigentum durchklingen. Daß die Schrift nicht in den jüdischen Kanon aufgenommen wurde, ist nach Meade mehr noch als durch die griechische Sprache durch die Tatsache begründet, daß es in seinem radikalen Versuch, Judentum und Hellenismus einander anzunähern, die Grenzen der biblischen Weisheitstradition weit überschritten hat. Daß man in christlicher Tradition trotz gelegentlichen Zweifeln an der salomonischen Zuschreibung (Eusebius, Hieronymus) das Werk in den Kanon aufgenommen hat, bezeugt hingegen »the receptiveness of the Christian community to pseudonymous writings« (66).

Die *apokalyptische Tradition,* die fast durchweg pseudepigraph ist, kann als Brücke zwischen den beiden Testamenten dienen. Die hier noch stärker als in der prophetischen Tradition betonte Einheitlichkeit des göttlichen Ratschlusses, der für alle Zeiten gilt und an alle Generationen gerichtet ist, rechtfertigt die Wiederanwendung der Botschaft des Sehers besonders; denn erst die Weisen der Endzeit können das wahre Verständnis vermitteln, das Geheimnis brechen. Die Beziehung von Offenbarung und Tradition in der Apokalyptik ist somit ähnlich wie in Prophetie und Weisheit, was ähnliche Auswirkungen auf die Vorstellung von geistigem Eigentum und literarischer Zuschreibung haben muß. Mag man auch gelegentlich ein Werk als getreue Reproduktion einer Schrift aus der Vorzeit betrachtet haben, wesentlich und hinreichend ist die getreue Tradition. Hier behandelt Meade zuerst die Umdeutung der Hoferzählungen von Dan 1–6 in der Apokalypse von 7–12, wobei natürlich die »Vergegenwärtigung« von Dan 2 in 7 im Mittelpunkt steht und als raison d'etre der ganzen Apokalypse gilt. Vor allem aber geht es hier um das erste Henochbuch in seinen Teilen. Wenn die abschließenden Kapitel, als aramäischer Brief stilisiert, sich als »vollständige Weisheitslehre« bezeichnen, mag das vielleicht ganz 1Henoch einschließen, was ein entwickeltes Kanonbewußtsein bedeuten könnte, in dem die wahre Lehre als »faithful understanding and transmission of God's revelation to Enoch« gesehen wird, »while false doctrine is defined as the distortion and production of unfaithful books. In other words, authorship or attribution is inseparably tied to an authoritative tradition« (98). Wenn Daniel in den Kanon aufgenommen wurde, nicht aber 1Henoch, so nicht etwa, weil die Pseudonymität von Daniel nicht entdeckt wurde, die von 1Henoch hingegen ja. Entscheidend war der Inhalt und nicht der Verfasser (102).

Das Kapitel über Pseudonymität im *Neuen Testament* faßt zuerst die wesentlichen Elemente zusammen, die aus der jüdischen Tradition erhoben wurden: Alle Traditionen berufen sich auf göttliche Offenbarung; diese wird als einheitlich und kohärent gesehen, als autonom und mit einem Eigenleben versehen, oft auch als Auslegung auftretend. Die Offenbarung ist nicht einfach ein *traditum,* sondern dynamische Tradition, zu der Vergegenwärtigung wesentlich gehört, in deren Verlauf sich aber auch schon ein Kanonbewußtsein entwickelt. Das erklärt die Verbindung »of concern for origins with a lack of concern for *geistiges Eigentum* in the modern sense . . . Material could be added to the tradition, but its origins were irreplaceable« (105). Jesus und die frühe Kirche übernehmen dieses Schrift- und Traditionsverständnis. Beispiel für die Aktualisierung der Jesustradition ist etwa die johanneische Brotrede. »The divinely inspired, autonomous, unified or coherent, and interpretive nature of NT revelation is directly responsible for the growth of the Jesus tradition in a manner similar to what we found in the Jewish scriptures« (114); das erklärt auch die Anonymität der Evangelien.

In der paulinischen Tradition bieten die *Pastoralbriefe* mit dem betonten Anspruch, nicht zu lügen (1Tim 2,7), und den persönlichen Notizen ein besonderes Problem, das Meade mit dem Hinweis zu lösen versucht, daß dies typologisch notwendig und auch durch die Vorgabe des Briefformats bedingt sei. Daß es mehrere Pastoralbriefe gibt, hängt vielleicht mit der Nachahmung eines schon existierenden paulinischen Briefcorpus zusammen: »... even a Pauline ›canon‹ had become part of the tradition« (134). Die einzigartige Personalisierung der paulinischen Tradition habe die Fortsetzung der apostolischen Präsenz selbst in nachapostolischer Zeit bedingt. Der Epheserbrief als schöpferische Extrapolation und Auslegung des Kolosserbriefs ist »a sincere and studied attempt to actualize and supplement the work of his ›mentor‹ for a new generation«. Schwerer herauszuarbeiten ist die frühe Petrus-Tradition hinter den beiden Petrusbriefen. 1Petr sieht Meade als Wort der Ermutigung an die petrinischen Gemeinden kurz nach dem Tod Petri; Petrus gilt dabei als Quelle der Identität. Das am deutlichsten pseudonyme Werk im Neuen Testament ist aber 2Petr; die darin betonte Kontinuität zwischen geistbegabter Traditionsquelle und ihrer späteren Auslegung ist die grundlegende Rechtfertigung seiner Pseudonymität. Hier wie überall gilt die Zuschreibung an einen Autor primär als Behauptung autoritativer Tradition, nicht literarischer Herkunft.

Abschließend geht Meade auf die Verbreitung der pseudepigraphen Schriften ein. Eine Täuschung der Leser durch den Verfasser sei nicht gegeben gewesen, da dieser von der Kontinuität seiner Aussagen mit denen seines Pseudonyms überzeugt war. Sicher aber hat man die Schriften nicht offen als Pseudepigrapha deklariert, sie wurden wohl gewöhnlich (etwa im Rahmen der Sammlung von Briefen) »entdeckt«. Der Eindruck der Täuschung bei pseudepigraphen Briefen ergab sich aus einem historischen Zufall, »the conjunction of a fundamentally Jewish understanding of authorship and revelation with a fundamentally« Greek form of literature« (199). Erst mit dem wachsenden Bewußtsein einer grundlegenden Diskontinuität im Lauf des 2. Jahrhunderts wurde eine Aktualisierung der Tradition durch anonyme Ergänzung oder pseudonyme Fortsetzung immer weniger möglich. Damit gewinnt aber auch die literarische Zuschreibung eine andere Bedeutung. Der Abschluß des Kanons war schließlich das Ende für diese Form von Vergegenwärtigung. Die zunehmende Ablehnung von Anonymität und Pseudonymität sieht Meade im Verlust des jüdischen Kontextes und vor allem dem Problem von Orthodoxie und Häresie begründet. Daß Pseudepigraphen dennoch in den Kanon gelangten, ist Folge der Tatsache, daß schon vor Beginn der Geschichte des neutestamentlichen Kanons der kanonische Prozeß weit vorangeschritten war.

Es ist hier nicht der Platz, Einzelheiten des Werkes zu kritisieren, in dem naturgemäß sehr viel Ermessenssache ist und literarkritische Urteile weithin aus der Sekundärliteratur übernommen sind. Besonders in der Beurteilung der Pastoralbriefe ist manches nicht recht zufriedenstellend. Ob wirklich der Zusammenstoß jüdischen Verfasserbewußtseins mit griechischer literarischer Form die besonderen Probleme der Pseudepigraphie in diesen Texten erklären kann, bleibt zweifelhaft, zumal es pseudepigraphe Briefe natürlich auch schon früher gibt.

Wesentlich ist Meade's Erklärung von Anonymität und Pseudonymität als Ergebnis eines bestimmten Offenbarungs- und Traditionsverständnisses, das jüdisches Erbe ist und mit diesem in der christlichen Tradition allmählich verschwindet. Ein solches Traditionsverständnis, das mit Pseudepigraphie im weitesten Sinn vereinbar ist, findet sich tatsächlich auch noch in der späteren jüdischen Geschichte. Hier könnte man etwa auf den Zohar verweisen: Die Tatsache, daß schon bald nach seiner Veröffentlichung bekannt wurde, daß er das Werk des Mosche de Leon aus der Zeit um 1300 war, hat in kabbalistischen Kreisen seiner Annahme als Werk des R. Schim'on bar Jochai aus dem 2. Jahrhundert, vor allem aber seiner quasi-kanonischen Autorität nicht geschadet. Auf den Namen des literarischen Autors kommt es nicht an, entscheidend ist die Tradition. Ebenso könnte hier die bekannte Erzählung aus dem babylonischen Talmud (Men 29b) angeführt weden: Mose besucht das Lehrhaus des R. Akiba und versteht nichts von dem, was vorgetragen wird; doch beruhigt es ihn, Akiba sagen zu hören, das Vorgetragene sei dem Mose am Sinai geoffenbarte Halacha. Bei aller Selbstironie der Rabbinen über so manche Extreme ihrer Fortführung der biblischen Tradition schließt die Erzählung doch das Bewußtsein der nahtlosen Kontinuität der Offenbarung am Sinai zur rabbinischen Lehre ein; die Offenbarung ist dynamische Tradition, die selbstverständlich stets von neuem aktualisiert und vergegenwärtigt werden muß und dennoch immer »Offenbarung an Mose vom Sinai« bleibt.

Als kleinen Hinweis, wie wenig es den Rabbinen auch bei biblischen Schriften im einzelnen auf den Verfassernamen ankam, könnte man den Midrasch zum Hohenlied 1,10 zitieren, wo R. Jehuda bar Simon Ps 30 mit der Überschrift »Ein Psalm. Ein Lied zur Tempelweihe. Von David« zitiert und ihn dennoch Salomo zuschreibt. Auf den Einwand, dieses Lied habe doch David gesagt, entgegnet er, hier sei es wie beim Ausdruck von Hld 4,4: »Wie der Turm Davids ist dein Hals«; dieser Turm wird ja als der Tempel gedeutet, den erst Salomo gebaut hat. Ebenso ist es bei Ps 30: »Salomo hat ihn gesagt (verfaßt) und David angehängt«. Wir würden bei einem solchen Sachverhalt wohl von Pseudepigraphie sprechen – die Rabbinen hat es nicht gestört.

Besonders ist hier aber auf den im einzelnen schwierigen Text bBB 14b–15a zu verweisen, wo gefragt wird, wer die biblischen Bücher geschrieben habe: »Mose schrieb sein Buch und den Abschnitt Bileam und Hiob. Jo-

sua schrieb sein Buch und acht Verse in der Tora. Samuel schrieb sein
Buch und Richter und Ruth. David schrieb das Buch der Psalmen mit Hilfe (עַל־יְדֵי) von zehn Alten: Adam, Melchisedek, Abraham, Mose, He-
man, Jedutun, Asaf und den drei Söhnen Korachs. Jeremia schrieb sein
Buch, das Buch Könige und die Klagelieder. Hiskia und seine Gefährten
schrieben Jesaja, Sprüche, Hoheslied und Kohelet. Die Männer der Großen Synode schrieben Ezechiel und die zwölf (Propheten), Daniel und die
Estherrolle. Esra schrieb sein Buch und die Genealogie der Chronikbücher bis zu sich selbst«. Zwar wird David traditionell der gesamte Psalter
zugeschrieben, doch kann dieser Text offenbar zugleich behaupten, daß
er ältere Materialien dabei verwendet habe, wie andererseits der zuvor zitierte Midrasch-Text auch einen späteren Psalmtext unter Davids Namen
laufen läßt. Auf den eigentlichen Verfasser kommt es offenbar nicht an.
Noch verwunderlicher aber sind die Aussagen über Hiskia und die Männer der Großen Synode, die in derselben Weise als »Schreiber« biblischer
Bücher bezeichnet werden wie zuvor Mose. Gelegentlich versucht man
die Diskrepanz zur üblichen traditionellen Zuschreibung dieser Bücher
zu lösen, indem man in diesen Fällen »schrieben« im Sinn von »kanonisierten« versteht; doch gibt der Kontext dazu keinen Anlaß, und auch Raschi hat den Text noch als Niederschrift im eigentlichen Sinn verstanden
und durch geschichtliche Umstände zu begründen versucht, warum Jesaja
oder Jeremia ihre Bücher nicht selbst geschrieben haben. Auf Einzelheiten kommt es hier nicht an: Wesentlich ist die Tatsache, daß sich die Rabbinen an so einer Aussage nicht stießen, auch wenn wir hier nach moder-
nem Verständnis der Pseudepigraphie sehr nahe kommen. Was die talmudische Tradition allein interessiert, ist die getreue Wiedergabe der
göttlichen Offenbarung, nicht aber der tatsächliche Schreiber oder Verfasser oder auch nur der Zeitraum der schriftlichen Fassung, ist doch unbestritten jedes biblische Buch göttliche Offenbarung.
In diesem Sinn entspricht der von Meade erhobene Traditionsbegriff tatsächlich jüdischem Verständnis und kann wesentlich zur Erklärung der
Pseudepigraphie beitragen. Interessant ist aber auch ein Vergleich rabbinischer Tradition mit dem, was Meade zum Ausklang der Pseudepigraphie zu sagen hat, sobald man sich des Abstandes zur Tradition und damit
auch der Unmöglichkeit ihrer dynamischen Aktualisierung bewußt geworden war. Das hat seine direkte Entsprechung im Umgang der Rabbinen mit der Mischna und dem babylonischen Talmud. Eine bestimmte
Zeit sind auch diese Texte einer gewissen Aktualisierung durch Textan-
passung und Ergänzung mit anonymen Materialien unterworfen worden,
ehe ihre zunehmend »kanonische« Stellung keine interne Bearbeitung
mehr zuließ, sondern als adäquaten Zugang nur noch den gesonderten
Kommentar erlaubte. Das dynamische jüdische Offenbarungs- und Tra-
ditionsbewußtsein ist somit sicher ein wesentlicher Zugang zum Verständnis der Pseudepigraphie im Rahmen der Kanonproblematik. Dies
so deutlich herausgearbeitet zu haben ist das wesentliche Verdienst der

Studie von D.G. Meade. Die rabbinische jüdische Literatur in diese Betrachtungsweise miteinzubeziehen, dürfte, wie hier kurz angedeutet wurde, beitragen, die Diskussion in dieser Richtung weiterzuführen.

Ernst Dassmann

Wer schuf den Kanon des Neuen Testaments?

Zum neuesten Buch von Bruce M. Metzger*

I

Die mit der Entstehung und normativen Geltung eines neutestamentlichen Kanons verbundenen historischen, bibeltheologischen und dogmatischen Fragen besitzen ein nicht nachlassendes Interesse in der exegetischen und patristischen Forschung; das beweist die dichte Folge einschlägiger Veröffentlichungen in letzter Zeit. Die von B. Janowski für nur vier Jahre in Auswahl angeführten fünfzehn Veröffentlichungen zum Thema[1] könnten noch um weitere namhafte Beiträge vermehrt[2] und über den berichteten Zeitraum hinaus fortgeführt werden[3]. So wird auch die Arbeit des emeritierten Professors für New Testament Language and Literature am Princeton Theological Seminary, in der er Ursprung, Entwicklung und Bedeutung des neutestamentlichen Kanons erörtert, nicht die letzte ihrer Art sein. Sie stellt aber einen ausgezeichneten Zwischenbericht dar, der in einem angesichts der Fülle des Stoffs noch überschaubaren Rahmen in sorgsamer Auseinandersetzung mit der überbordenden Literatur,

---

* The Canon of the New Testament. Its Origin, Development, and Significance, Oxford 1987.

1 Literatur zur Biblischen Theologie 1982–1985, in: Jahrbuch für Biblische Theologie 1, Neukirchen-Vluyn 1986, 239f.

2 *W.R. Farmer,* Jesus and the Gospel. Tradition, Scripture, and the Canon, Philadelphia 1982; *J.A. Sanders,* Canon and Community. A Guide to Canonical Criticism, Philadelphia 1984; *B.S. Childs,* The New Testament as Canon. An Introduction (London 1984) Philadelphia 1985; *H.Y. Gamble,* The New Testament Canon, its Making and Meaning, Philadelphia 1985; mit Einschränkung genannt werden kann auch der provozierende, einseitig soziologisch orientierte Versuch von *A. Mayer,* Der zensierte Jesus. Soziologie des Neuen Testaments, Olten / Freiburg i.Br. 1983. Hinzu kommen Spezialuntersuchungen wie *Ch.H. Cosgrove,* Justin Martyr and the Emerging Christian Canon. Observations on the Purpose and Destination of the Dialogue with Trypho, VigChr 36 (1982) 209–32; *B.D. Ehrman,* The New Testament Canon of Didymus the Blind, VigChr 37 (1983) 1–21.

3 Vgl. *D.G. Meade,* Pseudonymity and Canon. An Investigation into the Relationship of Authorship and Authority in Jewish and Earliest Christian Tradition (Ph.D. diss. Nottingham 1984), Tübingen 1986; *J.F. Kelly,* Why is there a New Testament?, Wilmington 1986; *A.M. Ritter,* Die Entstehung des neutestamentlichen Kanons: Selbstdurchsetzung oder autoritative Entscheidung?, in: *A.* und *J. Assmann* (Hg.), Kanon und Zensur. Archäologie der literarischen Kommunikation II, München 1987, 93–99; *J.-D. Dubois,* L'exégèse des gnostiques et l'histoire du canon des Ecritures, in: *M. Tardieu* (Ed.), Les règles de l'interprétation, Paris 1987, 89–97. Erwähnung verdient vor allem die knappe Zusammenfassung von *W. Schneemelcher,* in: *Ders.* (Hg.), Neutestamentliche Apokryphen, I. Evangelien, Tübingen ⁵1987, 7–40.

ohne selbst extreme Positionen zu vertreten, die Ergebnisse einer vielhundertjährigen Forschung ebenso wie die derzeitigen offenen Probleme ausbreitet.
Dem hier angedeuteten Anliegen entspricht die Gliederung des Buches: Der erste Teil (S. 11–36) bietet einen Überblick über die Forschungsgeschichte; der zweite, bei weitem umfangreichste Teil (S. 39–247) behandelt die geschichtliche Entwicklung des Kanons, der dritte Teil schließlich (S. 251–288) erörtert die den Kanon betreffenden theologischen Fragen unter historischen und aktuellen Gesichtspunkten. Vier Anhänge behandeln Spezialfragen (I. Geschichte des Wortes χανών; II. Verschiedene Reihenfolgen in der Aufzählung der neutestamentlichen Bücher; III. Unterschiedliche Titel einzelner Bücher; IV. Die wichtigsten frühchristlichen Kanonverzeichnisse des Neuen Testaments). Ein allgemeiner Index, der vor allem die Personennamen registriert, beschließt das Buch.

II

Auf eine Zusammenfassung der Ergebnisse hat Metzger verzichtet. Dafür beginnt er mit einer wohlüberlegten Einleitung (S. 1–8), in der sechs »firmly established landmarks« markiert werden, die er als eine verläßliche Basis betrachtet, auf der die Überfülle literarischer Zeugnisse und historischer Kontroversen aufruhen kann:
1.   gehört dazu die Tatsache, daß die Kirche von Anfang an in der hebräischen Bibel bzw. in ihrer griechischen Übersetzung einen Kanon heiliger Schriften besaß, die als ἡ γραφή (oder αἱ γραφαί) bezeichnet und unter der Standardformel γέγραπται angeführt wurden.
2.   besaßen die in mündlicher Tradition weitergegebenen Worte Jesu bereits in den ältesten christlichen Gemeinden unangefochtene Autorität. Sie wurden zum »nucleus« eines christlichen Kanons, der bald mit den Berichten über Jesu Taten angereichert wurde, die sich in der Erinnerung mit Jesu Lehre verbunden hatten.
3.   wird parallel mit der mündlichen Jesustradition die apostolische Interpretation von Person und Werk Jesu in ihrer Bedeutung für die Gläubigen zusammen mit Ermahnungen im Rahmen der frühesten Missionstätigkeit weitergegeben. Es war nur natürlich, daß die paulinischen und andere apostolische Briefe, wenngleich sie als Gelegenheitsschreiben nicht den Anspruch erhoben, immer und überall bleibende Autorität zu besitzen, aufbewahrt, kopiert und weitergegeben wurden.
4.   lassen bereits die Apostolischen Väter bei allem Bewußtsein ihrer eigenen Autorität einen Unterschied zu der Geltung apostolischer Schriften erkennen, die sie in ihren eigenen Schreiben verwerten und auf deren Verfasser sie schon ehrfurchtsvoll zurückblicken[4]. Auf die Frage, warum

---

4   1Clem 5,3–7; 42,1; 47,1–3; IgnTrall 2,2; IgnMagn 6,1; 7,2; 13,1; vgl. *Metzger*, Canon 5.

spätneutestamentliche Schriften kanonischen Rang erhalten haben, diejenigen der Apostolischen Väter aber nicht, obwohl sie sich zeitlich berühren, geht Metzger in diesem Zusammenhang nicht eigens ein. Der Grund dürfte darin bestehen, daß ein der Person nach bekannter Autor nicht mehr kanonisch werden konnte, weil seine Schriften als sicher nichtapostolischen Ursprungs bekannt waren. Apostolischer Inhalt konnte nur kanonische Geltung erhalten, wenn ein anonymer oder pseudepigraphischer Verfasser die Vermutung apostolischer Verfasserschaft offen läßt[5]. So haben es die Didache und der Barnabasbrief wenigstens für eine gewisse Zeit und an einigen Orten zu kanonischem Ansehen und gottesdienstlichem Gebrauch gebracht[6]. Auch der Hebräerbrief hätte wohl keine Chance gehabt, auf Dauer kanonisch zu werden, wenn sich die von Origenes referierte Vermutung, der römische Bischof Klemens habe den Brief verfaßt, durchgesetzt hätte[7].

5.   werden in nachapostolischer Zeit »der Herr und die Apostel« zur Norm für Glaube und Praxis christlichen Lebens. Ein oder mehrere Evangelien, Briefe, dazu Apostelgeschichte und Johannesapokalypse erfahren mit örtlichen Verschiedenheiten in den Gemeinden vornehmlich durch die gottesdienstliche Lesung Achtung und Verbindlichkeit.

6.   erscheinen im 2. und 3. Jahrhundert die ersten lateinischen, syrischen und vielleicht auch koptischen Übersetzungen von solchen Schriften, die für den liturgischen Gebrauch benötigt wurden. Daß sie – wiederum unter Berücksichtigung landschaftlicher Verschiedenheiten – zu einer Sammlung zusammenwuchsen, ist von vornherein anzunehmen.

Es fällt auf, daß der Einfluß Markions sowie gnostisch-häretischer Herausforderungen, die seit Eichhorn[8] häufig als auslösendes Element für die kirchliche Kanonbildung angeführt werden, in den von Metzger skizzierten sechs Stufen der Kanonbildung nicht vorkommen. Markion und die Gnosis werden neben Montanismus, Christenverfolgung und anderen möglichen Einflüssen durchaus diskutiert und erwogen (vgl. S. 75–112), sie werden aber nicht als die entscheidenden Faktoren der Kanonbildung betrachtet. Metzger widersetzt sich allen zu stark akzentuierten oder gar monokausalen Ableitungen. Äußere Einflüsse können gewiß nachgewiesen werden und eingewirkt haben, aber insgesamt scheint er die Entstehung des Kanons ebenso wie die Auswahl oder Zurückweisung einzelner

5   Zur Bedeutung dieses Phänomens vgl. *K. Aland,* Noch einmal: Das Problem der Anonymität und Pseudonymität in der christlichen Literatur der ersten beiden Jahrhunderte, in: *E. Dassmann – K.S. Frank* (Hg.), Pietas (FS B. Kötting) (JAC.E 8), Münster 1980, 121–139. Metzger schenkt der Pseudonymität nur wenig, der Anonymität gar keine Aufmerksamkeit. Die zahlreichen Arbeiten von N. Brox und W. Speyer (aufgeführt bei Aland 121) werden nicht herangezogen.
6   *K. Wengst* (Hg.), Didache (Apostellehre), Barnabasbrief, Zweiter Klemensbrief, Schrift an Diognet (SUC 2), Darmstadt 1984, 106f.
7   Vgl. Eusebius, HistEccl 6,25,11–14; *E. Dassmann,* Der Stachel im Fleisch. Paulus in der frühchristlichen Literatur bis Irenäus, Münster 1979, 57f; Metzger, Canon 138.
8   Vgl. *Metzger,* Canon 18: »He (Eichhorn) was the first to attribute to Marcion the stimulus to collect New Testament writings . . .«.

Schriften mit Westcott[9] eher als normal und folgerichtig anzusehen. Auch
Synoden oder die Aktivitäten einzelner haben den Kanon nicht geschaffen, die Auswahl wurde vielmehr durch Selbstevidenz und »the survival of
the fittest« bewerkstelligt[10]. Hinsichtlich der häufig gestellten Frage, ob
der Kanon eine Sammlung autoritativer Bücher darstellt oder die autoritative Sammlung von Büchern[11], entscheidet sich Metzger für ein Sowohl-
Als-auch, wobei er aber besonderes Gewicht auf die erste Alternative
legt. Die Bücher des Kanons brauchen ebenso wie überragende Kunst-
werke keine andere Empfehlung außer sich selbst. Metzger scheut sich
nicht, die Diktion nüchterner Wissenschaftssprache zu verlassen, Anek-
doten zu bemühen und emotional zu argumentieren, um diese seine Auffassung zu unterstreichen[12].
Er kennt andererseits die Ergebnisse der Forschungsgeschichte und ihre
Einseitigkeiten zu genau, um selber auf einem einzigen Standpunkt zu
beharren; die Entwicklung verlief nach dem Prinzip not only . . . but also.
Es war eine Geschichte »not of a series of sporadic events, but of a long,
continuous process. It was a task, not only of collecting, but also of sifting
and rejecting . . . Different factors operated at different times and in different places. Some of the influences were constant, others were periodic;
some were local, others were operative wherever the Church had been
planted«[13].

III

Mit großem Interesse liest man den Forschungsüberblick, der in zwei Abschnitten 1. Arbeiten zum Kanon vor dem 20. Jahrhundert (S. 11–24)
und 2. vom Beginn des 20. Jahrhunderts an bis zur Gegenwart (S. 25–36)
vorstellt. Die knappe, aber präzise Weise, wie hier die einzelnen Veröffentlichungen charakterisiert und bewertet werden, wie Tendenzen bloß-
gestellt, echte Erkenntnisfortschritte von Wiederholungen abgesetzt und
erstmalig auftretende Thesen markiert werden, zeugt von der umfassenden Vertrautheit des Verfassers mit der gesamten Kanonforschung. Für
Metzger sind die Theologen der Reformationszeit (Erasmus, Cajetan)

---

9   Vgl. *Metzger,* Canon 21: »According to Westcott, the formation of the canon was
among the first instinctive acts . . . by the intuitive insight of the Church«.
10   *Metzger,* Canon 286. Ebenso *Ritter,* Entstehung 96: Es »scheint alle Wahrscheinlich-
keit dafür zu sprechen, daß es zur Ausbildung eines zweiteiligen nt.lichen Kanons (welchen
Umfangs auch immer) auch ohne Markion, rein aus innerkirchlichen Ansätzen und An-
trieben, gekommen wäre«.
11   *Metzger,* Canon 282: »The Canon: Collection of Authoritative Books or Authoritative Collection of Books?«
12   *Metzger,* Canon 286: »Arthur Darby Nock used to say to his students at Harvard with
reference to the canon, ›The most travelled roads in Europe are the best roads; that is why
they are so heavily travelled‹«. Metzger selbst meint ebd. 287: »If all the academies of mu-
sic in the world were to unite in declaring Bach and Beethoven to be great musicians, we
should reply, ›Thank you for nothing; we knew that already‹«.
13   *Metzger,* Canon 7.

noch nicht an der Kanonfrage interessiert. Auch Luther, der einzelne Bücher des Neuen Testaments geringer schätzt als andere, denkt nicht an Kanonscheidung[14]. Die Bestreitung der Authentizität neutestamentlicher Bücher beginnt in England im Zusammenhang mit der Deismusbewegung bei John Toland (1670–1722). Warum sollen Markus und Lukas kanonisch sein, während es Klemens von Rom und Barnabas nicht sind, obwohl alle vier in gleicher Weise Apostelgefährten und -mitarbeiter waren[15]? In Frankreich stellt Richard Simon (1638–1712), der »Vater der Bibelkritik«, die ersten kritischen Fragen zum Kanon. In Deutschland veröffentlicht Johann Salomo Semler (1725–1791) seine »Abhandlung von der freien Untersuchung des Kanons . . .«[16]. Die Kanonfrage blieb aber nicht in dogmatischen Kontroversen stecken, sondern führte sehr bald zu einer gründlichen und intensiven Erforschung der historischen und philologischen Aspekte. Vor allem das große Werk von Nathaniel Lardner[17] (1684–1768), in dem die patristischen Zeugnisse gesammelt sind, die über die Kanonwerdung Auskunft geben, wurde zu einer Fundgrube für die weitere Forschung. Nimmt man die umfangreichen Untersuchungen von J.G. Eichhorn, W.M.L. De Wette, J. Kirchhofer, J.A. Alexander, B.F. Westcott, J. Leipoldt u.a. hinzu, läßt sich sagen, daß am Beginn des 20. Jahrhunderts alles historische Quellenmaterial sorgfältig aufgearbeitet und erfaßt ist. Daß ein Ereignis wie die Entdeckung und Publizierung des sog. »Muratorischen Fragments« die Forschung stimulierend beeinflußte, liegt auf der Hand. Aber auch die wesentlichen Fragen über Beginn, Ende und Gründe der Kanonbildung wurden um die Jahrhundertwende in vielen Untersuchungen, vor allem in den Forschungsbeiträgen von Theodor Zahn und Adolf von Harnack, präzise formuliert und z.T. sehr unterschiedlich beantwortet.

Die bei Metzger sorgfältig dokumentierten Arbeiten im 20. Jahrhundert[18] können nur noch wenig unbekanntes Material zutage fördern und müssen sich zum größeren Teil mit der Aufstellung von theologischen Thesen über »Sinn«[19], »Problematik«[20] und »Begründung«[21] des neutestamentlichen Kanons begnügen. Vor allem die Suche nach den »Krite-

14 *Metzger*, Canon 110.281 Anm. 29; vgl. *W. Maurer*, Luthers Verständnis des neutestamentlichen Kanons, in: FuH 12 (1960) 60–77.
15 *J. Toland*, Amyntor, or The Defense of Milton's Life, London 1699; vgl. *Metzger*, Canon 12f.
16 *Metzger*, Canon 15f.
17 *N. Lardner*, The Credibility of the Gospel History, 14 Bde., London 1727–57; vgl. *Metzger*, Canon 15.
18 *Metzger*, Canon 23–36.
19 *I. Frank*, Der Sinn der Kanonbildung. Eine historisch-theologische Untersuchung der Zeit vom 1. Clemensbrief bis Irenäus von Lyon (FThSt 90), Freiburg 1971; dazu *E. Dassmann*, Rezension zu *Frank*, Sinn, ZKG 85 (1973) 314–317.
20 *H. Diem*, Das Problem des Schriftkanons (Zollikon-Zürich 1952); *K. Aland*, Das Problem des neutestamentlichen Kanons, NZSTh 4 (1962) 220–242; *ders.*, The Problem of the New Testament, London 1969; *S. Pedersen*, Die Kanonfrage als historisches und theologisches Problem, in: Studia Theologica 31 (1977) 83–136.
21 *K.-H. Ohlig*, Die theologische Begründung des neutestamentlichen Kanons in der alten Kirche, Düsseldorf 1972.

rien« für die Kanonbildung, die Frage nach der »Mitte der Schrift« bzw.
dem »Kanon im Kanon« sowie die Kanonbildung im Rahmen des »Frühkatholizismus«-Vorwurfs[22] führen zu zahlreichen Auseinandersetzungen. Selbst ein so magistrales und herausragendes Werk wie H. von Cam-
penhausens Arbeit über »Die Entstehung der christlichen Bibel«[23]
kommt nicht ohne zugespitzte Thesen aus[24]. Man kann sich des Eindrucks kaum erwehren, daß nicht nur neue Erkenntnisse, sondern auch
der Wunsch nach originellen Perspektiven den Inhalt mancher Untersuchungen bestimmen. Metzger selbst wertet kaum; er beschreibt gewissenhaft die zu beobachtenden Trends, ohne bei aller Materialfülle, die er ausbreitet, vollständig sein zu können.

IV

Auf den bereits erwähnten umfangreichen zweiten Teil von Metzgers Arbeit, der die historischen Aspekte der Kanonbildung beschreibt, kann hier
nicht ausführlich eingegangen werden. Metzger behandelt zunächst die
Apostolischen Väter (S. 39–73), bei denen er zu den in der Forschung allgemein anerkannten Ergebnissen kommt: Man findet bei ihnen keine expliziten Erörterungen über das Kanonproblem, kein exaktes Zitieren
neutestamentlicher Texte, gleichwohl das Wissen um die Existenz von
heiligen Schriften bei höchster Autorität der überlieferten Jesusworte[25].
Im Abschnitt über die Einflüsse, die die Kanonbildung bestimmt haben
können (S. 75–112), werden selbstverständlich Gnosis, Markion und
Montanismus behandelt. Es werden aber auch die Folgen erwogen, die
die diokletianischen Verfolgungsgesetze – insbesondere das Edikt über
die Auslieferung der Bücher –, der Übergang von der Schriftrolle zum inhaltsreichen Codex bei den Christen gegen Ende des 1., Anfang des 2.
Jahrhunderts oder das Vorhandensein von Büchersammlungen bzw. -li-
sten (z.B. Festlegung des jüdischen Kanons des Alten Testaments, Geset-
zessammlung Ulpians, alexandrinische Schriftstellerlisten, Sammlungen
orphischer Fragmente und magischer Standardtexte) gehabt haben können (S. 106–112). Die historische Entwicklung wird in Ost und West nach
Landschaften bzw. Kirchen sowie nach Personen bzw. Dokumenten geordnet bis zum Abschluß der Kanonbildung weitergeführt und reicht für
den Westen bis ins Mittelalter, zu den Reformatoren und dem Konzil von
Trient.
Unter der Überschrift »Books of Temporary and Local Canonicity« be-

22 *Metzger,* Canon 34f.
23 *H. v. Campenhausen,* Die Entstehung der christlichen Bibel, Tübingen (1968) ²1977;
engl. Übersetzung: The Formation of the Christian Bible, Philadelphia 1972.
24 *Von Campenhausen,* Entstehung 257: »Das auslösende Moment für die Konzentration des Kanons in einem ›Neuen Testament‹ bildete . . . der Montanismus«; dazu *B.M.
Metzger,* Gn. 42 (1970) 729f.
25 *Metzger,* Canon 72f.

handelt Metzger die apokryphe Literatur (S. 165–189), die selbstverständlich in einer Kanongeschichte nicht fehlen durfte, in der es nicht nur um die Sammlung, sondern ebenso um das Ausscheiden von Büchern geht. Leider befriedigt der Abschnitt nicht in gleicher Weise wie die übrigen Partien des Buches. Zum einen wird nicht klar, warum der Autor nur und gerade diese apokryphen Evangelien, Apostelgeschichten, Briefe und Apokalypsen ausgewählt und mehr oder weniger ausführlich inhaltlich wiedergegeben hat, zum anderen gerät die Bestimmung dessen, was unter »apokryph« zu verstehen ist, zu kurz[26]. Apokryphe Schriften sind gewiß nicht nur Bücher von temporärer oder lokaler Kanonizität, wie die Abschnittsüberschrift angibt. Wie schwierig und kontrovers die Begriffsbestimmung »Neutestamentliche Apokryphen« ist, hat noch vor kurzem W. Schneemelcher gezeigt[27].

V

Im dritten und letzten Teil behandelt Metzger in zwei Abschnitten die theologischen Probleme, die hinsichtlich des Kanons die frühe Kirche betreffen, sowie die Streitpunkte, die heute diskutiert werden. Dabei wird deutlich, wie sehr sich bei aller Kontinuität einzelner Fragen die Schwierigkeiten gewandelt haben.

In den ersten beiden Jahrhunderten waren es die Kriterien der Kanonizität (regula fidei, Apostolizität und Breite der Anerkennung), die in einer dialektischen Kombination von historischen und theologischen Argumenten gefunden werden mußten[28]. Ein zweites Problem betraf das Verhältnis von Kanon und Inspiration. Die frühe Kirche löste es in der Weise, daß alle kanonischen Schriften zwar als inspiriert, aber nicht alle vom göttlichen Geist inspirierten Äußerungen, Texte oder Schriften als kanonisch betrachtet wurden. Erst später fallen kanonische und inspirierte Schriften in eins zusammen[29]. In der Frage, welcher Teil des Neuen Testaments als erster kanonische Geltung erlangt habe, die Evangelien (Harnack), Paulus (Good-

---

26 In seiner Begründung, warum die apokryphe Literatur nur in Auswahl vorgeführt werden kann, wiederholt *Metzger* (Canon 166) diese Quasidefinition: »It is, of course, not possible in the present context to give even a brief account of all Christian writings regarded at any time as authoritative by believers here and there throughout the Roman Empire«. An anderer Stelle (Canon 165) bestimmt er die meisten apokryphen Bücher als Resultat des Versuchs, »to produce literary forms that parallel those of several genres of literature that came to be included in the New Testament«. Blaß bleibt ebenso die Charakterisierung der apokryphen Apostelakten (Canon 179f); vgl. dazu W. *Schneemelcher – K. Schäferdiek,* in: *Hennecke-Schneemelcher,* Neutestamentliche Apokryphen, II. Apostolisches, Apokalypsen und Verwandtes, Tübingen ³1964, 110–125.
27 *Schneemelcher,* Neutestamentliche Apokryphen I (s.o. Anm. 3) 40–52.
28 *Metzger,* Canon 254.
29 *Metzger,* Canon 256.

speed) oder die Apokalypse (Windisch)[30], weist Metzger zunächst auf einige unbezweifelbare historische Beobachtungen hin, um sich dann aber nicht aufgrund der damit gewonnenen Anhaltspunkte, sondern anhand der Zitationshäufigkeit einzelner neutestamentlicher Schriften, wie sie die Biblia Patristica nachweist[31], für die Priorität der Evangelien vor den paulinischen Briefen zu entscheiden[32]. Die beiden letzten Komplexe, die den Vätern Schwierigkeiten bereitet haben, sind heute kein Thema mehr: die Pluralität der Evangelien sowie die Partikularität der Paulusbriefe. Was erstere angeht, hat sich gegen Tatians Evangelienharmonie oder Markions Beschränkung auf ein einziges Evangelium der Viereevangelienkanon durchgesetzt, wozu nicht zuletzt Irenäus mit seinem scharfsinnigen Rückgriff auf die vier lebenden Wesen aus Ez 1,10 bzw. Apk 4,7 als Repräsentanten der vier Evangelisten beigetragen haben mag[33]. Der Partikularität der Paulusbriefe wurde ebenfalls mit Zahlensymbolik und leichten Universalisierungskorrekturen im Text zu begegnen versucht[34].

Nicht nur von historischem Interesse, sondern außerordentlich hilfreich für das Verständnis der gegenwärtigen Kanondiskussion ist der zweite Abschnitt, in dem Metzger klar und besonnen in sorgfältiger Auseinandersetzung mit einer überquellenden Forschungsliteratur die Fragen nach der kanonischen Textgestalt, der Abgeschlossenheit oder Offenheit des Kanons sowie nach dem Sinn und der Berechtigung der Behauptung eines »Kanons im Kanon« aufwirft. Was die Textgestalt angeht, so ist von Anfang an die einzelne Schrift qua Dokument als ganzes und nicht eine bestimmte Version oder Lesart als kanonisch betrachtet worden[35]. Die Frage, ob der Kanon noch veränderbar ist, sei es durch Erweiterung, sei es durch Reduzierung, hält Metzger für weithin theoretisch. Der Antrag, Martin Luther Kings »Letter from a Birmingham Jail« in das Neue Testament aufzunehmen, ist völlig unrealistisch. Andererseits hat der Fund von Nag Hammadi mit seinen verschiedenen Evangelien, Akten und Apokalypsen noch einmal bestätigt, wieviel höherwertig das Neue Testament ist im Vergleich mit aller benachbarten christlich-religiösen Literatur[36]. Auch durch die besonders im deutschen Sprachraum heftig geführte Diskussion um einen »Kanon im Kanon« im Zusammenhang mit der Suche nach der »Mitte der Schrift« und dem »Frühkatholizismus«-Vorwurf

---

30 *Metzger,* Canon 257f. Es gibt noch andere »Lösungen«, wie die von *Frank,* Sinn (s.o. Anm. 19) 207–210, der das Johannesevangelium zum Ausgangspunkt der Kanonbildung macht.

31 Biblia Patristica, Bd. 1: Des origines à Clément d'Alexandrie et Tertullien, Paris 1975.

32 *Metzger,* Canon 262. Dabei sollte nicht übersehen werden, daß der 1. Korintherbrief im frühesten kirchlichen Schrifttum häufiger herangezogen wird als Markus (261f).

33 *Metzger,* Canon 263.

34 Beispiele bei *Metzger,* Canon 265.

35 *Metzger,* Canon 270. Noch das Konzil von Trient begnügt sich mit der Festlegung »libros ipsos integros cum omnibus suis partibus«, ohne die als unecht verworfenen Teile bzw. Verse einzeln zu nennen; vgl. *A. Wikenhauser,* Einleitung in das Neue Testament, Freiburg i.Br. 1959, 15.

36 *Metzger,* Canon 271.287.

führt Metzger mit sicherer Hand. Bei seiner Vorliebe für plastische Formulierungen verweist er auf Stendahl, der meint: Es gibt keinen Generalschlüssel, der alle Sichten des Christuskerygmas aufschließt, sondern nur
die vielen Schlüssel aller Schriften des Neuen Testaments, die durch den
Schlüsselring des Kanons zusammengehalten werden[37]. Entschieden
wendet sich Metzger gegen die Auffassung, eine Verengung des Kanons
und die Eliminierung scheinbarer oder tatsächlicher Gegensätze erleichte-
re die Einheit der Kirchen; eher das Gegenteil dürfte der Fall sein[38].

Zum Schluß kommt er auf die bereits erwähnte Unterscheidung zu spre-
chen, die er für das Grundproblem der ganzen Kanondiskussion hält[39]:
Was begründet die Autorität des Neuen Testaments: die *Sammlung* der
Bücher oder deren *Inhalt*? Welches sind die notae canonicitatis: die auto-
pistia der Schrift, die apostolische Verfasserschaft, die Tradition bzw. die
Entscheidung der Kirche oder der evangelische Inhalt?[40] So sehr Metzger
von der Mitwirkung der Kirche und der Beteiligung des menschlichen
Faktors bei der Schaffung, Bewahrung und Sammlung der Bücher des
Neuen Testaments überzeugt ist, so wenig scheut er sich, die göttliche
Komponente und den Geschenkcharakter des Kanons zu betonen. Was
Marxsen historisch gesehen eine »zufällige Abgrenzung« nennt[41], betrachtet er lieber als providentia Dei. Was die Kirche mit »instinct« und
»healthy feeling« »intuitively« als norma normata ihrer Verkündigung
festgelegt hat, wurde ihr geschenkt. »From this point of view the Church
did not create the canon, but came to recognize, accept, affirm, and con-
firm the self-authenticating quality of certain documents that imposed
themselves as such upon the Church. If this fact is obscured, one comes into serious conflict not with dogma but with history«[42]. Mit dieser Auffassung steht Metzger in seinem inhaltsreichen und spannend zu lesenden
Kanonbuch nicht allein. Nicht nur Dogmatiker, auch Historiker und Exegeten staunen über das »Wunder« des Kanons[43].

---

37   *K. Stendahl,* One Canon is Enough, in: *Ders.,* Meanings. The Bible as Document and
as Guide (Philadelphia 1984) 55–68; *Metzger,* Canon 279.
38   *Metzger,* Canon 273f.280; vgl. *E. Dassmann,* Zum Paulusverständnis in der östlichen
Kirche, in: JAC 29, Münster 1986, 39.
39   *Metzger,* Canon 282; vgl. o.S. 270
40   *Frank,* Sinn (s.o. Anm. 19) 9.
41   *W. Marxsen,* Einleitung in das Neue Testament, Gütersloh 1963, 235.
42   *Metzger,* Canon 287; vgl. 252f.286.
43   Vgl. *K. Aland,* Das Problem des neutestamentlichen Kanons, in: *Ders.,* Studien zur
Überlieferung des Neuen Testaments und seines Textes, Berlin 1967, 17; *J.B. Bauer,*
Aspekte des Kanonproblems, in: *I. Seybold* (Hg.), מקור חיים Meqor Hajjim (FS G. Molin),
Graz 1983, 40.

Namenregister

Bibelstellenregister (Auswahl)

Sachregister

252 Seiten, Paperback DM 46,-

Der erste Band des »Jahrbuchs für Biblische Theologie« ist mit seinen zwölf Beiträgen den Grundfragen Biblischer Theologie gewidmet. *Teil I* versucht, Einheit und Vielfalt Biblischer Theologie aus der Perspektive der exegetischen Fächer darzustellen. *Teil II* dokumentiert in mehreren, z.T. aufeinander abgestimmten exegetischen, systematischen und praktisch-theologischen Beiträgen die begonnene interdisziplinäre Diskussion. *Teil III* enthält eine Rezension zu einer neuen Darstellung gesamtbiblischer Theologien der Gegenwart sowie eine Bibliographie zur Biblischen Theologie 1982–1985.

Aus dem Inhalt: Perspektiven und Probleme (C. Westermann, R. Schnakkenburg, M. Oeming, U. Mauser) – Interdisziplinäre Diskussion (P. Stuhlmacher, H. Seebass, D. Ritschl, F. Mildenberger, R. Bohren, I. Baldermann) – Literatur und Rezension (B. Janowski, H. Graf Reventlow).

Neukirchener Verlag

Jahrbuch
für Biblische Theologie

In Verbindung mit
Paul D. Hanson (Harvard) · Ulrich Mauser (Pittsburgh)
und Magne Sæbø (Oslo)
herausgegeben von
Ingo Baldermann · Ernst Dassmann · Otfried Hofius
Bernd Janowski · Norbert Lohfink · Helmut Merklein
Werner H. Schmidt · Günter Stemberger
Peter Stuhlmacher · Michael Welker und Rudolf Weth

Band 2
Der eine
Gott der
beiden
Testamente

Mit Beiträgen von
Y. Amir · O. Hofius · B. Janowski · I. Klaer · N. Lohfink
H. Merklein · K.-H. zur Mühlen · K. H. Neufeld
U. Rüterswörden · W. H. Schmidt · M. Welker und R. Weth

Neukirchener

267 Seiten, Paperback DM 48,–

Der zweite Band des »Jahrbuchs für Biblische Theologie« behandelt das Thema, das die gesamte Diskussion um die Biblische Theologie beherrscht, die *Gottesfrage. Teil I* der Beiträge beschäftigt sich mit der Frage nach dem einen Gott, *Teil II* thematisiert das Problem der Einheit des biblischen Redens von Gott, *Teil III* steht unter der Überschrift ›Bericht und Rezension‹.

Aus dem Inhalt: Der eine Gott (Helmut Merklein, Werner H. Schmidt, Yehoshua Amir) – Der Gott der beiden Testamente (Otfried Hofius, Norbert Lohfink, Ingo Baldermann, Rudolf Weth, Bernd Janowski, Michael Welker, Karl-Heinz zur Mühlen) – Bericht und Rezension (Karl Heinz Neufeld, Udo Rüterswörden).